U0908972

赢家的秘诀

构建趋势交易系统

王凯元◎著

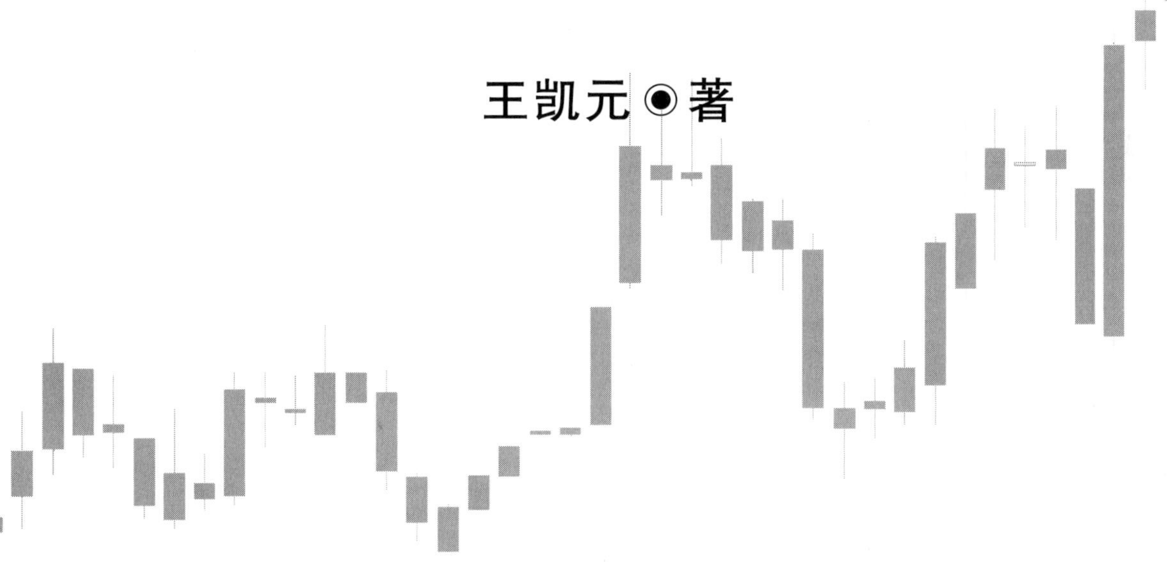

四川人民出版社

图书在版编目（CIP）数据

赢家的秘诀：构建趋势交易系统/王凯元著．—
成都：四川人民出版社，2019.2（2021.7 重印）
ISBN 978－7－220－11193－8

Ⅰ．①赢…　Ⅱ．①王…　Ⅲ．①股票交易－基本知识
Ⅳ．①F830.91

中国版本图书馆 CIP 数据核字（2019）第 002968 号

YINGJIA DE MIJUE：GOUJIAN QUSHI JIAOYI XITONG

赢家的秘诀：构建趋势交易系统

王凯元　著

责任编辑	何朝霞
封面设计	成都木之雨文化传播有限公司
版式设计	戴雨虹
责任校对	袁晓红
责任印制	王　俊
出版发行	四川人民出版社（成都市槐树街 2 号）
网　　址	http://www.scpph.com
E-mail	scrmcbs@sina.com
新浪微博	@四川人民出版社
微信公众号	四川人民出版社
发行部业务电话	（028）86259624　86259453
防盗版举报电话	（028）86259624
照　　排	成都木之雨文化传播有限公司
印　　刷	四川机投印务有限公司
成品尺寸	185mm×260mm
印　　张	18.75
字　　数	330 千
版　　次	2019 年 2 月第 1 版
印　　次	2021 年 7 月第 2 次印刷
书　　号	ISBN 978－7－220－11193－8
定　　价	58.00 元

目 录 CONTENTS

赢家的秘诀——构建趋势交易系统

前 言

市场中有太多的人想以交易为生，又有太多的粗制滥造的技术分析书籍充斥市场。我亲眼见过有人讲解 MACD 时指着柱线图说这是量能，各种低级错误不胜枚举。

本书并不是一本技术分析入门书，而是给那些已经对技术分析有一些认知，但并无清晰的脉络、严密的逻辑的朋友们，用以拨开迷雾、拨乱反正的进阶工具书。

几乎所有应用技术分析的人都知道交易要顺势而为，但却很少有人真正了解趋势的基本定义；几乎所有应用技术分析的人都知道蜡烛图的应用，但却很少有人真正了解蜡烛图的底层逻辑与蜡烛的形态无关，真正驱动蜡烛图组合发挥效用的是趋势的基本定义；几乎所有应用技术分析的人，对于传统经典技术分析方法都能如数家珍，却很少有人真正了解所有的技术分析方法的底层逻辑都是趋势的基本定义。

本书的任务就是带领大家重新认识趋势与趋势的基本定义，再将所有技术分析方法与已成形的交易系统全部解构，挖掘它的内在逻辑，探寻它的底层逻辑。在这些工作完成之后你会发现，技术分析的世界只存在着趋势与趋势的转换，任何一种方法都无法脱离趋势的掌控。此后，任何一种方法摆在面前，都将是洞若观火。

我们简单举一个例子，著名的海龟交易法则实则分为两部分：一部分为策略，一部分为资金管理（也是海龟交易法则中最重要的部分）。它的策略部分实际上是在当时已经没有任何秘密可言的唐安奇通道，即上破 X 天内最高价买进，下破 Y 天内最低价卖出。这与趋势有什么关系吗?

趋势的基本定义为：不断上升的波峰与波谷为上涨趋势；不断下降的波峰与波谷为下跌趋势。那么前期低点为第一个波谷，50 天内的最高价为第一个波峰，价格在第一对波峰波谷之间的震荡低点为第二个波谷，当它突破 50 天内最高价后形成第二个波峰。两对波谷与波峰不断抬高为上涨趋势，海龟交易法则不断通过确认上涨趋势的形成买进开仓，完全符合趋势的基本定义。

海龟交易法则表面看起来与趋势毫无关联，策略部分仅有的参数为 50/20 或 20/10，但它的底层逻辑却是趋势的基本定义。所以如果我们不进行这种抽丝剥茧的工作，便无法真正了解海龟交易法则。

此后我们再遇到与海龟交易法则类似的交易系统，例如四周法则，便可以一眼看破，它们都是利用趋势的基本定义来解决交易问题。

再例如波浪理论，对于趋势交易者来说，最适合交易的部分为每个大级别浪中的第 3 子浪与第 5 子浪。1 浪的起点我们称之为 0 点，0 点为第一个波谷，1 浪高点为第一个波峰，2 浪低点为第二个波谷，当 3 浪突破 1 浪高点后，新的高点为第二个峰谷。3 浪破 1 浪顶时买进，走势也形成不断上涨的波峰与波谷所构成的上涨趋势。

波浪理论交易模式的底层逻辑也符合趋势的基本定义，波浪理论与海龟交易法则的策略部分也是相通的。只不过波浪理论的第一个波峰是固定的，而海龟交易法则的第一个波峰可能是移动的，虽然外在的形式不一样，但底层逻辑是一样的。

大到各种成形的交易系统，小到各种传统经典的技术分析方法，我们都可以将它解构为趋势的基本定义。所谓“为学日益，为道日损”。我们要把所有的方法与系统还原至道的层面上，抽离出最根本的规律，再利用规律发展出适合自己交易风格的交易系统。这是先“为道日损”，再“为学日益”的过程。

所以，本书第 1 章至第 5 章，都在重复“为道日损”的过程，解构蜡烛图，寻找蜡烛图组合的共性，解构价格形态，解构波浪理论，解构趋势性、摆动性指标等，将所有传统经典方法都变成单独的乐高积木。第 6 章，我们利用这抽离的规律，再加上趋势过滤器构建自己想要的交易系统，将单独的乐高积木组合形成各种形态。第 7 章主要讲在交易系统之下应当如何应用期权交易。第 8 章总结为什么要解构，从投机的行为逻辑、从执行力层面、从专业输出层面，再一次梳理本书脉络。

需要说明的是，我本人并不是闭门造车、异想天开地解构系统，所有这些理念全部凭借着十几年的交易经验得来。如果你对本书有疑惑或质疑，请到广州华联期货总经理办公室来找我，我的名字是王凯元。

你能取得多大的成就，取决于你能忘掉多少形式。

老子在《道德经》中说："为学日益，为道日损，损之又损，以至于无为，无为而无不为。取天下常以无事，及其有事，不足以取天下。"

老子并没有继续阐述为学日益，而是对为道日损展开阐述。对于大道，只能是越来越简单（损），简单到无为之时，才能无不为。这也是孔子所说的"君子不器"与老子所说"大器免成"的原因。

1.1 化繁为简、化简为了

越是繁复的系统，漏洞往往越多，依照繁复的系统交易，内部逻辑无法自洽，以致无法形成逻辑闭环，导致交易时无所适从，而简约的交易系统却有极大的容错性。

技术分析方法有几十种，广为人知的有传统的日本蜡烛图（K线图）、移动平均线、成交量、各种趋势性指标、海龟交易法则、三重滤网法、波浪理论等。就如武林中的各门各派，都有独门秘籍，而应用起来又会发生冲突。那么唯一的方法就是寻找它们的共性，挖掘所有方法所共有的底层逻辑，这个过程也就是为道日损的过程。

在挖掘的过程中，抽离出的各种底层逻辑，就像一块一块单独的乐高玩具一样，可以随自己的意愿拼插，以至“不滞于物，草木竹石均可为剑”的境界。

本书内容分为两部分，第一部分找出所有技术分析方法的共性，总结规律。第二部分，我们可以拿这些乐高积木，随意拼插出符合自己诉求的交易系统。

日本剑圣宫本武藏说：“剑术只有两招，或为劈砍，或为直刺。”

我们所说的无招，并不是真正什么招式也没有，而是化繁为简，简而化了。最后化为至境之时，只剩下基本运作。譬如立劈华山为劈砍，譬如犀牛望月为直刺。我们不必给不同方向的劈砍再取不同的名字，向左劈砍与向右劈砍除了方向不同之外，还有什么区别吗？并没有。所以给它们取不同的名字就显得更为繁复了。做一个简单的类比，日本蜡烛图分为反转形态与持续形态，反转形态又分为顶部反转形态与底部反转形态。那么就顶部反转形态来说，有乌云盖顶、看跌吞没、流星线、黄昏之星等，除了这几种形态的 K 线有阴阳、实体、影线之分以外，还有其他不同吗？并没有。那为什么要取这么多的名字呢？本来很简单的事情，却被人为地弄得更加复杂了。

而化繁为简、大道至简的简是指什么呢？是一无所有吗？也不是。而是宫本武藏所说的，或为劈砍，或为直刺。类比到交易中，最终的大道至简是给市场立法，去判定它目前处于什么状态之下，是上涨状态，还是下跌状态。除此之外，再无第三种状态。

1.2 有且仅有两种趋势方向

有人说，不对，还有第三种状态，震荡。那你还是没有领略到精髓。任何形式的震荡，它都包含于上涨状态或下跌状态之中，并不需要单独区分。例如图 1 -1，是位于一段上涨/下跌中的震荡，还是处于整体的上涨/下跌趋势中，用不着单独开列出一种新的状态。或如图 1 -2，位于上涨与下跌趋势中的震荡，它或从属于前段趋势，或从属于后段趋势，有必要重新开列一种新的状态吗？既然要化繁为简，就要简化到极致。

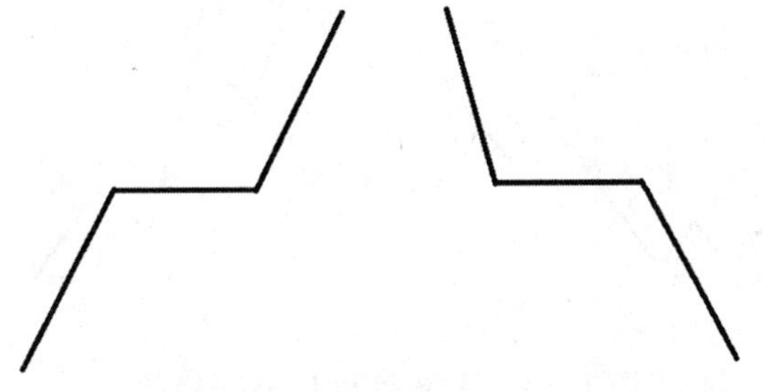

图1－1　震荡从属于大级别趋势之中

图1－2　从属于前段趋势或后段趋势的震荡

那么化繁为简的问题，就转换成了我们如何判断现在市场处于哪种状态、哪种趋势之下。既然趋势只有两种，也就像剑术只有两招一样，我们便更好判断了。我们可以给上涨趋势与下跌趋势各下一个定义，只要符合定义，便可确定它处于某种状态之下，这便是给市场立法。

1.3　趋势的基本定义

上涨趋势定义：波峰、波谷依次抬高。

下跌趋势定义：波峰、波谷依次降低。

图1－3中，左侧波峰、波谷依次抬高，这是上涨趋势；右侧波峰波谷依次降低，这是下跌趋势。我们可以将这种波峰波谷排列的方式称为有序排列，有序向上或有序向下。一旦波峰波谷的排列打破了原有的秩序，也就意味着原趋势的终结。

图1-3　上涨趋势与下跌趋势

如图1-4，如若上涨趋势未完结，它的每次回调所产生的波谷，都不会低于前方的波谷，不会打破波峰波谷依次向上的秩序；一旦它向下突破了前方的波谷，有序被打破，上涨趋势完结。同样，如若下跌趋势未完结，它的每次反弹所产生的波峰，也不会高于前方的波峰，不会打破波峰波谷依次向下的秩序；一旦它向上突破了前方的波峰，有序被打破，下跌趋势完结。

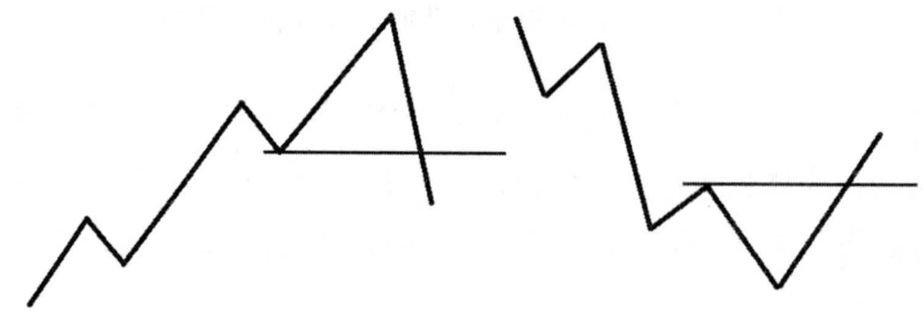

图1-4　波峰波谷原有的排列秩序被打破

判断趋势可以很简单，这就是为道日损。我们现在来举一个现实的例子，如图1-5为上证综合指数2016年3月至2018年4月的月线图。2018年2月的下跌，跌穿了前方的波谷，宣告着上涨趋势的完结。如果你有多单的话，至少在击穿前方波谷（3254）时便要平仓，而不致等到现在（2018年4月17日）的3091。

那后续走势处于什么状态中呢？完结了上涨趋势，就是下跌趋势吗？不一定，因为下跌趋势的定义为依次降低的波峰波谷为下跌趋势。现在只有2018年1月高点3587为波峰，2月低点3062为波谷，只有一对波峰波谷，没有更新的参照物对比出波峰波谷的依次下跌。如图1-6，如果出现了新的波谷，并且波峰波谷依次降低（图中画线），才能确定是下跌趋势。

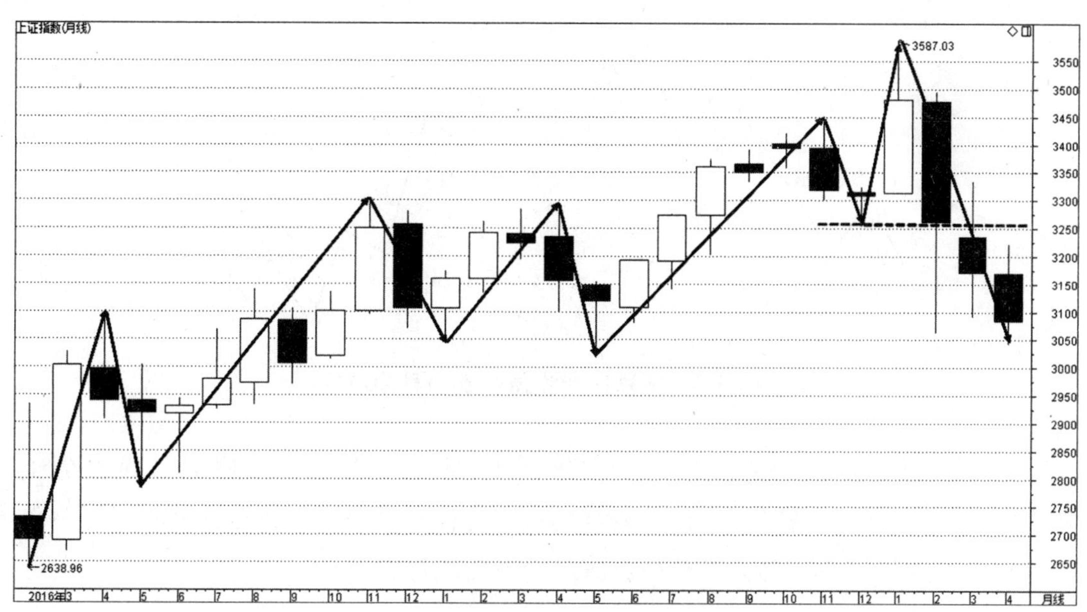

图 1-5　上证综合指数 2016 年 3 月至 2018 年 4 月月线图

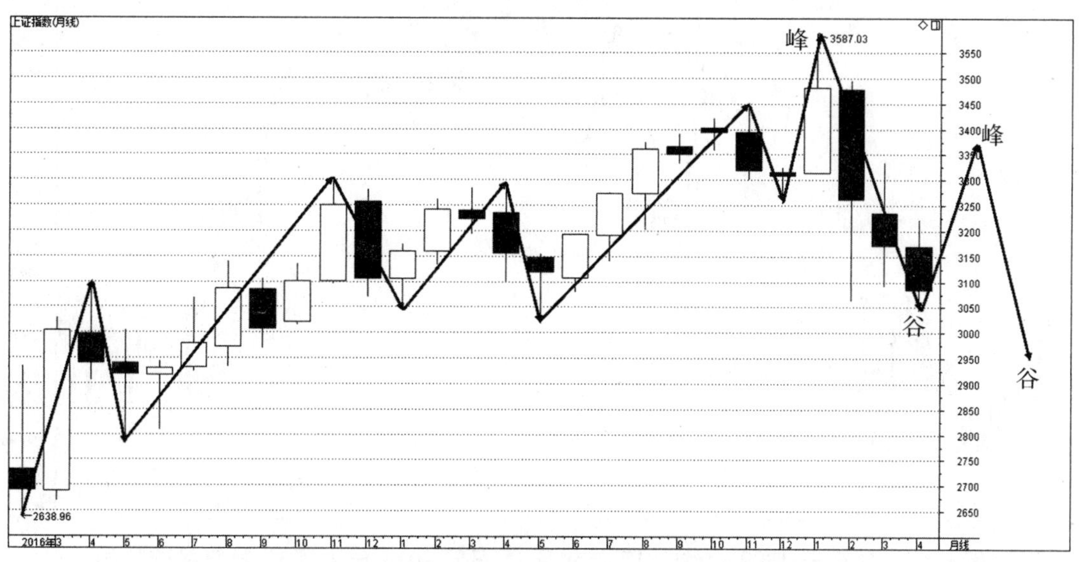

图 1-6　新的波峰波谷依次降低为下跌趋势

另一种情况是它还没破坏前方的波峰波谷，也就是它还没破坏原有秩序，而又产生出一种新的秩序。如图 1-7 的左侧，价格走势并未击穿前方的波谷，而是在最高点之后出现了波峰波谷依次降低的新的秩序，根据趋势的定义，新的秩序为下跌趋势，同时宣告了原上涨趋势的终结。同理可以解释图中右侧的下跌趋势的完结。当然，这又涉及趋势的层级问题。

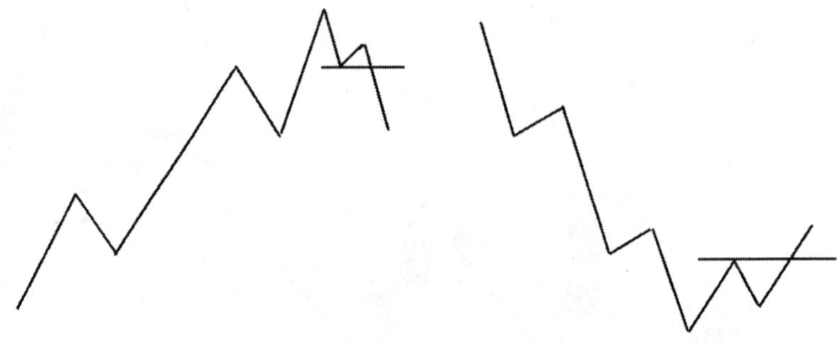

图 1-7 新秩序产生意味着原秩序结束

图 1-8 为铁矿石 1809 合约 2017 年 9 月 15 日至 2018 年 4 月 17 日日线走势图。在未跌破前期波谷的情况下，在最高点 576.5 的右侧出现了新的依次降低的波峰波谷，根据下跌趋势的定义，下跌趋势出现，上涨趋势完结。

图 1-8 铁矿石 1809 合约 2017 年 9 月 15 日至 2018 年 4 月 17 日日线走势图

1.4 趋势的后验性层级

但真实的走势并不都是如此的简单，更像一部《无间道》。它会产生各种层级，一环套一环，你中有我我中有他，上涨中有下跌，下跌中有上涨，这便让我们的判断容易产生很多谬误。我们的应对方法是：不预测，看到什么就是什么。

如图1－9，新的下跌趋势出现，原有的上涨趋势完结，此时我们将平掉手中的多单。但有可能它只是虚晃一枪，跌穿前方波谷后，立即向上折返突破新高。而突破前期高点即意味着它又重新回归了上涨趋势，则此时还处于上涨趋势中。

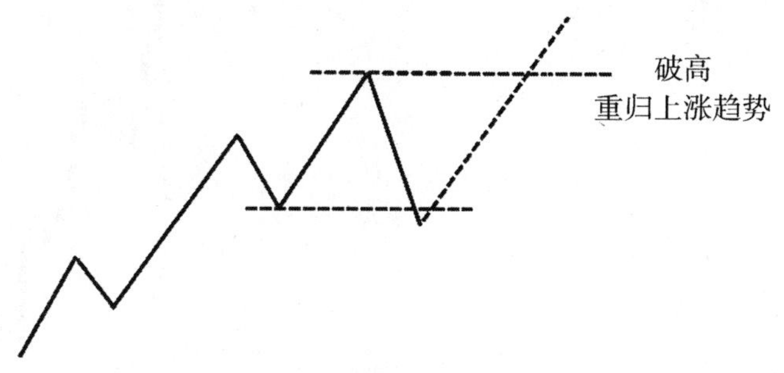

图1－9　重新回归上涨趋势

那么夹杂在大级别的峰谷乱序应当如何处理呢？这其实就是一段趋势的层级问题了。之前顺风顺水的上涨过程中，波峰波谷都是按着既定秩序依次向上排列的，也就无所谓层级问题。一旦出现了乱序，并且又重新回归上涨趋势后，便产生了层级的问题。整体而言，这是一段大级别的上涨趋势，也就是查尔斯·道所说的主要趋势，而在整体的上涨过程中，出现了与主要趋势相反的走势，即为查尔斯·道所说的次要趋势。有主有次，也就有了层级。

需要注意的是，这种次要趋势的确定是后验性的，也就是说在价格并未重新回归上涨趋势以前，我们无法判断这到底是一波新的向下的趋势，还是某大级别上涨趋势中的一段小插曲。这就是我们之前所说的不预测，破了峰谷向上有序排列，上涨趋势即完结，看到什么就是什么。再向上突破前高，上涨趋势回归，也不预测，还是看到什么还是什么。

来看一个真实的案例，如图1－10为铁矿石1809合约2017年12月4日至2018年4月17日日线走势图，在出现依次降低的波峰波谷处，538位放空。一直持有至新的向上依次抬高的波峰波谷处止损547平仓，这一笔交易我们亏损了9个点。也正因为有了新的趋势，所以在547位置反手做多。

图 1－10　铁矿石 1809 合约 2017 年 12 月 4 日至 2018 年 4 月 17 日日线走势图

图 1－11 中，当铁矿石价格下破前方波谷时，多单再次止损，528.5 位平多单，此次交易亏损 18.5 点，两笔交易共亏损 27.5 点。不过，当铁矿石价格又突破了前期低点 523 时，重新回归了下跌趋势，再次放空。截至 2018 年 4 月 17 日，铁矿石价格为 439，盈利 84 点。

图 1－11　铁矿石 1809 合约后续交易

在具体的应用中，我们没用到任何一丁点的预测，全部都是凭借着市场给我们什么，我们就做什么思路，也是秉承着看见什么就是什么的理念。不预测，给什么要什么，反而能跟得上市场方向的转换。

用趋势的定义来交易，它的优势是显而易见的，这种方法不会错失任何一段趋势，但是也有着明显的弊端。因为我们将市场的走势，化繁为简以至最简——只有两种状态，或为上涨，或为下跌。那么上涨完成后必下跌，下跌完成后必上涨，实际交易中，必然会处于一直在市的尴尬局面，那么就很有可能两面止损。

为什么会这样？因为在铁矿石的案例中，第二笔做多的交易，是整体下跌趋势中的一段插曲，是下跌主要趋势中的次要趋势。我们用趋势的定义来反推层级，必然导致后验证性，也就是走出来以后，我们才能确认，就导致了必然要两面亏损。

那么，高明的交易系统，应该可以先验性地处理层级关系，也就是我们经常听到的，上涨趋势只做多不做空，下跌趋势只做空不做多，如此，最多我们只会一面止损，而不是两面亏损。

这也正是我们要穷尽一切已知的交易系统，寻找它们的共性后力求简化，并且寻找一种先验性的方法，以求在框架更大的系统内部，寻找一种最为简洁的交易模式的原因。

后面，我们首先要做的是，如何最大限度地忘掉现有的那些形式，寻找共性。

想要忘掉蜡烛图，我们就要先熟悉它、了解它，这是一个肯定、否定、否定之否定的过程。爱因斯坦说过：“教育就是当一个人把在学校所学全部忘光之后剩下的东西。”

蜡烛图分为两种形态：反转形态与持续形态。反转形态两两相对，知一而通二。持续形态相对于反转形态是次要形态。我们前面说过，震荡走势从属于某个大级别趋势中，不必单独开列一种形态给它。所以我们学习、了解蜡烛图，主要从反转形态下手，来研究它是如何起到反转作用的。

2.1 解构反转形态蜡烛图

蜡烛图的顶背离形态与底背离形态成对出现：如看涨吞没形态与看跌吞没形态、刺透形态与乌云盖顶形态、流星线与锤子线、上吊线与倒锤线、启明星与黄昏之星。其中，力度最强的莫过于吞没形态，而其他四组反转形态可以看作是力度不足的吞没形态的变体而已。

2.1.1 看涨吞没形态

图2－1为看涨吞没与看跌吞没形态的示意图，《日本蜡烛图教程》给出的定义

为：组成看涨（跌）吞没形态的K线中，前一根K线必为阴（阳）线，后一根K线必为阳（阴）线，如果第一根K线的实体部分非常小，则其为阴线阳线无所谓。后一根阳（阴）线必须包住前方K线的实体，但影线部分可以除外。看涨（跌）吞没形态必须出现在一段清晰可见的下跌（上涨）行情之后。

图2-1　看涨吞没与看跌吞没形态示意图

如果书上说这种K线组合而成的形态必然反转，而你不去深究其内部逻辑的话，则只是学到形式，但我们的目的却是要忘记形式，是要深挖它的内部逻辑。

有人说，长阳线出现必然上涨，因为阳线的实体越长，说明它的上涨力度越强。我们可以把多空争夺设想成阵地战，多空双方在开盘价这条线上开展争夺，多方不断地推进阵地，一天的仗打完了，阵地推得越来越远，是不是多方的力度更强呢？既然多方力度强，价格当然会上涨。

图2-2为华夏银行（600015）2017年12月15日至2018年4月18日日线走势图。图中标示的长阳线之后为什么没有上涨？真实情况是，并不是所有长阳线都代表着多方力度强，后市一定会上涨。《曹刿论战》中说道，一鼓作气，再而衰，三而竭。《史记·韩安国列传》中说，强弩之末，矢不能穿鲁缟。长阳线确实在某种程度上反映了多方力度更强，但也要看它的相对位置。

图2-3为黄山旅游（600054）2017年10月19日至2018年4月18日日线走势图。在一段清晰可见的下跌趋势中出现了看涨吞没形态，它的相对位置并不是"三而竭"的位置，也不是不能"穿鲁缟"的位置，而是相对低位。那么我们调整了相对位置之后发现，即便是在低位的长阳线，也并不意味着价格一定会上涨。所以我们再回头看《日本蜡烛图教程》给出的条件，都是表象而已，它并没有解释为什么看涨吞没形态会上涨；为什么在下跌之后，一根长阳线包住了前方的阴线，就会产生底部反转。

图 2－2　华夏银行（600015）2017 年 12 月 15 日至 2018 年 4 月 18 日日线走势图

图 2－3　黄山旅游（600054）2017 年 10 月 19 日至 2018 年 4 月 18 日日线走势图

我们现在至少可以说，长阳线出现之后不一定上涨，相对低位的长阳线出现之后也不一定上涨。那什么情况下的长阳线才会上涨呢？这就需要研究一下看涨吞没形态的内部走势。

图 2－4 为一段峰谷依次降低的下跌趋势，被一段上涨走势打破了原有的峰谷有序排列，下跌趋势完结。如果把每一段走势，都画成一根 K 线，你会看到最后两

根线恰好形成了看涨吞没形态。那么看涨吞没形态为什么会起作用？是因为它打破了前方峰谷依次向下的有序排列，打破了原有秩序意味着它终结了下跌趋势，所以有时候看涨吞没形态会起作用。

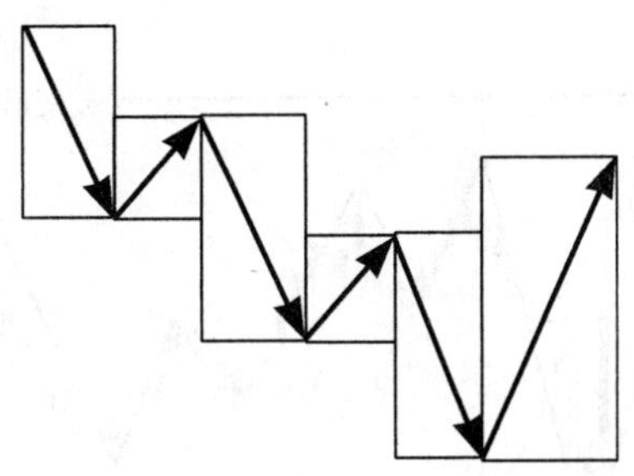

图2－4　看涨吞没形态的内部结构

为什么我说“有时候”会起作用呢？因为它仅仅是终结了下跌趋势而已，并没有出现新的峰谷依次抬高的情况。如果如图2－5所示，我就会说买进的机会来了，上涨的概率越来越大了。

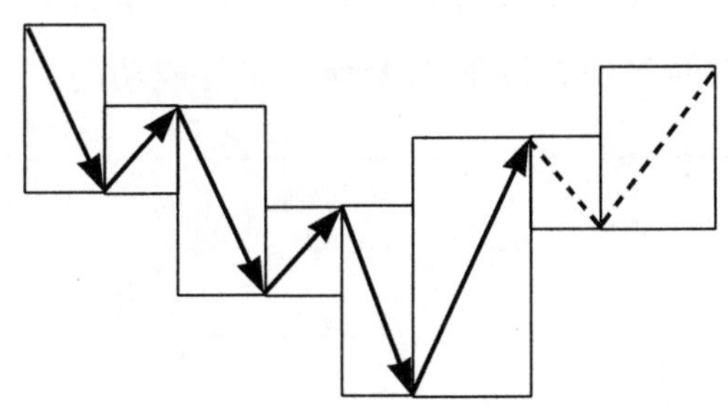

图2－5　在看涨吞没形态之后出现依次抬高的峰谷

我们先来看一下为什么黄山旅游的看涨吞没形态没有成功（日线参见图2－3），图2－6为黄山旅游日线部分相对应的小时线走势图。方框中为日线中对应的看涨吞没形态，它甚至连前方波峰都没有突破，也就是说，在它的内部走势中，它甚至没有打破峰谷向下排列的原有秩序，更不能说它终结了下跌趋势。它连最基本的反转基础都没有，后市下跌的判断就是正确的。如果你仅仅看了日线的图形就判断它要向上反转，那就错了。

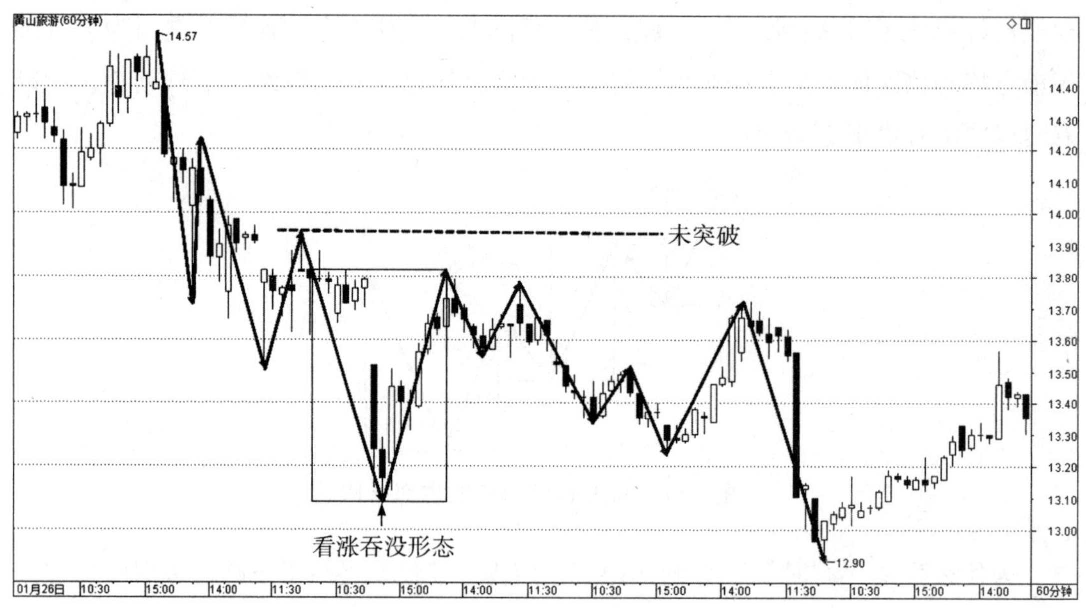

图 2－6　黄山旅游看涨吞没形态对应的小时线走势图

图 2－7 为万东医疗（600055）2018 年 3 月 8 日至 2018 年 4 月 13 日日线走势图，其中位于相对低位的看涨吞没形态无疑是非常成功的。

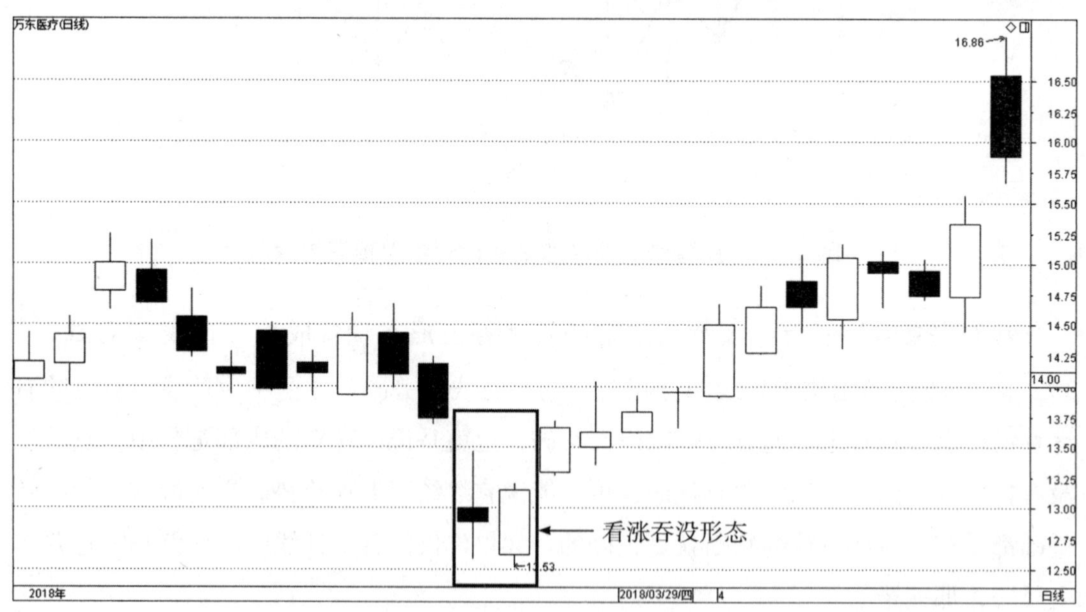

图 2－7　万东医疗（600055）2018 年 3 月 8 日至 2018 年 4 月 13 日日线走势图

图 2－8 为万东医疗看涨吞没形态对应的小时线走势图。虽然第一波上涨也未能打破原有的峰谷依次下降的秩序，但是在看涨吞没形态的右侧，它形成了新的峰

谷依次抬高的新秩序。新秩序的诞生宣告旧秩序——下跌趋势的完结，上涨趋势开始。可见，万东医疗的看涨吞没形态是成功的。

图2－8　万东医疗看涨吞没形态对应的小时线走势图

从黄山旅游的失败案例到万东医疗的成功案例，我们看到，看涨吞没形态是否能成功，不在于它是不是由两根阴阳相反的K线组合而成，不在于它的阳线是否能包住前方的阴线，不在于阳线的长度有多长，而在于在它的内部走势中，是否终结了前期的趋势，是否建立了上涨新秩序。只有新秩序建成，才会真正形成底部反转。可见，形式没有用，你完全可以忘掉它。

解构后的止损应对

有没有忘掉形式，只看内部逻辑的时候，还会出现亏损的情况呢？当然会有，没有任何一种方法可以百分之百保证赢利，关键在于如果给出了伪信号，我们如何应对。唯一的方法就是设立止损点了。图2－9中，在拐点的右侧出现了上涨新秩序，但好景不长，转头向下。此时有两种应对方法，一种是我们可以给上涨趋势画一条趋势线，下破趋势线便止损。一种是根据趋势定义来止损，当它下破前方的波谷时，打破了上涨趋势的定义，短暂的上涨趋势完结，多单止损。即便是发生亏损，亏损终归是有限的，而我们根据趋势定义来交易，是因为趋势的方向不会轻易发生变化，除非趋势被打破。所以一旦我们搭上了趋势的快车，前期的亏损不过是九牛一毛。

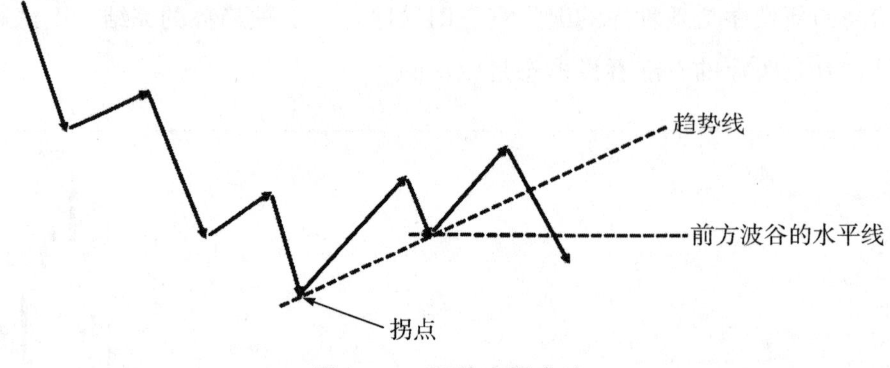

图 2－9　两种止损方法

如果你足够细心的话，你会发现在我们寻求反转的证据时，无意间已经画出一组头肩底的形态，如图 2－10，我们把上图的止损虚线去掉，加上一条颈线，便是头肩底形态的买点。水平的虚线，是我们根据趋势的定义找到的买点，两者相差不大。这就是蜡烛图与价格形态相通的地方。并且这样的走势，如果机缘巧合的话，还可能形成双重底、三重底等各种底部反转形态。这也反映了经典的、传统的技术分析方法的共性。

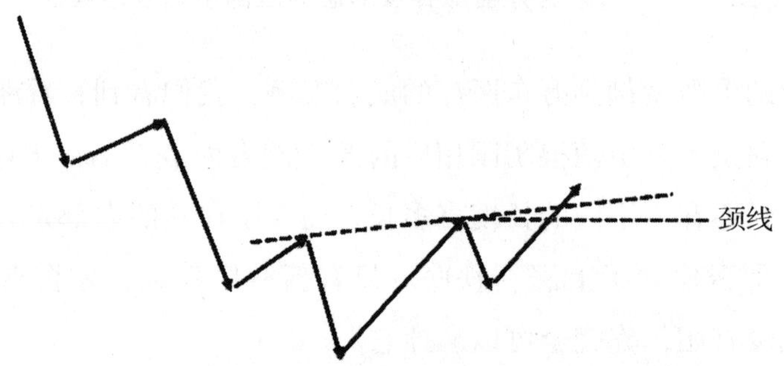

图 2－10　看涨吞没形态转化而来的头肩底形态示意图

2.1.2　看跌吞没形态

看涨吞没与看跌吞没互为镜像，我们了解了看涨吞没形态的所有模式之后，也自然能推导出看跌吞没的所有模式。

首先，并不是阴线越长就代表着它的下跌力度越大。其次，也并不是在相对较高位置出现的长阴线就一定会形成看跌吞没形态。使得看跌吞没形态形成的是在其内部走势中，新的依次降低的峰谷排列秩序打破了或取代了原有的依次抬高的峰谷排列旧秩序，从而完成了反转。如图 2－11。

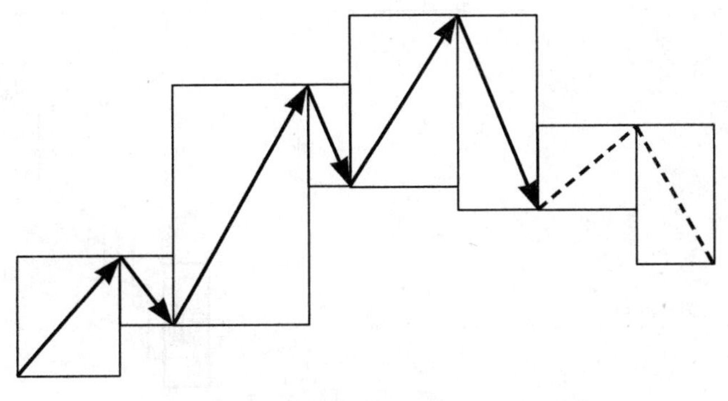

图 2－11　看跌吞没形态的内部结构

图 2－12 为 50ETF2018 年 1 月 5 日至 2018 年 6 月 27 日日线走势图。在看跌吞没形态出现后，仅仅下跌了一天，便连收四根阳线，由于我们无法判定看跌吞没形态是否已经起到了反转的作用，所以我们需要求助于它的内部走势。此例内部走势清楚地显示它的峰谷不断下降的排列，从日线级别也可以看出它出现了峰谷不断下降的排列，表明看跌吞没形态起了作用。

图 2－12　50ETF2018 年 1 月 5 日至 2018 年 6 月 27 日日线走势图

图 2－13 为上证指数 2017 年 11 月 23 日至 2018 年 2 月 6 日日线走势图。图中看跌吞没形态并未成功，我们需要从内部走势探究一下失败的原因。

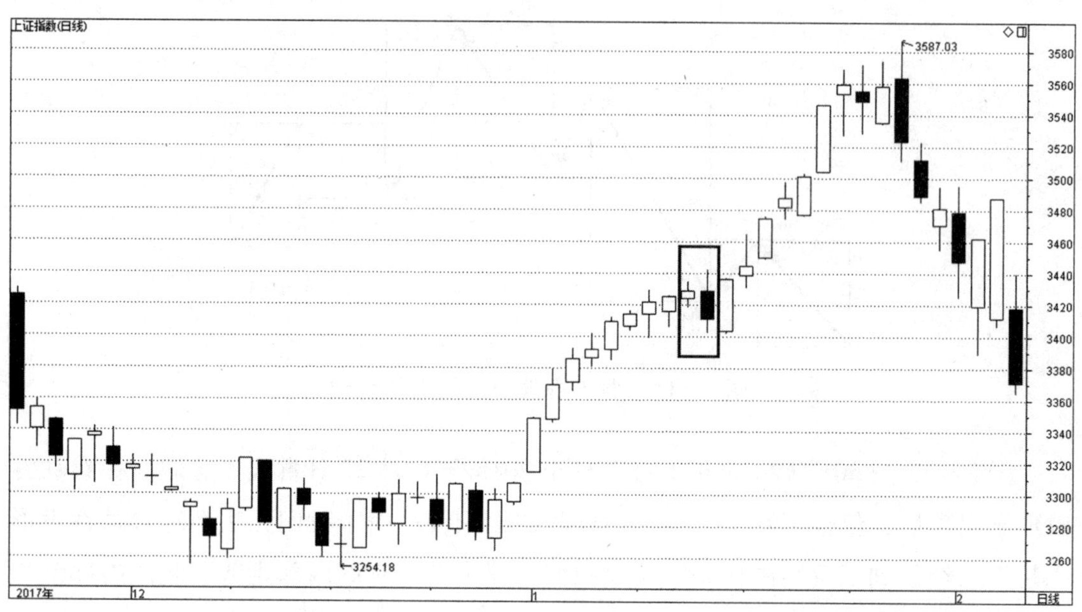

图 2－13　上证指数 2017 年 11 月 23 日至 2018 年 2 月 6 日日线走势图

图 2－14 为上证指数看跌吞没形态对应小时线走势图。内部走势中，它未跌穿前期波谷的低点，使其终结前期上涨趋势，也未在其后给出下跌的新秩序。所以这只是上涨趋势中的一段小得不能再小的插曲而已，看跌吞没形态并未起到任何作用。

图 2－14　上证指数 2017 年 11 月 23 日至 2018 年 2 月 6 日日线
看跌吞没形态对应的小时线走势图

相应的，我们也要给出在一切条件都符合的情况下的止损位置，如图2－15，可以在下跌新秩序中画出下跌趋势线，也可以按下跌趋势定义，当价格向下突破了前期波谷的时候止损。

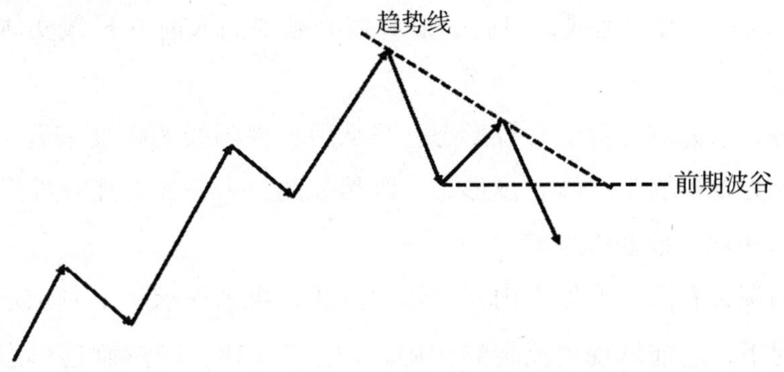

图2－15　两个止损位置

既然看涨吞没形态能与头肩底形态相通，那么看跌吞没形态也必与头肩顶形态相通，如图2－16。所以，底层逻辑是相通的，而运用之妙，存乎一心。

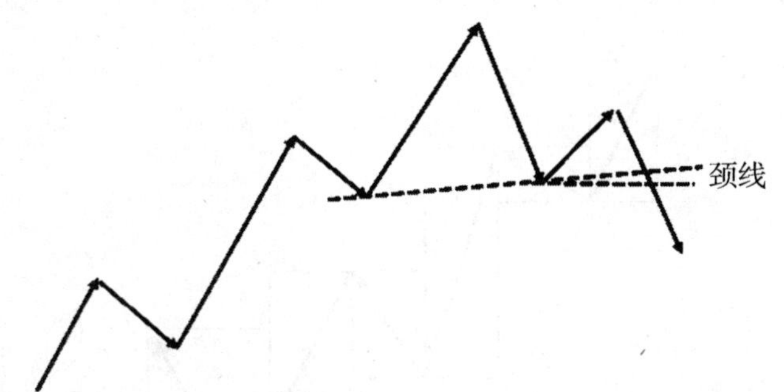

图2－16　看跌吞没形态转化而来的头肩顶形态示意图

2.1.3　刺透形态与乌云盖顶

看涨吞没形态与看跌吞没形态是所有反转形态的基础，其他的反转形态可以看作是力度不足的看涨吞没与看跌吞没。例如刺透形态与乌云盖顶形态，如图2－17。

图2－17　刺透形态与乌云盖顶形态示意图

按日本蜡烛图，刺透（乌云盖顶）形态必须出现在一段清晰可见的下跌（上涨）趋势之后；刺透（乌云盖顶）形态的前一根K线为阴（阳）线，后一根K线为阳（阴）线。后方阳（阴）线插入前面阴（阳）线实体部分越大，说明看涨（跌）可能性越大，力度越强，但后一根K线必须要插入前方K线实体部分的50%以上。

刺透形态是未完成的看涨吞没形态。只从后一根阳线的幅度来看，也能证明刺透形态的看涨力度要弱于看涨吞没形态。既然如此，未完成看涨吞没形态（刺透形态）也就不意味着完成底部反转。

根据我们探寻看涨吞没形态内在逻辑的方法，再来探求一下刺透形态与乌云盖顶在什么情况下，才能体现出反转的作用。如图2－18，既然刺透形态是指跳空低开高走后，插入前方阴线的50%以内，但并未吞没前方阴线，也就表明此时的上涨并未破坏前期峰谷依次下跌的旧有秩序，也就意味着原下跌趋势并未结束，目前还处于下跌趋势之中。如果按趋势定义的分析方法，刺透形态仅仅是一个形态而已，并未起到扭转趋势的作用。

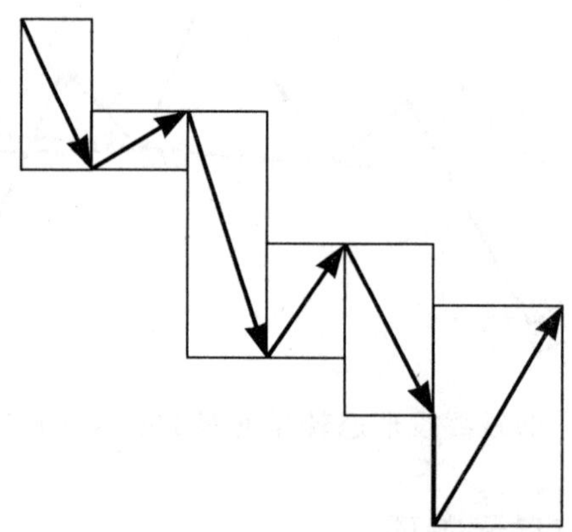

图2－18 刺透形态内部走势图

刺透形态是否起到底部反转的作用，还要看其后续走势。其间分为两种情况：

第一，后续走势继续延续低开高走的涨势，向上吃透原下跌趋势中的前方波峰，完结前方下跌趋势，如图2－19。但若形成新的上涨趋势，则需出现新的依次抬高峰谷的新秩序。

第二，在未吃透下跌趋势中的前方波峰情况下，形成新的依次抬高的峰谷新秩序，以完结前期下跌趋势，如图2－20。

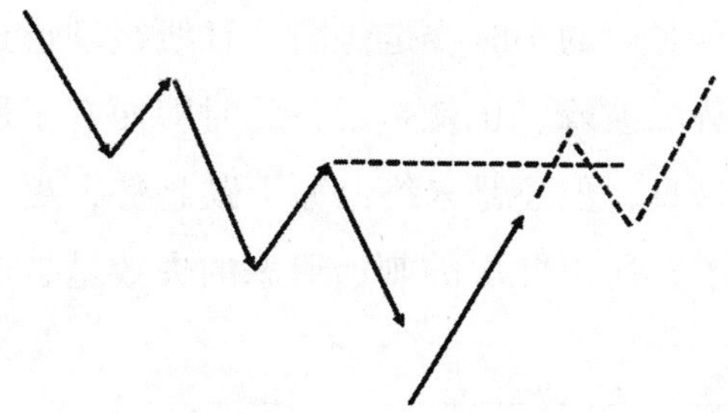

图2－19　先破波峰终结下跌趋势，再形成新秩序

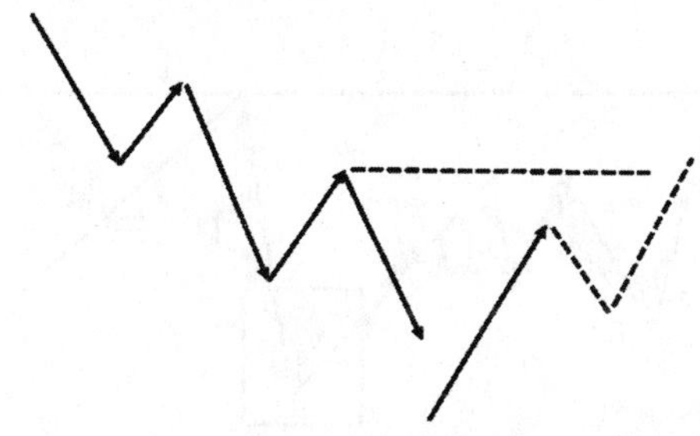

图2－20　未破波峰，直接形成上涨新秩序

其实两种情况实为一种情况，只不过先后顺序有所不同，但若要形成新的上涨趋势，必须出现新秩序，这是根本，这是唯一选择。

图2－21为东风汽车（600006）2017年9月26日至2018年2月12日日线走势图。图中的形态，完全符合刺透形态的全部条件。不过，它并未体现出反转的作用。

图2－21　东风汽车（600006）2017年9月26日至2018年2月12日日线走势图

图 2－22 为东风汽车对应的小时线走势图。日线级别形成刺透形态之后，它并未向上突破前期下跌趋势的波峰，也就是说，此时即便有了所谓的反转形态，并且在其后又上涨了一个交易日，但还是未终结原下跌趋势，更不要说在其后形成峰谷依次向上排列的新秩序了，所以此次的刺透形态的失败是必然的。

图 2－22 东风汽车对应的小时线走势图

如果你说东风汽车的刺透形态太小了，不足以说明刺透形态力度，那么我们再看图 2－23，这是中国国贸（600007）2017 年 12 月 27 日至 2018 年 3 月 30 日日线走势图。图中标示的刺透形态的阴阳两根 K 线的长度是在此页显示图中最长的 K 线，力度不可谓不大，但还是没有形成底部反转。

图 2－24 为中国国贸对应的小时线走势图，与上例东风汽车一样，即便如此大规模的刺透形态，也未向上突破前期下跌趋势的波峰，并未终结前期下跌趋势，其后也未形成峰谷依次上升的新秩序。不论多大规模的刺透形态，其内部走势不符合趋势定义，即无法形成反转，情况如此简单也是如此残酷。

图2-23　中国国贸（600007）2017年12月27日至2018年3月30日日线走势图

图2-24　中国国贸对应的小时线走势图

图2-25为浦发银行（600000）2017年12月1日至2018年2月8日日线走势图。在刺透形态之后，又一个交易日的上涨突破了前期下跌趋势波峰，终结了下跌趋势。在右侧形成了上涨趋势的新秩序，完成了底部反转的新运作。演化得极其干净漂亮，我们甚至都不需要内部走势的确认，直接从日线上就可以找到买点。浦发银行底部反转走势，其实也是头肩底形态的底部反转。

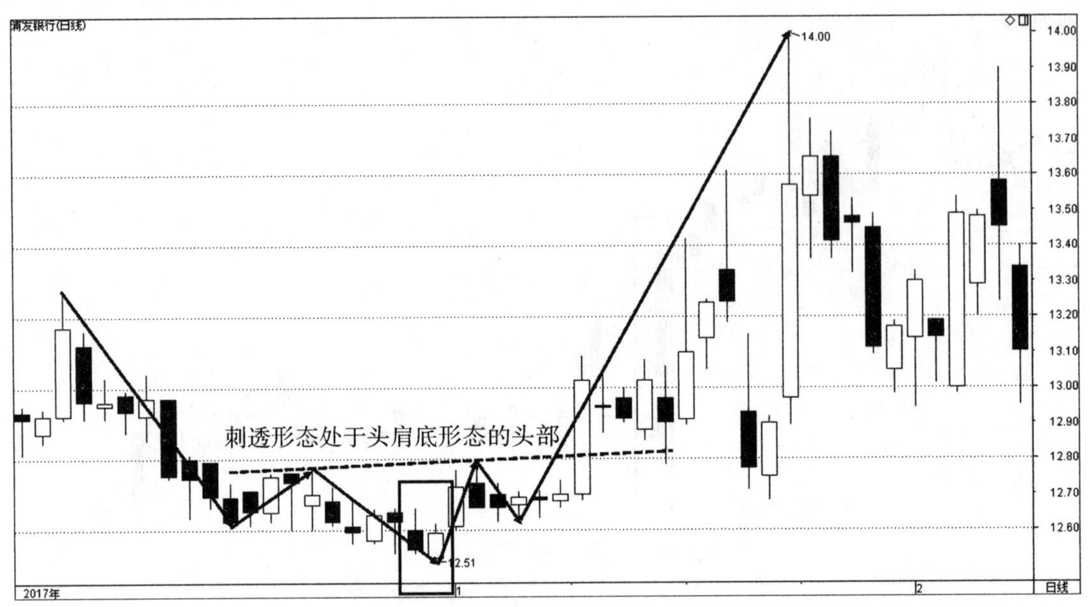

图 2－25　浦发银行（600000）2017 年 12 月 1 日至 2018 年 2 月 8 日日线走势图

通过探寻刺透形态的内部逻辑，相信你也能反推出乌云盖顶符合哪些条件才会形成顶部反转，在此不赘述。

关于刺透形态，《日本蜡烛图教程》一书中还讲解了待入形态、切入形态和插入形态，这些形态力度较之于刺透形态反转作用更弱，如图 2－26。待入形态是指前方阴线与后方阳线收盘价存在跳空缺口且未关闭；切入形态是指前方阴线与后方阳线的收盘价几乎相等；插入形态是指后方阳线收盘价插入前方阴线实体内，但未插入 50% 以上。

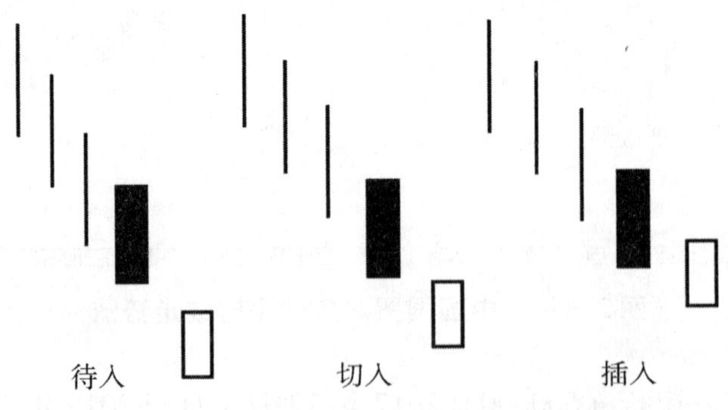

图 2－26　待入形态、切入形态、插入形态

如果我们按阳线的长度来判断反转力度，那么待入形态力度小于切入形态，切入形态力度小于插入形态，插入形态力度小于刺透形态，刺透形态力度小于吞没形态。不论什么形态，都只是外在的形式而已，只有当它终结了旧秩序，产生了新秩

序，才拥有了反转的能力。如果没有新秩序的产生，即便很漂亮的形态也于事无补。所以我们不能看到类似的形态，就断言将要发生反转。

2.1.4　出水芙蓉与祸从天降

关于刺透形态与乌云盖顶形态还有一种变体，或者说它是看涨吞没与看跌吞没的变体，在《日本蜡烛图教程》中完全没有涉及，如图2－27。由于后一日的K线不是全部包住前方的K线，它不是吞没形态，又由于股价不是低开或高开，而是高开或低开，所以它也不是刺透或乌云盖顶。书中没有阐述，但这种形态又大量存在，我们怎么解决呢？我分别给他们取了名字：出水芙蓉与祸从天降。

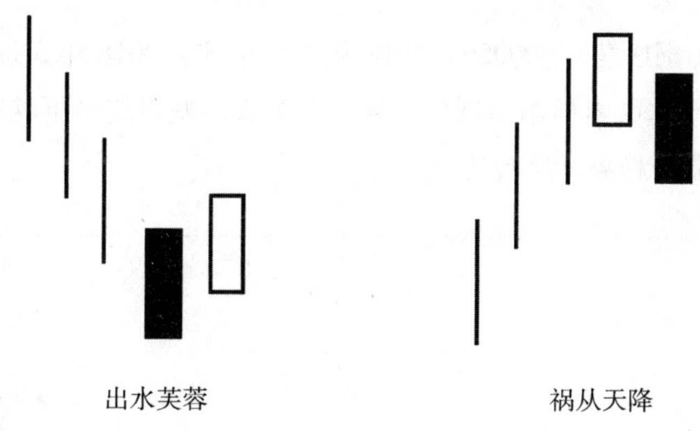

图2－27　出水芙蓉与祸从天降

在出水芙蓉中，为什么会出现高开呢？因为买方等不及低开高走后再买，而是迫不及待地要买，所以会报出高价，而当我报出高价后，还有比我更迫不及待要买的人报出更高的价格，所以会推高开盘价。同理，在祸从天降中，迫不及待地卖出，也拉低了开盘价。那么这种迫不及待的反转力度，要比吞没形态更大，其原因就在于迫不及待！它们的内部走势如图2－28与2－29，如果把后两段走势整合成K线，便是出水芙蓉与祸从天降的形态。

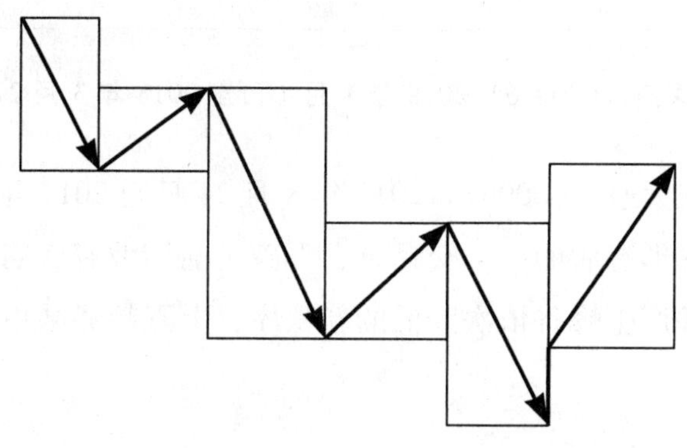

图2－28　出水芙蓉

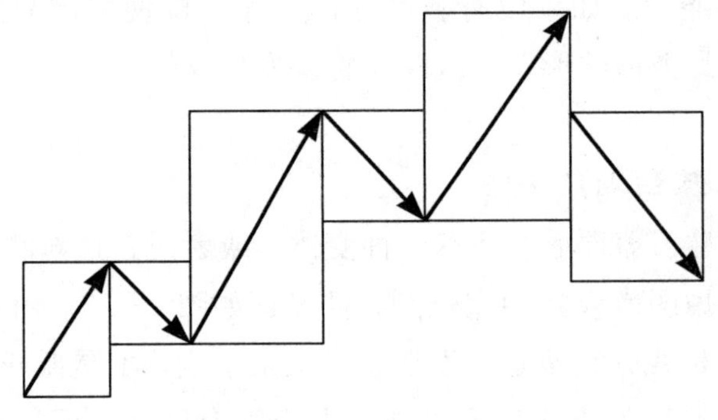

图 2－29　祸从天降

图 2－30 为中国医药（600056）2018 年 1 月 4 日至 2018 年 3 月 22 日日线走势图。2 月 12 日，出水芙蓉形态出现后，先向上突破波峰以终结下跌趋势线，回调后再次破高形成上涨新趋势，反转达成。

图 2－30　中国医药（600056）2018 年 1 月 4 日至 2018 年 3 月 22 日日线走势图

图 2－31 为冠城大通（600067）2017 年 8 月 24 日至 2017 年 12 月 15 日日线走势图。出现祸从天降形态后的一个交易日，下破了前期波谷，意味着在上涨趋势突然遭受直接破坏，并产生峰谷依次降低的新秩序，上涨趋势结束，下跌趋势开始。

图2－31　冠城大通（600067）2017年8月24日至2017年12月15日日线走势图

至此我们已经解构了三种反转形态：看涨吞没形态与看跌吞没形态、出水芙蓉形态与祸从天降形态、刺透形态与乌云盖顶形态。从外在形式来看，它们不过是阴线与阳线排列方式不同而已，如图2－32与图2－33。这三种形态无外乎就是把阴线上下位置移动一下，或者把阴线的长度拉长一点、缩短一点，除此之外，没有什么不同。

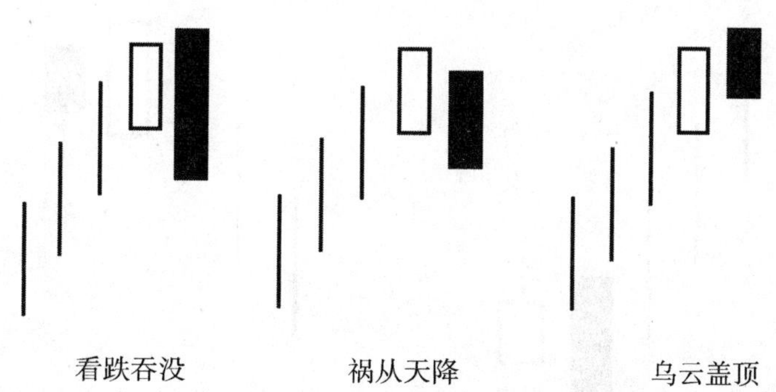

图2－32　阴线与阳线不同排列方式的看跌吞没、祸从天降与乌云盖顶形态

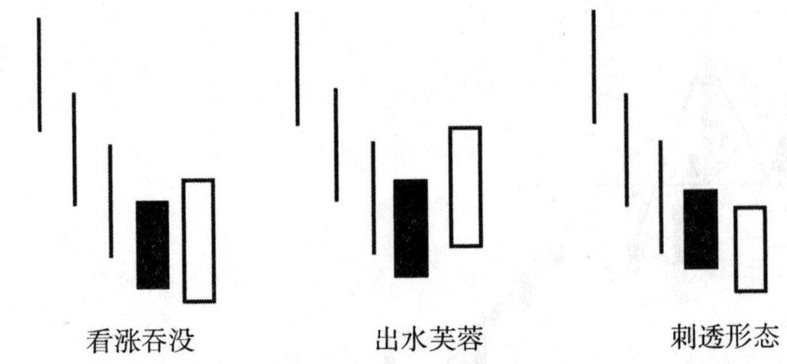

图2-33 **阴线与阳线不同排列方式的看涨吞没、出水芙蓉与刺透形态**

2.1.5 孕线

要说不同，也只能说是收出阴线这一天的力度不同而已。而后续走势的反转力度，与顶部阴线的位置、长度没半点关系。那么反转形态的精髓在哪里？是否反转，并不取决于某根K线的位置或长度，而是取决于是否符合趋势的基本定义。所以，不论以上哪种形态，对于反转而言，都没有意义，你大可以忘掉吞没，忘掉刺透，忘掉乌云盖顶，只需要牢记趋势定义即可。

《日本蜡烛图教程》中所涉及的反转形态与持续形态，能做文章的部分只有两个，一为K线的实体部分，一为K线的影线部分。关于K线的实体部分，以上六种形态基本完全囊括，但还有一种介于反转形态与持续形态之间的K线实体变化——孕线，它本身并没有实际意义，在此，仅略做说明，如图2-34。

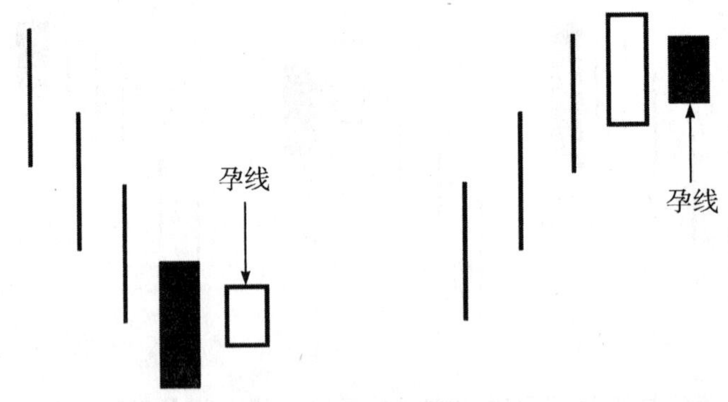

图2-34 **孕线示意图**

之所以称为孕线，是因为后一根K线包含于前一根K线实体之中，就像前一根K线怀孕了一样。《日本蜡烛图教程》中给出孕线的含义为踩刹车，如果在一连串的上涨或下跌行情中出现了孕线，便提示我们要注意了，此处上涨或下跌行情的速度可能没有那么快了，要随时准备下车。

而孕线的演化方向，无外乎两种，拿下跌行情中的孕线来说，一种为价格继续下跌，那么孕线没有丝毫意义；一种为价格反转，那么加上孕线与后续走势的阳线合并为一根K线，变为出水芙蓉形态。如图2－35。如果孕线无意义，我们可以忽略它；如果孕线与后续K线合并后变成出水芙蓉形态，那就按出水芙蓉形态处理，孕线也就没有任何意义。同理，图2－36为高位孕线的两种演化方向。

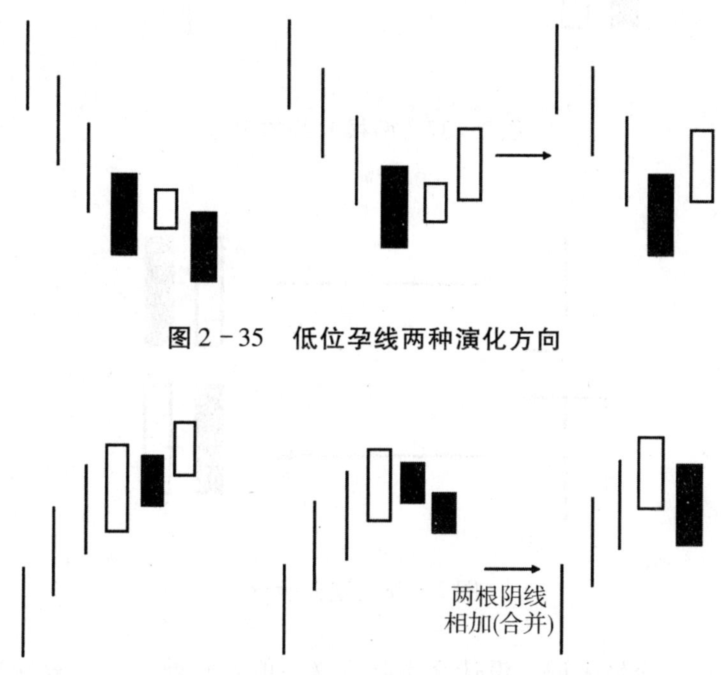

图2－35　低位孕线两种演化方向

图2－36　高位孕线两种演化方向

2.1.6　锤子线与流星线

蜡烛图反转形态的变化除了K线的实体之外，还有影线部分。而影线的部分，我们可以借鉴Price Action法中对K线的逆处理。如果一根阴线与一根阳线并列放在一起，两根K线合并，我们可以看成是一根具有长上影线的星线。同样，如果一根阳线与一根阴线并列放在一起，两根K线合并，我们可以看成是一根具有长下影线的星线，如图2－37。

一根带有长上影线的星线，可以拆分成并列的阳线与阴线。一根带有长下影线的星线，可以拆分成并列的阴线与阳线。如图2－38。

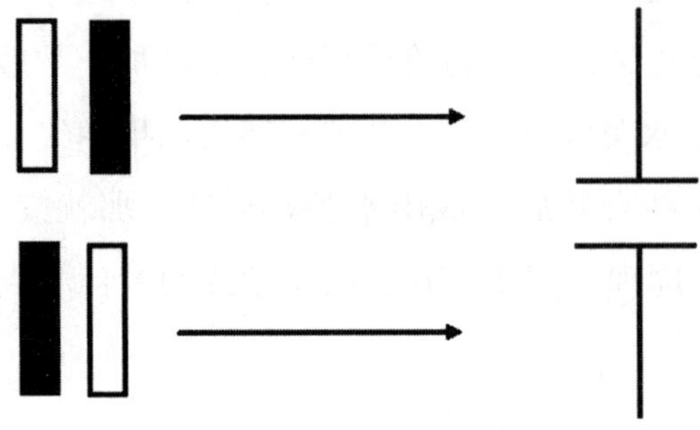

图 2－37 两根 K 线的组合

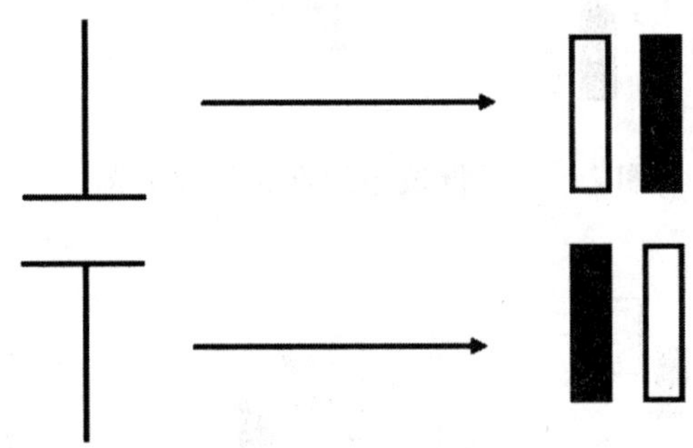

图 2－38 逆向拆分

这种方法对于交易来说，没什么实际意义，但是它就像是公式转换一样，能让我们更好地理解以影线为主要变化的蜡烛图反转形态。图 2－39 为流星线与锤子线的示意图，《日本蜡烛图教程》给出形态条件为：流星线（锤子线）的实体要非常小，并且实体部分处于 K 线整体长度尾部的 1/3 以内；K 线主影线越长越好，至少是实体的 2～3 倍；整根 K 线最好没有副影线，如果有，也应是短到可以忽略不计的程度；流星线（锤子线）的实体是阴线还是阳线无所谓；流星线（锤子线）出现在一段清晰可见的上涨（下跌）趋势之后。

关于影线的长度与实体的长度，虽然书中强调它们的倍数关系，但是并不能如此量化。很多类似的形态中，影线确实很长，但相应的实体也很长，如果按书中给出的量化条件，影线必须是实体的 2～3 倍，那么一大批形态将无法归类。更有一种极端的情况，实体部分极小，假设开盘价与收盘价相同，实体部分为零。那么仅有一个点的上影线或下影线的形态，能称得上是锤子线或是流星线吗？对于这种并不严谨的量化描述，我们在应用的时候不要过于拘泥。

图 2－39　锤子线形态与流星线形态示意图

如果按照开篇所说的 K 线逆向拆分，我们可以将锤子线简化为两根没有影线的并列阴阳线，如图 2－40。

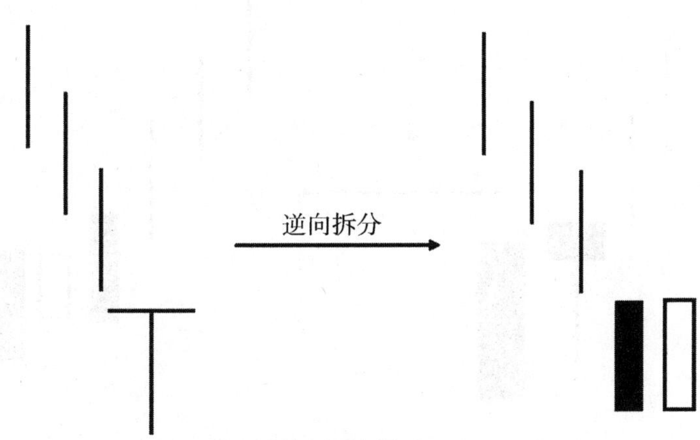

图 2－40　锤子线逆向拆分的特殊情况

因为我们给出的形态是锤子线的特殊形式，其开盘价与收盘价相等，以至于逆向拆分后的两根 K 线，除了阴阳不同之外都一样。你可以把它理解成特殊形式的看涨吞没，那么锤子线又回归到了我们最熟悉的看涨吞没形态中。

若该锤子线为阳线，说明下跌之后的上涨将前期下跌的幅度全部吃光，逆向拆分后，形成了真正的看涨吞没形态，如图 2－41。

若该锤子线为阴线，说明下跌之后的上涨仅仅吃掉前期下跌幅度的一部分，逆向拆分后形成了孕线形态。孕线的实战意义是什么呢？如果孕线之后继续下跌，则孕线无意义，也就意味着该锤子线没有达成反转的目的，如图 2－42；如果孕线之后继续上涨，则再次形成看涨吞没形态，如图 2－43。

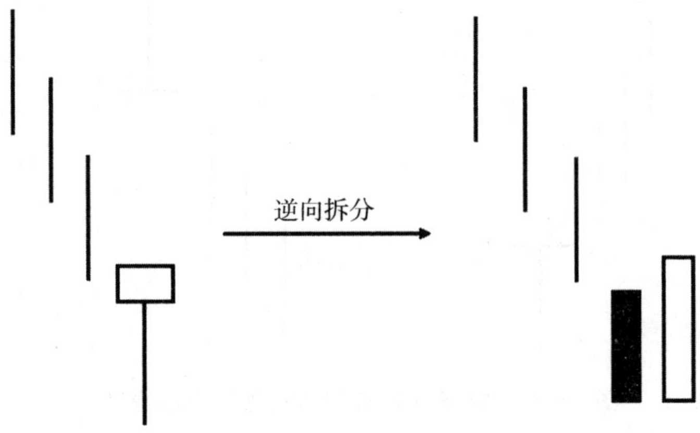

图 2－41 阳锤线子逆向拆分

图 2－42 阴锤子线后继续下跌

图 2－43 阴锤子线后上涨的逆向拆分

既然皆可转化为我们熟悉的方式，那么它显示的买点与卖点都无须赘述，是否能达成反转，全看内部走势是否形成了新的上涨秩序。类似的，我们也可以把流星线逆向拆分，如图2－44至图2－47。

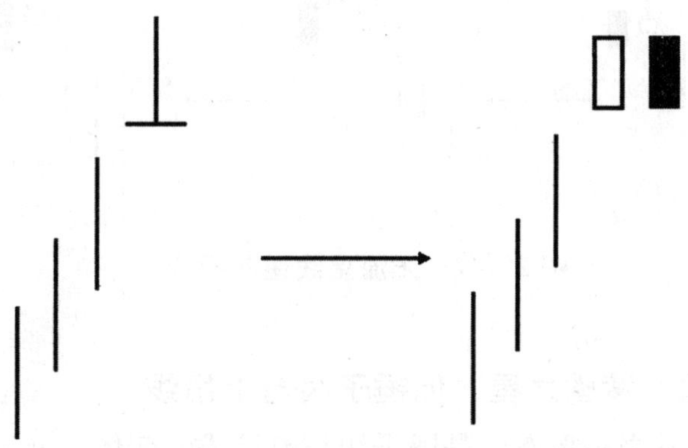

图2－44　流星线逆向拆分的特殊情况

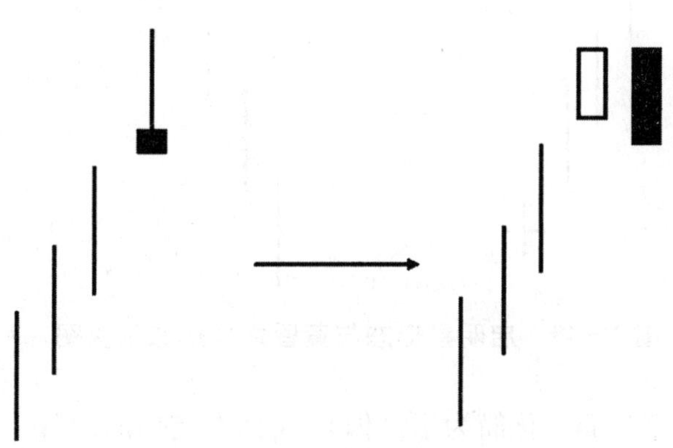

图2－45　流星线逆向拆分

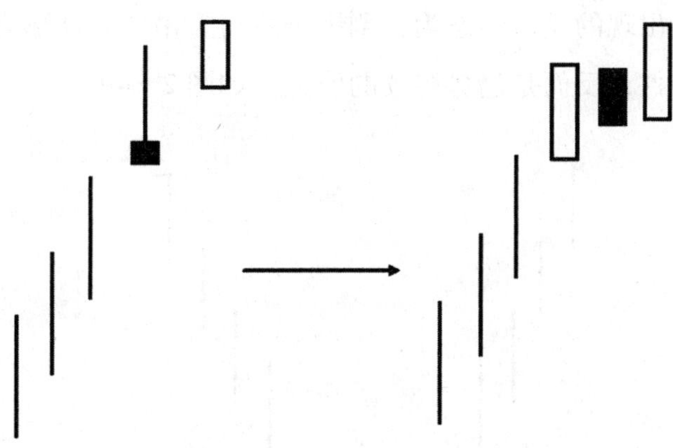

图2－46　流星线后继续上涨

图 2－47 阳流星线逆向拆分

2.1.7 启明星、黄昏之星、倒锤子线与上吊线

启明星形态与黄昏之星形态，是锤子线与流星线的变体，差别仅在于上下影线变短了而已，如图 2－48。

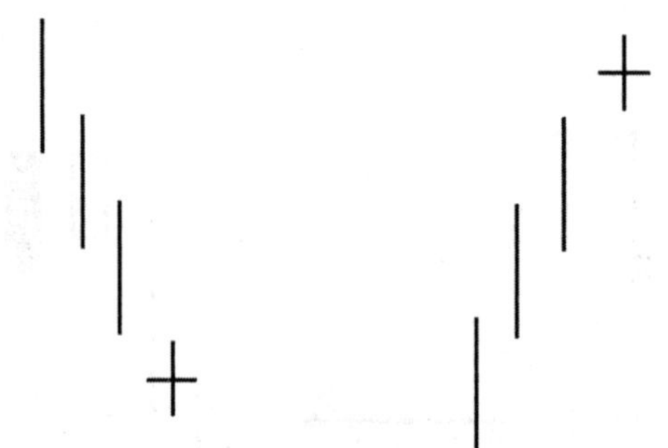

图 2－48 启明星形态与黄昏之星形态示意图

我们一直力求化繁为简，化简为了。但是《日本蜡烛图教程》却反其道而行之，明明是一种形态，却将它们分别说成锤子线与启明星、流星线与黄昏之星。其实，你了解了锤子线与流星线的拆分过程，也就能推导出启明星与黄昏之星的拆分过程。

最后一组成对出现的反转形态为：倒锤子线与上吊线。从形态来看，它们并不具备趋势反转的条件，反而是趋势持续的明证，如图 2－49。

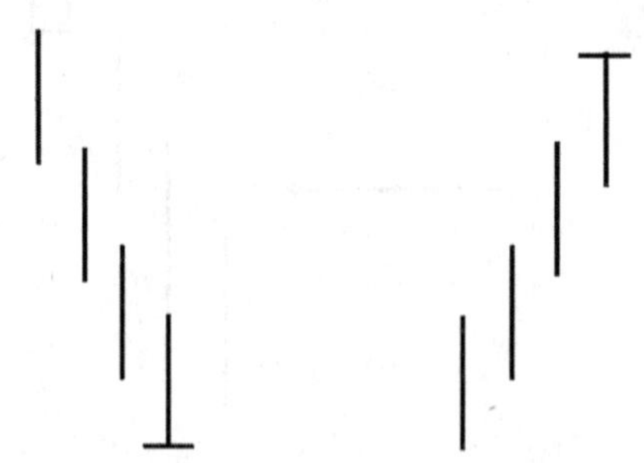

图 2－49 倒锤子线形态与上吊线形态示意图

如果我们把它们也拆分开来的话，你会发现它既未在趋势定义上终结趋势，并且还有更进一步延续原趋势的意味，如图2－50与图2－51。

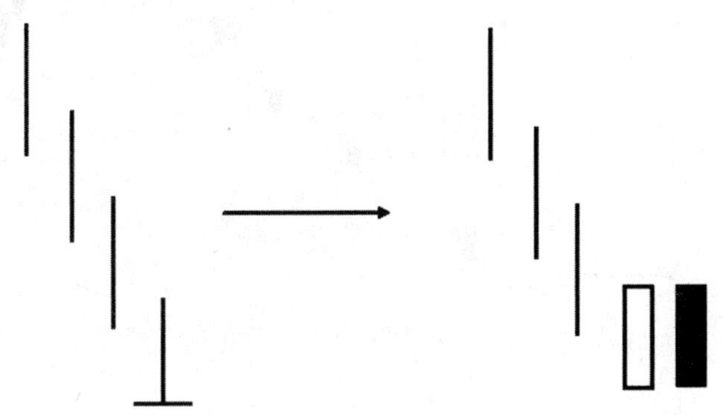

图2－50　倒锤子线逆向拆分

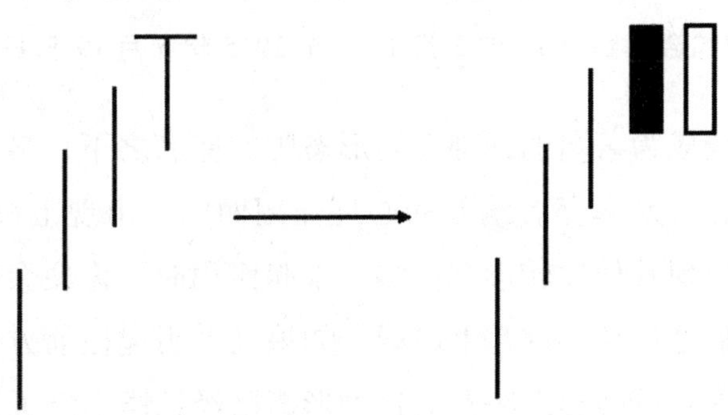

图2－51　上吊线逆向拆分

不论是倒锤子线还是上吊线，它们最后的指向是原方向，一点反转的意思也没有。倒锤子线反转形态并不著名，但是上吊线却是蜡烛图反转形态的明星。为什么看涨意味这么强时，上吊线形态却能起到顶部反转的作用呢？并不是上吊线能起到反转作用，最终起决定作用的还是在上吊线右侧出现下跌新秩序。

《日本蜡烛图教程》中给出的上吊线的条件是：K线的实体非常小，而且实体部分一定要处于整根K线的顶端部分；K线的下影线一定要非常长，越长越好，至少是实体部分的2～3倍；整根K线最好没有上影线，如果有，也要短到可以忽略不计的程度；上吊线一定出现在一段清晰可见的上涨趋势之后。

图2－52为上证综合指数2015年2月13日至2015年5月19日日线走势图。图中标示出的三处“上吊线”，都未构成向下反转。所以根本不是上吊线会反转，是否能反转全看其后的走势。

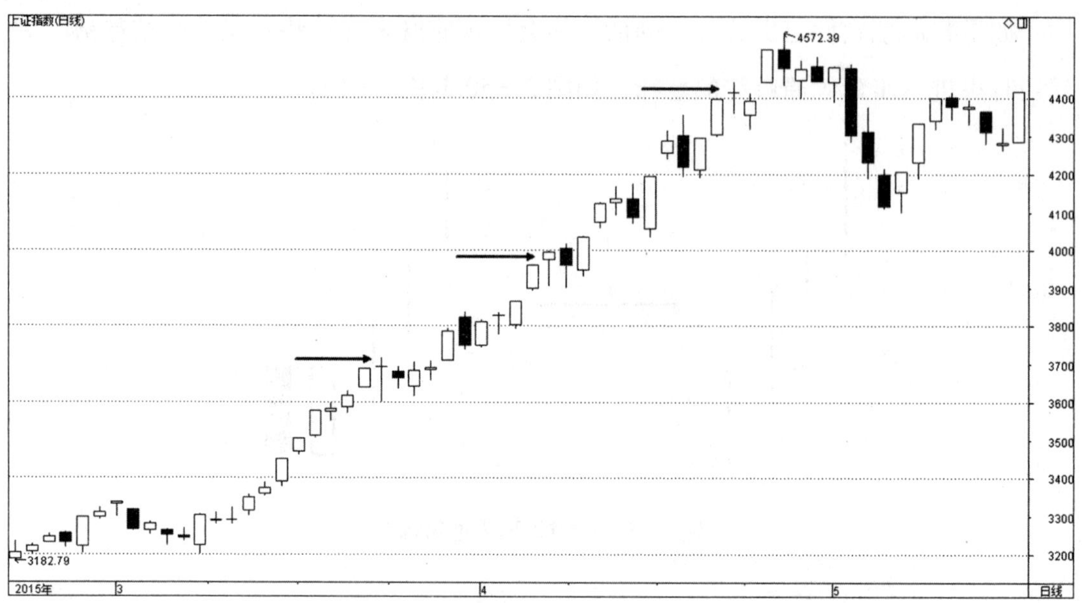

图2-52　上证综合指数2015年2月13日至2015年5月19日日线走势图

可是为什么上吊线成为著名的顶部反转形态呢？盛名之下，名不副实，到底出现了什么问题？其实这只是幸存者偏差的心理作用而已。出现上吊线之后的反转，在统计数据上并不比出现其他反转形态更多，未起作用时，你便会主动忽略掉，及至发生反转时，你才猛地惊觉，这是上吊线。如果是大阴包住前方阳线的看跌吞没形态，你还会惊讶于这是反转形态吗？对这种形态已经见怪不怪了。

上吊线的内部走势，从严格意义上来说，还是多方占上风，虽然日内被空方打下来，但在收盘之前，不论力量多么强大的空方，也被打回了原形。这从最基本的蜡烛图概念也可以得到说明，下影线越长，说明多方力量越强；上影线越长，说明空方力量越强。

上吊线的内在逻辑是指向上方，在它之后出现反转，为什么会让人印象深刻？是因为它的突然袭击。上吊线后反转，必然是在上吊线之后先行下跌，后续走势或者先吃透前期上涨趋势中的波谷，或者率先形成峰谷依次降低的下跌新秩序。还是那句话，行情是否反转，与上吊线根本没有关系，之所以印象深刻，仅仅是因为本来多方占优的局面，被空方突然袭击之后，转而向下。起作用的还是趋势定义。

2.1.8　三只乌鸦、向上跳空两只乌鸦与捉腰带线

还有一些单独出现的反转形态，例如三只乌鸦、向上跳空两只乌鸦与捉腰带线，如图2-53。三只乌鸦不过是乌云盖顶的延续，三根阴线所组成的K线组合也

不过是合并后的看跌吞没形态，根本没有必要将它单独开列成一种反转形态，其应用与乌云盖顶相同。而向上跳空两只乌鸦，只不过是黄昏之星或流星线的逆向拆分而已，如图2－54，其应用与黄昏之星或流星线的使用方法相同。至于捉腰带线，不过是将倒锤子线的实体拉长，并且K线实体必须为阳线罢了，如图2－55，其应用与倒锤子线相同。

图2－53　三只乌鸦示意图

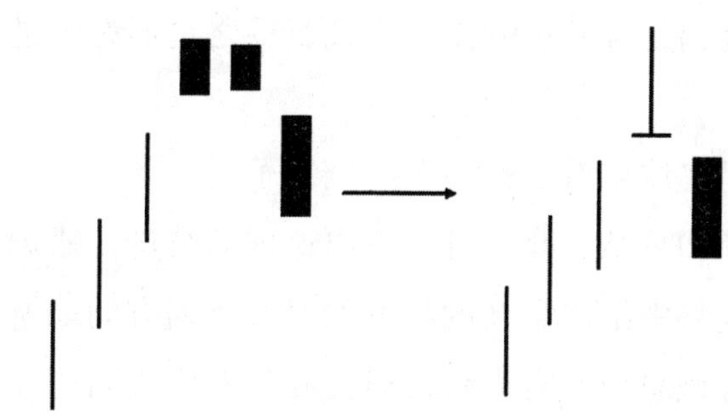

图2－54　向上跳空两只乌鸦合并K线示意图

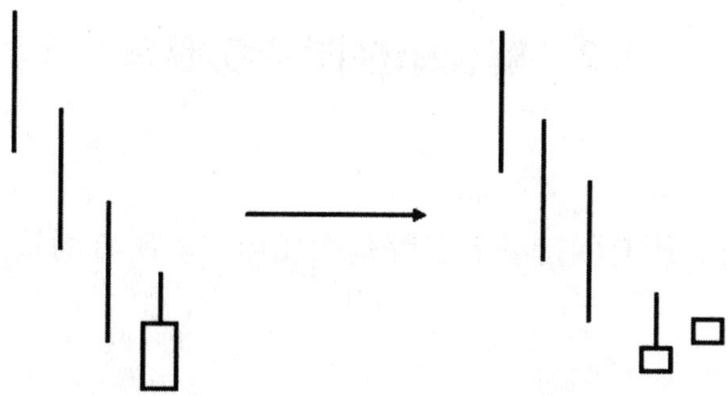

图2－55　捉腰带线逆向拆分示意图

至此，蜡烛图主要的反转形态已经全部阐述完毕。形式上反转力度最强的是吞没形态，但也仅仅是形式而已，吞没形态本身并没有内在的反转逻辑基础，真正给出反转的，是根据趋势的定义，形成方向性的峰谷有序排列。

2.1.9 蜡烛图反转形态解构总结

出水芙蓉是迫不及待的看涨吞没形态，祸从天降是迫不及待的看跌吞没形态。

刺透形态是未完成的看涨吞没形态，乌云盖顶形态是未完成的看跌吞没形态。

孕线几乎毫无意义。

锤子线形态可以逆向拆解为看涨吞没形态，流星线可以逆向拆解为看跌吞没形态。

启明星形态是影线变小的锤子线形态，进而还可以拆解成看涨吞没形态。

黄昏之星形态是影线变小的流星线形态，进而还可以拆解成看跌吞没形态。

倒锤子线形态与上吊线形态，本身并无反转意味，此二者出现，价格还处于原趋势状态中，若要反转，还要看后市演化。

三只乌鸦是合并后的看跌吞没形态。

向上跳空两只乌鸦是合并后的流星线或黄昏之星形态，进而还可以拆解为看跌吞没形态。

捉腰带线不过是实体略微变长一点的倒锤子线。

经由以上的演绎和总结，我们可以得出这样的结论，蜡烛图所述反转形态的市场意义在于其内部走势中给出了新的相反的峰谷排列方向。所以我们万不可被蜡烛图的表象蒙蔽了，应该忘掉所有形式，抓住峰谷有序排列这一本质。

2.2 解构蜡烛图持续形态

相对于反转形态，所有的持续形态都是次要形态。所有的持续形态，都是未完成的反转形态。

2.2.1 跳空窗口

日本蜡烛图中所称窗口的含义，在西方技术分析中称之为缺口。窗口和缺口，意义是一样的。为什么叫作窗口呢？我们来看一个窗口，如图2－56。如果我们只看窗口的位置，窗口之上与窗口之下的墙壁是不连贯的。那么具象的意义就是价格走势之间被开了一个窗口，窗口之下与窗口之上的价格不连贯。

图2－56　窗口

如图2－57，左侧为向上的跳空窗口，在窗口上下的价格都有成交记录，而在窗口之中的价格被直接跳过去了，没有成交记录。右侧为向下跳空窗口，意义相同。

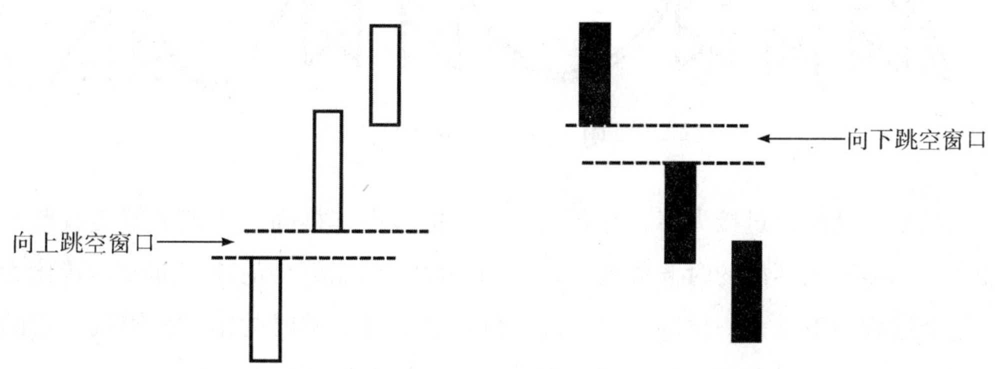

图2－57　向上跳空窗口与向下跳空窗口示意图

为什么会出现这种情况呢？就是因为迫不及待，直接跳空开盘。迫不及待地买进，迫不及待地卖出。我迫不及待地买进，我报了高价，其后还有比我报的价格还高的，一个推一个，就把价格推高了。反过来，向下跳空开盘。

一般说来，跳空窗口意味着趋势已经形成，短期内不会走出相反的走势。也就是向上跳空之后，短期内很难向下跌。同样，形成向下跳空窗口之后，短期内也很难向上走。

当然这是一般的解释，一般的解释通常不是错误的，就是片面的。回想一下我们在讲看涨吞没形态的时候说过，长阳线虽然表示买方力量很强，但并不是说只要出现长阳线就代表着后市一定上涨，而要视长阳线所处的位置而定。如果长阳线处于一段下跌走势之后，它的上涨力量通常是很强的。而随着上涨走势逐渐成形，每一次出现长阳线，它的上涨力度就减一分，直到最后，强弩之末矢不能穿鲁缟。

同理，连续出现的下跌行情，每一根阴线的出现，它的力度也是逐渐减弱的。例如过山车的运行轨迹，如图 2-58，过山车从最高处向下行。最高处势能最大，也就是刚刚开始下行的时候，下行的势能最大。过山车每下降一米，它的势能减弱一部分，也就是价格每跌出一根阴线，它的下跌的力度就被释放一分。过山车一路向下，势能转化为动能，直到最后，势能释放完毕，势能全部转化为动能。也就是价格跌出最后一根阴线之后，它的下跌力量释放完毕。这就是下跌最开始时的阴线，它的下跌意愿最强，随后却是越来越小。

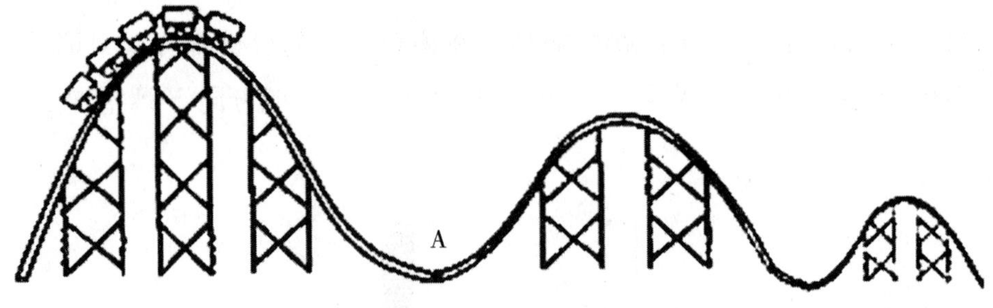

图 2-58　过山车

反过来，动能接过接力棒，它开始发力，把过山车推高，股市上就是股票开始上涨了。动能刚刚开始的时候最大，每推高一段，动能就会消耗一部分，转化为势能。这个过程与下跌是一样的。也可说，价格从底部上涨时的第一根阳线，它的看涨意愿是最强的，随着每一次上涨，它的上涨意愿会逐渐减弱。

我们把这个例子中的阳线，换成是向上跳空窗口，解释是不变的。跳空窗口虽然有着强烈的形成趋势的意愿，但还是要看它所处的位置。如果是前期向下跌出很大的幅度，然后再向上形成跳空窗口，上涨的力度确实非常大。但如果本身已经在高位了，继续向上跳空，还说这是继续强烈看涨的信号，未免太牵强了。

图 2-59 为上证综合指数 2017 年 12 月 4 日至 2018 年 1 月 29 日日线走势图。

指数在横向震荡一段时间后，出现向上跳空窗口，你看它前期有一段下跌，然后再形成向上跳空窗口，其后形成一大波上涨趋势，这是很容易理解的。

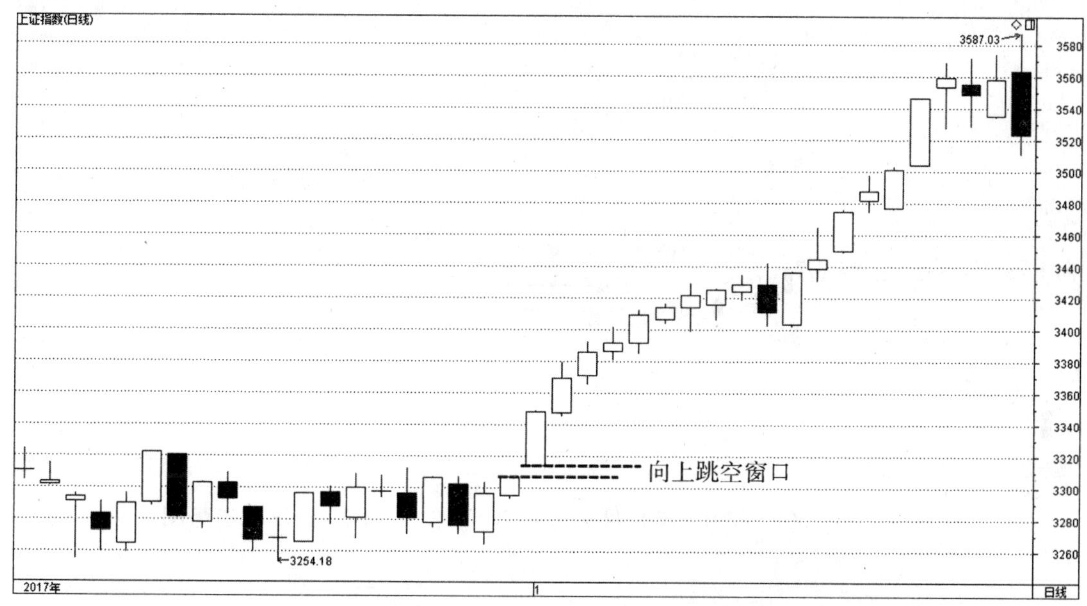

图2－59　上证综合指数2017年12月4日至2018年1月29日日线走势图

图2－60为50ETF2017年8月9日至2017年11月27日日线走势图，图中标出两处向上跳空窗口。先看第2处向上跳空窗口，先向上涨后再回调，这是有了一段一定级别的下跌走势，再形成向上跳空窗口，催生出一波涨势，也是跳空窗口的作用。需要注意的是，第1处的向上跳空窗口。它向上跳空后，反而是下跌的开始，这是为什么？这就是我们刚刚说的，向上跳空窗口虽然有着明确的看涨意义，但重要的是它所处的位置，对于前期走势来说，它已经上涨了一段时间了，在上涨的过程中，再竭力一跳，高位再跳，力已经用尽了。对这种窗口要小心。

和我们之前说的长阳线的例子一样，在下方的向上跳空窗口，它的动能很大。势能用尽，动能开始发力。而在一段上涨趋势中，相对高位的位置，动能已经用了十之八九，再跳就没有力气了。所以，经典意义上的跳空窗口，你要看相对位置。在一段完整上涨趋势中，通常会有四种重要意义的跳空窗口。分别是突破窗口、中继窗口、衰竭窗口和逃亡窗口。如图2－61。

图 2－60　50ETF2017 年 8 月 9 日至 2017 年 11 月 27 日日线走势图

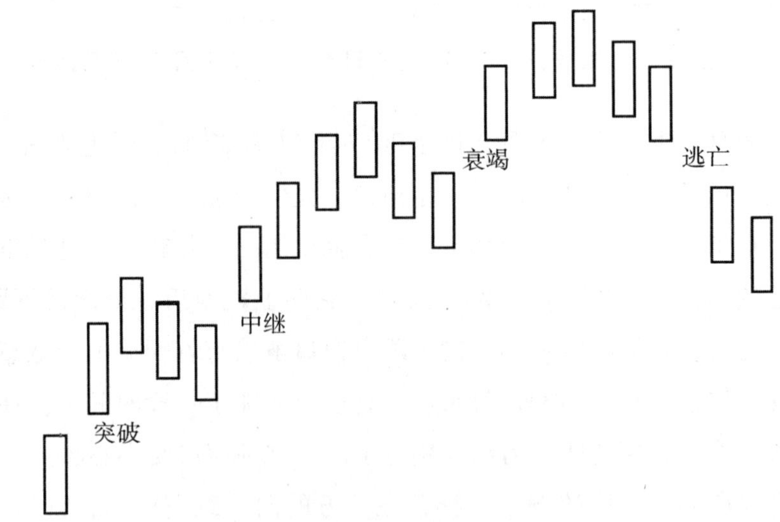

图 2－61　突破窗口、中继窗口、衰竭窗口与逃亡窗口示意图

这四种窗口的象征意义大于实际意义，也就是说，你可能在一段完整的上涨趋势中找到恰好四种相应的窗口，有时候也可能找到多个跳空窗口（中继窗口可以有多个），有时候也可能会少于四种的跳空窗口，甚至一个窗口也没有。

如果你了解道氏理论的话，你知道道氏理论说，上涨趋势分为三个阶段，那么前三种窗口恰好对应了上涨的三个阶段。如果你了解波浪理论的话，它恰好对应上涨五浪。这四种跳空窗口，说的就是一鼓作气，再而衰，三而竭的道理。但并不是说，每次都会有窗口，所以我们说它的象征意义大于实际意义。

我们再说回来，它的实际意义，也从侧面说明向上跳空窗口并不是任何时候都是强烈看涨的，还是强调了它的相对位置，有着不同的意义。

基于跳空窗口，可以衍生出很多种蜡烛图的形态来，包括反转形态，也包括持续形态。严格意义上说，所有的关于星K线的形态，其左侧都应有一个跳空窗口，但《日本蜡烛图教程》中也说明了，有跳空窗口最好，没有也无所谓。那么我们也就不再强调跳空窗口的意义了。

在有星K线参与的反转形态中，如果加入了跳空窗口这一条件，就要注意一个逻辑，就是在高位继续向上跳空，或低位继续向下跳空，可能会用尽力气，反转的可能性更大一些。你看，阳光下没有新东西。

2.2.2 带跳空窗口的弃婴形态、岛形反转形态

为了加强反转的力度，《日本蜡烛图教程》还在星K线参与的反转形态中，加入右侧跳空窗口，如图2－62与图2－63。星K线的左侧有跳空窗口，右侧也有跳空窗口。乍一看，似把星线扔了，这个星线还这么小，怎么狠得下心呢？所以这根似被扔掉的星线，称为弃婴。

弃婴形态是特殊形态，怎么个特殊呢？它加强了反转力度。我们说过，在下跌的过程中，每收出一根阴线，下跌的力度就减弱一分，势能就减弱一分。再向下跳空，很有可能就是衰竭跳空。那么反向向上跳空，动能强，底部向上跳空，更加强了看涨的意义。

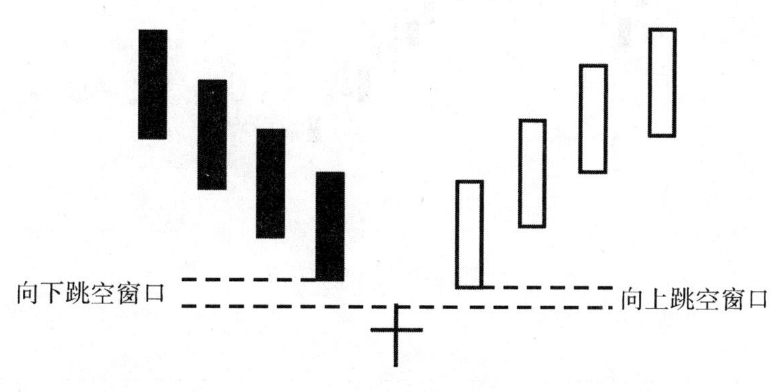

图2－62　底部弃婴形态

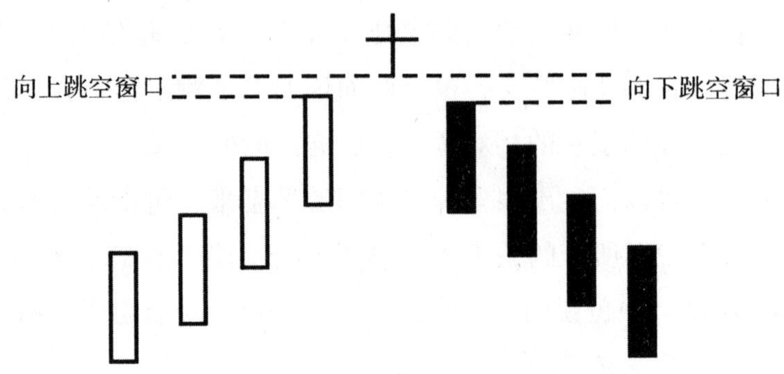

图2－63　顶部弃婴形态

跳空向上除了增强了看涨的意义之外，第二点它还可以逆向拆分为刺透形态，或是看涨吞没形态。第二点的逻辑，永远不变。

单独的弃婴形态很少见，太过明显的反转形态大家都看得懂，所以要活学活用、举一反三。接下来看一下弃婴形态的变体。

图2－64是华能水电（600025）2017年12月15日至2018年3月26日日线走势图。如果将上面的一阴一阳两根K线合并之后，就会变成一根星K线，两侧皆有跳空窗口，此处便形成了一个弃婴形态。

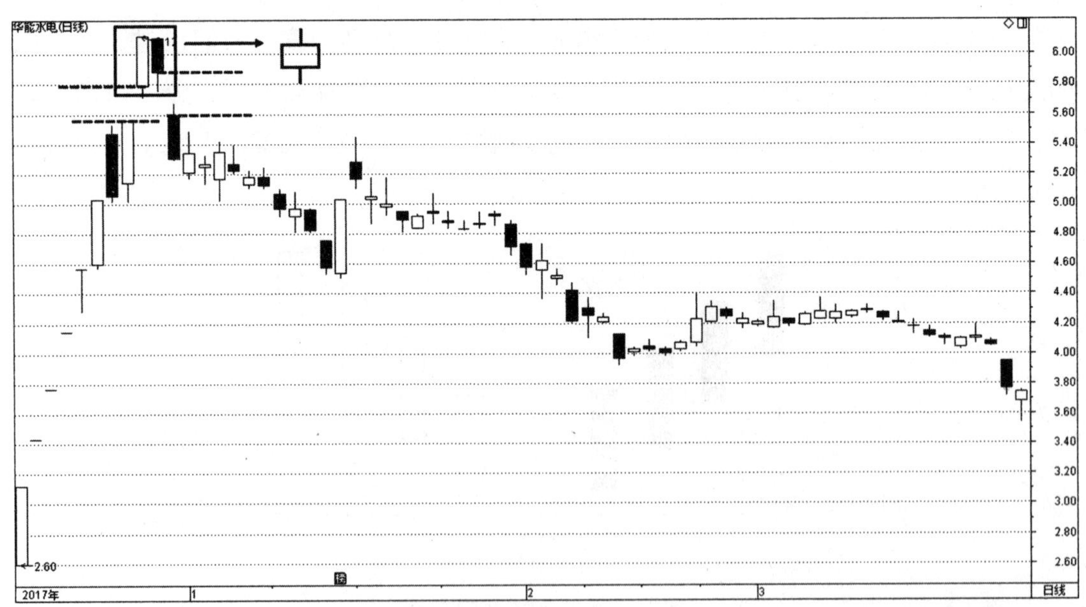

图2－64　华能水电（600025）2017年12月15日至2018年3月26日日线走势图

被弃的可能是一根星K线，也可能是两根、三根K线，但我们可以借鉴Price Action法将它们合并。但如果被弃的K线根数特别多，就变成了由多根K线组合而成的岛形反转形态，如图2－65。我们能将两根K线整合成一根K线，也能把多根K线也整合成一根K线。既然可以，我们就可以把左右两侧跳空窗口之上的K线变为一根K线。这样一来，岛形反转形态，不过是更加复杂的弃婴形态而已，底部岛形反转是顶部岛形反转的镜像。

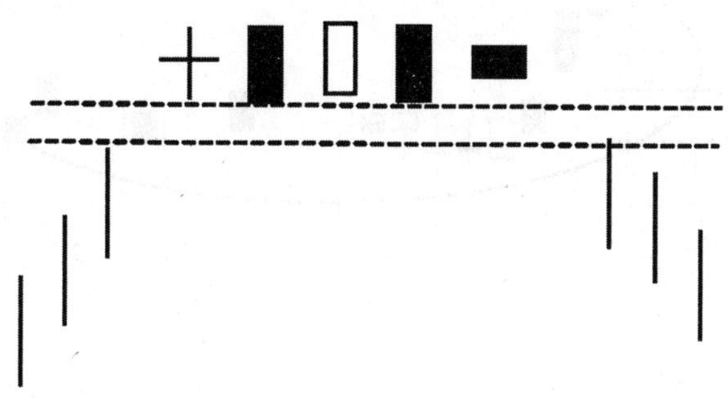

图2－65　顶部岛形反转

图2－66为50ETF2018年1月30日至2018年4月2日日线走势图。如将左右两侧跳空窗口之上的K线合并成为一根K线，形成了局部的岛形反转形态。其实这张图中还有一个更大级别的岛形反转形态，如图2－67，在第一次岛形反转之后，50ETF并未直线下跌，而是横向震荡了一段时间，然后再次向下跳空。如果第一次岛形反转时你没有平掉前期多单的话，那么这一次岛形反转将是最后一次机会。

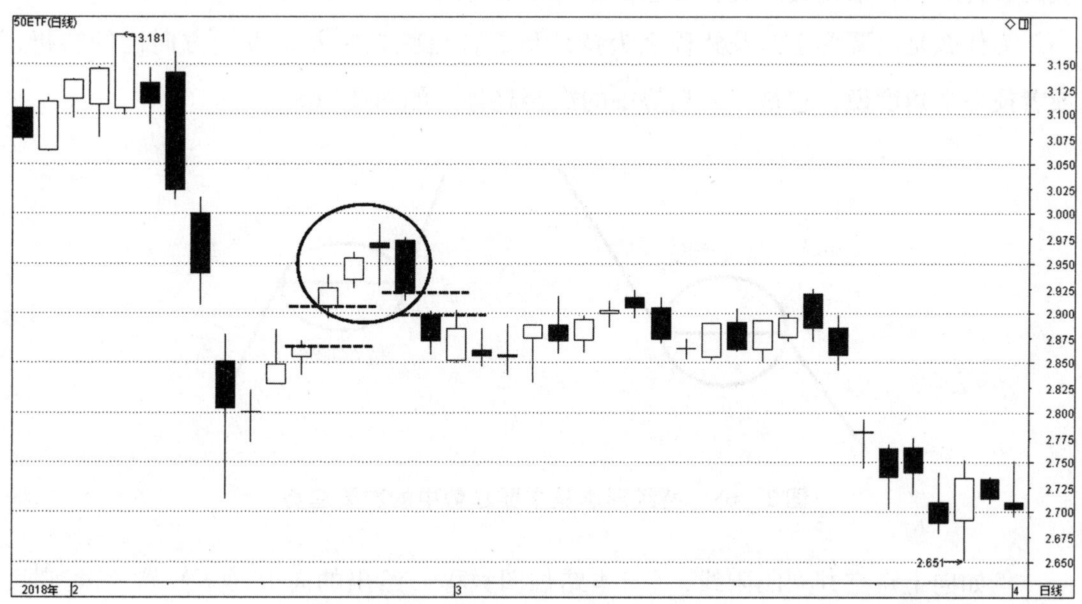

图2－66　50ETF2018年1月30日至2018年4月2日日线走势图

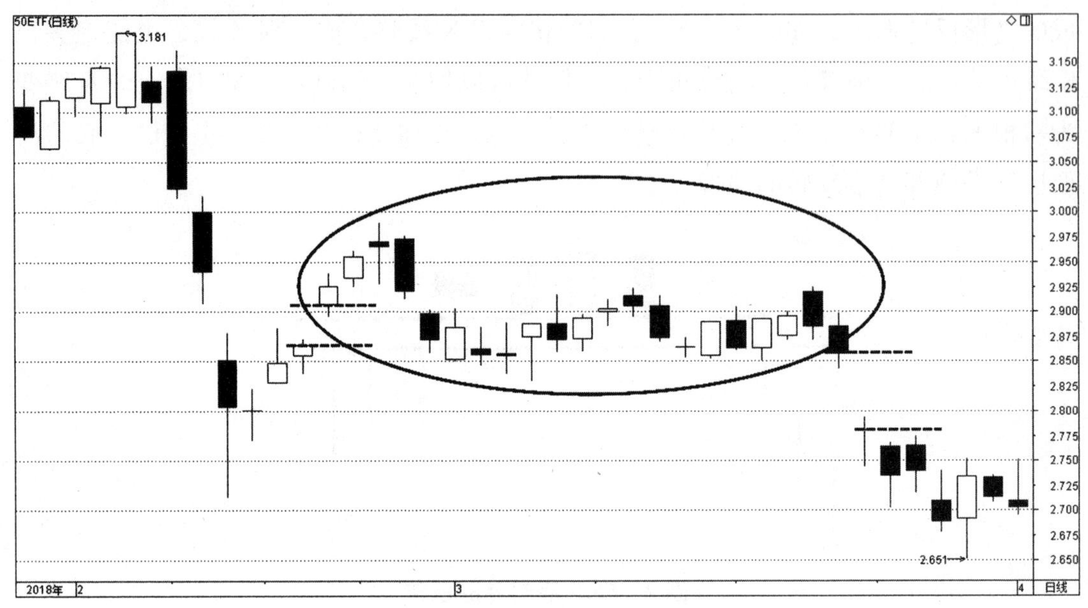

图2－67　更大级别的顶部岛形反转

2.2.3　跳空并列阴阳线及附属形态

跳空窗口不仅在反转形态中有应用，在持续形态中也颇为常见。在讲持续形态之前，我们要先给一个提纲挈领的理念：持续形态都是次要形态，持续形态是未完成的反转形态，未完成的反转形态都是持续形态。

为什么是次要形态？既然称之为持续形态，也就是它并未发生方向性的转折，或者换一个角度说，它是主要趋势中的次要趋势。如图2－68。

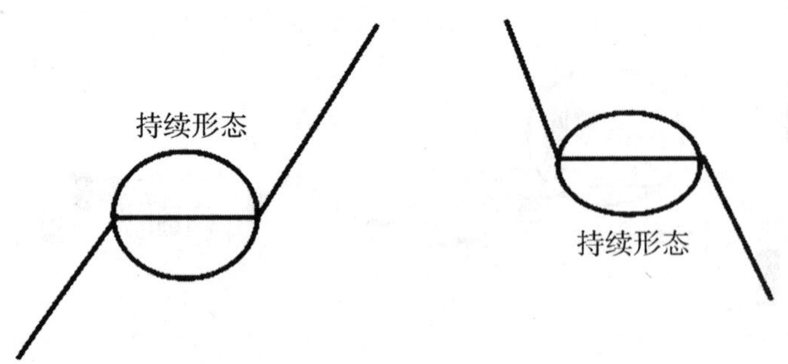

图2－68　持续形态是主要趋势中的次要趋势

例如向上跳空并列阴阳线，《日本蜡烛图教程》给出的向上（下）跳空并列阴阳线条件为：在向上（下）运行的趋势中，出现与之前交易日的向上（下）跳空窗口并收阳（阴）线；在跳空阳（阴）线之后，再次收出一根与其位置、幅度相当的阴（阳）线，形成向上（下）跳空并列阴阳线。其中的变化就在于并列阴阳线有四种组合方式。如图2－69为向上跳空并列阴阳线的四种变化。

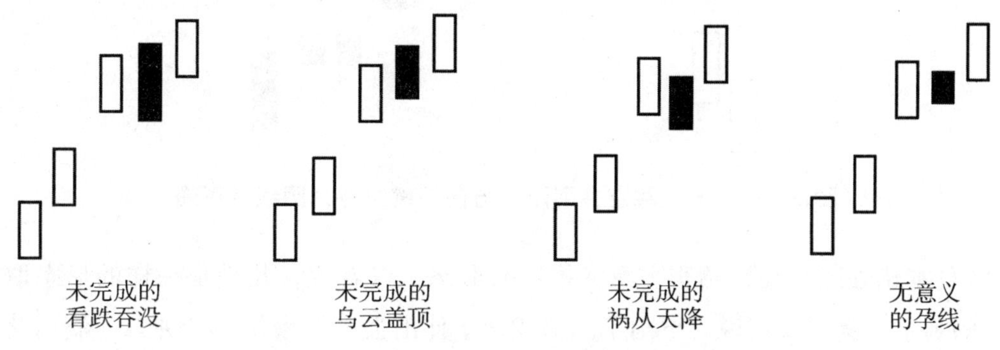

图2－69　向上跳空并列阴阳线的四种变化

根据向上跳空阳线之后的第二根阴线的位置、幅度，形成的是看跌吞没形态，或是乌云盖顶，或是祸从天降，或是孕线。如果仅仅给出并列阴阳线的话，我们不知道价格在其后的走势中会向下反转还是向上延续，我们不预测，市场给我们什么，我们就接受什么。

如果反转形态真的形成反转趋势，意味着反转形态成功。如果价格并未向下，反而继续向上创新高，则说明该反转形态未完成。既然反转形态未完成，则它是整体上涨趋势中的次要趋势，也就顺理成章地成为了持续形态。所以我们说，所有持续形态都是未完成的反转形态。与之镜像，图2－70为向下跳空并列阴阳线的四种变化。

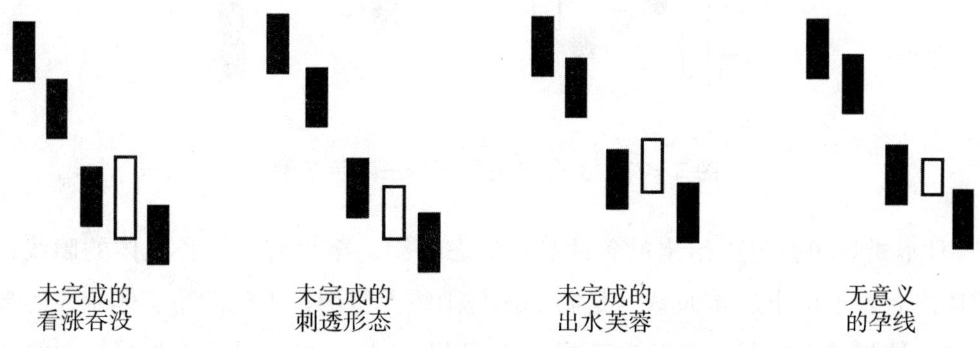

图2－70　向下跳空并列阴阳线的四种变化

向上跳空并列阴阳线还有一种变体，称为向上跳空并列阳线与向下跳空并列阴线，如图2－71。向上时，全部是指向上涨的阳线；向下时，全部是指向下跌的阴线。在整体方向的延续上，并未发生过多的迟疑，所以这两种持续形态并没有什么实际意义。

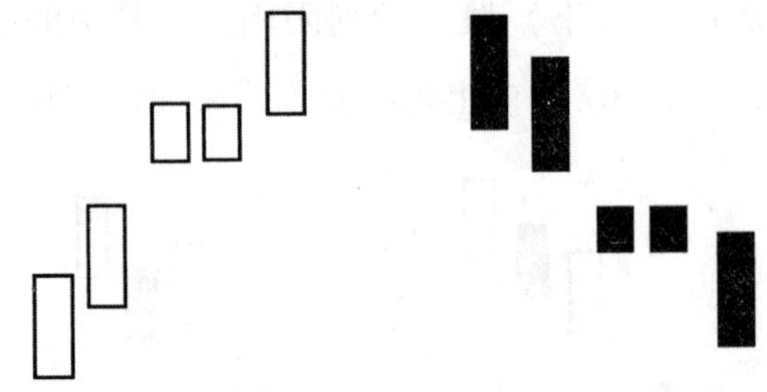

图2－71　向上跳空并列阳线与向下跳空并列阴线示意图

《日本蜡烛图教程》给很多意义相近的形态，或者说，几乎是一样的形态取了不同的名字。例如我们说，下雨了。那我把手伸出去。如果每一秒钟有一滴雨落在我手上，我说这是牛毛细雨。如果一秒钟有三滴雨落在我手上，我说这是小雨。如果一秒钟有十滴雨落在我手上，我说这是中雨。如果一秒钟我手全湿了，我说这是大雨。这是雨的大小的区别，实质就是下雨了。

2.2.4　上升三法与下降三法

另外一种持续形态为上升三法与下降三法，也称为上升三步曲与下降三步曲，如图2－72。

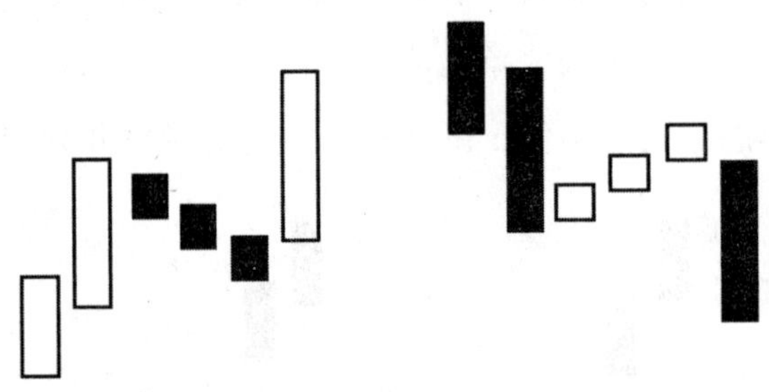

图2－72　上升三法与下降三法示意图

《日本蜡烛图教程》给出的条件是：形态初期，至少有一根长实体的阳线；在阳线体内有若干根小实体K线，是阴线还是阳线无所谓；中间的小实体孕线的数量也未做具体规定，规范的形态为三根，也可以是一根，也可以是无数根；中间小实体孕线的高点不能超过长阳线的收盘价，低点不能超过长阳线的开盘价；若干根孕线之后，再收出一根长阳线，这根长阳线的收盘价必须高于第一根阳线的收盘价。

在两根阳线之间的小实体K线，其实就是前方阳线中的孕线。我们说过，孕线没有意义，我们可以把无意义的孕线清除掉，如图2－73与图2－74，也不影响整体上涨或下跌走势。所以所谓的上升三法与下降三法根本没有必要单独开列，明白了这一点以后，完全可以把这两种持续形态的形式彻底忘掉。

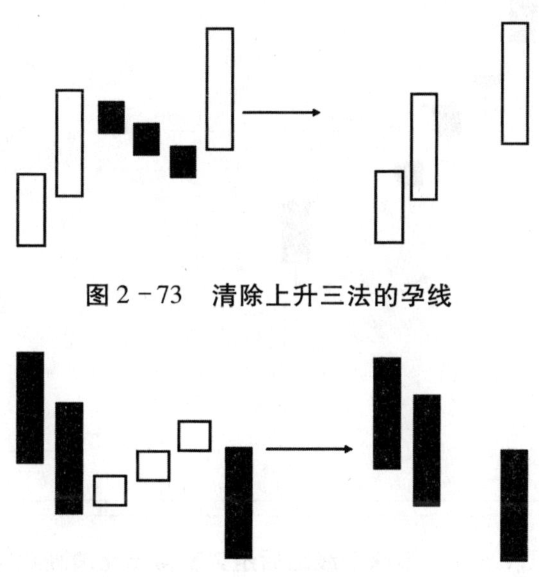

图 2-73　清除上升三法的孕线

图 2-74　清除下降三法的孕线

图 2-75 为上证综合指数 2017 年 3 月 31 日至 2017 年 5 月 21 日日线走势图。其中出现了四次孕线。下跌走势看起来并不是非常顺畅，我们不管这里面哪些是下降三法，有几处下降三法，只要见到孕线就将它清除掉，那么此次的下跌趋势将变得无比简单，如图 2-76。

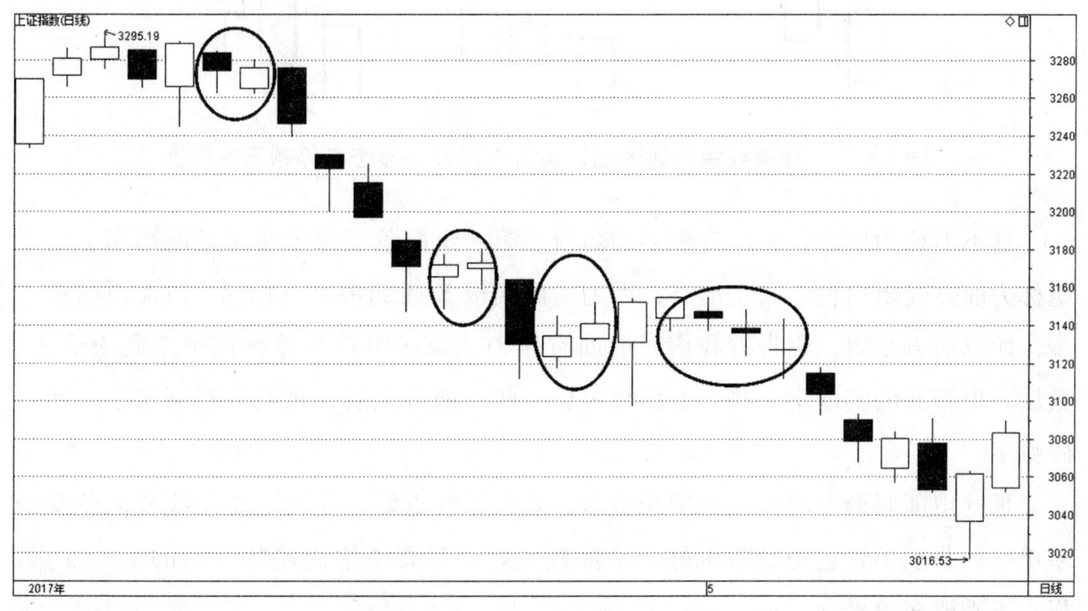

图 2-75　上证综合指数 2017 年 3 月 31 日至 2017 年 5 月 21 日日线走势图

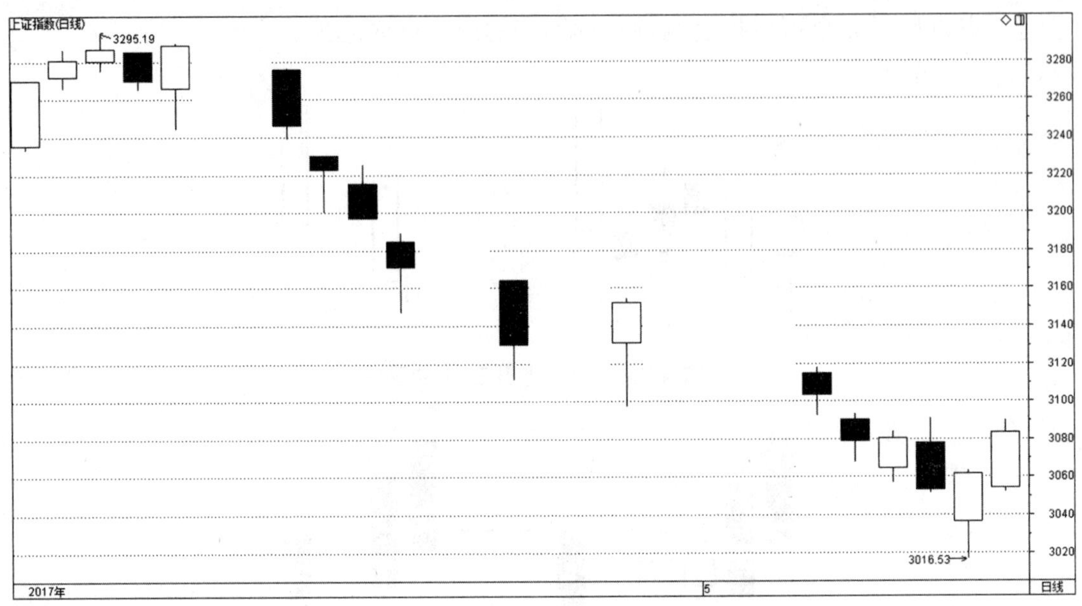

图 2－76　清除孕线之后走势变得无比清晰顺畅

另外一组持续形态为白色三武士，也称为红色三兵，如图 2－77。它是相互叠加的三根阳线组成的阳线。我总是有些怀疑，这也可以称为形态吗？我们随手一翻就能找到三根阳线或三根阴线重叠排列的形态。这有什么大惊小怪的。

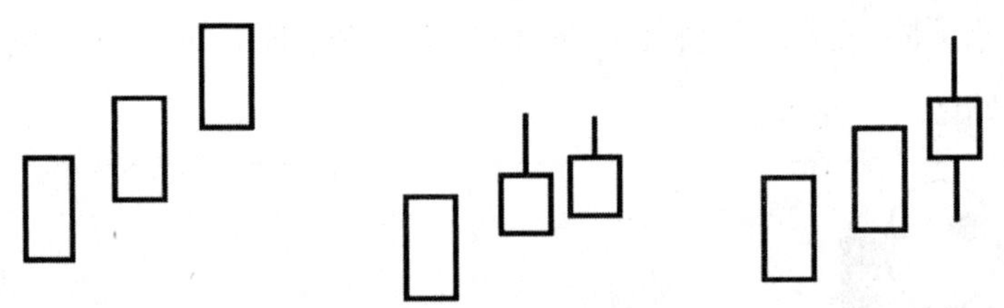

图 2－77　标准红色三兵形态、前方受阻三兵形态与停顿三兵形态

这不但称为形态，它还有更多的名目。第一组白色三武士是正常的形态。第二组称为前方受阻白色三武士形态，因为后面两根 K 线的最高点相同，没能再前进一步，所以前方受阻，它告诉我们，前面有压力。第三组称为停顿白色三武士形态，最后一根阳线的实体小一些，上影线更长一些，前进之后，被对方打回来了，所以停顿了。

那这也能叫形态吗？三根阳线也好，几根阳线也好，它既然是阳线我们就拿着多单呗。我们不管它是受阻也好，是停顿也好，只要不给出趋势反转的实际证据，根本不需要多单平仓。

所以，你不用管它是什么持续形态，整体的持续形态都没有意义。你需要关注的重点既不是持续形态，也不是反转形态，而是内部走势中，峰谷有序排列的方向，有序向上，则为上涨趋势；有序向下，则为下跌趋势，除此无它。

至此，经过前面的推导、演绎，你完全可以忘掉《日本蜡烛图教程》。

第3章 构建简单的N字突破系统

如果你只以纯粹的蜡烛图的技法来交易的话——我是指不掺杂任何其他的东西，只是以《日本蜡烛图教程》这本书的各种反转形态和持续形态来交易的话——很难赚到钱，或者说很难持续地赚到钱，或者说很难具有系统性，因为每一种情况我们都要进行具体分析。不规范的交易，本质上就很随意，它会受你的情绪干扰。我们要做的是构建一套完整的交易系统，这套系统要的是客观、规范，有规则、条例的规范，而不受情绪干扰。

3.1 寻找蜡烛图的共性

如果按书上所讲，做起交易来应该易如反掌，但真正在交易中却并非如此，这是为什么呢？原因还在过于拘泥于形式，认为只要给出的形态与蜡烛图的某一形态契合，行情便一定会按照既定的方向运行，只看到表象而未体察实质。我们在解构蜡烛图所有形态的时候，也给出了很多反面的案例。

3.1.1 交易中为什么蜡烛图并不好用

蜡烛图看起来非常明晰、简单，只要背下来十几二十个反转、持续形态，基本就可以上手操作了。但在实际上，你很难通过单纯使用蜡烛图获利。

为什么呢？要先说清一件事：蜡烛图最重要的意义在于反转形态。有一句非常拗口的话，顶底必然出现反转形态，而反转形态并非必然出现在顶底。与货币天然是金银，金银并非天然是货币一个意思。

大顶大底，都有蜡烛图的反转形态出现，这毋庸置疑。这也正是蜡烛图受很多新手推崇的原因。

可关键的问题在于，在非大顶大底的位置，哪怕是一个两三天的小回调或小反弹中，也会出现反转形态。而单纯用蜡烛图来操作的话，大顶大底和小顶小底，在反转形态上完全没有差别，也就很难区分它是不是真正的大反转。不论多大的行情，它的形态都是一样的，所以我们无法在趋势的级别上认为它更加合理。

有两个特别为难的点。第一，蜡烛图的反转形态或变体不论出现在什么位置，它们的规模、组合是不变的，你无法通过其他手法分辨出这到底是大反转还是小反转。第二，如果按照一致性来交易，在上涨过程中，只要出现了顶部反转形态或变体就平仓，等反转形态失效后再买回来，基本上一波涨势也只能赚到30%左右，其余的部分都被这一次次的“惊弓之鸟”消耗了。

所以，运用蜡烛图进行实际的操作，如果我们放弃一致性，那就只能碰运气；如果我坚持一致性，一大波涨势则截成零零星星的几段小涨势，除却手续费未必能赚到什么钱，还要耗费精力。

蜡烛图对于新手来说，是学习技术分析必不可少的一环。简明、图示，易学习理解，上手快。但也正是因为它基本都是以图说话，很多人只看图不看文字，就漏掉了很多蜡烛图组合形成的必要条件，即使学了也是似是而非，用起来并不得心应手。再有，人们写书只用马后炮的案例讲解，貌似蜡烛图技术放在任何一张图中、放在图中任意位置，都能对实际交易给出切实的帮助。其实他们并没有解决我刚刚提出的两点难处——要么碰运气，要么坚持一致性。

所以说蜡烛图的作用只是让新手少亏损或不亏损，不可指望用它来长期稳定获利。顶底必然出现蜡烛图反转形态（或变体），但反转形态（或变体）并非必然出现在顶底，对此理解透彻了，至少可以让我们较好地规避大顶套牢的风险。

3.1.2 四种基本分形

如果你仔细观察走势图的话，你会发现所有的K线，都可以分为四种形态。1、2、3、4分别为谷、峰、持续上涨、持续下跌。按现在通常的叫法，即底分形、顶分形、上涨分形和下跌分形。如图3-1。

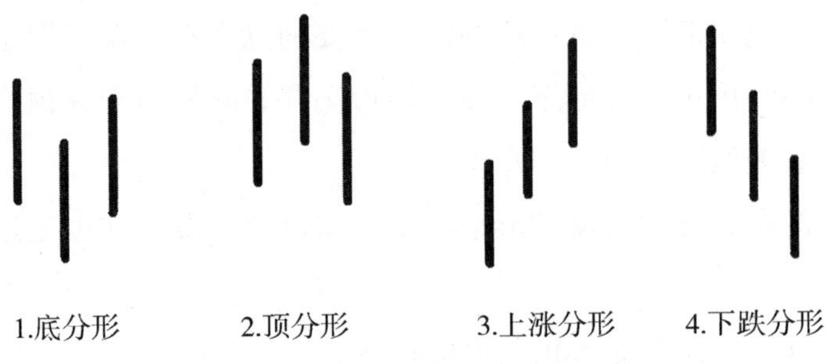

图 3－1　四种最基本分形示意图

你可能会说，哎！这不是缠论吗？你是想剽窃缠论吗？我还没那么无聊。我本身并不认同缠论，理念不一样。我不会在我的系统中，出现未来函数或者是拟合参数。那么说分形不是缠论里的吗？

缠论中是有分形，但不代表分形理论是缠论的原创。如果有兴趣，你可以去看拉里·威廉斯（Larry Williams）的《短线交易秘诀》和比尔·威廉斯（Bill Williams）的《混沌操作法》，是拉里先提出来的分形，还是比尔先提出来的分形，我不知道，但肯定不是缠论。

这四种基本走势中，第三种和第四种，无关紧要，因为它们只是告诉我们现在是持续上涨，或是持续下跌而已。最重要的是第一种和第二种。

拉里为这两种基本走势下过严格的定义，他在《短线交易秘诀》中说："如果任何一个交易日的最低价，前后交易日的低点都比它高，那么这就是短期的低点。我们这么判断是因为市场行为的研究会告诉我们，价格在低点日下跌，之后未能创出新低，因而转向上升，最终使该低点成为短期低点。市场短期高点刚好相反。这里我们看到的是交易日两侧都有较低的最高价出现。这说明价格上升到中间交易日的顶点，然后回落，从而形成了短期高点。"

细看拉里给的概念，前后交易日的低点都比现在的低点高，那它就是一个短期低点。反过来，前后交易日的高点都比现在的高点低，那它就是一个短期高点，这就是谷和峰的定义。这也是底分形的定义和顶分形的定义。图 3－2 为拉里在他的书中给出的案例（图中的价格线为美国线）。

如果你足够细心的话，你会发现在上图中第一个短期高点（顶分形、波峰）处，它并不太符合我们给出的定义，因为有两根线几乎重合了，也就类似蜡烛图中的孕线形态。举一反三，你也可能会想到，是啊，孕线并不属于基本走势图中的任何一种；那么如果出现和孕线相反的抱线，也不属于基本走势的任何一种啊。那么我所说的"走势图中只有这四种基本走势"这句话，就是错误的。

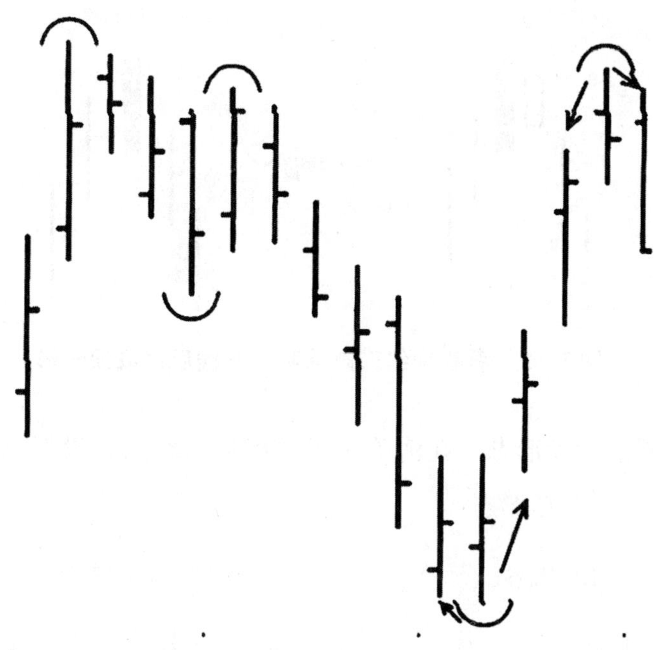

图 3-2 拉里在《短线交易秘诀》中的案例示意图

所以在真实的走势中，并不全是图 3-1 所示的完美简约的四种基本分形结构，而是掺杂抱线（吞没）与孕线，所以如果我们能把抱线与孕线给处理掉，则任何一张走势图中，将全部是最基本的分形结构了。

在处理抱线与孕线的问题上，比尔在《混沌操作法》中给出了比拉里更为复杂的解决方案，他需要五根 K 线，并且附加了大量的条件。如果你有兴趣，可以把《混沌操作法》找出来研究一下。因为过于复杂，所以我们放弃比尔的方法，寻求更为简单的解决方案。

3.1.3 蜡烛图形态可置换为四种基本分形

我们之前说过无数次，孕线本身没有任何意义，所以可以直接清除掉，但是抱线如何处理呢？缠论自有一套解决方案，称为传递律，不过很难在分析软件中直接画出图来。抱线是后一根 K 线将前一根 K 线完全包住，也就是说它是反向的孕线，我们称之为反孕线。既然被包住了，那么它的内部走势，也被包含在后一根 K 线中，如此一来，是否存在前一根被包住的反孕线也就没有什么意义了。于是我们就可以把全部孕线与反孕线直接清除掉。

图 3-3 为看跌吞没形态，在清除了反孕线后，看跌吞没形态变成了严格意义上的波峰，也就是顶分形形态。

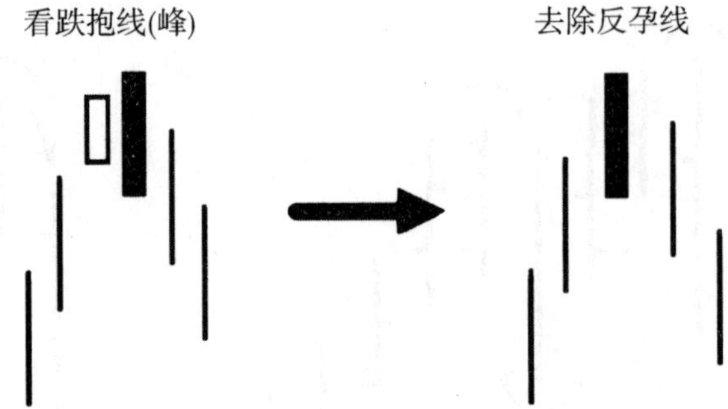

图 3-3　看跌抱线形态清除反孕线后形成顶分形

图 3-4 为看涨吞没形态，在清除了反孕线后，看涨吞没形态变成了严格意义上的波谷，也就是底分形形态。

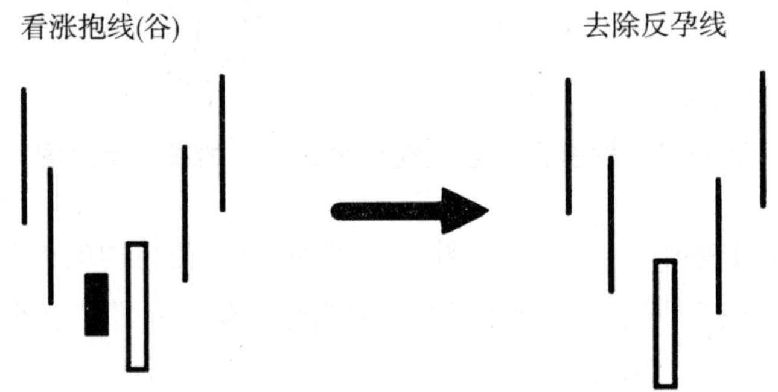

图 3-4　看涨抱线形态清除反孕线后形成底分形

再看图 3-5 至图 3-11，这些反转形态与持续形态，经过清除孕线之后，都变成了波峰与波谷、顶分形与底分形。其他形态，经过清除孕线与反孕线之后，皆可成为顶分形、底分形、上涨分形、下跌分形。

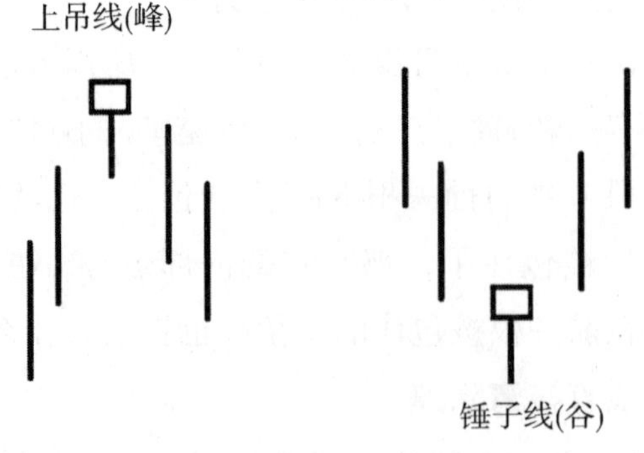

图 3-5　上吊线为顶分形，锤子线为底分形

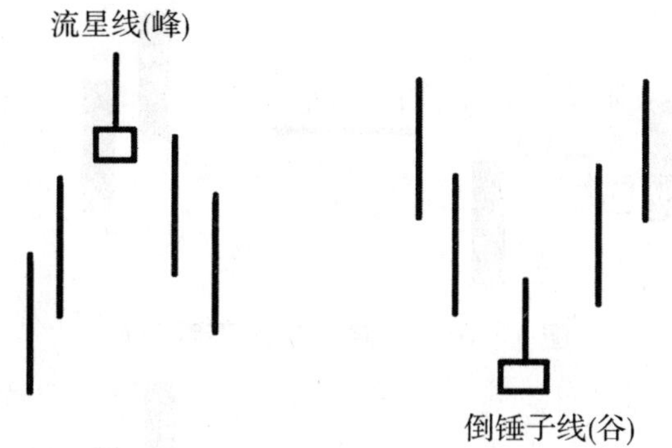

图3-6 流星线为顶分形，倒锤子线为底分形

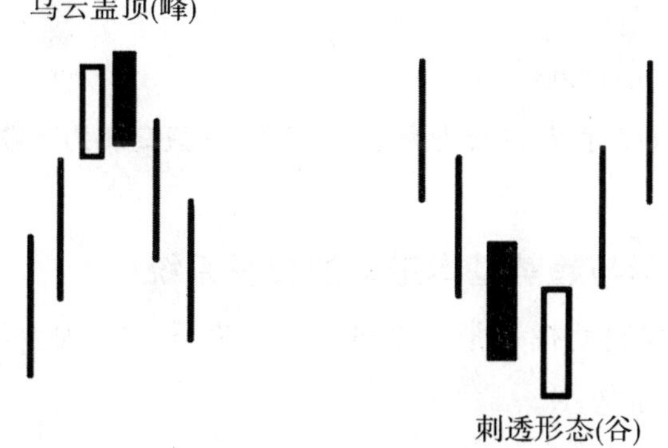

图3-7 乌云盖顶为顶分形，刺透形态为底分形

图3-8 黄昏之星为顶分形，启明星为底分形

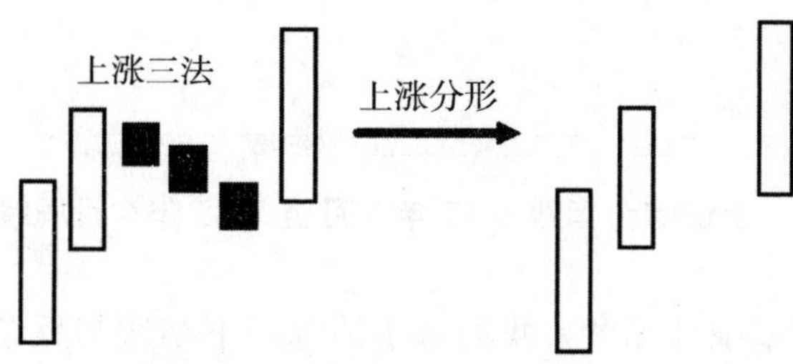

图3-9 上升三法为上涨分形

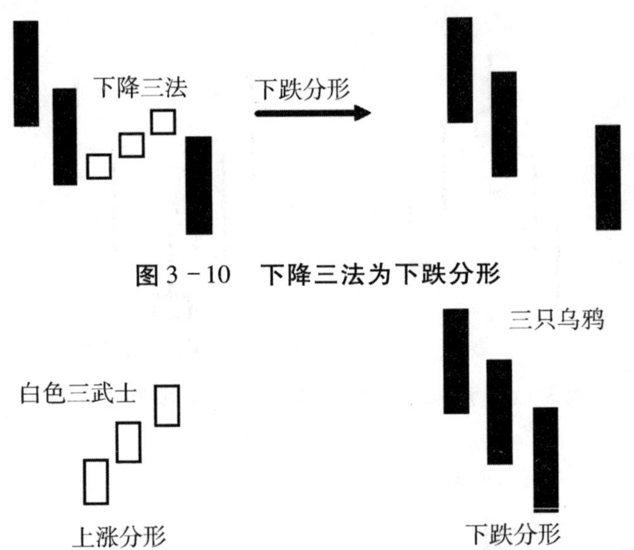

图 3-10 下降三法为下跌分形

图 3-11 白色三武士为上涨分形，三只乌鸦为下跌分形

3.1.4 基于分形与趋势基本定义的交易系统

既然皆可清除，我们就找一张图来试一试。图 3-12 为上证综合指数 2017 年 5 月至 2018 年 6 月周线走势图。

图 3-12 上证综合指数 2017 年 5 月至 2018 年 6 月周线走势图

原图的走势看起来杂乱无章，我们着手清除一下孕线与反孕线。如图 3-13 已将孕线与反孕线去除。

图3-13　去除孕线与反孕线的K线图

如果你觉得仍没有得到多大的改观，那我们再把所有顶分形与底分形用线连起来。将顶分形与底分形连接起来以后，如图3-14，上证综合指数的运行轨迹一下子明朗。根据趋势的定义，你会知道目前处于什么趋势当中，也就会采取相应的对策。

图3-14　将顶分形与底分形相连

周线级别过大，我们拿日线级别来演绎一下我们交易的情况。图3-15为50ETF2017年12月14日至2018年2月12日日线走势图原图。将孕线与反孕线消除，得到图 3 - 16。

图 3 - 15　50ETF2017 年 12 月 14 日至 2018 年 2 月 12 日日线走势图原图

图 3 - 16　清除孕线与反孕线后的 50ETF 走势图

为了看清每一笔交易，我们来连接顶分形与底分形，如图 3 - 17 为第一笔交易示意图，形成波峰波谷有序向上排列时，做多，当时的价格是 2. 915 元。沿着连线一路向上，直至波峰波谷向上有序排列被打乱，形成乱序时平仓，价格为 3. 12 元。本次交易盈利 0. 205 元。

图3-17　50ETF第一笔交易示意图

3.1.5　清除更大级别的孕线

图3-18中最后连接的顶分形价格为2.924元，向前两个顶分形（水平线位置）的顶分形价格为2.923元，那么后一个波峰超过了前一个波峰，是不是形成了有序向上排列呢？

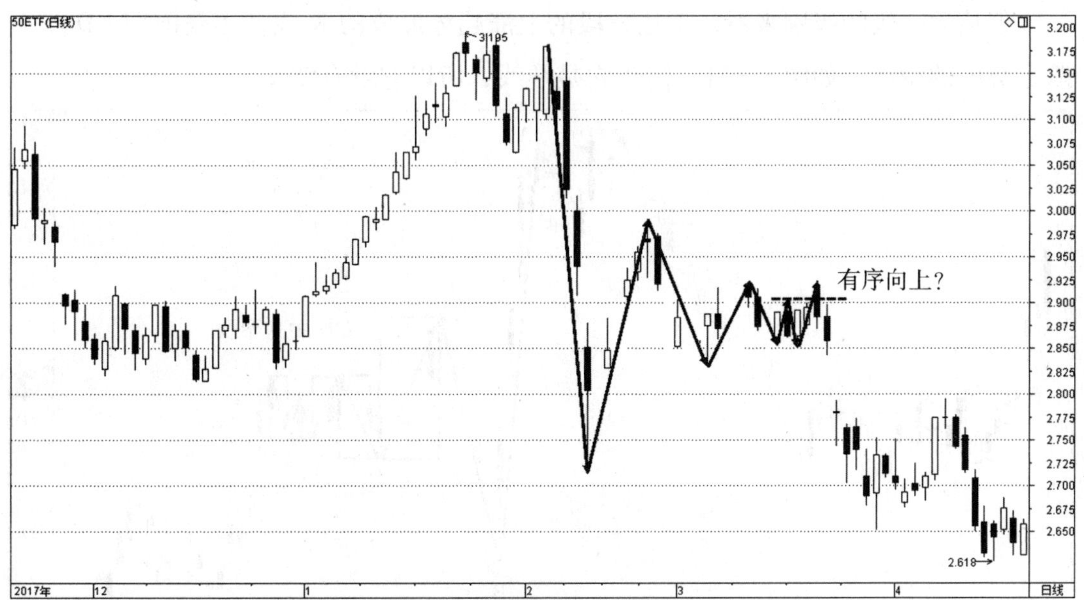

图3-18　此时是否为有序向上排列？

如果我们单独看这一区域的话，它确实是峰谷有序向上排列，我们画一下示意图，如图3－19。

图3－19　50ETF中复合走势简单示意图

它形成峰谷有序向上排列有两种解释：第一，前期震荡，最终突破高点，回归了上涨趋势。第二，如果我们把每一段走势都用K线框起来的话，再清除孕线，就会发现，中间的震荡根本没有任何意义，如图3－20。所以我们说，在局部范围内，它是峰谷有序向上排列，不管它是什么级别，至少是一段上涨趋势。

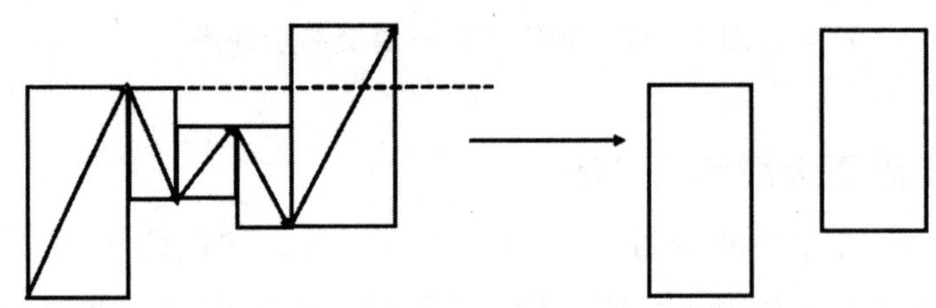

图3－20　给每一段走势画一根K线，再清除孕线

但从大一级的级别来看，上述整段的上涨趋势形成的K线，还是前期CD段下跌走势中的孕线，如图3－21。因为它是孕线，所以它没有意义。

图3－21　局部上涨趋势不过是前期走势之中的孕线

螳螂捕蝉，黄雀在后。再扩大级别推演，可以看到CD段走势又是前期BC段上涨之中的孕线，如图3－22。

图3－22 目前走势是更前方走势的孕线

再往前，所有这些又是更前期AB段下跌走势中的孕线，如图3－23。

图3－23 目前为止规模最大的孕线

既然都是孕线，就都没有意义，所以之间不论发生什么，我们都不用去理会，直到50ETF下破前期低点B，打破孕线套孕线的僵局，如图3－24。

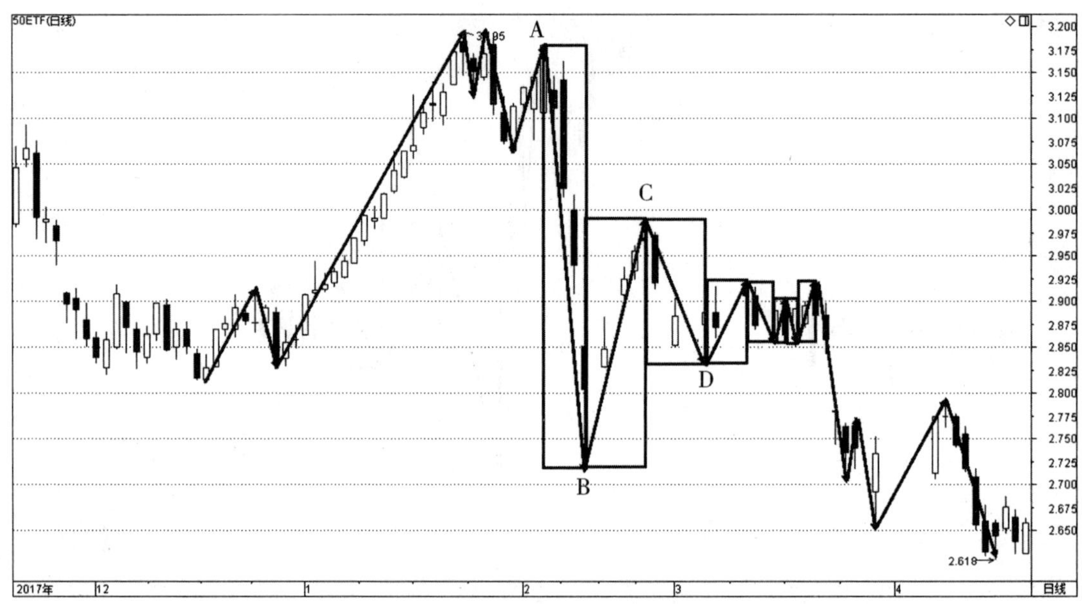

图3－24 50ETF连接全部顶分形与底分形示意图

如此，我们也可以将其中孕线部分全部忽略，直接连接孕线之前的顶分形与孕线之后的底分形，如图3－25。

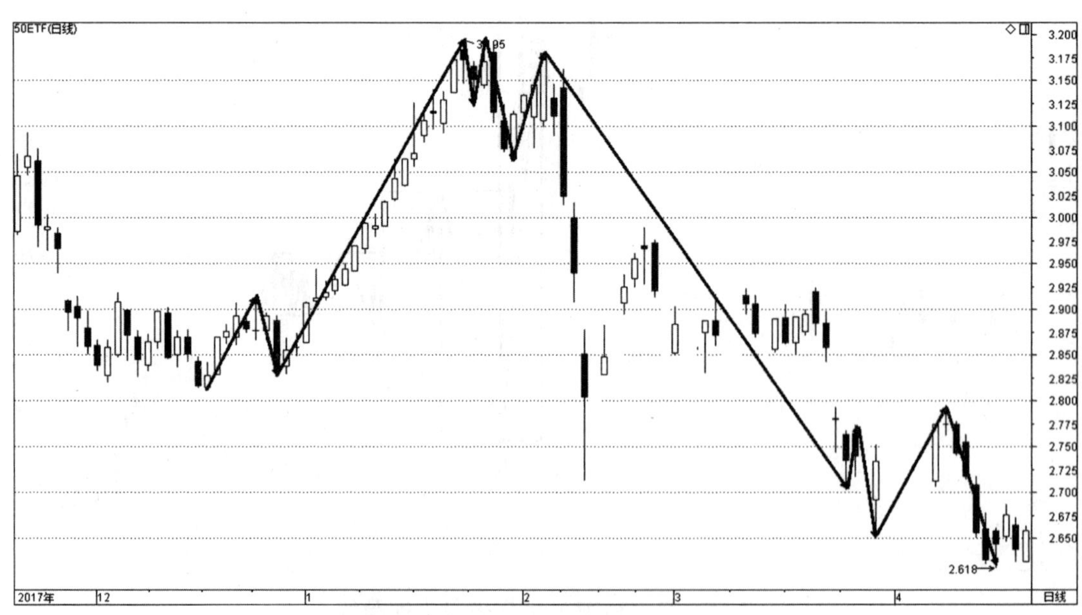

图3－25 更加精简的连接方式

直到2018年4月21日，50ETF都未形成峰谷向上的有序排列，我们也就没有进行交易。从2018年1月3日开始至4月21日，3个半月时间，50ETF下跌9.38%，其间我们利用趋势的定义，只交易了一次，获利7.03%，跑赢50ETF约16.41%。

简单吗？太简单了。

请把书往前翻，翻到第一部分，我们讲到的铁矿石1809合约的案例。其中共发生了三笔交易，其中两笔亏损，一笔盈利。如果我们利用顶底分形来交易，则是另一番情形。如图3－26为铁矿石1809合约2018年1月8日至2018年3月30日日线走势图原图，将孕线与反孕线去除，并连接顶底分形之后的情形如图3－27。

图3－26　铁矿石1809合约2018年1月8日至2018年3月30日日线走势图原图

第一笔交易与第三笔交易不用说，没有发生变化，图中圈出来的是第二笔交易，根据顶底分形的定义，此处仅有一对波峰波谷，所以不符合上涨趋势的定义，也就不必做多或止损。

波峰、波谷的理念很好，但在拉里·威廉斯与比尔·威廉斯之前没人为峰谷下定义，那么看着似是而非的峰谷，也就似是而非地存在，极大地影响了分析结果的确定性、唯一性。而一旦失去了确定性、唯一性，交易可能变得随意了。

至此，不论是蜡烛图本身，还是蜡烛图引申出来的四种基本分形及其引申应用，都阐述完了。从现在开始，你可能已经忘掉了蜡烛图的形式，心中只有波峰、波谷的定义，也就是顶分形、底分形的定义，以及峰谷排列的有序排列与乱序排列。后文我们将会解构价格形态，并且希望你彻底忘记价格形态。

图 3－27　清除孕线与反孕线后连接顶分形、底分形

3.2　N 字操作法

事实上很多交易系统，都采用的是峰谷有序排列的方法，大多被称为“N 字操作法”。简明、简约、简单，方向一望便知，突破便建仓，这是它的优点。但也有它的不足之处。例如，出现 N 字之后，即出现三波向上或向下的走势，那么它既可能是一段趋势的开始，如图 3－28，也可能是相反趋势的调整走势，如图 3－29。

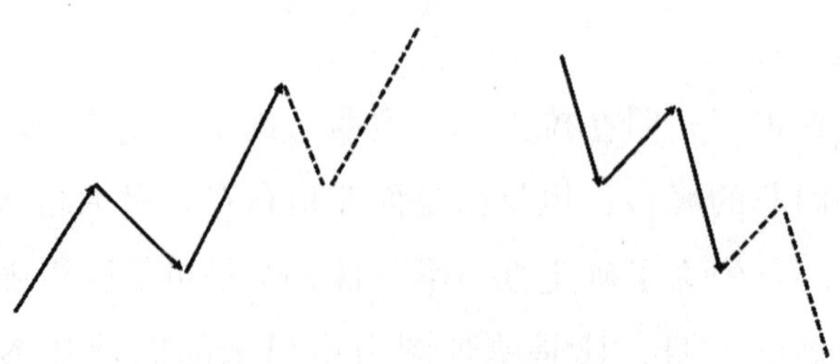

图 3－28　一段趋势的开始

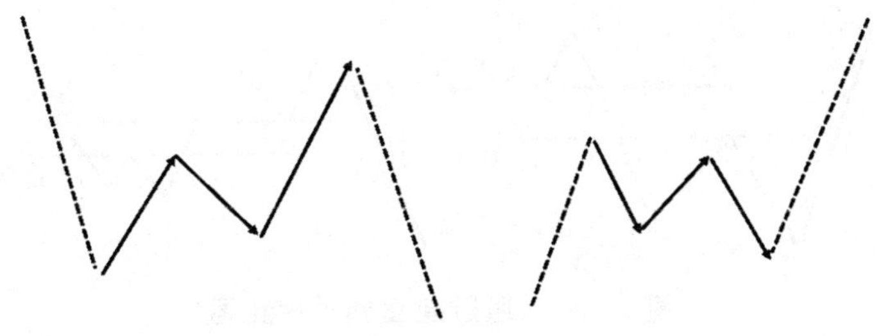

图3－29　相反趋势的调整走势

就像海森保测不准原理一样，当你能测量速度的时候，你无法测量位置；当你能测量位置的时候，你无法测量速度。置换到价格走势当中就是：有了确定性，便丧失了建仓最好时机；在建仓最好时机建仓，便要牺牲确定性。这个世界就是这样，你不可能又要确定性，又要最好建仓时机。想得，就要舍，有舍才有得。

3.2.1　常规止盈与止损

假如给出的信号不过是回调而已，我们也有相对应的预案，我们可以在出现两对峰谷时画出一条趋势线来止损，如图3－30；也可以根据趋势定义，突破前期峰谷时止损，如图3－31；若未达到上述条件，还可以根据在拐点右侧出现峰谷排列的新秩序来止盈，如图3－32。

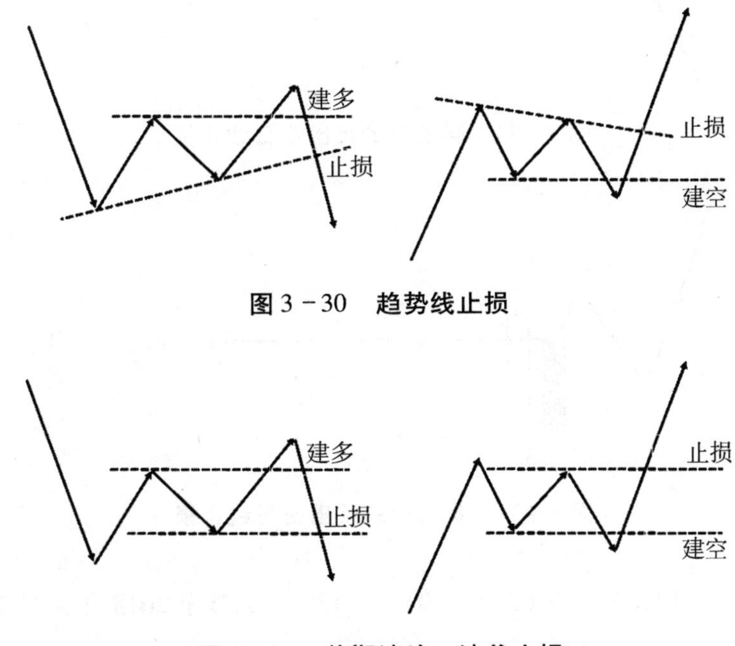

图3－30　趋势线止损

图3－31　前期波峰、波谷止损

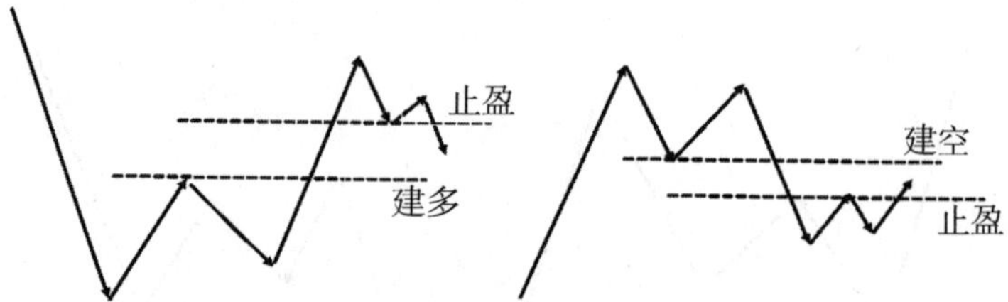

图 3－32　通过建立新秩序止盈

3.2.2　反出击日线法止损

上述几种方法都是根据峰谷的排列演绎出来的止损、止盈方法。但有一种方法，它仅仅是通过 K 线来设定止损位，就是在拉里·威廉斯的《短线交易秘诀》中，称之为反出击日线法。

出现 N 字突破时，也就是出现两对峰谷向上有序排列时买进。从细节来看，是一根具体的向上突破 K 线。如果后市走势并没有向上继续挺进，反而下破了这根 K 线的最低点，则后市走势大概率不会继续向上，可以先行止损，如图 3－33 与图 3－34。

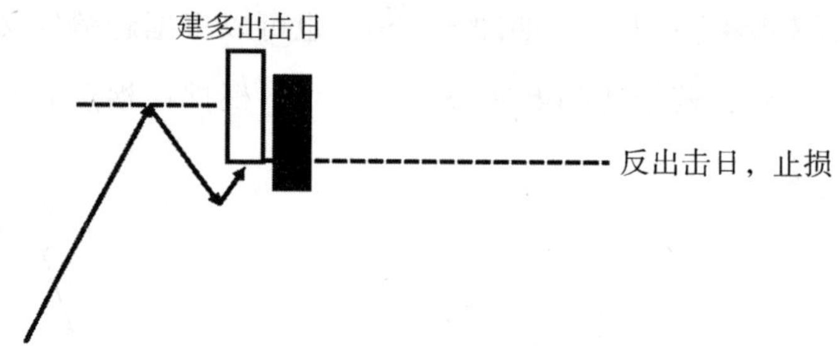

图 3－33　买进后的反出击日线止损

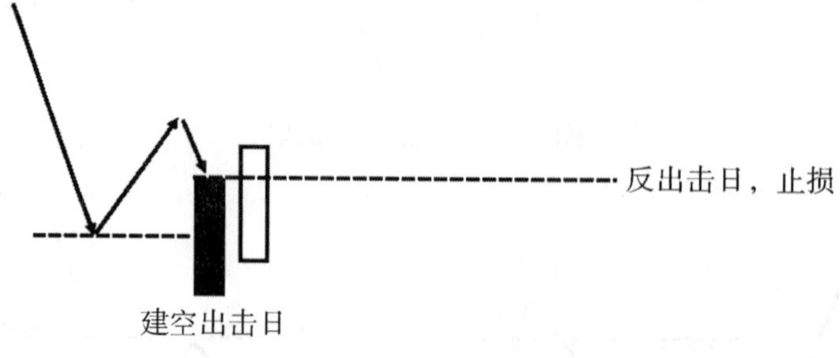

图 3－34　卖出后的反出击日线止损

图 3－35 为四川路桥（600039）2017 年 12 月 27 日至 2018 年 4 月 20 日日线走势图。利用反击日线止损法，会比趋势线止损法更早止损。

图3-35 四川路桥（600039）2017年12月27日至2018年4月20日日线走势图

虽然四川路桥的案例说明反出击日线法能提示尽早止损，但如果你还记得前文所述的话，这笔交易本不应该做，为什么呢？因为出击日后的K线不过是前期下跌走势的孕线，而孕线是没有意义的，所以此次交易应该避免，如图3-36。

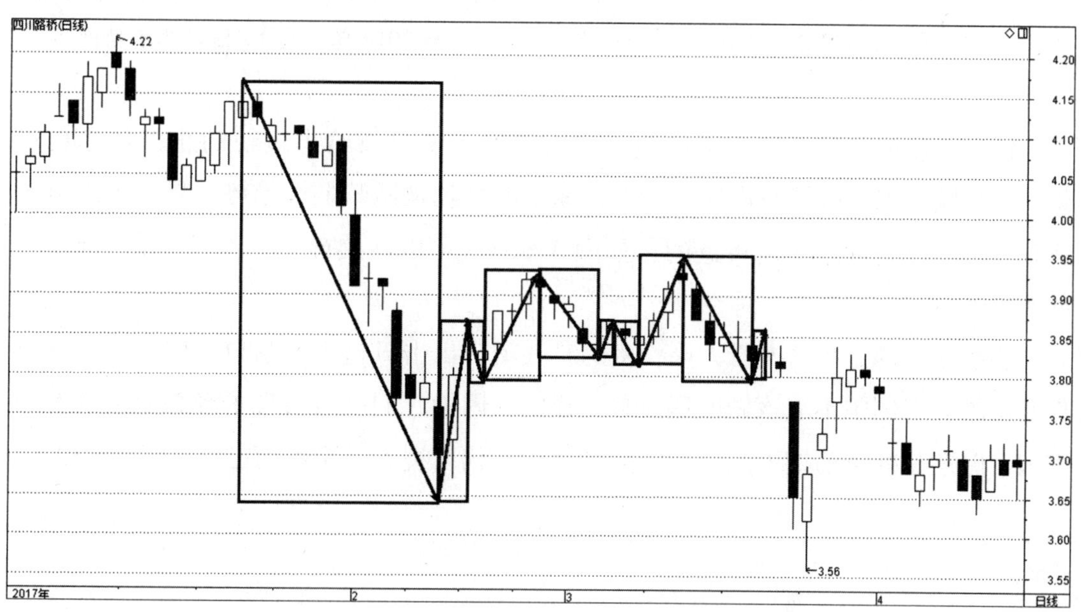

图3-36 复杂震荡不过是前期下跌走势的孕线

反出击日线法能迅速提示止损，而它的快也正是它的缺点，有时也会因为它的反应过于灵敏而使你错过行情。如图 3－37 为九鼎投资（600053）2018 年 1 月 31 日至 2018 年 5 月 15 日日线走势图。如果利用反出击日线法止损的话，则会丧失后面一大部分行情。这种情况怎么处理呢？

图 3－37　九鼎投资（600053）2018 年 1 月 31 日至 2018 年 5 月 15 日日线走势图

任何方法都难免会有失灵的时候，所以反出击日线给出过快的止损信号也难免。如何应对呢？既然后市还在上涨，那么破高就是回归上涨趋势。只要价格再次破高，我们还是可以继续买进的，如图 3－38，可以在突破上一个反出击日线时，再次买进。

联系前面的走势情况看九鼎投资的日线图，出击日这笔交易也不应该做，理由与四川路桥案例中不应该做的理由是一样的，因为它们虽然出现了峰谷向上的有序排列，但还是处于前期下跌走势的控制之中，仍可视为是孕线而已，如图 3－39。

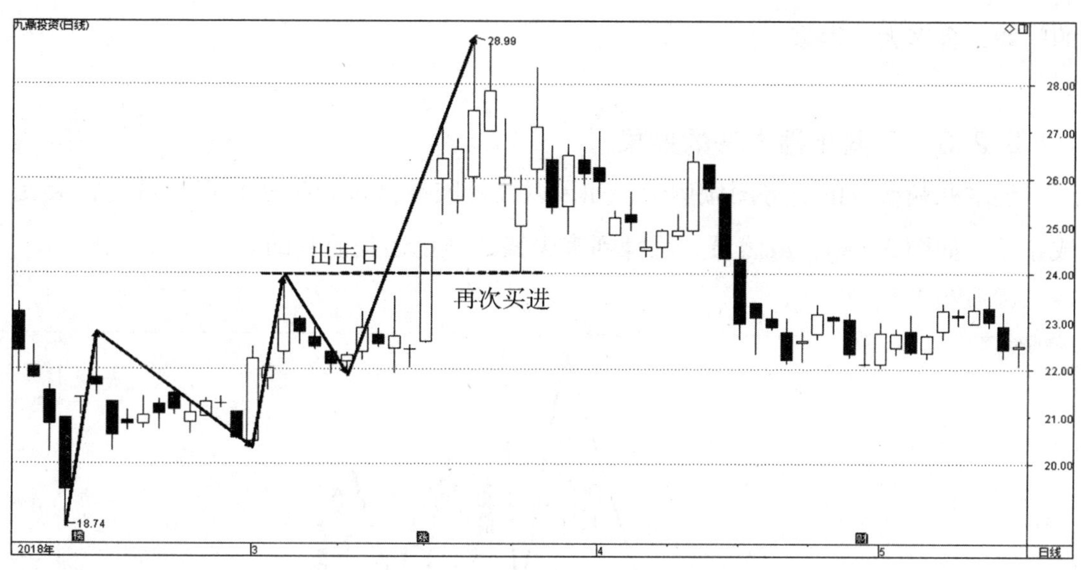

图3－38　突破反出击日线后再次买进

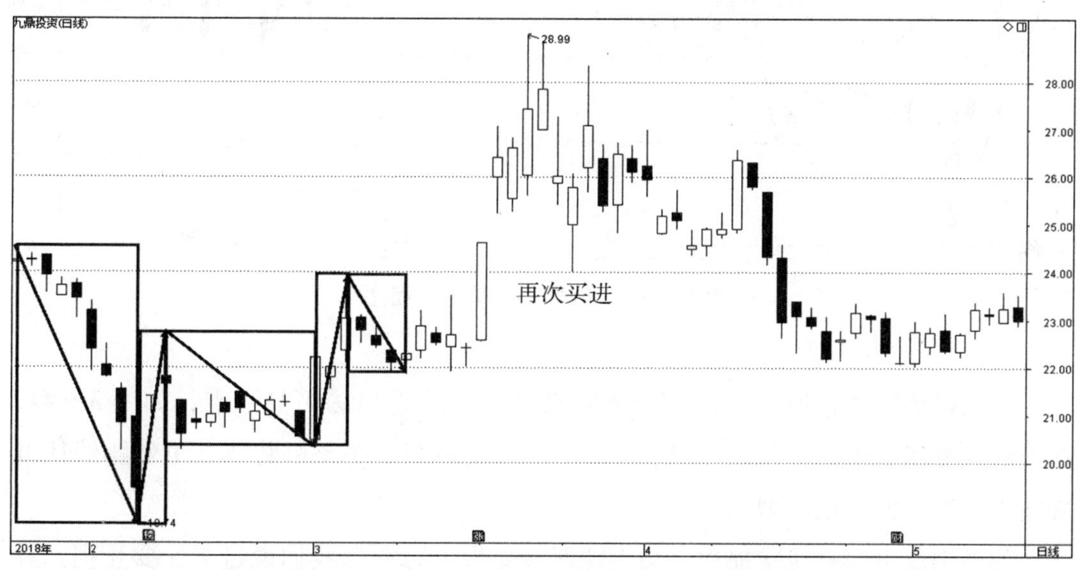

图3－39　复杂震荡不过是前期下跌走势的孕线

止损条件最宽松的是前期波峰波谷止损法，严格一点说是趋势线法，最为严格的止损法为反出击日线法，你可以视自己的交易习惯与风险偏好来决定使用哪种止损方法。不过最宽松的止损方法虽然止损额度可能变大，但它的容错性也相应变大，很少出现止损止错了的情况。反过来，反出击日线法虽然能使止损额度最小化，容错性也相应变小了，很容易被微小的震荡震出场，再次突破反出击日线才买进的话，不仅损失了一部分利润，而且因为止损，损失更大。所以这还是一舍一得的问题，舍多大，得多大。

3.2.3 不同止损方法的效果

还拿九鼎投资的走势图做例子，如果以波峰波谷推进止损法止损，最终将会变成止盈。如图 3－40，虽然最后没赚到多少钱，毕竟还是盈利的。

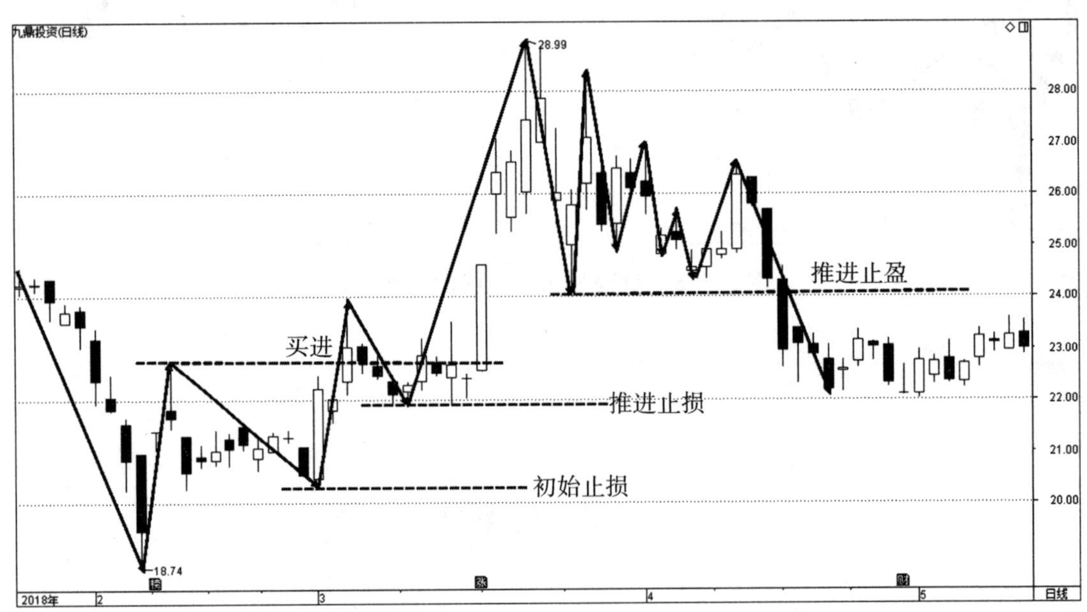

图 3－40 波峰波谷推进止损法

若用趋势线法止损，平仓位会比波峰波谷推进止损法更高一点，如图 3－41。在上涨的过程中出现了新的波峰、波谷，所以要适当地调整趋势线，虽然赚钱比波峰波谷法好，但还是不理想。

如果用反出击日线止损法，会出现两笔交易，第一笔我们说过了，要止损，并且再次突破出击日线的高点时才再次买进。

不论按波峰波谷推进止损法止损，还是按趋势线止损法止损，最终几乎难免亏损。

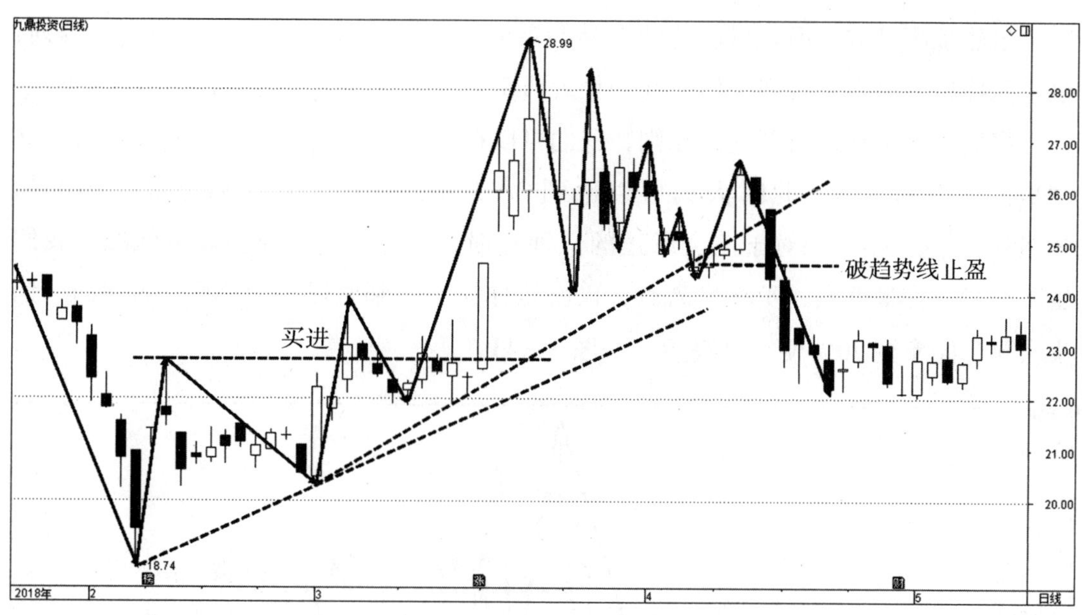

图3-41　趋势线止损法

3.2.4　更快的止盈方案及其缺点

从买进九鼎投资，到这一波最高上涨了6.25元，上涨幅度27.48%。还有没有什么好方法，拿到更多的利润呢？当然有，我们还有一种更为激进的波峰波谷推进法，如图3-42。

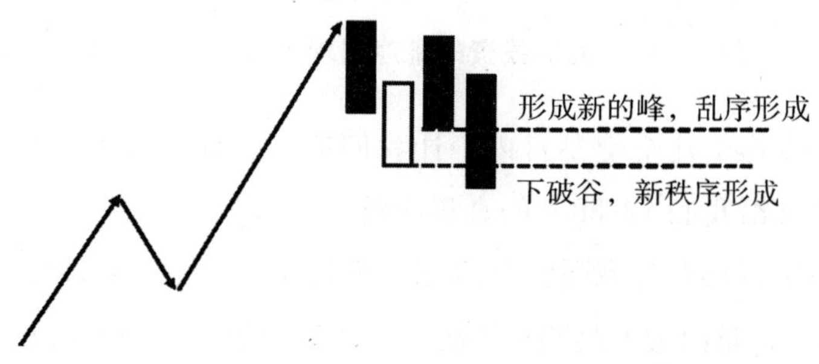

图3-42　乱序出现即可平仓

当下破前期波谷前，形成了新的峰谷依次下跌的新秩序，下跌趋势出现。

通常情况下，我们都是根据既定事实来平仓，它有更高的确定性，但是会回吐较多的利润。然而在未下破前期波谷前，先形成了一个波峰。此波峰低于前方的波峰，按照上涨趋势的定义，不论是波峰还是波谷都应该不断抬高，而此时却出现一个低于前期波峰的波峰，那么它就打乱了前期峰谷的有序排列，形成了乱序。

虽然乱序已成，但它目前的状态是飘着的，此时它既不是峰谷有序向上排列，也不是峰谷有序向下排列，但上涨趋势大概率告一段落，所以可以先把多单平掉。

根据乱序出现即可平仓的原则，我们可以在形成未高于前期波峰的波峰时，立刻平掉手中的多单，此时大约可以赚到 2.93 元，是整个上涨趋势最大幅度的 46.88%。这个结果相对于前文所述的三种止损方法，赚得都要多。更何况，我们也不可能买在最低点，卖在最高点，也就是你无法拿到整段趋势 100% 的利润，掐头去尾，能拿到 70% 便已是高手，如图 3－43。

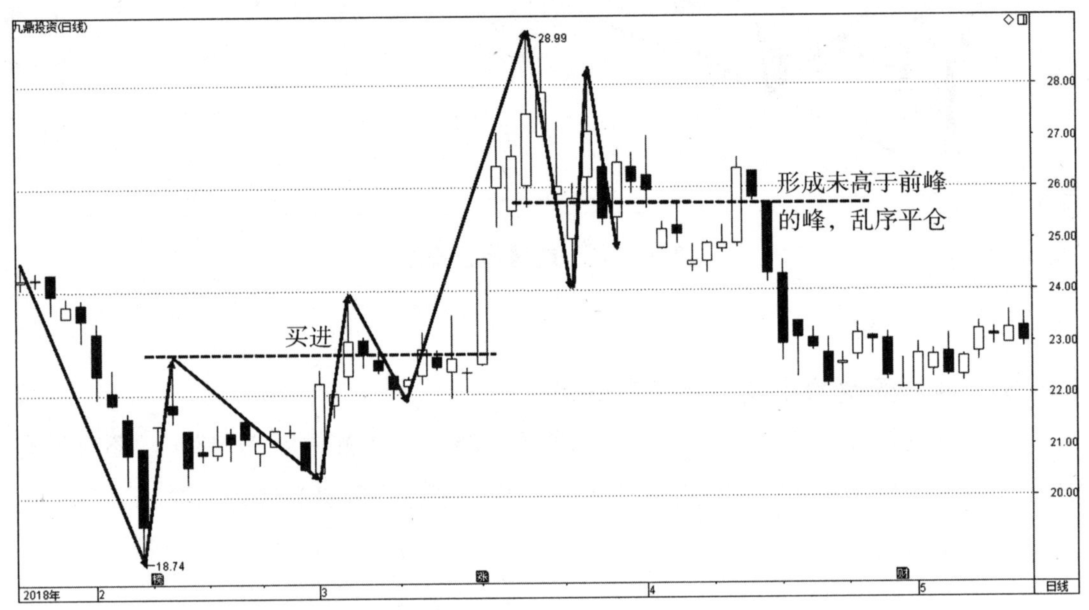

图 3－43 九鼎投资的乱序出现即可平仓示意图

九鼎投资至少在十几个交易日内，让我们抓到整体上涨幅度的 46.88%，2.93 元的利润，也能带给我们 12.88% 的真实收益。

那么这种情况有没有弊端呢？当然有，我们说过，任何一种方法都必须有舍有得。如图 3－44。这是内敛形的调整走势，在调整内部，后峰比前峰低，后谷比前谷高，震荡幅度不断缩小。那么在出现比前期波峰更低的波峰时，达到了乱序出现即可仓的条件，但它即使向下突破，形成峰谷有序的向下排列，也未必形成下跌趋势，其后就可能继续创出新高，重拾上涨趋势，意味着我们平仓平早了。如果我们在它再次突破前高时继续买进的话，虽然能跟得上上涨趋势，但毕竟还是少赚了一部分。

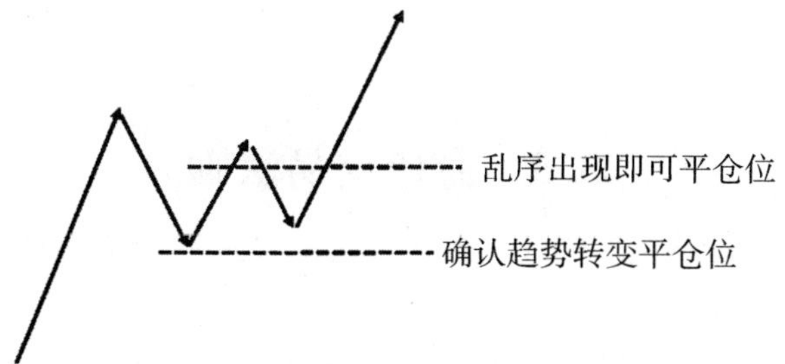

图3－44　内敛形调整走势中先平仓可能会踏空

图3－45为东湖高新（600133）2017年5月19日至2017年8月9日日线走势图。如果我们在第一次乱序出现时便平掉多单，后期的大幅上涨将完全踏空。除非在平仓后，再次破高继续买进，尽管也损失了一部分利润。是否在乱序出现处即平仓？这也是一舍一得的问题。

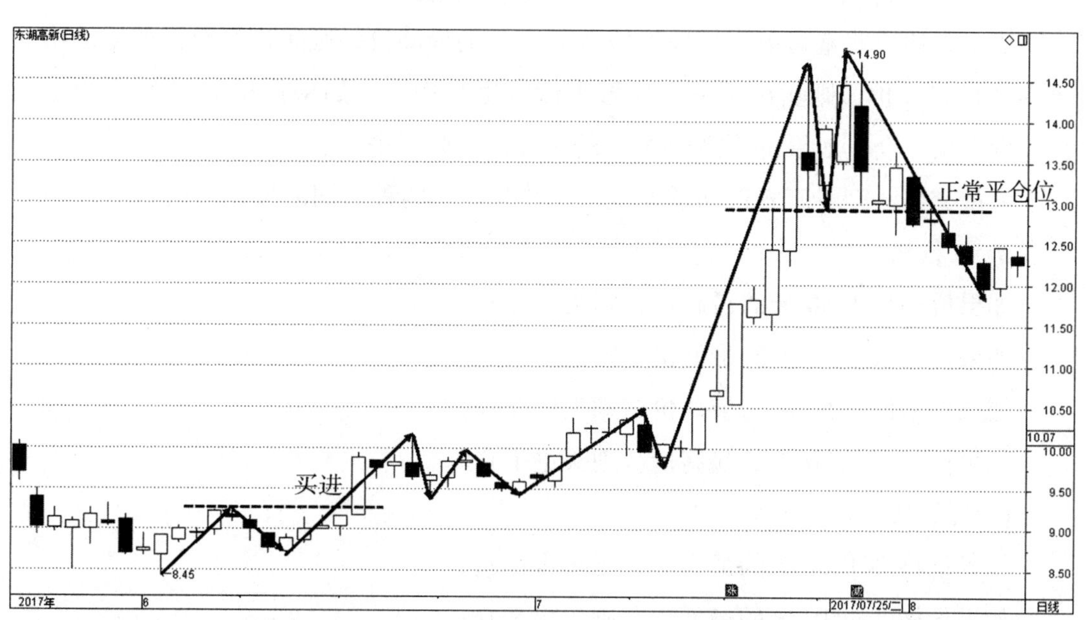

图3－45　东湖高新（600133）2017年5月19日至2017年8月9日日线走势图

3.3 海龟交易法则

如果我说海龟交易法则，便是利用了N字突破法，你会不会感到意外？海龟交易法则分为两部分，一部分为形，为唐安奇通道；一部分为质，为海龟交易法则资金管理。资金管理的问题我们放在后面再说，先说唐安奇通道，也就是运用海龟交易法则怎样寻找买入点、止盈点。你或许会问，这里面不包括止损点吗？唐安奇通道并不包括止损问题，止损属于海龟交易法则的资金管理问题。

3.3.1 唐安奇通道——移动的N字操作法

唐安奇通道非常简单：如果价格高于N天的最高价，则买进开仓；如果价格低于X天的最低价，则卖出平仓。反过来做空也是如此：如果价格低于N天的最低价，则卖出开仓；如果价格高于X天的最高价，则买进平仓。

海龟交易法则将唐安奇通道变成了长线与短线两种不同的操作方法：

A. 长线法

如果价格高于50天的最高价，则买进开仓；

如果价格低于20天的最低价，则卖出平仓；

如果价格低于50天的最高价，则卖出开仓；

如果价格高于20天的最高价，则买进平仓。

B. 短线法

如果价格高于20天的最高价，则买进开仓；

如果价格低于10天的最低价，则卖出平仓；

如果价格低于20天的最高价，则卖出开仓；

如果价格高于10天的最高价，则买进平仓。

可这又与N字突破法有什么关联呢？仔细研究一下唐安奇通道，我们画一张静态图，如图3-46。为什么会有50天内的最高价？是因为前期有一个波段的上涨。为什么现在才突破50天内最高价？因为在50天内最高价与现在之间的价格，都低于50天内最高价。既然有前期上涨，有上涨后的调整，又有现在的突破，那么这就是N字形突破。只不过，唐安奇通道是一个动态型的N字形突破而已。

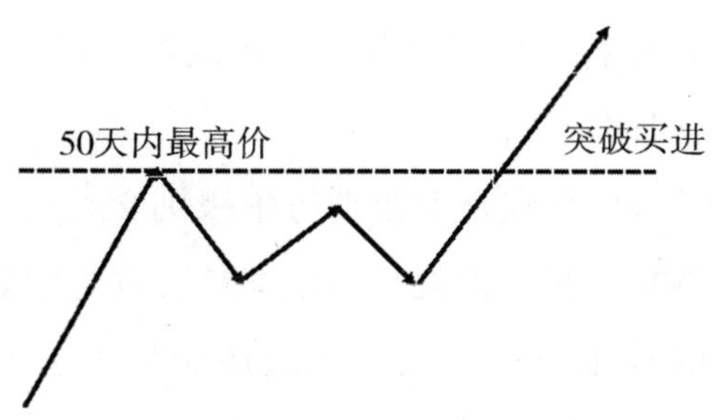

图3－46　唐安奇通道买进开仓法示意图

这就是说，如果买进开仓，就在向上突破时，将50天内最高价定义为波峰（顶分形）；如果卖出开仓，就在向下突破时，将50天内最低价定义为波谷（底分形），如图3－47。

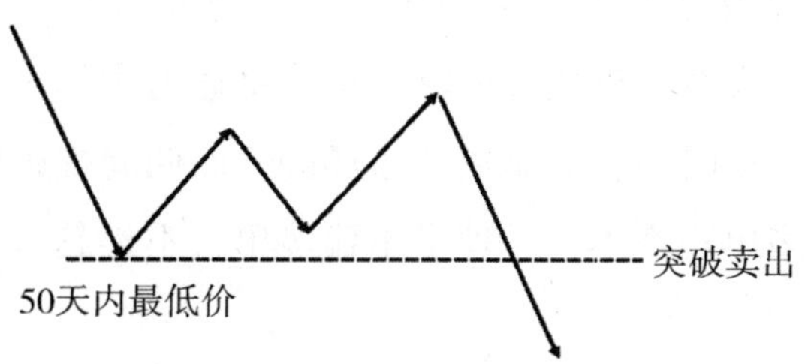

图3－47　唐安奇通道卖出开仓法示意图

除了定义波峰波谷的方法不一样以外，与我们之前讨论蜡烛图、分形结构推导出来的方法并无二致，内在逻辑是一样的。

3.3.2　唐安奇通道隐含的交易层级问题

但是你发现没有，唐安奇通道好像只有简单的一种操作方法，它并没有将走势分出层级。我们说过，没有层级的交易系统都比较低级。那么久负盛名的海龟交易法则，它真的没有层级之分吗？

其实是有的。你看唐安奇通道的参数：50、20、10。那么建仓时，它要突破50天内的最高（低）价，大部分级别比较大的震荡，通常都会在50天内完成，当然这个50也不是固定的，你也可以设置成55或者60，这都没有问题。

20这个参数比50要小。也就是说价格在可能出现次要趋势的调整时，海龟交易法则先退出来。这里面就有层级之分了，在更大的调整结束之后，建仓。在次要级别的调整时，平仓。

如果价格调整结束之后，继续向上破高，那么它重拾上涨趋势，直到下一个次要级别的调整出现时再平出来。而终归有一个次级的回调，将成为下跌主要趋势，但此时海龟交易法则已经退出了。

如果我们把参数 50 与 20 看成是大级别与中级别交易的参照，那么 20 与 10 就是中级别与小级别的交易的参照。这就是海龟交易法则之中隐藏的交易层级。

与唐安奇通道类似的技术分析方法，我们还能从丁圣元译《期货市场技术分析》[①] 里单核的“四周规则”中找到。

四周规则的系统非常简单：

1. 只要价格涨过前四个日历周内的最高价，则平回空头头寸，开立多头头寸。

2. 只要价格跌过前四周内（照日历算满）的最低价，则平回多头头寸，建立空头头寸。

四个日历周，20 个交易日。四周规则是唐安奇通道的短线版本，不过它比海龟交易法则所使用的唐安奇通道更加简陋。唐安奇通道中的平仓位参数，与建仓位参数不同，也就是有一段时间我们是离开市场的。而四周规则的建仓参数与平仓参数相同，则表示平掉多单建空单，平掉空单建多单，不论趋势层级，所以四周法则是比较简陋的。

但约翰·默菲在《期货市场技术分析》中也给出了一些优化的方法，比如平仓时，突破两周最低（高）价即可，也就是将平仓参数从 20 改为 10。那么此时四周规则便是彻头彻尾的唐安奇通道了。

既然四周规则的优化版是唐安奇通道，那我们就可以忘掉四周规则了。既然唐安奇通道的内在逻辑是 N 字突破，这是形成趋势的必要条件（峰谷向某一方向有序排列），那我们就可以忘掉唐安奇通道了。

海龟交易法则的准确率并不高，长期来看，用海龟交易法则每交易 10 笔，就会有 6 笔以上会止损，它全靠盈亏比来赚钱。也就是海龟交易法则可以做每一笔亏损的交易亏损一块钱，但每一笔盈利的交易却可以赚 10 块钱（举例说明的数字，并不是回测数据）。

3.3.3 海龟交易法则的资金管理方案

关于海龟交易法则的止损，还要从它的建仓方法说起。海龟交易法则的建仓方法，就是它的资金管理方法。先计算一个参数 N，再用 N 来乘以每一点数所代表的

① ［美］约翰·默菲：《期货市场技术分析》，丁圣元译，地震出版社，2008 年，第 245 页。

价值，例如豆粕期货的每一点价格为10元，那么就用N来乘以10；铁矿石期货的每一点价格为100元，那么就用N来乘以100。

再用总资金的1%除以N乘以每一点价格所代表的价值，即每一次建仓需要交易的手数。

例如计算出的N为15，每一点价格所代表的价值为100元，相乘以后为1500。再假设总资金为100万元，1%的总资金为1万元。那么，当唐安奇通道给出可以建仓的条件时，我们可以交易6.67手（10000/1500），向下取整为6手。而以后的每一次加仓，皆为6手。

海龟交易法则规定，对于每一个单独的品种，除了初始建仓之外，只能再加3次仓，以上面的数据为例，则最大交易量为24手。

那么N是怎样算出来的呢？它表示的是20天的平均真实波动幅度。

真实波动幅度=MAX（H-L，H-PDC，PDC-L）

其中MAX为最大值的意思，也就是从后面括号中的三个算式中取最大值。H代表当日最高价，L代表当日最低价，PDC为上一个交易日的收盘价。那么真实波动幅度的公式用汉字表达为：

真实波动幅度=取最大值（当日最高价-当日最低价，当日最高价-上一个交易日收盘价，上一个交易日收盘价-当日最低价）

真实波动幅度，计算的就是今天相对于昨天最大日内波动幅度。如此计算20天，再根据算术平均计算出来，即为N。

几乎所有的分析软件都有N的数据，也就是平均真实波动幅度ATR的数据，如图3-48，我们用文华财经来举例。图中的ATR的参数是26，根据需要将参数改为20。有了ATR的指标，也就不必再手动计算了。ATR就是N，N就是ATR。

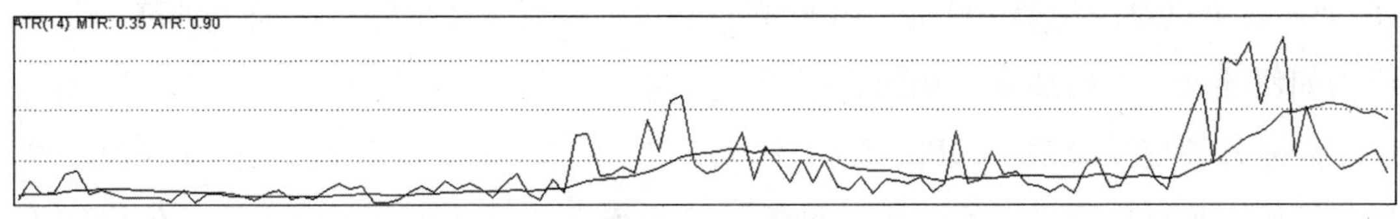

图3-48 平均真实波动幅度ATR

有了ATR，我们就能计算出每次交易的交易数量，我们暂且将每次交易的数量记为1Unit。海龟交易法则规定，当初始建仓后，价格每向前推进1/2倍ATR，则加1Unit仓量，直至加满4Unit仓量。如果在初始建仓之后，价格便向相反的方向运行，海龟交易法则规定总亏损不得超过总资金的2%，也就是价格向相反方向运行2倍ATR时，止损。

我们先用一组整齐的数据来做例题。当价格达到100元时买进1手，ATR数值为10。每推进5元加仓1手，价格每下跌20元时，全部平仓止损。

第一步，初始建仓100元买进1手，价格下跌20元止损，亏损20元，为2倍ATR，每1倍ATR为总资金的1%，即亏损总资金的2%。

第二步，初始建仓100元买进1手，并且持续向上，继续推进至105元，买进1手。此时价格下跌20元至85元时止损，两笔交易共亏损35元【（85－100）+（85－105）】，为3.5倍的ATR，即亏损总资金的3.5%。

第三步，价格在两次建仓后持续推进至110元，买进1手。此时价格下跌20元至90元时止损，三笔交易共亏损45元【（90－100）+（90－105）+（90－110）】，为4.5倍的ATR，即亏损总资金的4.5%。

第四步，价格在三次建仓后持续推进至115元，买进1手。此时价格下跌20元至95元时止损，四笔交易共亏损50元【（95－100）+（95－105）+（95－110）+（95－115）】，为5倍的ATR，即亏损总资金的5%。

海龟交易法则所说的亏损不超过总资金的2%，并不是指加仓后的亏损总额，而是每一笔交易的亏损不会超过2%。理论上四次加仓的总亏损不能超过总资金的8%，不过因为止损是推进的，所以即便最坏的情况发生，理论上最大的亏损也只有总资金的5%。

不过在真实的交易中，总的亏损比5%还要小，因为我们在计算交易量的时候，不会恰好为整数，但只要有小数，保守起见，我们都要向下取整。这样实际的交易量便小于理论的交易量，亏损总额也就变小了。

例如2018年4月23日，铁矿石1809合约50天内最高价为569元，ATR为16.95，每1点对应价值100元，我们共有资金100万。如果铁矿石向上破高，我们应当如何建仓，如何加仓，如何止损呢？

先来计算交易数量：（100万×1%）/（16.95×100）=5手（向下取整）。所以当铁矿石价格向上突破569元，也就是达到569.5的时候，买进5手。价格向下跌2倍ATR时止损，即下跌33.9点时（2×16.95），止损。

当然铁矿石的最小波价位为0.5元，那么33.9点向上取整为34点。569.5元买进，下跌34点止损，亏损17000元（34×5×100），占总资金的1.7%。为什么是1.7%，而不是2%？因为我们在计算交易数量的时候，是向下取整，而不是向上取整。

以上是第一步，初始建仓与初始建仓的止损。再来看第一次加仓与止损的情况。根据海龟交易法则的规定，价格每向前推进1/2倍ATR，则增加1Unit仓量。铁矿石价格每向上8.5点（16.95/2），便再买进5手。当铁矿石价格上升至578元时（569.5+8.5），加仓5手。

目前所持有的总多单为：569.5元买进5手，578元买进5手。

海龟交易法则的止损原则为推进止损，价格反向运行2倍ATR，是以最新的加仓价来计算的。那么此时的止损位便是544元【(573-2×16.95)】。较之初始建仓位的止损位提高了1/2倍ATR。

若在第一次加仓时止损，两笔交易共亏损29750元【（543-569.5）×5×100+（543-578）×5×100】，占总资金的2.975%。

第二次加仓与加仓后的止损情况：价格再次上涨8.5点，达到586.5（578+8.5）时，再次买进5手。

目前所持有的总多单为：569.5元买进5手，578元买进5手，586.5买进5手。

铁矿石价格下跌2倍ATR，即下跌至552.5时（586.5-16.95×2）止损。三笔交易共亏损38250元【（552.5-569.5）×5×100+（552.5-578）×5×100+（552.5-586.5）×5×100】，占总资金的3.825%。

最后一次加仓与加仓后的止损情况：价格再次上涨8.5点，达到595元（586.5+8.5）时，再次买进5手。

目前所持有的总多单为：569.5元买进5手，578元买进5手，586.5买进5手，595买进5手。

铁矿石价格下跌2倍ATR，即下跌至时561元（595-34）时止损。四笔交易共亏损元42500元【（561-569.5）×5×100+（561-578）×5×100+（561-586.5）×5×100+（561-595）×5×100】，占总资金的4.25%。

这一通运算很复杂，是吗？并不复杂，只是很琐碎。我们了解海龟交易法则的详细内容，是为了借鉴它。在一波趋势中，难道你只想守着初始建仓的仓位吗？不想顺势加仓让盈利扩大吗？所以我们要借鉴海龟交易法则的加仓方法。这个方法也值得股票交易者借鉴。

3.3.4 N字操作法的资金管理

怎么把海龟交易法则的加仓方法放入到N字操作法中呢？关于N字突破的加

仓问题，我们可能一直在想的是，破峰加仓或者是破谷加仓。但真实情况是，峰与谷在一段趋势中，并不是均匀排列的，例如有的两峰之间距离很长，有的两峰之间距离很短，这种加仓方法就很难了，如图 3－49。

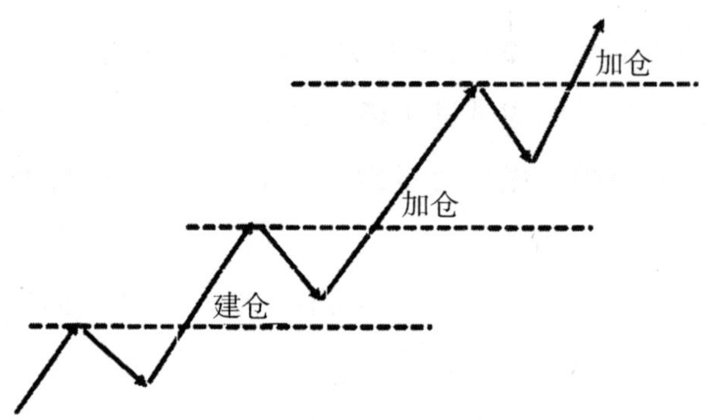

图 3－49　破峰加仓

海龟交易法则不管这些，它只管你是不是突破了 0.5 倍的 ATR，可我们的方法论里没有 ATR 啊。海龟交易法则每一个 ATR 是总资金的 1%，那么我们是不是可以放弃 ATR，直奔 1% 这个主题呢？

在交易中，我们也要根据止损幅度来计算交易数量。如图 3－50，如果我们以峰谷法来止损，那么从突破买进价格到前一个波谷之间的差价便是止损幅度。如果我们 100 万元，假设止损幅度为 5000 元，并且每笔交易只亏损 1% 的话，交易数量为 2 手（100 万 ×1%/5000）。

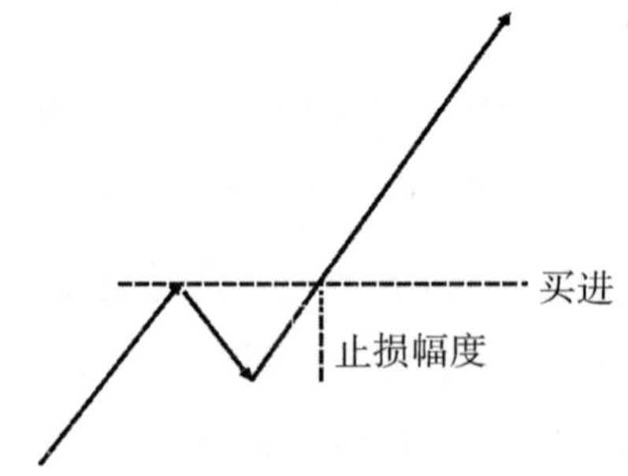

图 3－50　以峰谷法止损时的止损幅度

同理，采用趋势线法来止损，就是从突破买进价格到趋势线的距离（差价）便是止损幅度，如图 3－51，交易数量计算方法相同，都是（总资金 ×1%）/止损幅度。

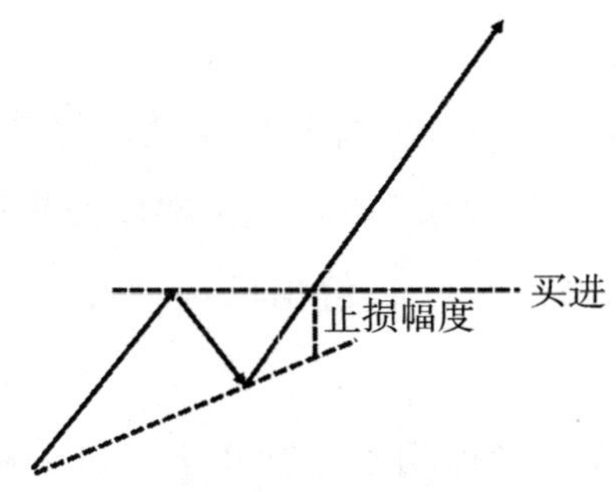

图3-51　以趋势线法止损时的止损幅度

我们可以规定，价格每向上推进1倍的止损幅度，则加仓1/2Unit仓量；最多持仓4Unit仓量。若价格每下跌1倍的止损幅度，则全部平仓止损。如图3-52。

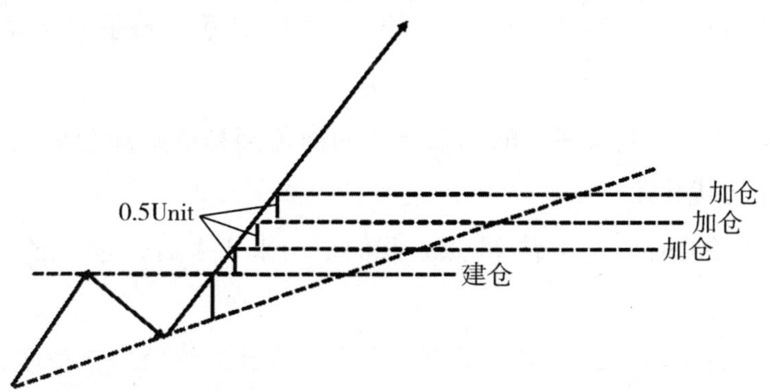

图3-52　建仓与加仓

在初始建仓时，因为要计算交易数量，所以必须计算出止损幅度，我们设定0.5Unit为止损幅度。价格每上涨0.5Unit止损幅度，则加1Unit交易数量。

例如初始建仓数量是2手，止损幅度是50点，为总资金1%的风险。

第一步：初始建仓2手。

第二步：上涨25点，加仓2手；若此时直逼止损位，初始建仓亏损50点，为总资金的1%。加仓亏75点，为总资金的1.5%。共亏损2.5%总资金。

第三步：再次上涨25点，加仓2手；若此时直逼止损位，前两笔交易共亏损总资金2.5%，本亏损100点，为总资金的2%，共亏损4.5%总资金。

第四步：再次上涨25点，加仓2手；若此时直逼止损位，前在笔交易共亏损总资金4.5%，本亏损125点，为总资金的2.5%，共亏损7%总资金。

至此加满。

因为我们的止损是用趋势线推进止盈，趋势线每一天都在向上运行，所以实际上总亏损不会超过7%。

有没有什么方法，再减少一点呢？那只能是滚动操作了。我们不能等价格下跌到最终止损位再止损，而是每下跌0.5Unit止损幅度便平掉1Unit仓位。

例如刚刚共8手，全部加满仓了，价格已经上涨了75点了。我们按平均先进先出的方法来计算。

第一步，价格下跌25点，平掉初始建仓2手，每手赚50点，共100点利润。

第二步，价格继续下跌25点，平掉第一次加仓2手，每手赚0点，共0点利润。

第三步，价格继续下跌25点，平掉第二次加仓2手，每手亏50点，共负100点利润。

第四步，价格继续下跌25点，平掉第三次加仓2手，每手亏损亏100点，共负200点利润。

共亏损200点，也就是4%的总资金。而海龟交易法则加仓后最大亏损也达到5%，我们就不再优化了。

如果价格不给止损，向下跌25点，我们平出来2手后，它又涨上去了怎么办？有两种方法。

第一：平掉就不管了，有多少手算多少手，直到最终给出止盈或止损位。

第二：再涨回到25点时，我们再买回来。

我们再来模拟一下：8手加仓完毕，先进先出式平仓。

下跌25点，平掉初始建仓2手，每手赚50点，共100点利润。

再上涨25点，加仓2手，保持8手满仓。

再下跌25点，平掉第一次加仓2手，每手赚25点，共50点利润。

再上涨25点，加仓2手，保持8手满仓。

再下跌25点，平掉第二次加仓2手，每手赚0点，共0点利润。

再上涨25点，加仓2手，保持8手满仓。

再下跌25点，平掉第三次加仓2手，每手亏25点，共负50点利润。

再上涨25点，加仓2手，保持8手满仓。

经过几次折腾，我们已经把原来从初始建仓到后三次加仓的老仓，全部换掉。共有100点利润。

但此时所有8手仓位都建仓在高处，离止损位距离有125点。其中包括，每次加仓的间隔是25点，三次间隔为75点，再加上最初的止损幅度为50点。共为125点。

价格开始下跌。继续模拟。

下跌25点，平仓2手，亏损50点。

下跌25点，平仓2手，亏损100点。

下跌25点，平仓2手，亏损150点。

下跌25点，平仓2手，亏损200点。

共亏损500点，加上之前的利润100点，总亏损为400点，亏损总8%。

我们来看一个实际的案例，图3－53为铁矿石1809合约2018年1月3日至2018年3月29日日线走势图。

图3－53　铁矿石1809合约2018年1月3日至2018年3月29日日线走势图

按照我们的方法，523元处放空，止损幅度为44点。假设我们有100万，每次的交易数量为2手（100万×1%/4400）。铁矿石价格每向下跌22点，便加空2手，若向上44点，则全部平仓止损。

在初始建仓后，价格持续下跌，至501元。加空2手，如图3－54。此时所有持仓为：523元空单2手，501元空单2手，总止损位为523元。

图3－54 第一次加仓位

当铁矿石价格继续下跌至479元时，再次加空2手，如图3－55。此时所有持仓为523元空单2手，501元空单2手，479元空单2手，总止损位为501元。

图3－55 第二次加仓

至止，初始建仓一次，加仓两次，共三次交易，还未等第四次加仓，我们的系统便给出止盈信号。如图3－56，长阴线的上影线向上突破了趋势线，给出止盈平仓信号，趋势线被突破的位置为470元。6手铁矿石空单全部平仓，共盈利18600元【（523－470）×2×100＋（501－470）×2×100＋（479－470）×2×100）】。盈利占总资金的1.86%。

图3－56　上破趋势线平仓

不过，长阴线的上影线上破了趋势线之后，当天再次下破创新低，根据我们的系统，下跌趋势形成，要继续放空，如图3－57。

图3－57　下破新低，继续放空

下破位置处于463元，止损幅度为10点，交易量为10手（100万×1%/1000）。铁矿石价格每下跌5点，则加空10手。向上运行5点，则全部平仓。

因为止损幅度较小，所以在一根阴线中，已经加满40手空单，分别是463元空单0手、458元空单10手、453元空单10手、448元空单10手。如图3-58。

图3-58 铁矿石第二笔交易中的建仓与加仓位置

在建仓与加仓的阴线后方的第三个交易日，也就是阴线后的第三根K线中，铁矿石价格较之最后一次加仓位448元上涨了5元，达到了453元，触发了平仓的条件。如图3-59。

根据先进先出法，第一笔463元放空的交易将会率先被平仓，盈利10000元［（463-453）×100×5］。

长阴线后的第四根阳线，开盘便上破了下跌趋势线，给出了全部止盈的平仓信号，开盘价为450元。剩余30手全部平仓盈利9000元［（453-450）×10×100+（453-450）×10×100+（443-450）×10×100］。

加上第一笔交易的盈利，本次交易共盈利19000元。再加上铁矿石刚刚开始下跌时的那一笔交易的盈利18600元，两次交易共盈利37600元。从3月8日开始下跌，至3月29日完成交易，利润率3.76%。

图3-59　上破453元触发部分平仓条件

感觉有点少是吗？因为第一次的止损幅度实在太大，我们用100万，冒1%的风险的话，才能做2手，也就是50万做1手铁矿。肯定有人有这么宽的仓位，盈利的效果并不会太好吧。其实这是交易的一致性。

最初下跌的时候，虽然幅度很大，但我们仓位太轻了。第一波下跌那么多，我们才赚了18600元，而后面一根阴线就赚了19000元，这就是说，初始止损幅度较大会影响你的总体利润。

可是没办法，你得懂规矩。再说73点的行情，在铁矿中也不算什么。按铁矿石以前的秉性，我们赶上一波，这样加仓下去，就会有几成的收益了。

我们再重新梳理一下逻辑。我们最开始解构蜡烛图，通过蜡烛图反转形态与持续形态，了解了蜡烛图之所以会起作用，是因为它的内部走势合乎趋势定义。那么我们便忘掉蜡烛图，只需记得峰谷朝某一方向的有序排列为趋势。再通过清理孕线与反孕线，整合出四种基础分形，再在图中连接顶分形与底分形，走势图就在我们眼中变得更加清晰明朗。

有了这些线，便可以更加简明地找出峰谷的有序排列方向，进而总结出一套目前来说非常简单的交易系统，即N字突破。

N字突破的建仓位是固定的，但止损位可以通过峰谷推进止损法、趋势线推进止损法、初始建仓时期的反出击日线止损法来止损。

梳理海龟交易法则与四周规则，发现四周规则便是海龟交易法则中的唐安奇通道，唐安奇通道不过是动态的 N 字突破。那么我们可以忘掉唐安奇通道与四周规则，转而把注意力全部放在海龟交易法则的资金管理上。借鉴海龟交易法则的资金管理，我们又创造了属于自己的资金管理方法。

至此，我们至少忘掉两套交易系统，并且整合出自己的一套交易系统了。虽然很简单，不过我们的工作还没有完，还有更多的技术分析方法与交易系统，等待我们去挖掘其内部逻辑，整合理念，逐步完善自己的交易系统。

3.4 为连续 N 字突破加入一条趋势线

在前文的阐述中，我们频繁地使用了趋势线这一工具，但趋势线怎么画呢？是随便找两个低点，或两个高点，便能画出一条趋势线来，还是趋势线本身具有唯一性呢？我们先看看《期货市场技术分析》中是怎样画趋势线的。

N 字突破并不是单一的，而是连续的。连续的 N 字突破代表着趋势的行进，我们可以用峰谷推进法止盈或止损，也可以用趋势线法来止盈或止损。这条趋势线有什么规则吗？

3.4.1 趋势线的常规画法

只要有两个依次抬高或降低的波峰与波谷，便可画出一条趋势。如图 3－60。也就是有两个相对升高的谷，并且价格穿越了前一个峰，连接两个谷，便是一条上涨趋势线；同理，只要有两个相对降低的峰，并且价格穿越了前一个谷，连接两个峰，便是一条下跌趋势线。

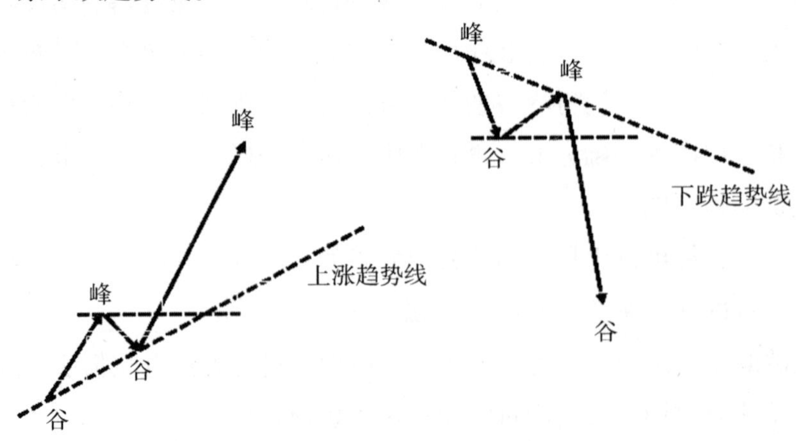

图 3－60 上涨趋势线与下跌趋势线

两个相对抬高的谷，但是峰没有抬高，我们能不能画出一条上涨趋势线呢？反过来，两个相对降低的峰，但是谷没有降低，我们能不能画出一条下跌趋势线呢？《期货市场技术分析》中说，有些人愿意这么画，如图3－61。

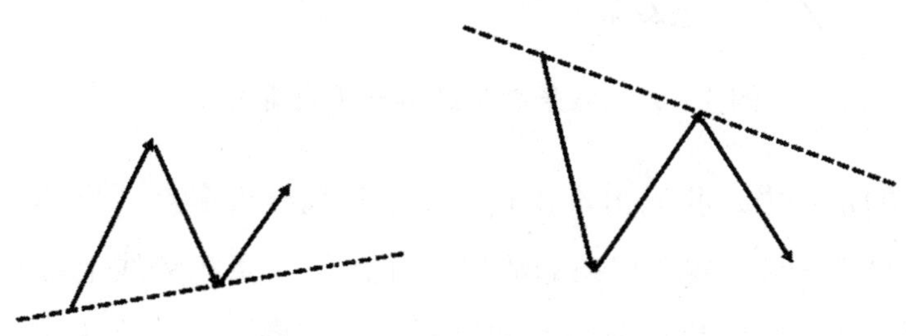

图3－61 未形成趋势的趋势线

但我不建议你这么做，因为既然名为趋势线，有趋势才有趋势线，峰谷未出现有序排列，哪里来的趋势？没有趋势哪来趋势线？皮之不存，毛将焉附？我们所说的左侧交易，便是指此。

书中还说到趋势线的重要程度。如果画出一条趋势线之后，后续走势的回调低点或是反弹高点，都落在此条趋势线上，或者在趋势线之上。这样的点越多，这条趋势线就越重要。如图3－62。

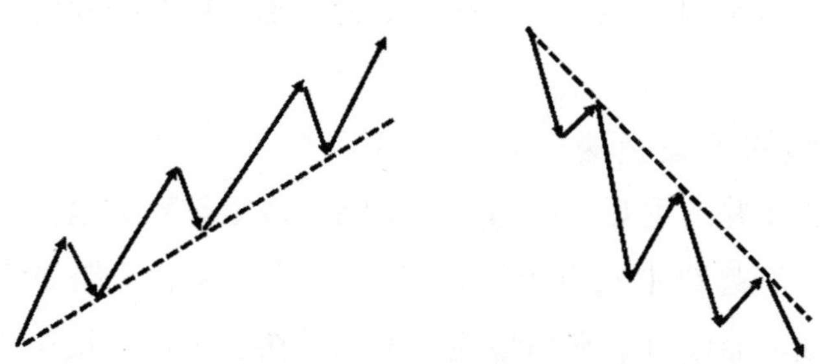

图3－62 重要的上涨趋势线与重要的下跌趋势线

可是话又说回来，虽然趋势线很重要，但最终是要被突破的，而且我们在持有多单或持有空单的时候，也会密切关注这条趋势线，它是否重要对我们来说并不重要，它是否被突破，才是最重要的。

在一段走势中，既然有一条重要的趋势线，那么是不是还存在着不重要的趋势线呢？如图3－63。趋势线2上的点较之趋势线1上点更多，所以趋势线2更重要，是这样吗？

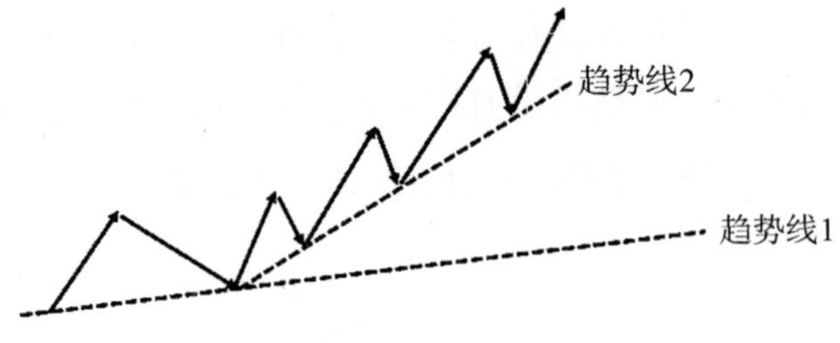

图 3-63　两条趋势线哪一条更重要？

但是在真实的走势中，我们很难找到一条趋势线有很多点（反弹高点或回落低点）的情况，如图 3-64，共有三条趋势线，并且每一条趋势线上都有两个点，那么你能告诉我哪一条趋势线更重要吗？如果根据"重要"的定义来说，线上的点多才最重要，那么得出的结论只能是这三条趋势线都重要。都重要，也就是都不重要。所以趋势线是否重要，本身就是一个伪命题。

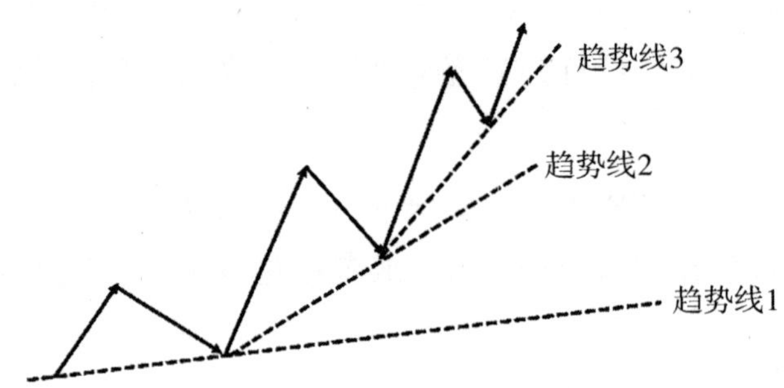

图 3-64　趋势线 1、趋势线 2、趋势线 3 哪条更重要？

3.4.2　趋势线的正确画法

如前所述，趋势线并不重要，但趋势线的唯一性很重要。这里的唯一性包含两个方面：第一，在上涨趋势中只有上涨趋势线，而没有下跌趋势线。在下跌趋势中，只有下跌趋势线，而没有上涨趋势线。第二，在一个趋势层级中，趋势线有且仅有一条。

有些人热衷于在上涨过程中或下跌过程中画出通道线。如图 3-65。上涨趋势中上边线与下跌趋势线中下边线根本没有任何意义。如果价格打到那条边线上，你是想平仓还是怎么着？如果在趋势未改变之前平仓，不论从理念还是从操作来说，都是错的。

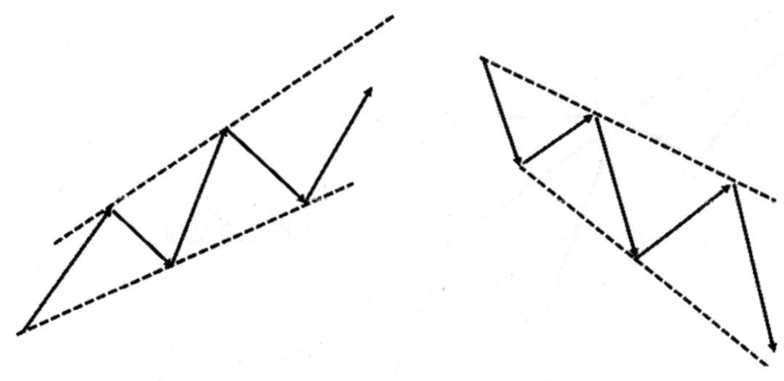

图 3-65　无意义的通道边线

从操作上来说，趋势未发生反转，甚至原趋势尚未终结，凭借没有任何根据随手画出的一条通道边线，便要平仓，那交易可真是够随意的。如果价格继续上涨或下跌，跳空后，你又如何交易？多半会无所适从。

从理念上来说，这是纯粹的左侧交易，哪怕它真的大概率在那个位置会反转，也要保持交易的一致性。

所以上涨趋势只有上涨趋势线，下跌趋势只有下跌趋势线。再往深里挖，上涨趋势只看波谷，下跌趋势只看波峰。

一个层级的趋势中，有且只有一条趋势线。为什么这样说？因为趋势线只有一种画法。这种画法出自维克多·斯波朗迪的《专业投机原理》。如果要画上涨趋势线，以离目前最高点最近的波谷为结束点范围，囊括所有低点。如果要画下跌趋势线，以离目前最低点最近的波峰为结束点范围，囊括所有高点。如图 3-66 与图 3-67。

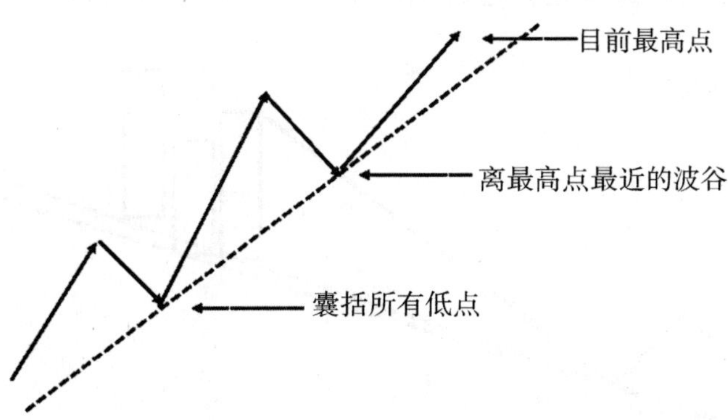

图 3-66　上涨趋势线的画法

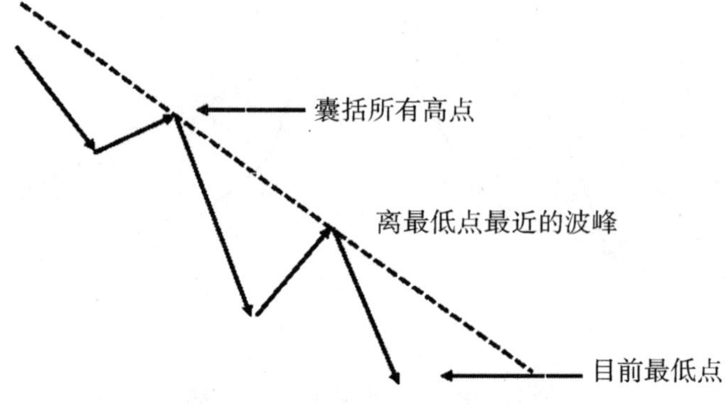

图3-67　下跌趋势线的画法

趋势线在技术分析中无处不在，为什么我们不在开篇便讲趋势线呢？因为有“操盘手维克多”之称的维克多·斯波朗迪在《专业投机原理》中给出的趋势线画法语焉不详。他将波峰称为高点，将波谷称为低点，那么我们如何定义高点和低点？没有统一的定义。所以我们必须在讲完波峰、波谷，也就是在讲完顶分形与底分形之后，才能告诉你怎么画趋势线。

另外一点，我为什么要说“结束点范围”，不能确定一个点为结束点呢？为什么是结束点的范围呢？因为有些走势，并不像我们给出的案例一样整齐。如图3-68与图3-69。如果根据波谷（底分形）的定义，画出的上涨趋势线应该是趋势线1，但是在波谷后面的K线的最低点，明显已经下破趋势线1了，可它还不是波谷的最低点。我们不能忍受有一根K线处于趋势线之外，所以必须调整趋势线1，以便让这根K线的低点进入趋势线内部，那么结束点就不是波谷了，而是波谷之外的“范围”。同理，下跌趋势线遇到这种情况的时候，也要进行调整。

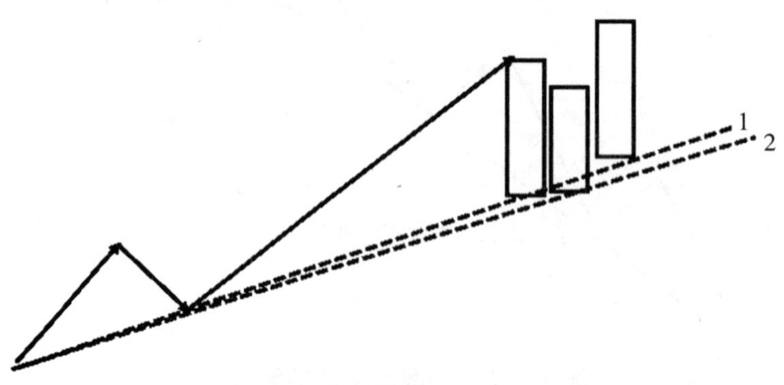

图3-68　需要调整的上涨趋势线

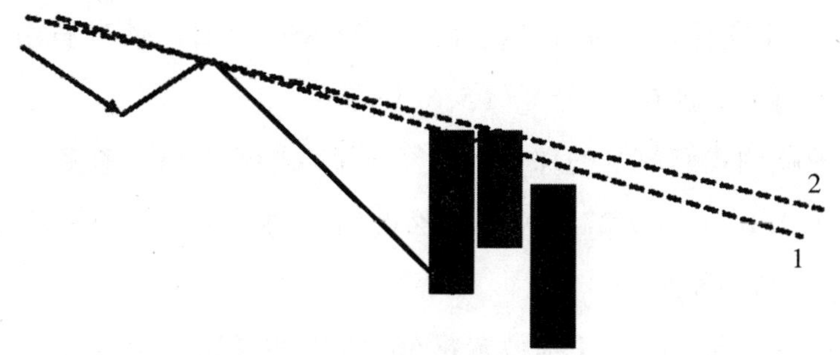

图3－69　需要调整的下跌趋势线

3.4.3　趋势线上具体点位的计算

学会了画趋势线，在我们之前的N字形交易方法中如果使用趋势线推进止损、止盈，则有了唯一性。这是我们完善这种交易方法的又一步。我们之前讲过如何根据止损幅度来计算交易数量，止损幅度与当时的趋势线位置相关，怎么计算趋势线上的每一个点的具体价位呢？前面我们是用铁矿1809合约作为案例，我们在这里计算趋势线的点位，还是用这张图来作案例。如图3－70为铁矿石1809合约2017年12月28日至2018年4月23日日线走势图。图中放空的位置位于523元处，那么这一天对应的趋势线点位是多少呢？

图3－70　铁矿石1809合约2017年12月28日至2018年4月23日日线走势图

我们来看画出趋势线的两点，左侧的点为576.5元，右侧的点为569元，这两个点之间相差 28 个交易日，也就是说经过了 28 个交易日，铁矿石由 576.5 元下跌至 569 元，平均每天下跌 0.27 元［（576.5－569）/28］。

从 569 元下跌到我们放空的那一天又经过了八个交易日，在趋势线上，这八个交易日共下跌了 2.14 元（0.27×8），那么此时趋势线上的位置是 566.86 元（563－2.14），向上取整为 567 元。

我们建仓位置是 523 元，止损位置是 567 元，两者相差 44 元，也就是我们在之前的案例中所说止损幅度为 44 元（点）。

我们还可以利用一次函数或者说解析几何来确定这条线上的位置。一次函数的解析式为 $y=kx+c$。那么趋势线上左侧点的坐标为（0，576.5），趋势线上右侧点的坐标为（28，569），将这两组数据代入 $y=kx+c$，求得 k 等于 0.27，c 等于 576.5。那么这条趋势线的解析式为 $y=-0.27x+576.5$。

下破 523 元放空那一天的坐标为（36，y），将这组坐标代入解析式中，求得 $y=566.86$，向上取整为 567，与我们之前所计算的结果相同。

再看第二次交易的趋势线位置，如图 3－71，由于第一笔交易是铁矿石价格上破趋势线被止损了，但是当天再次破低，又重回下跌趋势。所以我们根据下跌趋势线的定义，要重新调整趋势线。

图 3－71　重新调整趋势线

第二次交易所画的下跌趋势线的选点，恰好是当天 K 线的最高点，所以趋势线上的点不用再计算了，它就是这根K线的最高点。

3.4.4 维克多·斯波朗迪123原则

既然有了趋势线，并且趋势线呈现出了唯一性，我们就可以再引申一种方法，即维克多·斯波朗迪在《专业投机原理》中给出的123原则。

1. 当价格下破（上破）上涨（下跌）趋势线时，为原则1。

2. 当价格下跌（上涨）后，再次向上反弹（向下回调），但未向上突破前高（向下突破前低），为原则2。

3. 当价格再次向下突破（向上突破）原则1的低点（高点）时，为原则3。

方法：当符合上述之一个原则时，可以卖出（买进）。如图3－72与图3－73。

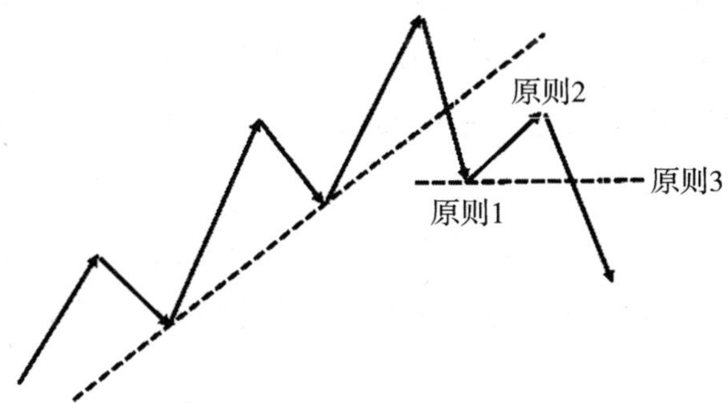

图3－72　下跌123原则

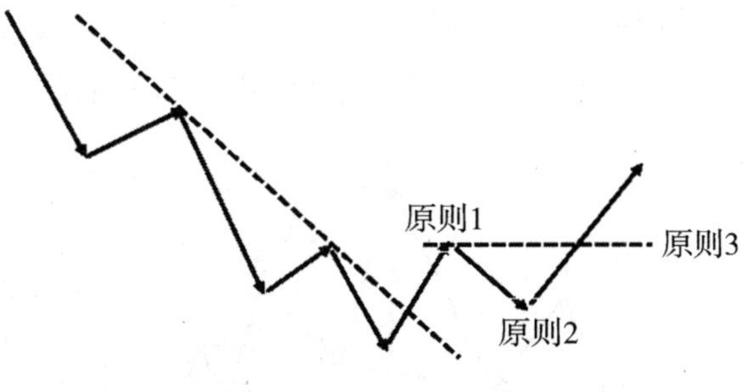

图3－73　上涨123原则

所谓123原则，不过是前期趋势的终结与新趋势的诞生。123包含前方的起点，不过是与前期方向相反的峰谷有序排列，与我们之前所学所讲的内容，并无二致。

之所以123原则从下破趋势线开始，或者说原则1是新趋势的起点，是因为很大程度上，突破趋势线便意味着原趋势已经完结。趋势线法通常情况下会比峰谷推进法更快地离开快要完结的趋势。

不过，趋势线有个致命的前提假设，根据趋势是均匀运行的，假设价格也会按照均匀的方式运行。可实际上，价格的运行并不均匀，所以趋势线法也可能更多地给我们错误的信号。不过，一舍一得，从长期来看与峰谷推进法应该是平均的。

至此，我们解构一个新技能——趋势线，忘掉一种形式——123 原则。

3.5 价格形态

在技术分析中，级别大一些，准确率高一些的方法，莫过于价格形态（反转形态与持续形态）。而几乎所有人都知道反转形态有头肩形态、双重形态、三重形态、圆弧形态与 V 形反转形态，其中 V 形反转形态过于简单，也可以忽略不计。持续形态分为三角形形态、矩形形态、旗形形态、楔形形态。并且不论是反转形态还是持续形态，都可以互相转化。

然而认识未必知道，知道未必了解。最基础的，也是历时最久的，其中潜藏着最初的基础公理。所以我们还是要挖掘本质，而忘掉形式。

3.5.1 价格形态无意义的常规描述

图 3 - 74 是经典头肩顶形态示意图，很多基础入门书中，都会不厌其烦地讲解它是如何形成的，它的过程是什么，伴随什么。可无论怎么解读，都只看到头肩顶的表象，并没有触及本质。我们先来看看通常情况下他们都是怎么描述头肩顶的。

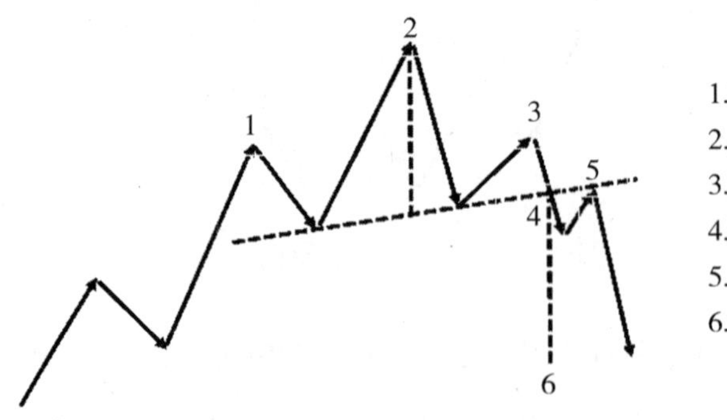

图 3 - 74 头肩顶示意图

第一，左肩的形成。价格运行在上升趋势中，无任何上涨反转或是上涨停滞的迹象，此时的成交量也遵循着道氏理论的规则，顺应着上涨趋势的方向，成交量也随之增加。随后是看似正常的价格回调，这时的回调通常情况下不会击穿在下方支撑的上涨趋势线，但这时成交量也随着价格下跌萎缩。

第二，头部的形成。回调结束后，价格再次顺应着原上涨趋势方向继续向上攀升，达到此次上涨趋势的最顶点，但反转形态没有形成之前，我们并不知道这是此阶段中最后的顶点，看似上涨趋势一切正常，唯一可能改变的是成交量。通常情况下，头肩顶形成之时，顶部的成交量要低于左肩的成交量，成交量的萎缩，与价格的不断上涨，形成了价量背离，所以在此我们开始谨慎起来了。其后是再次的看似正常的回调，但是好景不长，此次的回调向下击穿了下方一直起着支撑作用的上升趋势线，预示着上涨趋势的结束。此时，我们绝不能将它看作是趋势的反转，只能将它看作上涨趋势的结束，至少是暂时的结束。

第三，右肩的形成。前方左肩形成后的回调会有一个低点，头部形成向下的走势也会形成一个低点，这两个低点在今后作为测试头肩顶形态是否形成有着重大的作用，并且这两个低点高低不能相差过大。头部形成后，会再次上涨，并且高度不会超过头部，右肩高度应与左肩的高度差不多，在左肩的高点附近，会受到来自左肩高点的水平压力，且再次下跌，此次形成的波峰为右肩。它的成交量应该比左肩与头部的成交量都要少。

第四，向下突破颈线。在左肩与右肩形成时，出现了两个高度相差不多的低点，将两个低点连接在一起，构成头肩顶最重要的一条线——颈线。这个形态有头有肩，当然还需要一个脖子，如果价格已经达到了脖子以下，那么价格应该直贯而下了。如果价格向下有效地突破了颈线，则宣告头肩顶形态已经形成。是否有效穿越颈线是检验头肩顶形态是否形成的唯一标准。

在突破颈线时，成交量会突然放大，因为在此处是头肩顶形态是否形成的分水岭，所以，只要价格出现了倾向性的变动，大家都会采取对自己最有利的对策，所以在这里成交量会突然放大。

第五，反扑。当价格向下突破颈线下跌一个阶段后，会再次极速上涨，价格通常会打到颈线的位置上，再次被压制下来，这段运作叫对做颈线的反扑。在反扑的时候，成交量也会相应地减少，因为突破颈线后上涨已经处于下跌趋势，下跌趋势为主要趋势，所以价格下跌时的成交量会放大，而向上反扑逆着主趋势而动的涨势中，成交量萎缩。

第六，测算目标。价格形态分析有它不同于其他分析技术的特质，它可以根据不同价格形态来测算价格下跌或上涨的最小目标，关于头肩顶最小下跌目标的测算，可以测量头部至颈线的垂直距离，在头肩顶价格向下突破颈线时的价格减掉之前测量的垂直距离，得到的数值便是头肩顶形态下跌的最小目标值。

例如测量头部至颈线的垂直距离为20，价格有效下破颈线的价格为100，那么理论上，头肩顶下跌测算的最小目标价位为80。当然这只是理论上的测算值，如果在前期上涨期间有非常重要的支撑位，那么它的力量更大一些，价格可能会提前中止下跌。

3.5.2 反转形态

反转形态非常简单，它的本质就是连接两段相反趋势的转换器，如图3－75，如果我们以头肩顶头部为切分点，将最高点左侧与最高点右侧拆分开来，你会看到，它们分别是一段符合标准定义的上涨趋势与一段符合标准定义的下跌趋势。

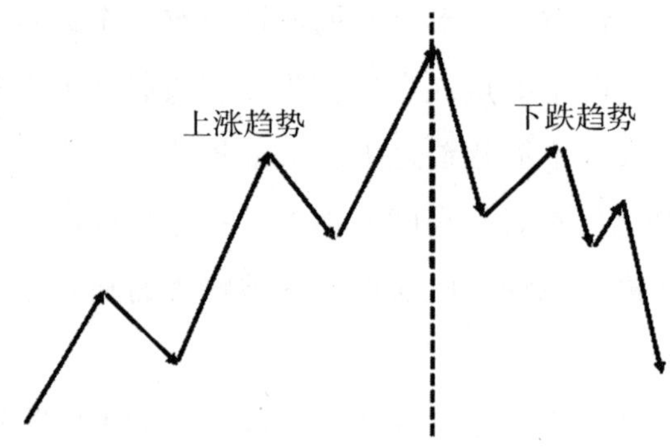

图3－75 将头肩顶拆分为两部分

如果你能将它解构，价格形态在你眼中将会再无秘密可言。如果我们并不知道头肩顶形态，仅仅用趋势的基本定义来见招拆招，不管它的颈线位置，而是根据在右侧形成依次降低的有序排列的峰谷，便可判断上涨趋势告一段落，并且下跌趋势开始。这是我们最初所学，并不需要价格形态来提醒我们。

基本上所有价格形态都可以拆分，如图3－76至图3－80。

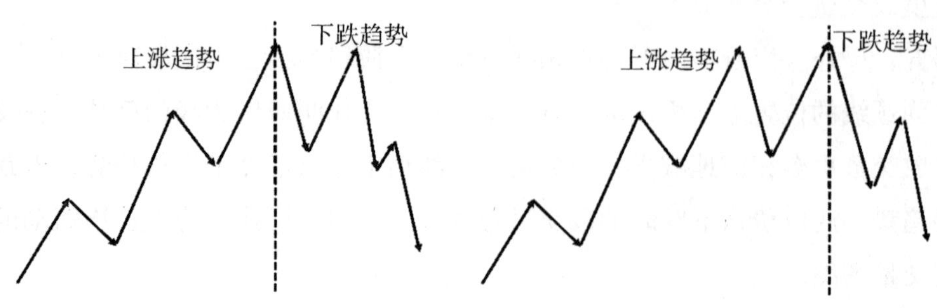

图3－76 分解后的双重头形态

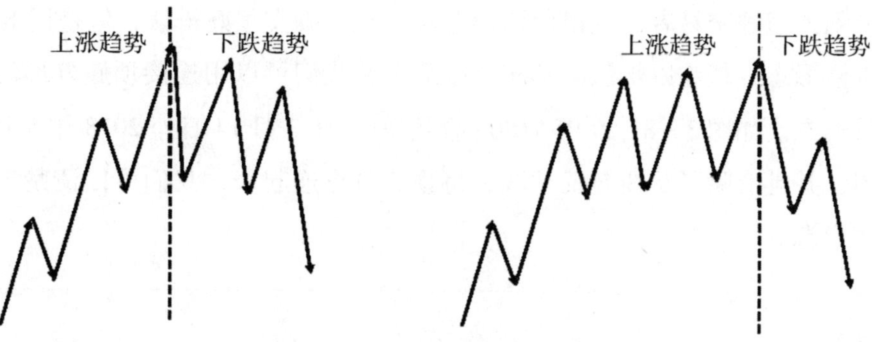

图3－77　分解后的三重顶形态

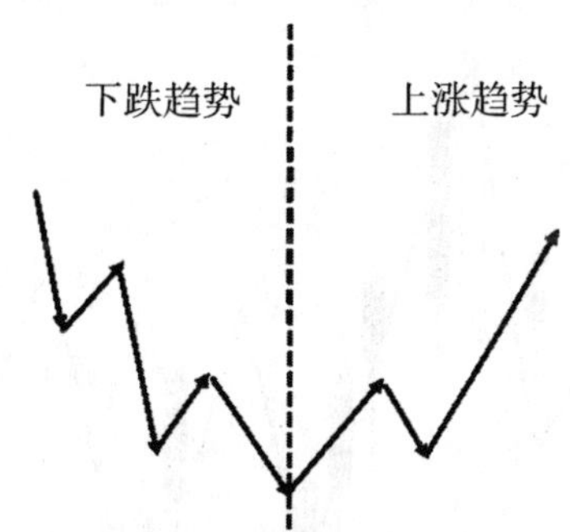

图3－78　分解后的头肩底形态

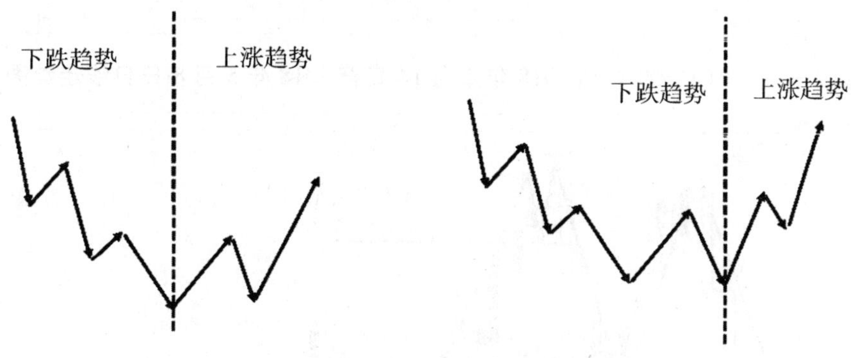

图3－79　分解后的双重底形态

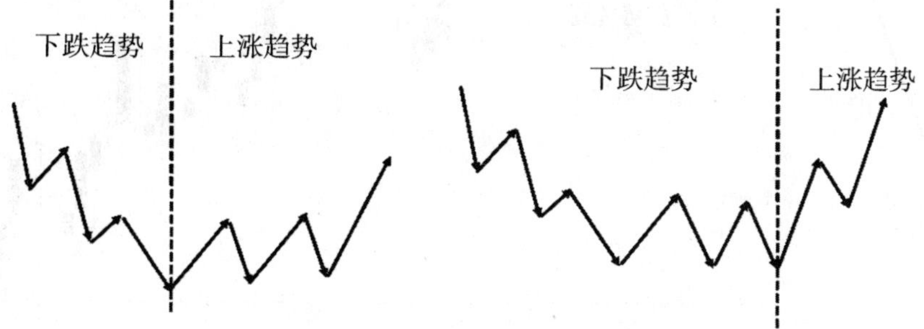

图3－80　分解后的三重底形态

很多刚入门的交易者，觉得价格形态画在纸上确实很好辨认，但是用 K 线组合而成的价格形态，却难以辨认。其实这很简单，我们可以用连接顶底分形的方法来寻找价格形态。如图 3－81 为 PTA1809 合约 2018 年 2 月 14 日至 2018 年 5 月 8 日日线走势图，并且清除了孕线与反孕线，将顶底分形连起来，我们可以清楚地看到一个头肩底形态。

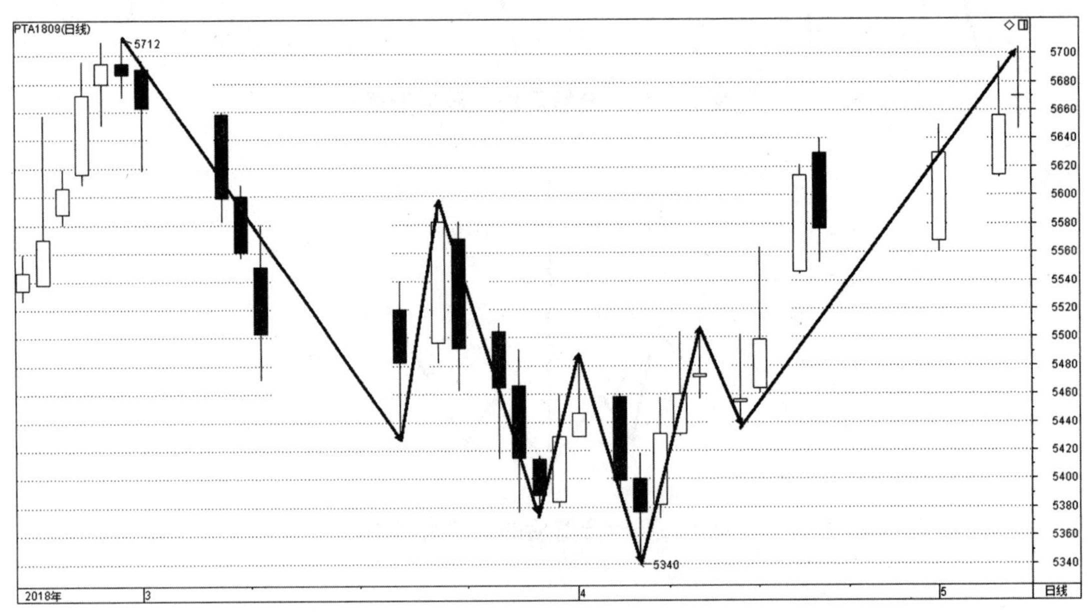

图 3－81　PTA1809 合约 2018 年 2 月 14 日至 2018 年 5 月 8 日日线走势图

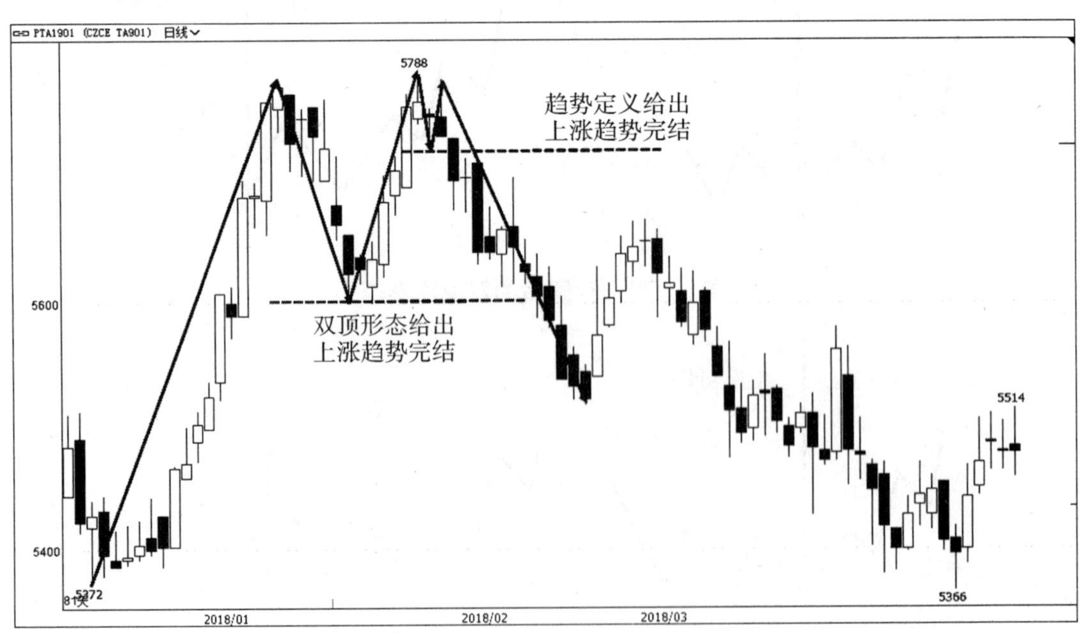

图 3－82　PTA1901 合约 2017 年 12 月 8 日至 2018 年 4 月 11 日日线走势图

图3－82为PTA1901合约2017年12月8日至2018年4月11日日线走势图，经过同样的处理之后，也能清楚地看到双重顶形态。并且在本图中，根据趋势定义，率先给出上涨趋势完结的信号，但如果根据双重顶形态，则要再大幅下跌之后，才能给出上涨趋势完结的信号。

3.5.3 价格形态转换成蜡烛图

价格形态与蜡烛图是相通的，我们可以直接把价格形态转换成蜡烛图形态。如图3－83是标准的头肩顶形态，如果我们把每一段走势看成是一根K线的话，便可以得到蜡烛图的反转形态。

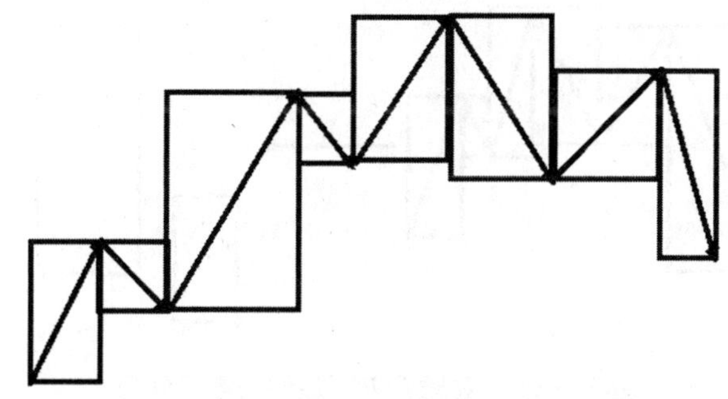

图3－83 将头肩顶的每一段走势看成是一根K线

至于是什么形态并不重要，我们将孕线与反孕线和内部走势都去掉，顶部反转形态最终都会归结为顶分形，如图3－84。

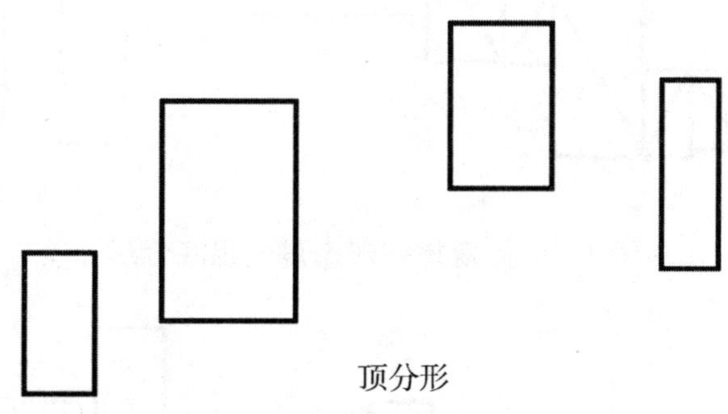

图3－84 头肩顶形态是一组顶分形

同理，我们可以把任何一个反转形态简化为顶分形与底分形，如图3－85至图图3－89。

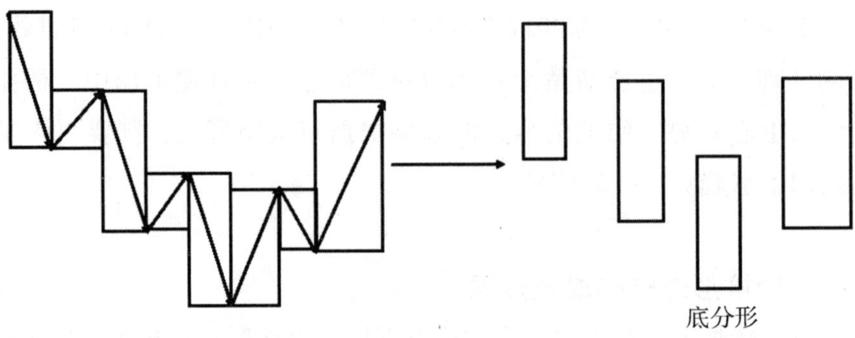

图 3－85　头肩底形态是一组底分形

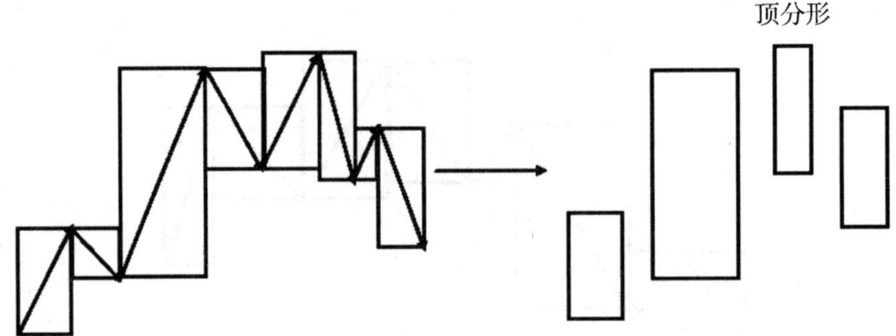

图 3－86　双重顶形态是一组顶分形

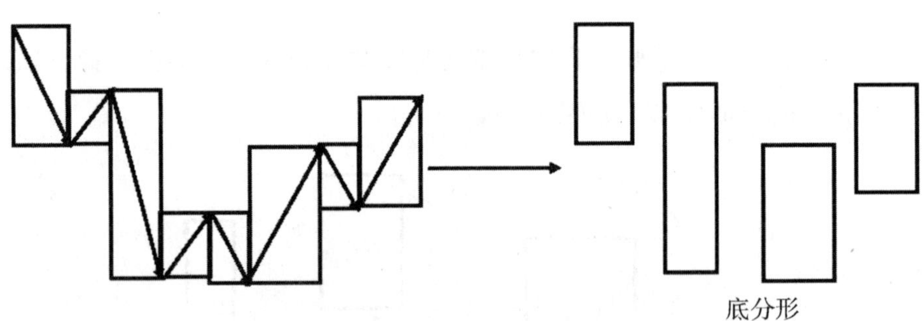

图 3－87　双重底形态是一组底分形

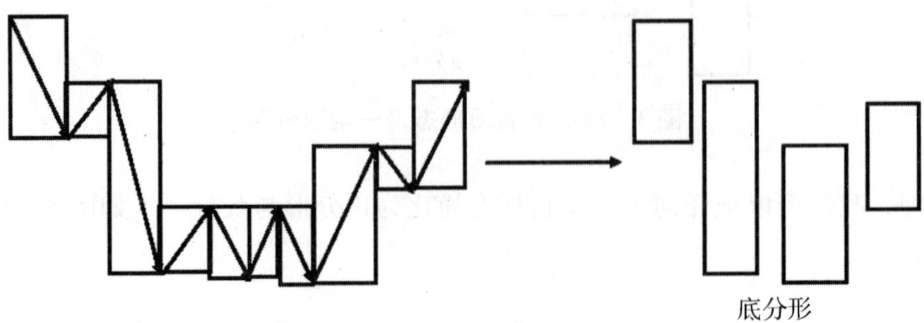

图 3－88　三重底形态是一组底分形

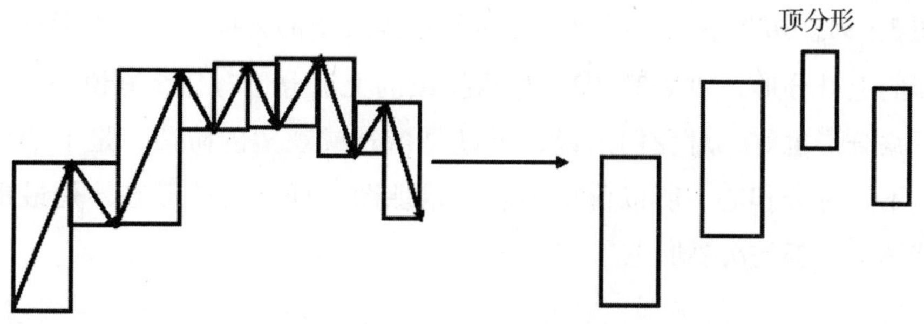

图 3－89　三重顶形态是一组顶分形

正如我们不必纠结于反转价格形态一样，它不过是上涨趋势与下跌趋势的连接，或是下跌趋势与上涨趋势的连接。我们同样也可以不必纠结于持续形态，持续形态不过是一段震荡走势，连接两段上涨趋势或是两段下跌趋势。

3.5.4　持续形态

被连接的两段上涨或下跌走势，内部必然是峰谷有序排列的。而震荡走势，是两段峰谷有序排列的走势之间的峰谷乱序走势。如图 3－90 为三角形形态示意图。

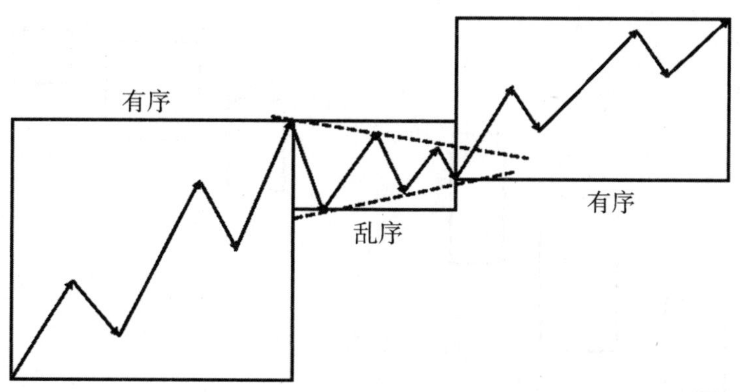

图 3－90　三角形形态示意图

只要出现持续形价格形态，则必然出现不同层级的走势。如果仅仅看三角形前与三角形后的两段上涨走势，不过是小级别的上涨走势。因为中间出现了与两段上涨走势峰谷排列方式不同的走势，也就是中间的乱序震荡走势暂时终结了前期的上涨走势，但最终又回归了上涨趋势。两段上涨走势，合成了一段大级别的上涨趋势。以这个级别来看，可以将这一段大级别的上涨趋势看作主要趋势。

因为我们暂时只是解构价格形态，并不是构建交易系统，所以可以将走势层级的问题放开，只看持续形态的内部情况。若我们将每一段走势都看成是一根 K 线的话，如图3－91。再将孕线、反孕线与内部走势线全部去掉，则三角形形态是一组持续不断的上升分形，如图3－92。那么持续的上涨分形有什么好说的？上涨分形也好，下跌分形也好，对我们来说，不过是持仓或观望的阶段，是不动如山的阶段，所以不必过分担心。所以价格形态与蜡烛图一样，反转形态才是最重要的形态，而持续形态都是次要形态。

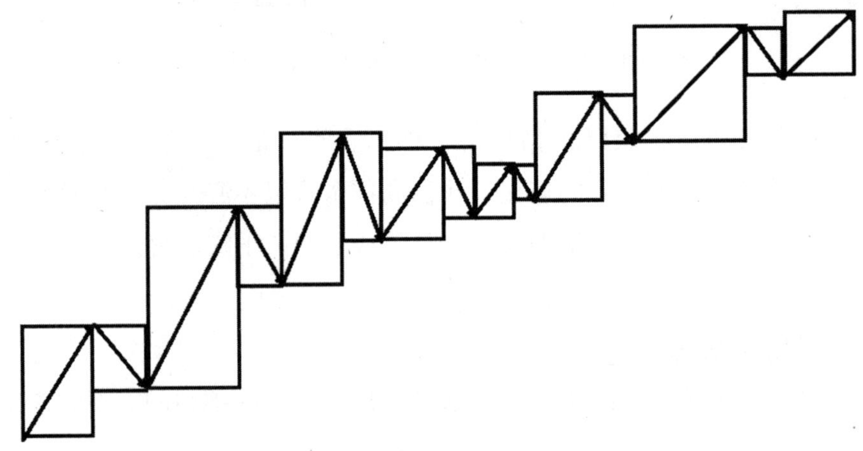

图3－91　将三角形形态中每一段走势看成是一根K线

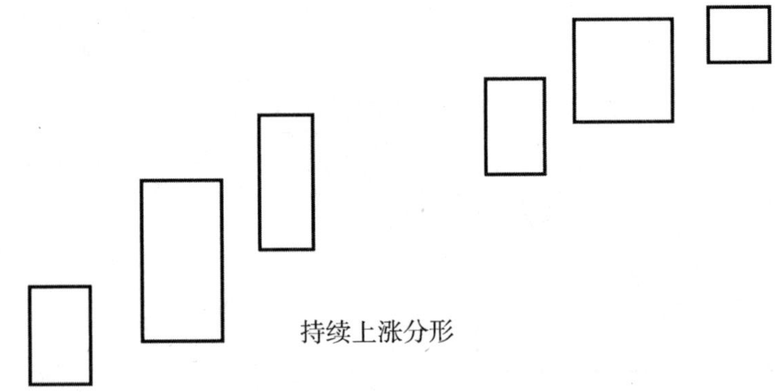

图3－92　三角形形态是一组持续的上涨分形

同样，其他的持续形态也都可以分解成持续上涨分形与持续下跌分形。如图3－93至图3－99。

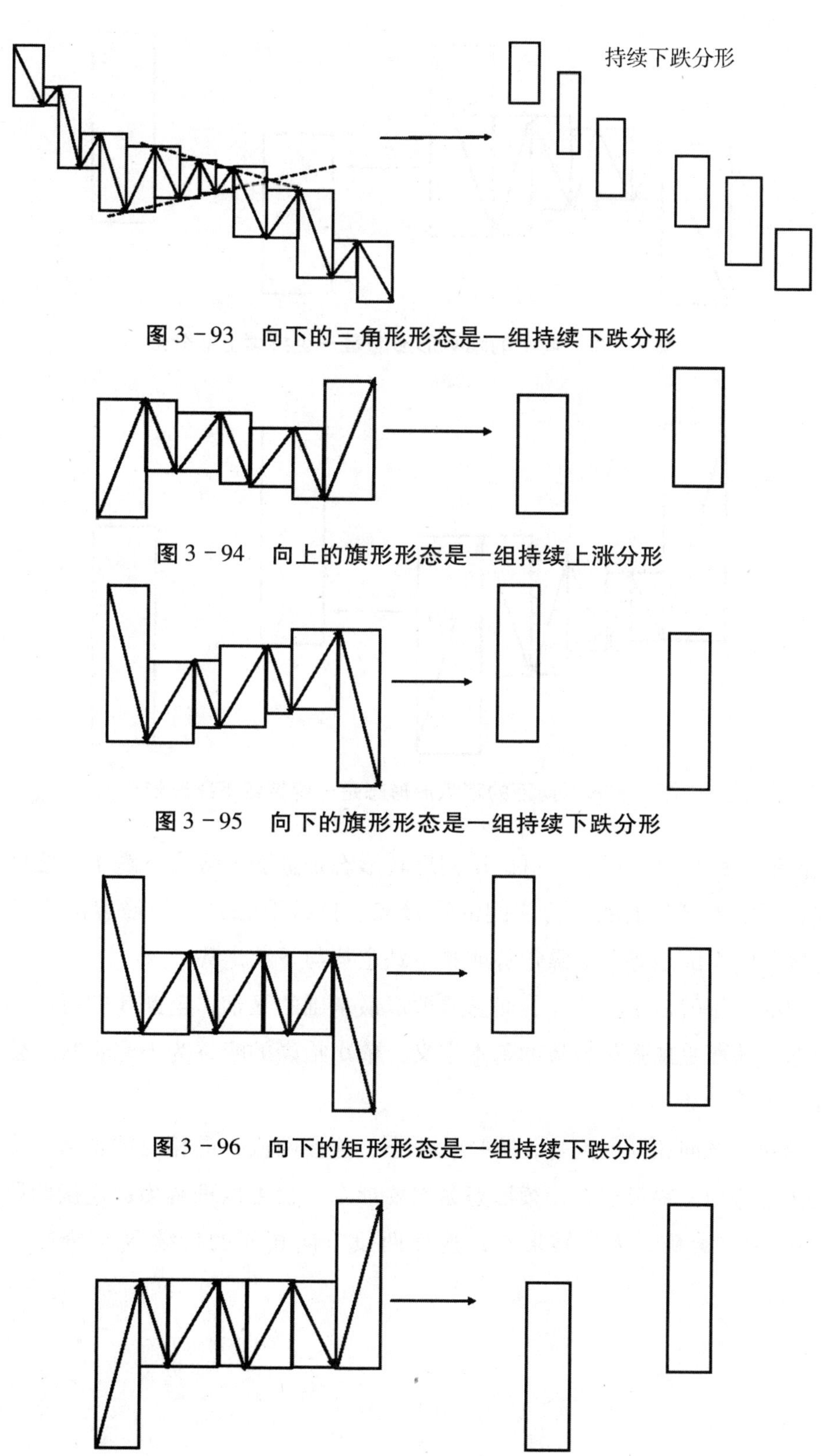

图3－93　向下的三角形形态是一组持续下跌分形

图3－94　向上的旗形形态是一组持续上涨分形

图3－95　向下的旗形形态是一组持续下跌分形

图3－96　向下的矩形形态是一组持续下跌分形

图3－97　向上的矩形形态是一组持续上涨分形

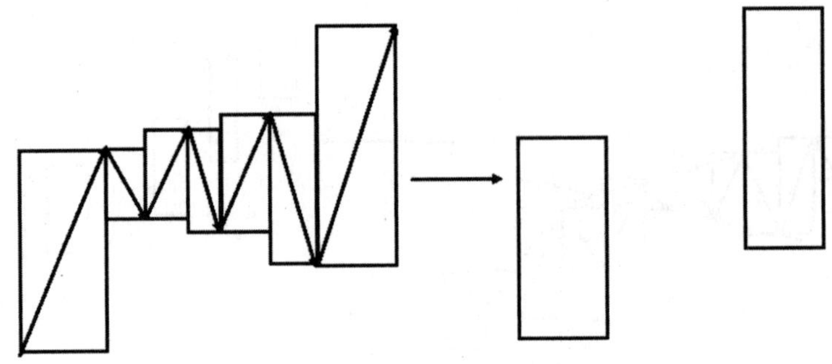

图 3-98 向上的喇叭形形态是一组持续上涨分形

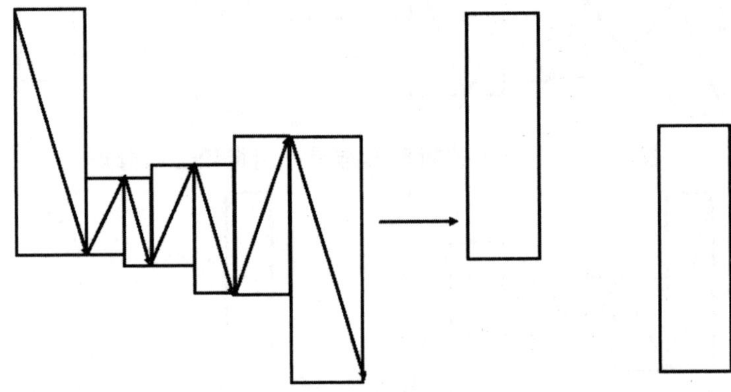

图 3-99 向下的喇叭形形态是一组持续下跌分形

我们通过解构价格形态，可以得到反转形态是上涨走势与下跌走势之间的连接点，或是下跌走势与上涨走势之间的连接点。持续形态是一段峰谷乱序的震荡走势，连接着的上涨走势与上涨走势或是下跌走势与下跌走势。

解构的作用就是不看整体，而是分散成最基础的元素，至此我们可以彻底忘记价格形态，从而更加强化趋势的基本定义：依次抬高的峰谷为上涨走势，依次降低的峰谷为下跌走势。

连接两段方向相同的走势，为持续形态；连接两段方向相反的走势，为反转形态。反转趋势为主要形态，持续形态为次要形态。也可以理解为：连接两段方向相反的持续 N 字突破，为反转形态；连接两段方向相同的持续 N 字突破，为持续形态。

第4章 集基本元素之大成者：波浪理论

我们从蜡烛图开始，给出了四种基本分形的结构，如图4-1。又通过连接顶分形与底分形，构建了基本趋势，如图4-2。再通过基本趋势，解构了各种价格形态。其间经过解构的种种技术分析方法，找到了它的内在逻辑、底层逻辑，以至于我们可以得其意、忘其形。

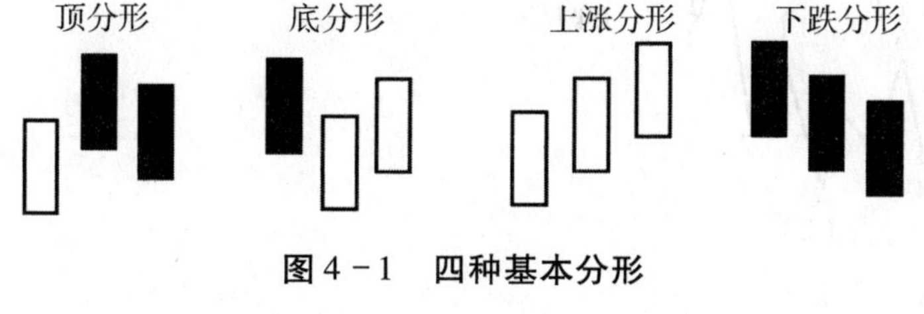

图4-1 四种基本分形

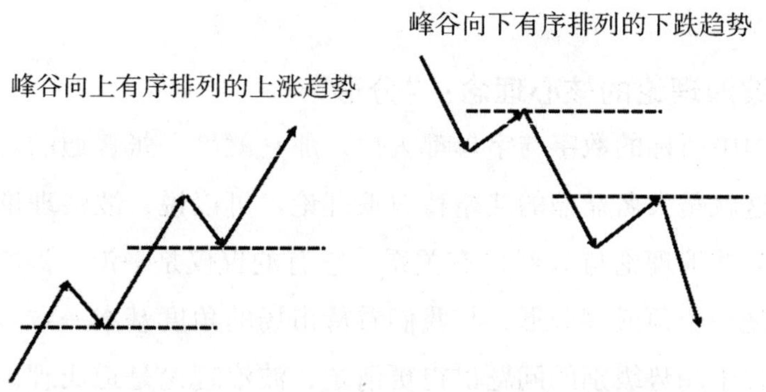

图4-2 基本上涨趋势与基本下跌趋势

4.1 艾略特波浪理论简述

如果蜡烛图的各种形态可以忘掉，海龟交易法则中的唐安奇通道可以忘掉，四周规则可以忘掉，123 原则可以忘掉，价格形态可以忘掉，并且在建构简单交易系统时，解锁了趋势线的画法、趋势线止损法、峰谷推进止损法、反出击日线止损法等，那么将解构之后的基本元素放在一起画一线图，如图 4－3，你应该不会感到陌生。

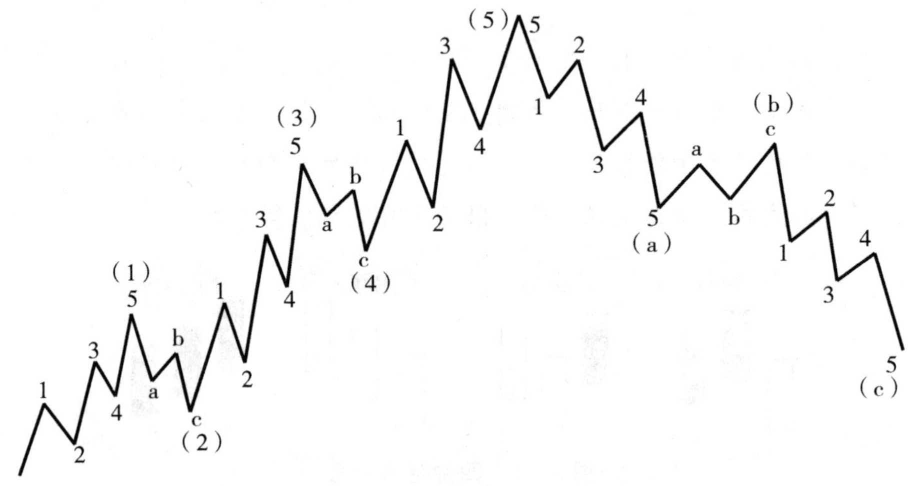

图 4－3　基本元素组合而成的走势图

4.1.1　波浪理论的核心理念："分形"

如果我将图中所标的数字与字母都去掉，那它就是一张普通的走势图。加上数字与字母呢？这就是大名鼎鼎的艾略特波浪理论。可以说，波浪理论是基本元素的集大成者。因为波浪理论与 K 线没有关系，它有的仅仅是一浪一浪的走势，它的每个折点几乎都是一个顶或底分形，与我们看待市场的角度基本一致。并且波浪理论将道氏理论中关于趋势级别的问题讲得更清楚，波浪理论是道氏理论的量化。不过它的劣势也是量化过度。所以我们还是要解构波浪理论，把它带给我们有用的知识，长到我们自己的认知之树上。

想要解构波浪理论，就要先了解波浪理论。波浪理论的发明者拉尔夫·纳尔逊·艾略特，1871年出生在美国，1948年去世。他是个会计师，直到他61岁的时候，才开始研究技术分析。两年以后，形成波浪理论。他自己没写过书。

柯林斯根据他的原始论文写成《波浪理论》一书。普莱切特写了《艾略特名著集》和《艾略特波浪理论——市场行为的关键》，波泽写了《应用艾略特波浪理论获利》。

艾略特发现，价格运动是以某种可以辨认的方式重复进行着的，这种重复不是简单的幅度与时间上的重复，而是以某种形态进行着的重复。这种形态其实就是分形结构，需要注意的是，此处的分形与我们之前所讲的顶、底“分形”并不相同。

波浪理论中的分形的意思是什么呢？比尔·威廉斯在《混沌操作法》中解释说：你看海岸线，你放大比例尺绘制海岸线和缩小比例尺绘制海岸线，你会发现海岸线是一样的。海岸线不好理解的话，你想一下，日线的走势，是不是有时候和小时线的走势几乎一模一样？小时线的走势，是不是和五分钟的走势一模一样？如果不告诉你这是日线、小时线或分钟线，有时候我们很难分辨它是什么。这就是分形。

图4-4是我们经常能见到的分形结构。它的每一个细节的结构，与它整体结构是一样的。你也可以反过来看，它的每一个细节结构，组合成整体的结构。

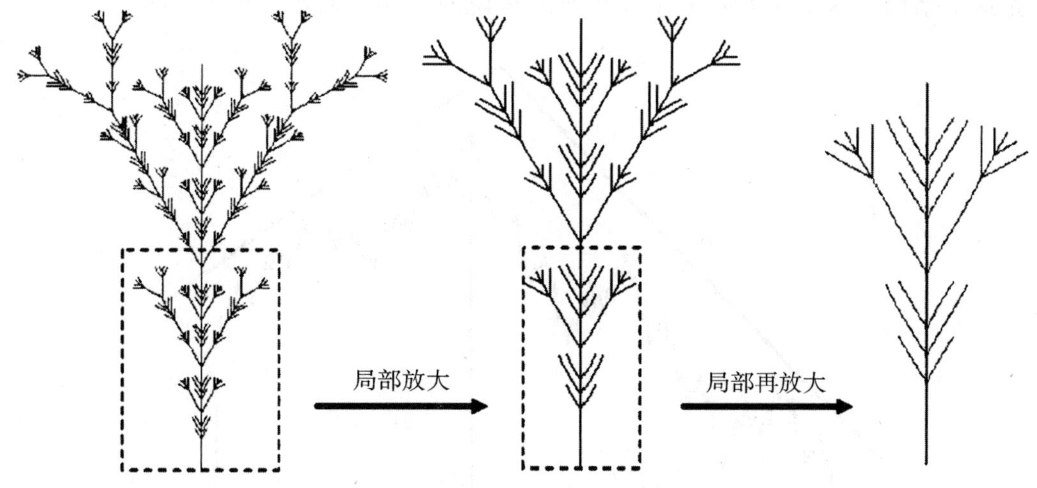

图4-4　常见的基本分形结构

艾略特所说的重复，不是幅度的重复，也不是时间的重复，它是以分形形式的重复。他说，价格朝某一个方向运行，有其特定的模式。它是以向某一个方向递进的方式运行的，而这种方式有一种特定的规律。它就是五浪向前。调整的时候也是三浪向后。

所以我们给出艾略特的分形结构，如图4－5，我们按照艾略特的意思，先给出五浪向前、三浪向后，图中左下方圆圈中的走势。这就是艾略特波浪理论的基础结构，即左下角中最小的结构，是更大级别结构的分形，或者说大级别结构的五浪向前、三浪向后中，由更小级别的五浪向前三浪向后组成。

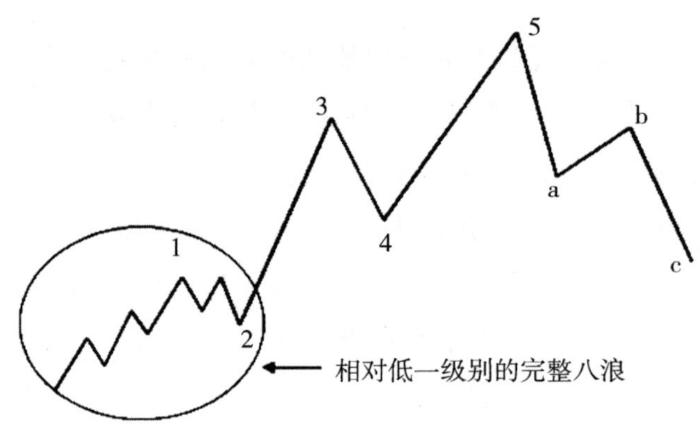

图4－5　波浪理论中的分形

并且这种分形结构的层级并不只有两层，而是无数层。如图4－6中分形结构共分为四层，还可以再向外扩展。但是不论多小，它还是这个结构。不论多大，它还是这个结构。这就是关尹子在《八筹》里说的，其大无外，其小无内。

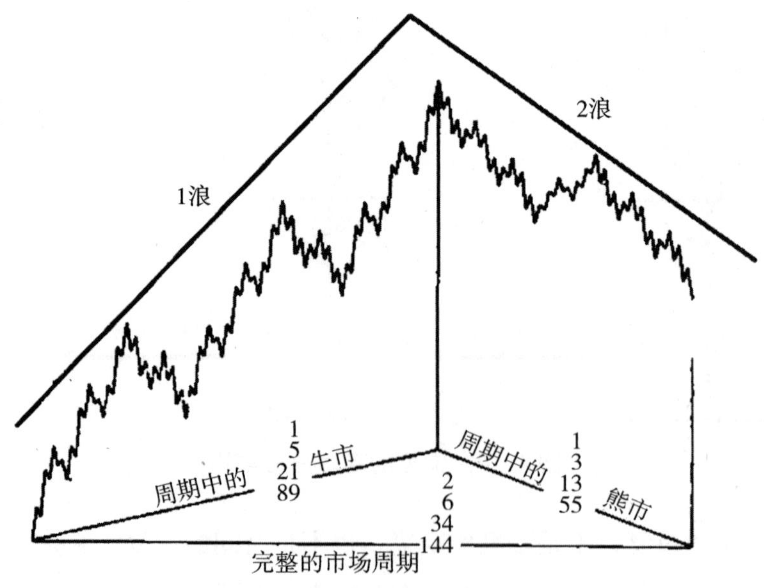

图4－6　四个层级的分形结构

前五后三，并且是由完美的分形结构构成的走势，这就是艾略特波浪理论的最核心的内容。其他的规定、法则，只不过是核心内容的补充与量化。

当然真实情况不能这么明显，操作层面也没这么简单。我说的是极端完美的情况。结论很完美，但实际情况千变万化，让人难以捉摸，这也是波浪理论被人诟病的地方：说得很完美，操作起来一无是处。不过，这也要取决于你会不会用。

4.1.2 波浪理论的核心细节规定

剩下的部分都是波浪理论的细节，首先，与主要趋势方向相同的浪，内部为五浪结构，称为推进浪；与主要趋势方向相反的浪，内部为三浪结构，称为调整浪。其次，推进浪内的五浪结构用数字 1、2、3、4、5 来命名；调整浪内的三浪结构用字母 a、b、c 来命名。再次，推进浪内部的构成有三条规定。规定一：2 浪的低点不能低于 1 浪的低点，如图 4－7。规定二：3 浪不能最短，如图 4－8。规定三：4 浪不能与 1 浪重叠，如图 4－9。

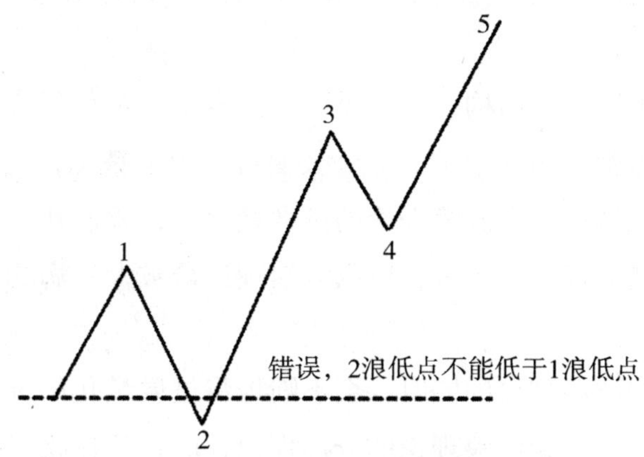

图 4－7　2 浪的低点不能低于 1 浪的低点

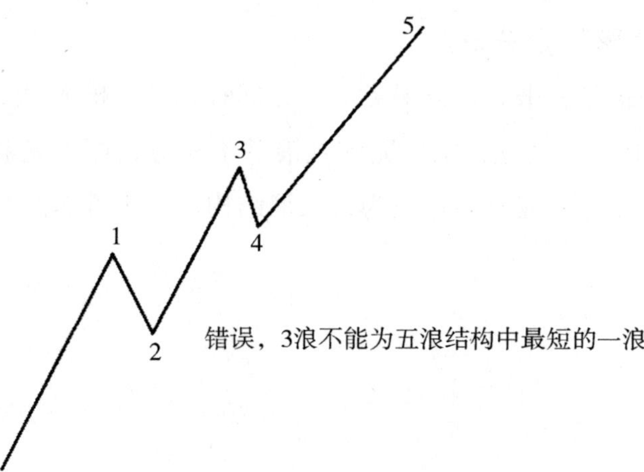

图 4－8　3 浪不能最短

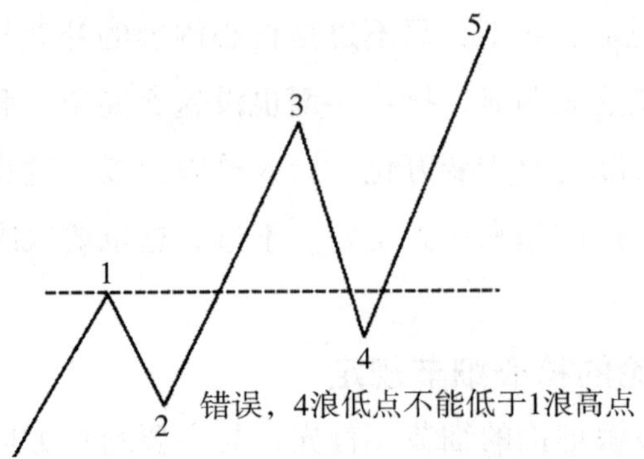

图4－9　4浪不能与1浪重叠

由于波浪理论整体都是由分形构成的，那么为任何一个级别的推进浪立法，对其他任何一个级别的分形结构都有效。例如3浪不能最短，那么不论是在大级别中的3浪，还是在小级别中的3浪，还是在更小、更大级别中的3浪，3浪都不能是最短的浪。这条规定说的是，如果你数出来的浪，3浪是最短的，只有一种可能，你数错了。

这是除了核心内容分形结构以外最重要的内容了，某种程度上，这是波浪理论的全部理论。但“波浪”并不甘心，它还要更好，更加精确，这就不好了。越是精确的系统，容错性就越小。在波浪理论的过度量化下，我们几乎无法从真实走势中找出任何一张符合波浪理论的图表，以致波浪理论最被人诟病的地方就在于它的过度量化。

因此，我们解构波浪理论的同时，会不断地将过度量化的部分剔除，让它更加理性。我们现在就看一下，波浪理论的分形理论，能否长在我们的认识之树上。

4.1.3　“分形”变分形

我们将完整的推进五浪、调三浪走势，分别看成是一根K线，我们会得到一个顶分形，如图4－10。其实这么描述完整八浪并不充分，原因是我们忽略了持续上涨分形与持续下跌分形。完整表述应为，八浪结构是由上涨分形、顶分形与下跌分形构成。

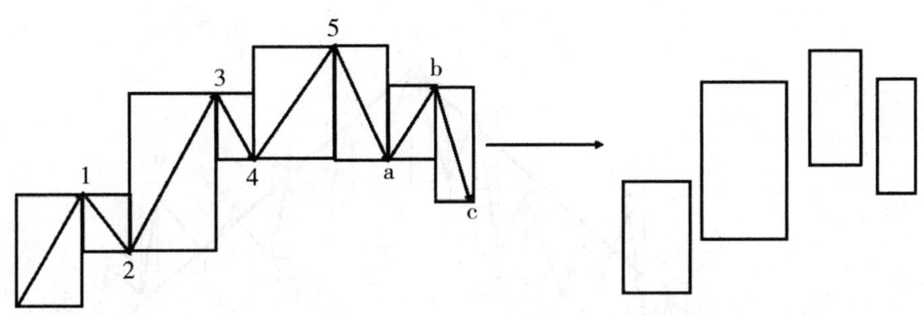

图4－10　完整的八浪结构顶分形

将这个完整八浪放大一个级别，如图4－11。我们直接将孕线与反孕线剔除，你会发现，更大级别的浪，最终留给我们的，还是左侧的持续上涨分形、顶部的顶分形和右侧的持续下跌分形。与简单的、小级别的八浪结构能留给我们的，没什么不同。

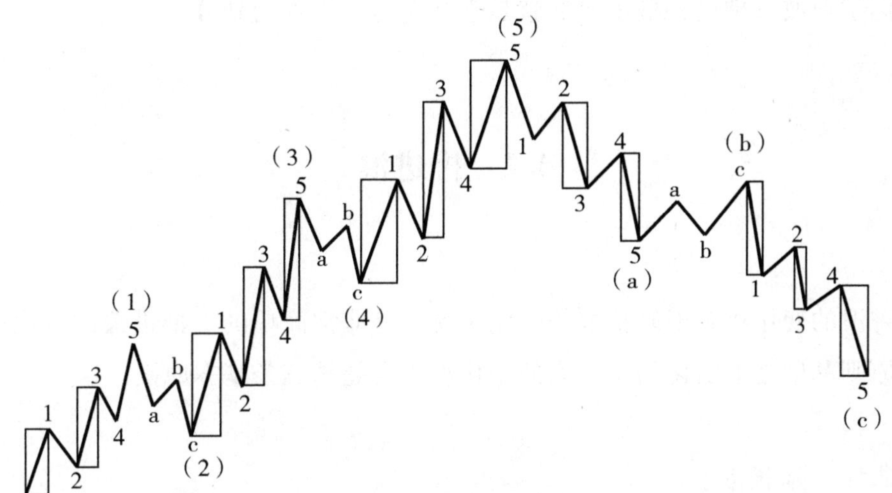

图4－11　不论多么复杂的波浪结构都是由上涨分形、顶分形、下跌分形构成

所以你也可以从这个角度来更深入地理解波浪理论的“分形”结构，它既不神秘也不复杂。它不过是更加庞大的一上一下而已，如图4－12，我们还是按照老规矩连接顶、底分形。

如此解构它，我是想告诉你们什么呢？级别！走势虽然是由简单的上涨趋势与下跌趋势连接而成的，但是它不是简单的连接，而是处处都充满了级别。从小视角来看，连接顶底分形的是细箭头，而从大视角来看，连接顶底分形的是粗箭头。虽然都是上涨分形、下跌分形、顶分形和底分形，但分形之间的级别是不同的。

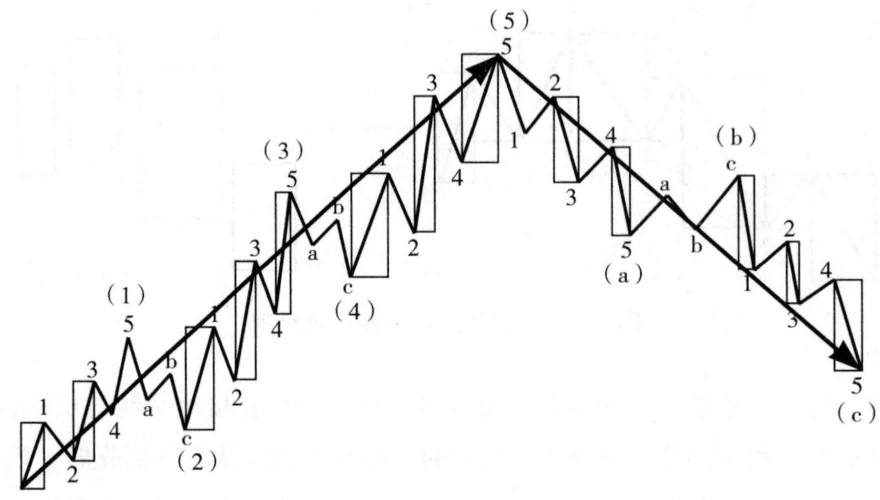

图 4-12 连接顶、底分形

我们学习波浪理论，最重要的就是学习它对于级别的划分。

4.2 推进浪

推进浪的变化相对于调整浪的变化来说，是非常简单的。推进浪的变化是在它的基本原则基础之上演化的，再大的变化都不会超越三条基本原则。

4.2.1 延长浪

推进浪的第一种变化为延长浪。某一级别包含之下的波浪称为“子浪”，延长浪就是将子浪扩大、加长。推进浪的延长，就是在 1 浪、3 浪、5 浪中，额外地添加出一个小五浪结构。但推进浪的延长只能在同级别波浪中出现一次，并不是每浪都会出现延长现象。如果 1 浪、3 浪、5 浪都出现了延长的现象，那么在某一延长浪的内部还会出现再次延长的现象。这种现象保证了在这三浪中，只有一浪“最”延长。

并且某一浪出现了延长状态，那么其余两浪会出现在幅度上大体相等的现象。理论上来说，若 1 浪延长，未来 3 浪与 5 浪的幅度基本相等；3 浪延长，未来的 5 浪与之前的 1 浪的幅度基本相等；若 1 浪与 3 浪幅度基本相等，5 浪有可能出现延长情况。

图4－13为1浪延长的情况，1浪延长在市场中是非常少见的。既然1浪延长后，3浪与5浪大体相等，那么3浪与5浪的上涨通常是一气呵成的，基本不会看它们内部的子浪。

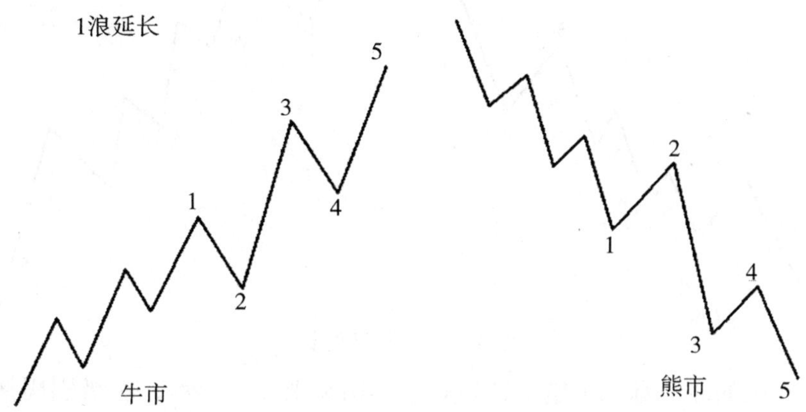

图4－13　1浪延长

图4－14中的（1）浪，我们可以清晰地看到其内部的五浪结构，而（3）浪与（5）浪一气呵成。在（1）浪经过延长后，它的幅度明显较之（3）浪与（5浪）更长一些。

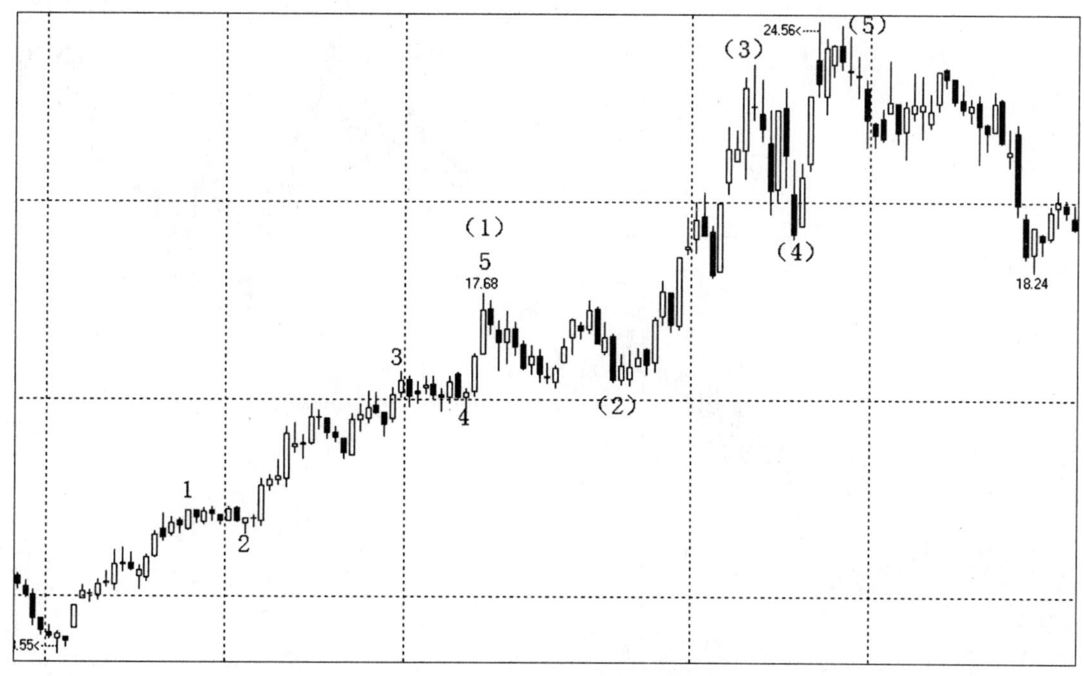

图4－14　南玻A 1浪延长例

图4－15为3浪延长，3浪延长在证券市场上比较常见。3浪基本上是幅度最

大、速度最快、角度最陡的一浪，也是赢利最快、最多的浪之一。

图 4－15　3 浪延长

图 4－16 中的波浪有三个层级，最高级别用圆圈数字标示，次级别用括号数字标示，最小级别用普通数字标示。从最大级别来看，在每一浪都清楚地看到子浪结构，那么是每一浪都出现了延长吗？并不是。因为波浪理论规定，只能出现一浪延长的情况。我们仔细看最大级别的③浪中的（3）浪，其中出现了更小级别的 1、2、3、4、5 浪。也就是说（3）浪中出现了“更”延长的情况，保证了③浪“最”延长。

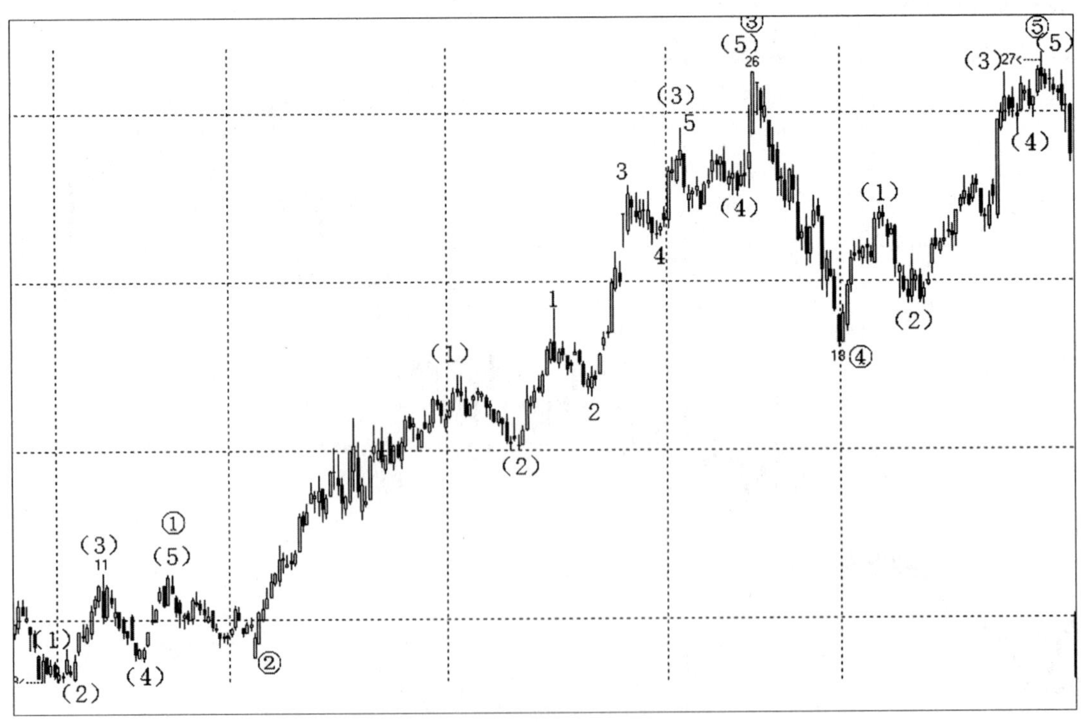

图 4－16　深发展 A 3 浪延长例

图4－17为5浪延长，在证券市场中出现5浪延长的频率仅次于3浪延长。如果1浪与3浪幅度相差无几，那么5浪出现延长的概率极大。

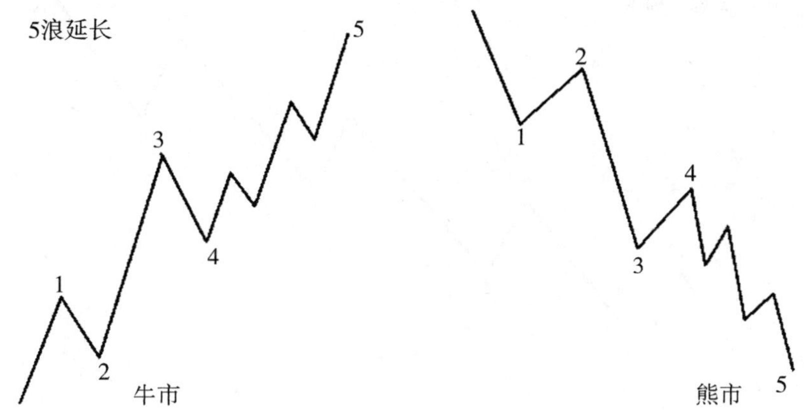

图4－17　5浪延长

图4－18中，（1）浪的幅度为3.95元，（3）浪幅度为4.4元，相差0.45元，基本相等。5浪出现延长。

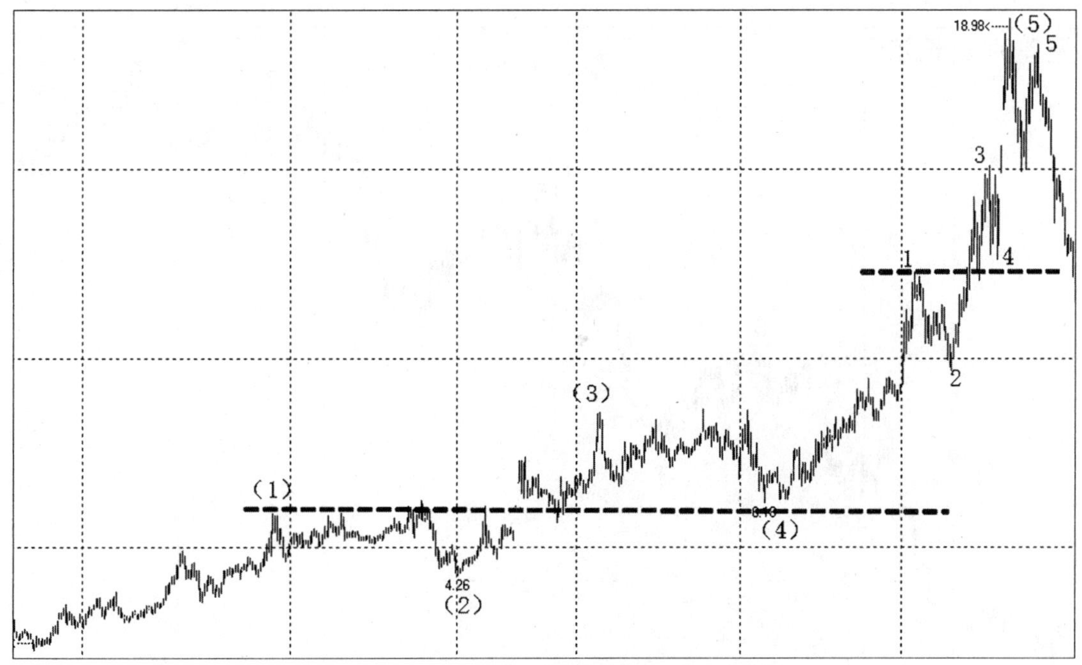

图4－18　深天马A5浪延长例

有些时候我们可以清晰地看出是哪一浪延长，但是如果推进与回调的角度、幅度基本相等，那就很难辨认到底是哪一浪出现了延长。把它归为哪一浪延长都可以，便有了无界定延长浪，如图4－19。

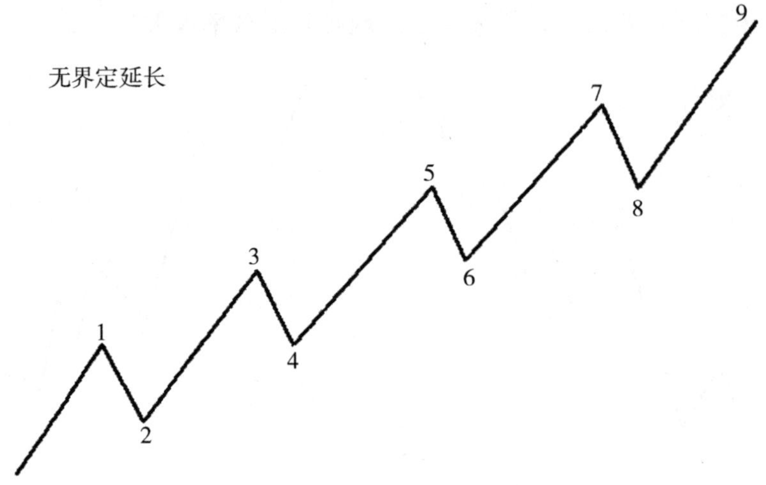

图4－19　无界定延长浪

图4－20中每浪向上推进的幅度都相差无几，向下回调的幅度也基本相同。所以就不必费心去思考是哪浪在延长。只要我们能数出九浪结构，便是出现了某一浪延长的五浪推进。

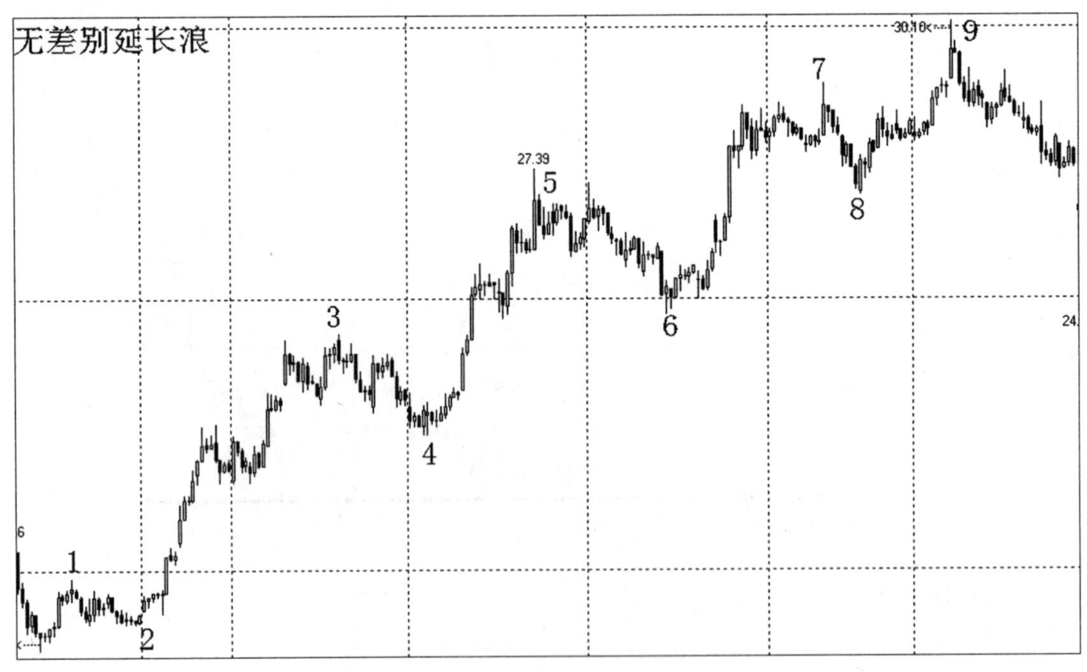

图4－20　三一重工无界定延长浪例

延长浪是推进浪的第一种变化。实际上基本没发生变化，只不过把原来的五浪向上，改成了九浪向上。原来是一组上涨分形，延长后也不过变为连续的上涨分形而已。如图4－21。

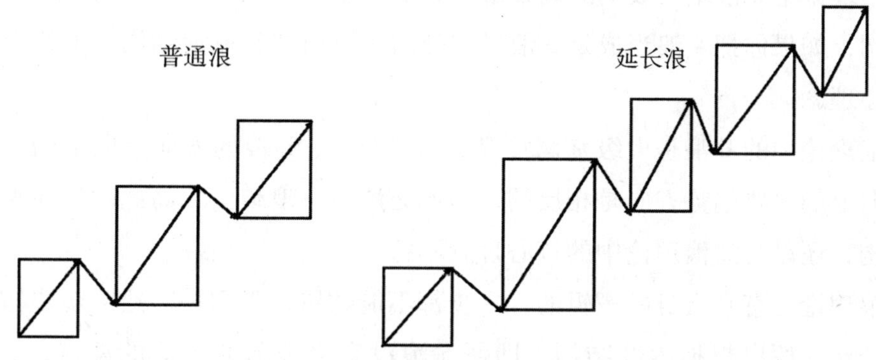

图4－21　不论是普通浪还是延长浪，上涨分形未发生变化

上涨分形与持续上涨分形中，我们只要持有多单即可，不必在意其他。我们要等的是上涨分形出现了顶分形后，才开始动手平仓。既然还是上涨分形，与我何干呢？你是否延长与我有什么关系呢？所以它延长也好，不延长也好，我只谨守着上涨趋势不变，便不平多单的宗旨，任它变化。

4.2.2　衰竭5浪

推进浪的第二种变化是衰竭5浪。通常情况下5浪的高点都会比3浪更高。但有些特殊情况，5浪力竭，无法向上突破3浪的高点，波浪理论称这种5浪为衰竭5浪，如图4－22。

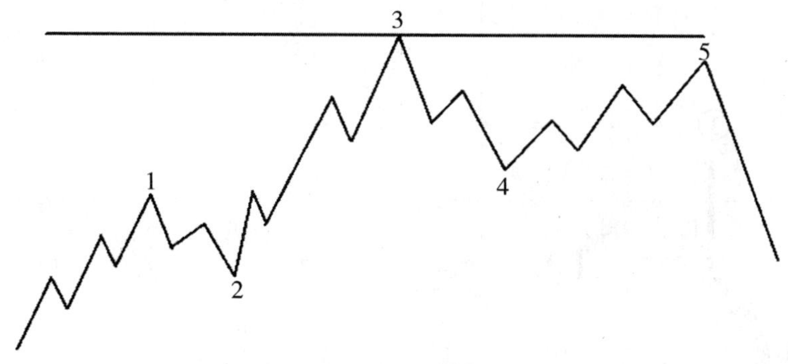

图4－22　衰竭5浪

可能你会问，如果它没有超过3浪高点，我们能把4浪当成是a浪，5浪当成是b浪吗？不行。为什么？我们说过，波浪理论的核心内容之一，与主要趋势方向相同的浪，内部结构是五浪结构，与主要趋势方向相反的浪，内部结构是三浪结构。

波浪理论中 a 浪是大级别的调整浪，它的主要方向是向下的，所以 a 浪中必为五浪结构，如果你把 4 浪当成是 a 浪，此处的 4 浪内部是三浪结构，不符合波浪理论的核心理念。

波浪理论中的 b 浪是大级别调整浪中的调整浪，b 浪的方向是向上的，与调整过程中向上的主要趋势方向是相反的，内部必然为三浪结构。而此时的 5 浪内部为五浪结构，还是与波浪理论中的核心理念不符。

波浪理论是有它自身的逻辑的，一步都不能数错，否则一步错，步步错，以后的浪形会错。所以根据内部结构，即便 5 浪没有突破前期 3 浪的高点，它还是 5 浪，只不过是衰竭 5 浪罢了。

图 4-23 中，⑤浪没有超过③浪的高点，但它不是 b 浪。因为从其内部结构可以清楚地看到是五浪结构，所以该⑤浪一定是推进浪。这样后面的 abc 三浪才能形成系统内部的自洽。如果不能注意到这一点，遇到如此的浪形，整体形态都会数错。

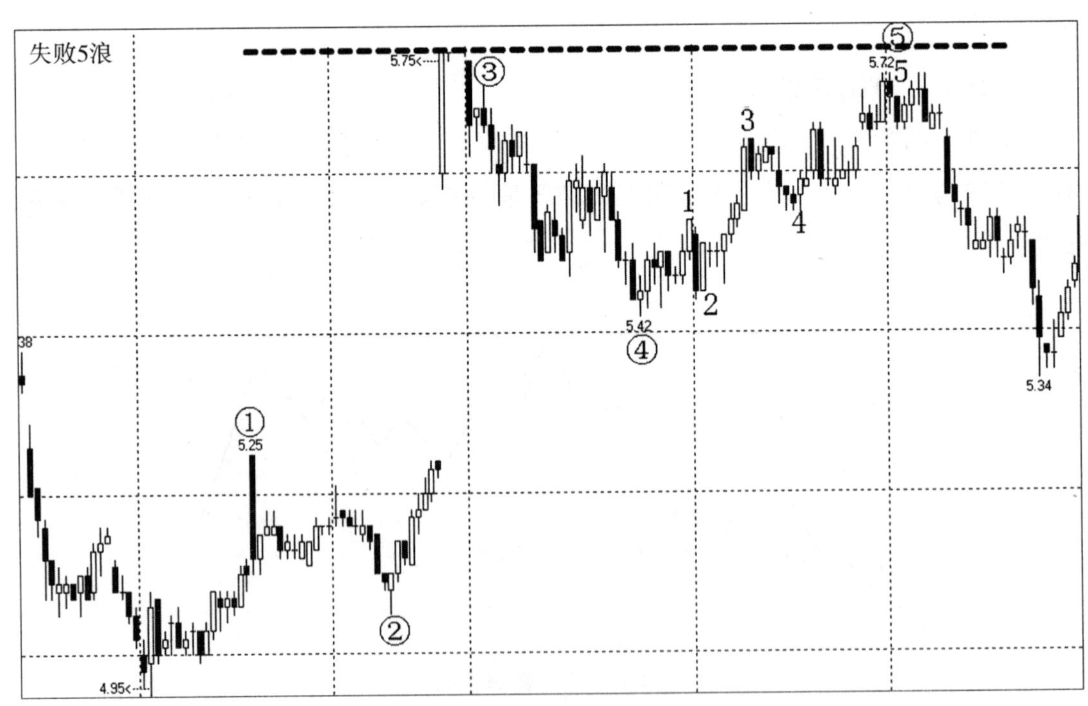

图 4-23 楚天高速衰竭 5 浪例

衰竭 5 浪为推进浪的第二种变化。但我们还是不必担心，它既然是衰竭浪，就只不过是一个孕线罢了。如图 4-24，孕线是上涨分形，我们不必在意，还是坚守手中的多单。直到走势给出向下有序排列的峰谷，下跌趋势开始，才平掉多单。

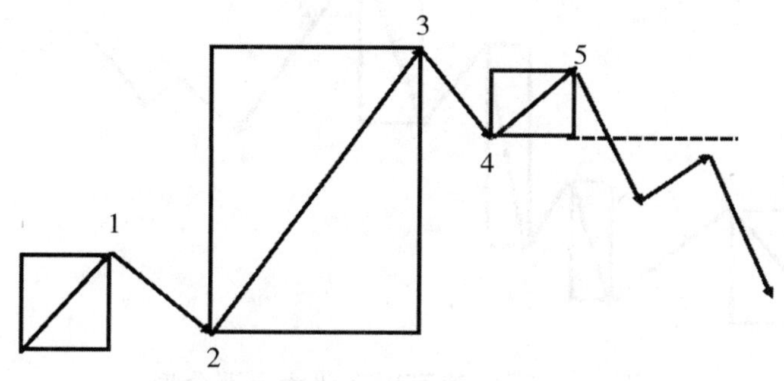

图4-24　衰竭五浪不过是孕线

但你可能会说，这样我们的利润将会回吐整个5浪，是不是回吐有些大了？确实有这个问题，不过，首先是衰竭5浪不常见，所以偶尔一次回吐，也无所谓。其次，我们还可以从衰竭5浪的内部结构来率先平仓，如图4-25。衰竭5浪内部不是还有更细的分形波浪吗？只要有迹可寻，我们就能找到趋势，根据趋势的基本定义，破坏了峰谷有序向上排列，形成了乱序，终结了上涨趋势，便可提前平仓。

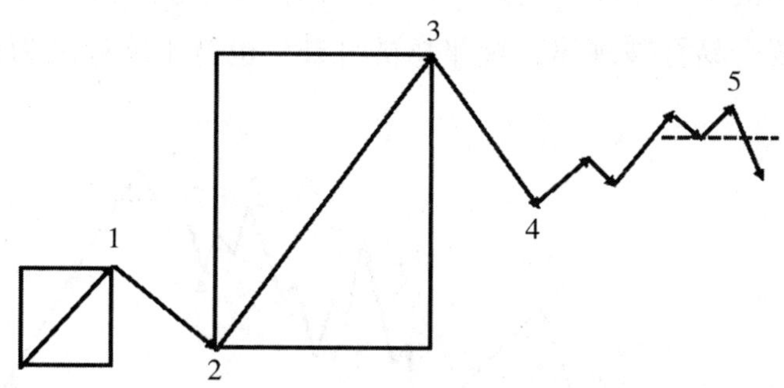

图4-25　从衰竭5浪的内部寻找平仓位

可能你还会问，4浪相对3浪来说，它也是孕线，5浪相对于3浪来说，也还是孕线啊？既然是孕线，我们是忽略的，忽略之后就不会有操作了啊，也就不存在提前平仓的假设了？

如果你能问到这一步，说明之前的内容看得非常仔细。如果你没想到这一步，建议你就此打住，再从头看一遍。现在我来解答这个问题。因为波浪理论的核心理论是“分形”，所以不论多大的级别多小的级别，内部结构具有一致性。所以，3浪也并不是铁板一块，它的内部还可以分为五浪结构。如图4-26，3浪细分之后，它不是“一整根K线”，而是持续上涨的分形结构，后面的走势也就不是3浪的孕线了，我们也就有了操作的理由。

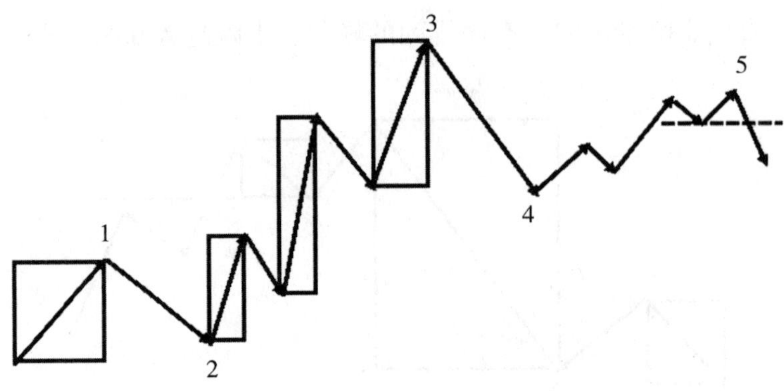

图 4－26　3 浪可以变化为上涨分形

4.2.3　楔形 5 浪

推进浪的第三个变化是楔形 5 浪，这是推进浪的最后一个变化。推进浪的变化大部分处于 5 浪，因为它是上涨的末端，也是下跌开端，相当于两段走势连接器，那么连接器的门类就很多了，所以变化也就多了起来。

楔形 5 浪的内部结构完全打破了之前所说的波浪理论核心规则，但一定要注意，只有在楔形 5 浪中，才能打破这样的规律，特殊情况之所以特殊，就在于不是经常会发生，不要轻易打破规律，规律总被打破，也就不能称之为规律了。

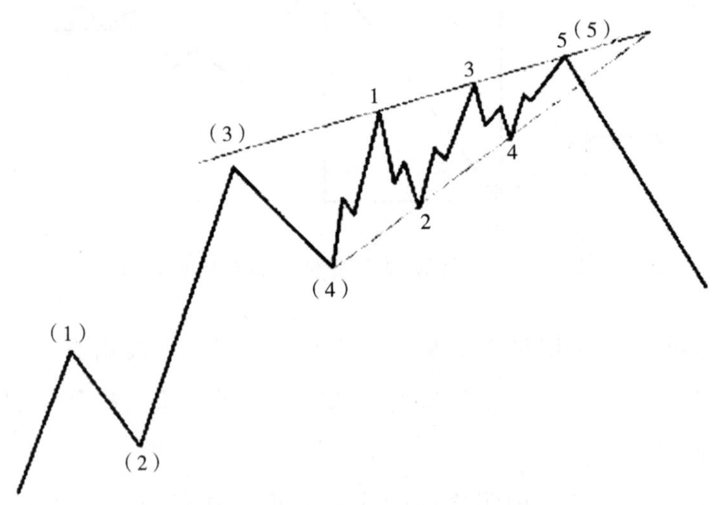

图 4－27　向上推进的楔形 5 浪

如图 4－27 为向上推进浪中的楔形 5 浪，当然也有向下推进的楔形 5 浪，如图 4－28。楔形 5 浪也算是 5 浪延长的一种模式，内部五浪震荡幅度越来越小，并且其内部不论是推进浪还是调整浪，都是三浪结构，你可以把它记为“3－3－3－3－3”结构，其中 4 浪与 1 浪重叠也不再成为禁忌了。

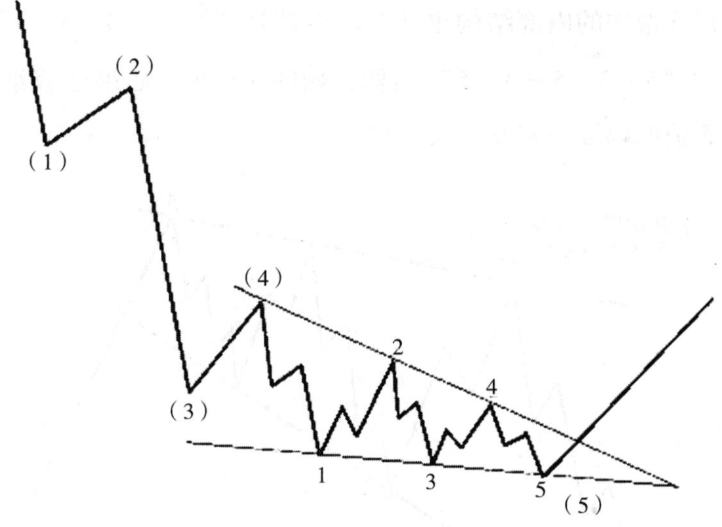

图4-28 向下推进的楔形5浪

你可以把楔形5浪当成是正常延长5浪的特殊形式，正常5浪的腰挺得直直的，而楔形5浪的背却是驼的。如图4-29，首先看到的是⑤浪的延长，在延长浪中的(5) 浪中还有延长，再次延长“背变驼”了，成为楔形5浪。将上下两条边线画出来，像一枚楔子。我们需要注意的是，楔形虽然与三角形的边线一样，都是向内收敛的，但还是有区别的。三角形的边线是相对收敛，而楔形的边线是同向收敛。

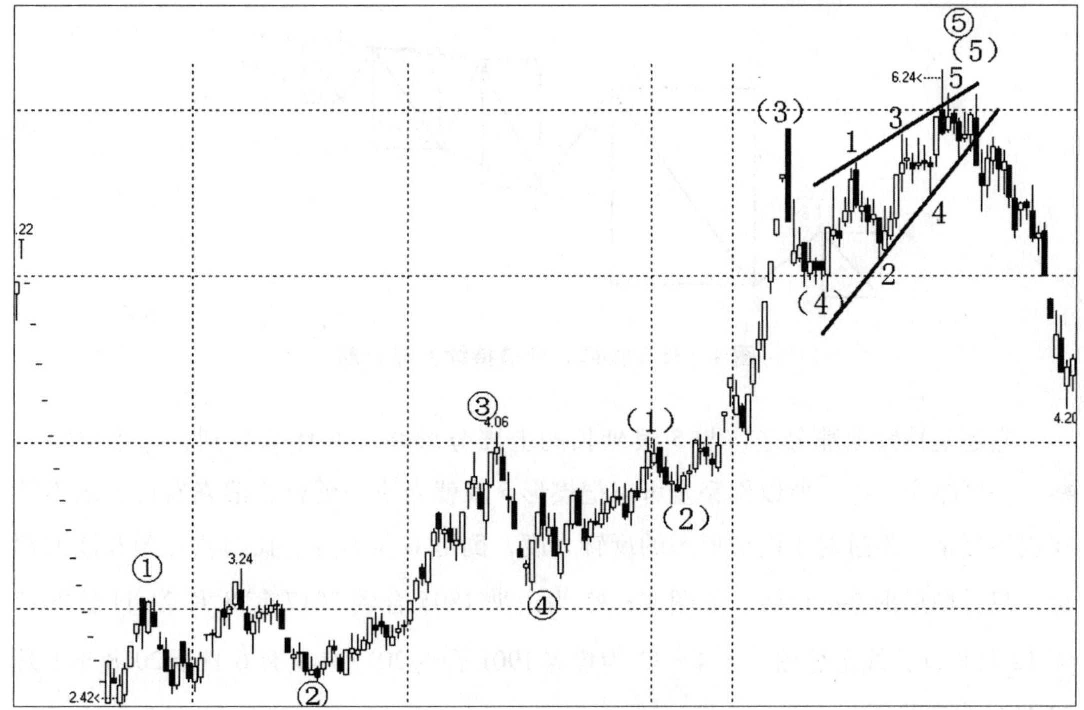

图4-29 银广夏楔形5浪例

当然，楔形5浪中的内部结构也并非全然都是“3－3－3－3－3”结构，有时也会出现正常的“5－3－5－3－5”结构，如图4－30，如果能容纳下五浪结构，那么这种楔形5浪的幅度一定非常大。

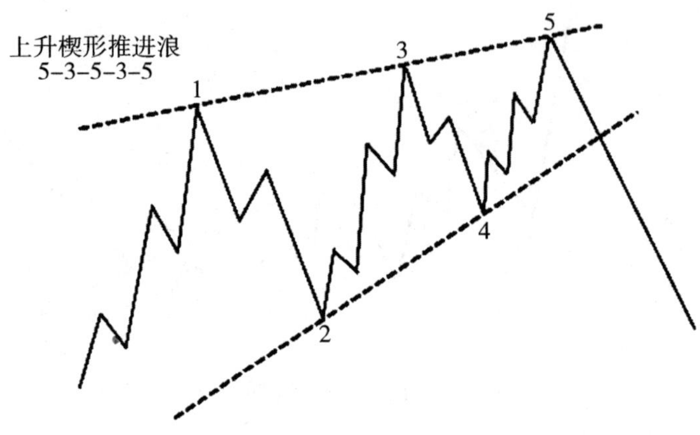

图4－30　“5－3－5－3－5”内部结构的楔形5浪

楔形5浪是推进浪的第三个变化。我们说过，楔形5浪虽然是单独开列的一种变化形式，但它还是可以归纳到5浪延长的模式中。所以再怎么变形，它也脱不了还是处于推进浪中的事实。如图4－31。

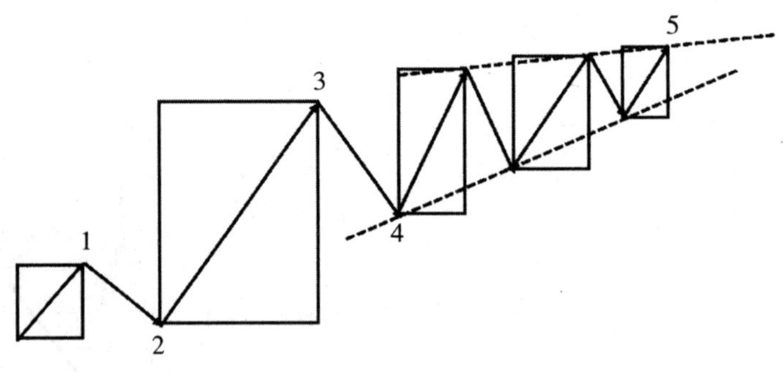

图4－31　楔形5浪是持续上涨分形

它还是持续上涨分形，与5浪延长的上涨分形并没有什么分别，一个更直一些，一更略变一些。所以你完全可以把楔形5浪就当成是延长5浪来看待，既不神秘也不复杂。不过对于楔形形态的反转力度，倒是不容小觑。我们暂且抛开波浪理论，只看楔形形态的反转，如图4－32为白糖1805合约2017年8月21日至2017年12月8日日线走势图。图4－33为焦煤1901合约2017年9月6日至2018年1月22日日线走势图。

图 4－32　白糖 1805 合约 2017 年 8 月 21 日至 2017 年 12 月 8 日日线走势图

图 4－33　焦煤 1901 合约 2017 年 9 月 6 日至 2018 年 1 月 22 日日线走势图

两图中，只要出现楔形，只要楔形内部走完五浪结构，只要价格上破楔形上边线，便开始了极大力度的反转，可见楔形的反转力度有多么强大。楔形既好辨认，又好操作，力度又强，是交易中必须重视的形态之一。

4.3 调整浪

相对推进浪的变化，调整浪的变化更加复杂。推进浪是有方向性、趋势性的，并且只有三种变化，其中两种变化还可以合成一种变化。调整浪是针对前一波段的推进浪的修正，它的方向是逆推进浪的，走势繁复，通常它所运行的时间要长于推进浪。

调整浪大体上可以分为锯齿形调整浪、平台形调整浪、奔走形调整浪和联合形调整浪。其中平台形调整浪还可分为正常平台形调整浪、内敛形调整浪与喇叭形调整浪。持续形价格形态有时也可充作调整浪。

4.3.1 锯齿形调整浪

锯齿形调整浪是最常见的调整方式，它形似锯齿而得名。级别越大的浪形出现锯齿形调整浪的概率越大。从大的外形上来看，a 浪下跌的速度非常快，b 浪则是相对于 a 浪的调整，调整的幅度非常小，有的几乎是水平的，多方最后的机会便在于 b 浪。c 浪在 b 浪后继续下跌，调整的幅度非常大。图 4 －34 与图 4 －35 分别为牛市和熊市中锯齿形调整浪。

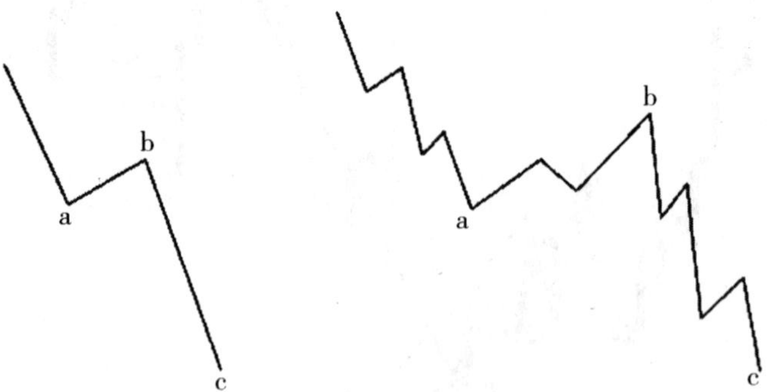

图 4 －34　牛市的锯齿形调整浪

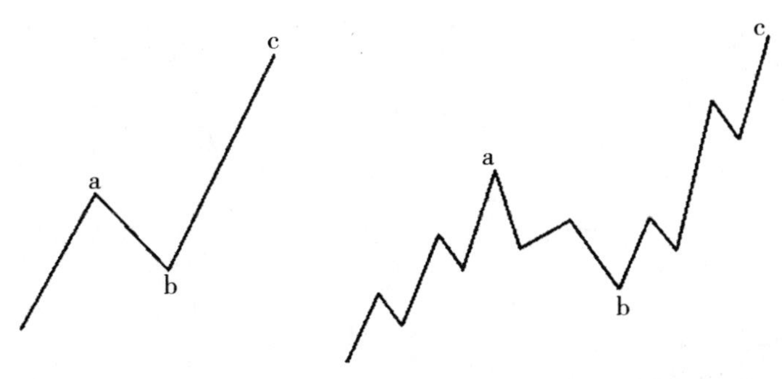

图4-35 熊市中的锯齿形调整浪

锯齿形调整浪的内部结通常为5-3-5结构，这是最常见的一种调整浪形。调整浪的方向与推进浪的方向相反。推进浪与调整浪的区别在于它与它更高一个级别的浪型的方向是否相同，如果相同则为推进浪，内部为五浪结构；如果相反则为调整浪，内部结构为三浪结构。

牛市中的调整浪的主要趋势方向就是向下的，所以与调整浪的方向相同的a浪与c浪，内部一定是五浪结构，相反，b浪是调整浪中的调整浪，所以它的内部结构一定是三浪结构。

我们也可以这么记，只记后缀不管前缀：

1浪：推进浪中的推进浪，后缀为推进浪，所以1浪为推进浪，内部为五浪结构。

2浪：推进浪中的调整浪，后缀为调整浪，所以2浪为调整浪，内部为三浪结构。

3浪：推进浪中的推进浪，后缀为推进浪，所以3浪为推进浪，内部为五浪结构。

4浪：推进浪中的调整浪，后缀为调整浪，所以4浪为调整浪，内部为三浪结构。

5浪：推进浪中的推进浪，后缀为推进浪，所以5浪为推进浪，内部为五浪结构。

a浪：调整浪中的推进浪，后缀为推进浪，所以a浪为推进浪，内部为五浪结构。

b浪：调整浪中的调整浪，后缀为调整浪，所以b浪为调整浪，内部为三浪结构。

c浪：调整浪中的推进浪，后缀为推进浪，所以c浪为推进浪，内部为五浪结构。

图4-36是典型的锯齿形调整浪，此图为周线走势图，说明它在较长的周期、较大的浪形内更容易出现。首先来看（a）浪，它是五浪结构并且其内部为1浪延长。辨别是不是延长浪很容易，不用具体辨别到底是哪一浪发生了延长，只需要数出9浪即可。（b）浪内部为三浪结构，并且幅度非常小，随后是继续下跌的（c）浪，它的内部结构为五浪结构。整体为5-3-5结构。

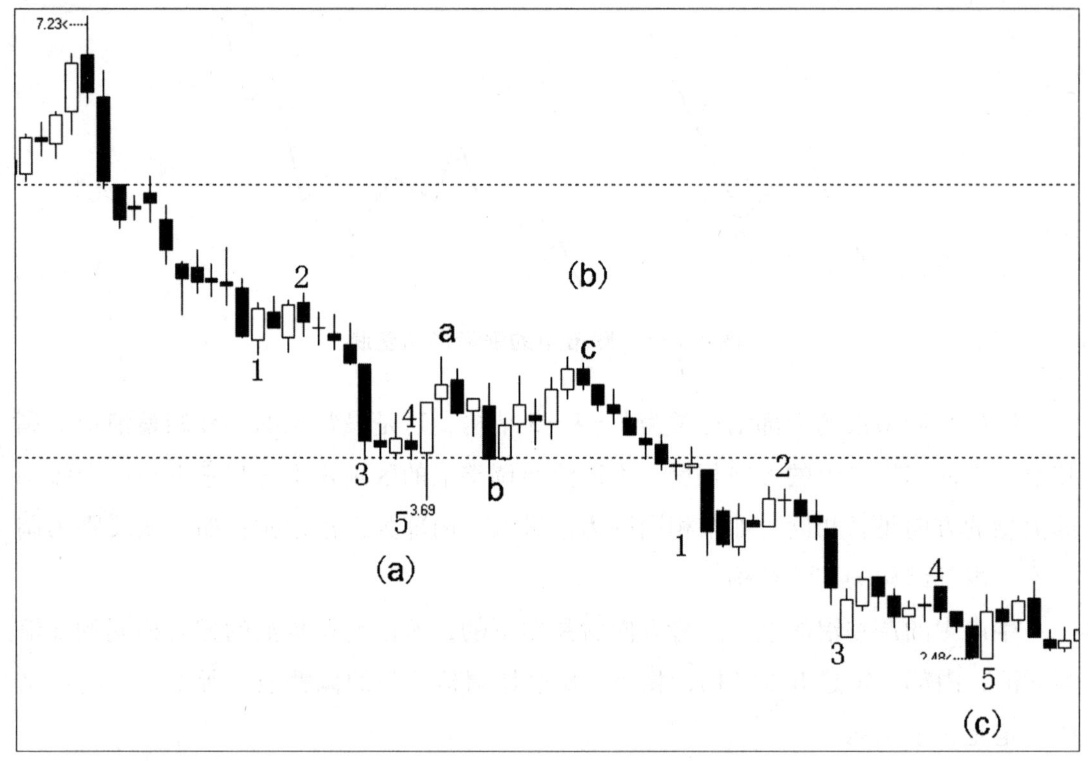

图 4 -36 上海电力周线锯齿形调整浪例

调整浪本身便已非常复杂了，但是几乎每一个调整浪都会出现更加复杂的组合形态，如图 4 -37 与图 4 -38，便是锯齿形调整浪的变体。变体是将两个锯齿形调整浪连接在一起，其中（A）浪与（C）浪本身就是一组完整的锯齿形调整浪，合起来又是一个更大的锯齿调整浪。

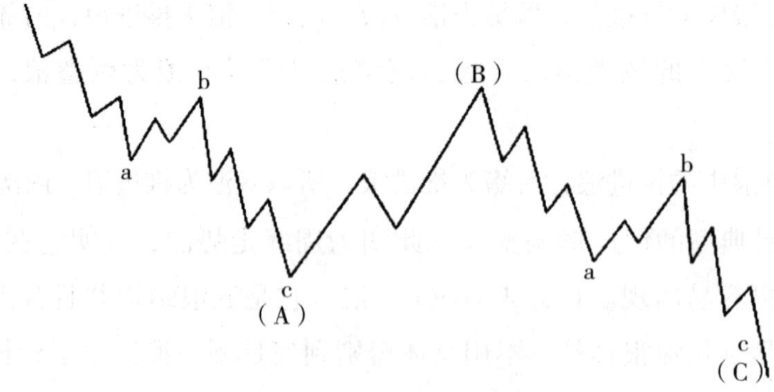

图 4 -37 牛市中锯齿形调整浪的变体

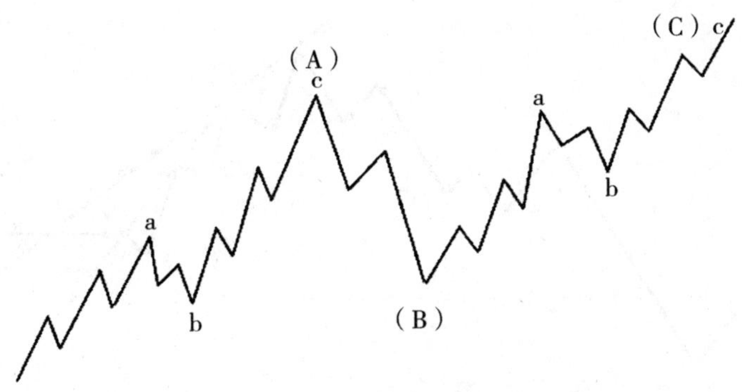

图 4－38　熊市中锯齿形调整浪的变体

我们本着不预测的宗旨，市场给什么我们就要什么，后面不管它给出的是锯齿形调整浪，还是平台形调整浪、喇叭形调整浪，我们都按照趋势的基本定义来操作即可。如图 4－39 中，如果我们用趋势线止损法来平仓的话，当 5 浪结束后下破趋势线平多单。当它在趋势线下方形成峰谷向下的有序排列时，可以做空。看着眼熟吗？这就是 123 原则。

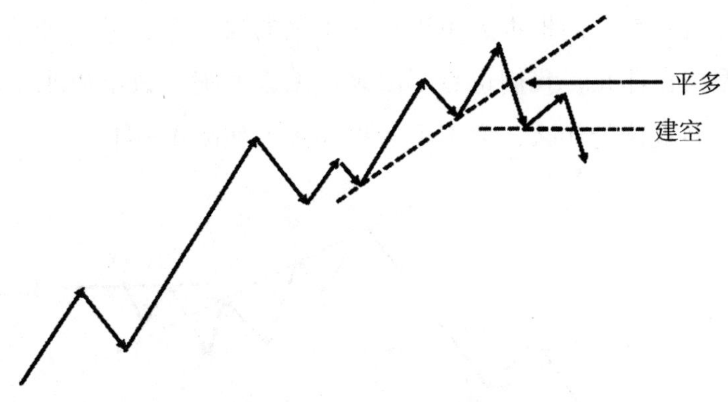

图 4－39　调整浪刚刚开始

此时仅仅是调整浪刚刚开始，随着调整浪不断地演化，我们的操作方法和前期上涨推进浪并无二致。如图 4－40。我们在做空的那一瞬间，便要画出下跌趋势线，并且依托趋势线来止损（止盈），但在价格不断向下跌的过程中，如果出现了新的向下有序排列的峰谷，根据趋势线的画法，我们还要不断地调整趋势线。在图中我们向下调整了趋势线，锯齿形调整浪的 a 浪结束，b 浪开始反弹。反弹时，上破了下跌趋势线，空单平仓。

图4-40 b浪开始

我们在b浪处，必然会亏损，但可以避免。正常情况下，向下推进时下跌出现了五浪结构，说明现在下跌为主要趋势方向了，可以推论已经进入a浪了，所以不论后面如何反弹，经过b浪后，还会有c浪再向下推进5浪。所以，我们一旦发现了5浪下跌，在没有c浪完成之前，任何形式的反弹我们都不会参与，从而避免亏损。

但我们说过，波浪理论过度量化是它的劣势，一种情况是我们很难找到符合波浪规定的走势，也就是我们根本数不出相对正确的浪型来；另一种情况是，我们自身的问题，浪型摆在那儿，我们也看不出来。怎么办呢？数不出来，不能强数。市场给出什么，我们就接受什么，大不了亏损一次。如图4-41。

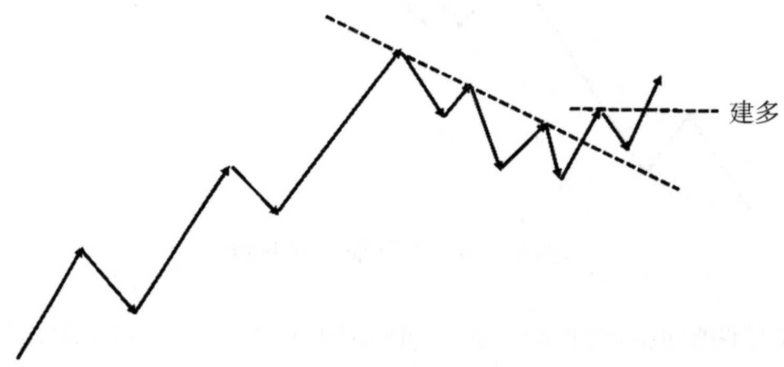

图4-41 b浪建多

当然，这种情况下建多，无异于花样寻亏，但既然我们数不清浪，或者浪型不清楚，根据趋势定义来交易，保持交易的一致性也是可以的。初始建多时，我们可以用反出击日线法来止损，并且辅之以资金管理，最多亏损总资金的1%。拿1%的亏损，买一次，保持交易一致性，也不算亏。甚至有些时候，因为你数不清楚浪型，此次可能并不是b浪向上反弹，也许是某级别继续向上的推进浪，也未可知。

图4-42中，下破b浪趋势线之后，多单止损。当价格再次下破a浪低点时，

重归下跌趋势，还可以继续放空。如果你真正了解了波浪理论的核心理念“分形”结构，那么你还会在这张图中再次看到123原则。

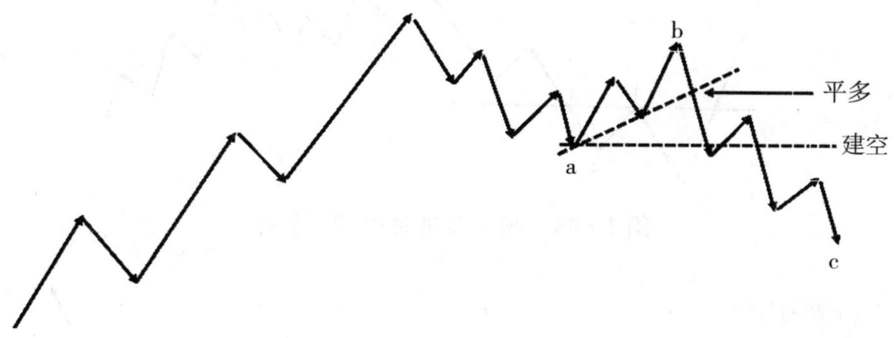

图4－42　c浪建多

4.3.2　原则1的级别转换

图4－43中，在a浪刚刚开始下跌的时候，形成了一个小级别的123原则。在a浪完全结束之后，它变成了更大级别的原则1，b浪反弹为更大级别的原则2，c浪下破a浪低点，为更大级别的原则3。可见，“分形”结构无处不在，只是级别不同，这样我们通过级别，再次把以前的知识串起来了。

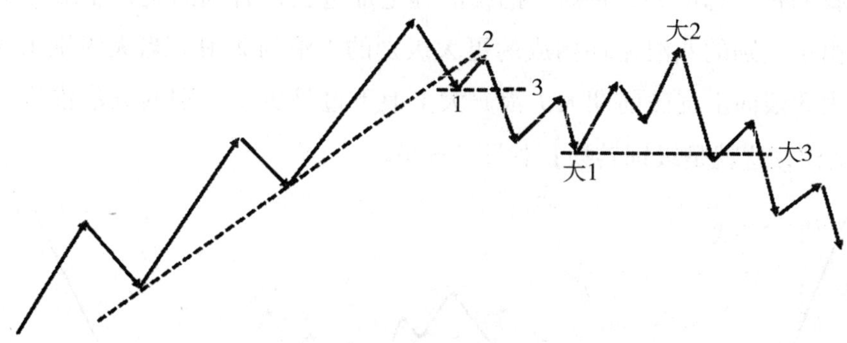

图4－43　小级别123原则与大级别123原则

既然能在调整浪中找到不同级别的123原则，那么在推进浪中我们还可以找到更大级别的123原则。上图中，我们只给出了调整浪的123原则，但在最开始买进之时，还是用到了123原则。其实我们利用的是峰谷有序向上排列的趋势定义，这种方法被维克多·斯波朗迪命名为123原则，用123原则来指代，更加方便。

如图4－44，在最初买进时，我们依托基本趋势定义，利用名为123原则的方法，买进建仓。经过了五浪向上、三浪向下之后，当价格再次向上突破前期上涨多单的时候，同样出现的还是123原则，只不过，它的级别更大一些，如图4－45。

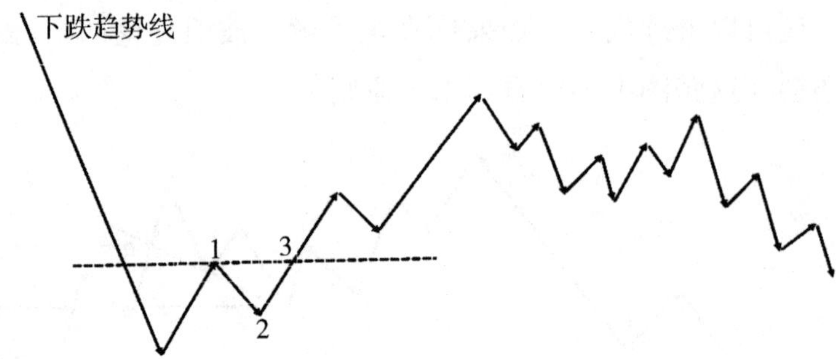

图 4-44 初次买进时的 123 原则

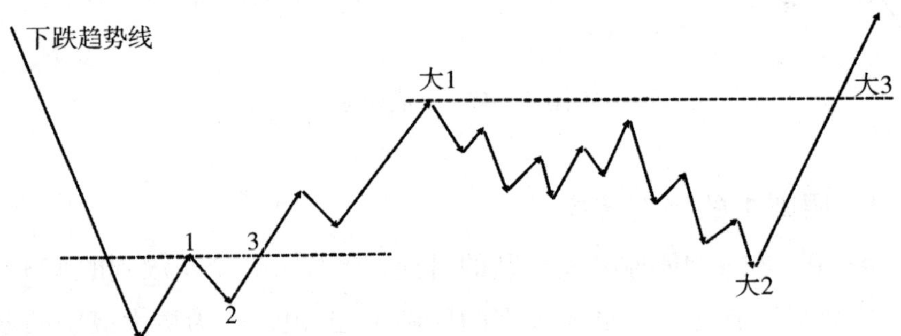

图 4-45 更大级别的 123 原则

如果我们暂时忘记 123 原则，把波浪理论加进去，看到的是，小级别的八浪循环，还有由小级别的八浪循环构成的更大级别的 1 浪与 2 浪。当大级别 123 原则形成时，为大 3 浪向上突破前期大 1 浪。大 1 浪不过是更小级别的五浪推进。这就是“分形”结构，这就是级别转换，如图 4-46。

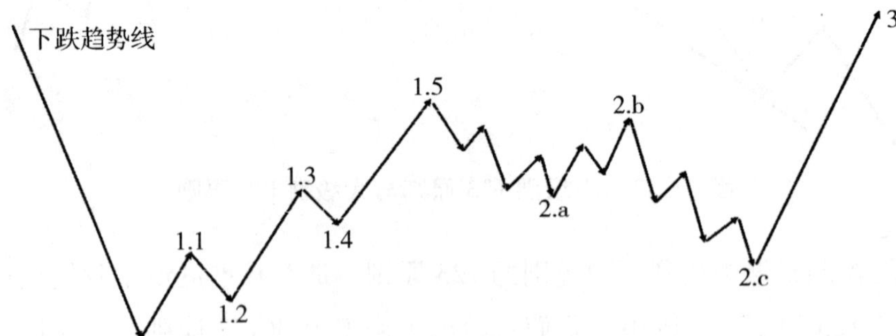

图 4-46 级别转换

它是什么，它又是什么？它往小了看是什么，它往大了看是什么？大的和小的原来又是一回事，这就是解构传统的、经典的技术分析的乐趣所在。

4.3.3 平台形调整浪

平台形调整浪在小级别波浪中最常出现，并且在2浪中也是最常出现的一种调整浪型。它与锯齿形调整浪大同小异，如果你用两手握住锯齿形调整浪的两端，向内挤压，就变成了平台形调整浪。锯齿形调整的幅度非常大，而平台形调整浪的调整幅度相对小一些，通常不超过前期上涨的38.2%。在a浪下跌后，b浪通常会达到a浪的顶点，而c浪下跌的终点也会在a浪的低点附近。如此看来，a、b、c三浪基本在同一水平区间内震荡，就像一个平台，所以称之为平台形调整。

图4－47与图4－48分别为牛市与熊市中的平台形调整。图中给出的平台形调整浪的内部结构是5－3－5结构，但这并不绝对，有些时候它也会出现3－3－5结构，这不算打破了波浪理论的核心规则，波浪理论特别规定这种情况可以有。为什么这样呢？因为平台形调整幅度相对于锯齿形调整浪来说，并不深。这就意味着市场并不情愿出现长时间的深幅度的回调，更希望于调整浪运行完之后快速上涨，所以平台形的a浪几乎没有走完五浪结构，便被b浪代替了，这表现出市场想尽快结束调整的急切心情，所以形成了3－3－5结构的平台形调整。

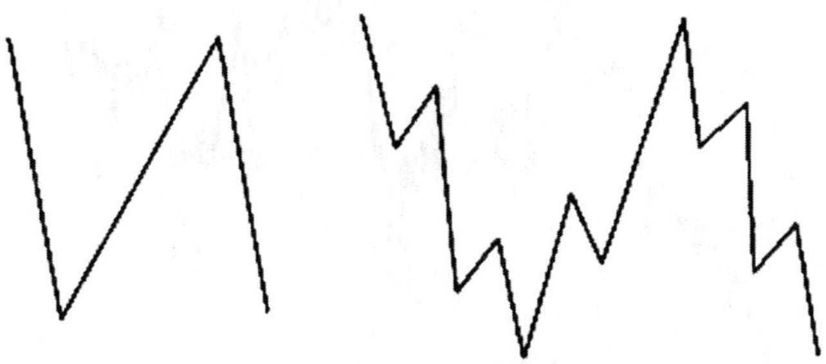

图4－47　牛市中的平台形调整浪

图4－48　熊市中的平台形调整浪

通常情况下，平台形调整浪的 a 浪的幅度包含了其后 b 浪与 c 浪的所有幅度，而且整体幅度在大部分情况下不会超过前期上涨的 38.2%，那么反推回来，如果其回调幅度没有超过 38.2%，则出现平台形调整浪的概率会很大。

图 4-49 中，左半部分为一个完整的五浪推进结构，其中的 a 浪为三浪结构并且幅度很小，前期五浪推进的涨幅为 382.02 点，a 浪的下跌幅度为 113.22 点，回调幅度为 29.64%，没有超过 38.2%，并且（a）浪为三浪结构，据此基本可以判定此次调整为平台形调整浪。可以推断（b）浪、（c）浪的幅度与（a）浪的幅度应该相差无几。从其后的走势也能看出来，（a）（b）（c）三浪正是在同一水平区间内发生震荡，（b）浪为三浪结构，（c）浪为五浪结构，整体的调整为 3-3-5 结构。

因为平台形调整浪的意思是想尽快结束调整，所以它更倾向于原方向推进，那么后市的涨势比锯齿形调整浪之后的涨势迅猛一些。

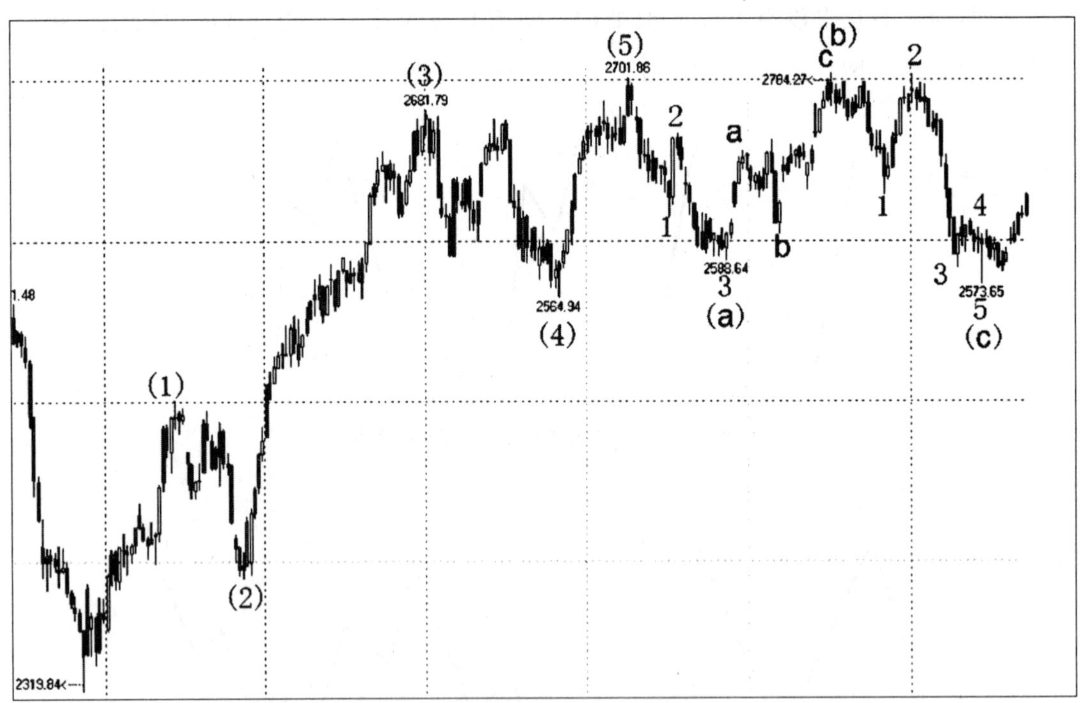

图 4-49　上证综合指数平台形调整例

图4－50中，1、2、3、4、5浪为更大级别的1浪，a、b、c三浪构成更大级别的2浪，其后的走势便为大3浪。我们之前还说过3浪为速度最快、角度最陡、幅度最大的一段走势，在此例中我们可以看出平台形调整浪的预测作用比大3浪的凌厉。

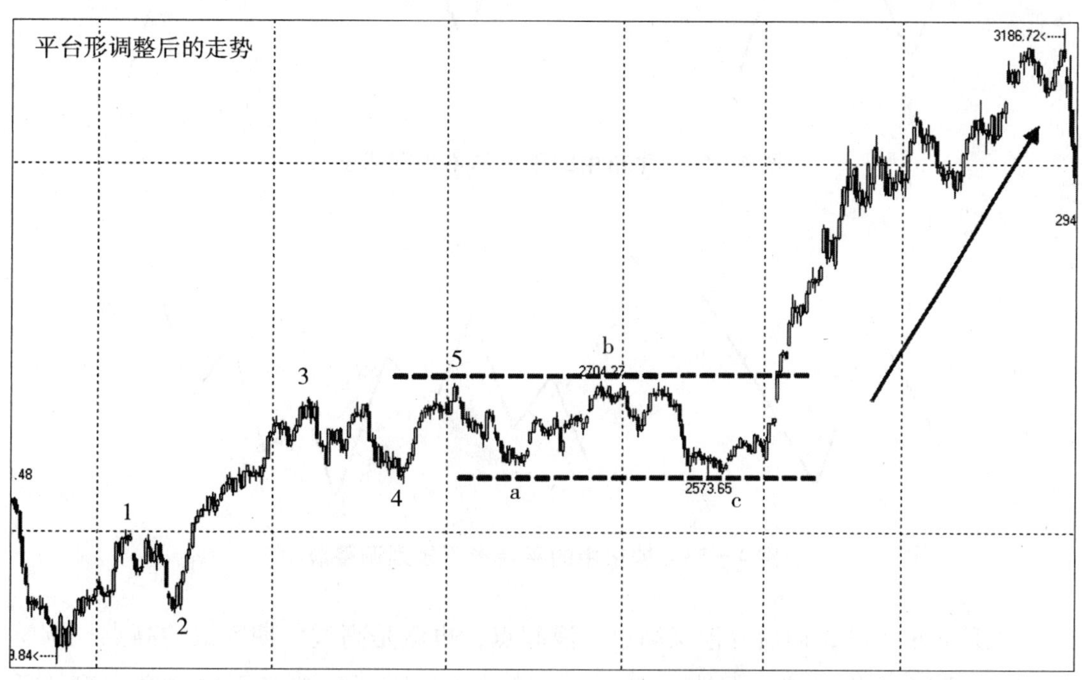

图4－50　上例中的后续大3浪走势图

平台形调整浪可以演化为不规则形、类似喇叭形调整浪，不过此喇叭形不同于价格形态中的喇叭形态。价格形态中的喇叭形态内部为五浪结构，如图4－51。而喇叭形调整浪的内部为三浪结构，如图4－52与图4－53。

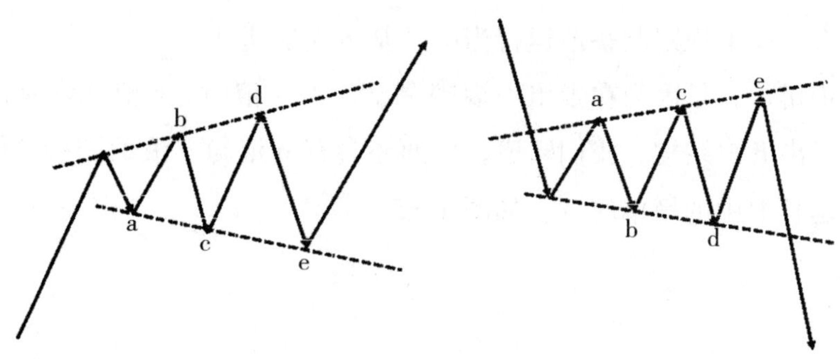

图4－51　价格形态中的喇叭形态

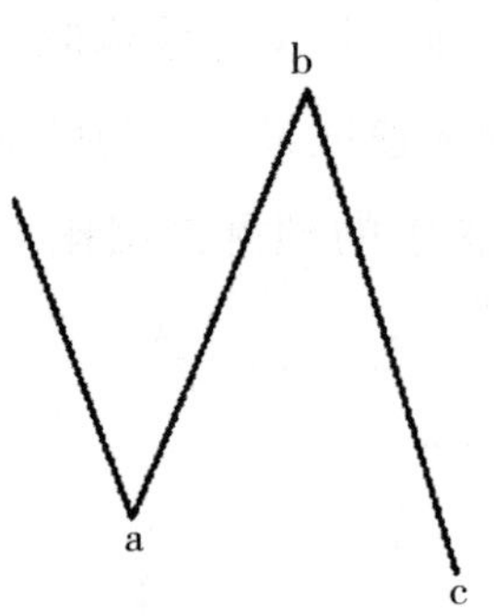

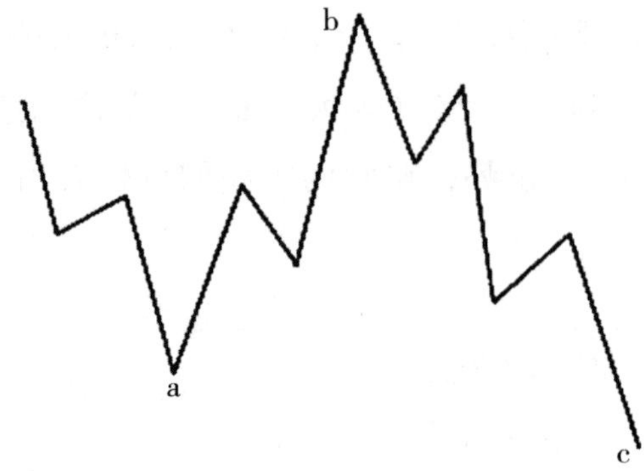

图4-52　牛市中的平台形不规则调整浪

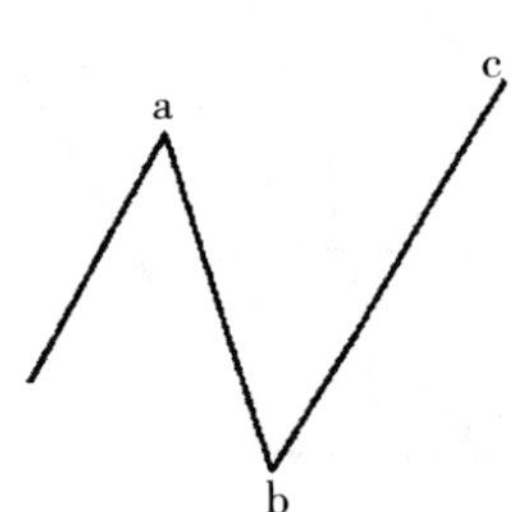

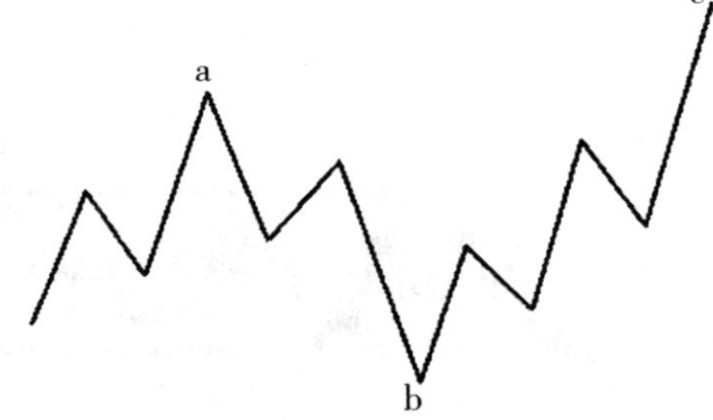

图4-53　熊市中的平台形不规则调整浪

先是a浪下跌，而后b浪又高过a浪起点，也就是高过前期5浪的高点，调整浪高于前期上涨推进浪，在波浪理论中是允许的。随后c浪又再次跌穿a浪的低点。整体来说，不规则调整浪，在不断向上破高、向下破低。单从价格形态上来看，很难把握，但是学了波浪理论之后，就容易多了。为什么呢？因为波浪原理研究的是它内部的结构，不论是高是低，只要看到它内部的结构运行完整即可。

因为不规则调整浪隶属于平台形调整浪，所以它的内部结构以3-3-5居多。图4-54所示为3-3-5的不规则调整浪，但我们也只能在浪型走出来以后，才能发现它是什么。在不规则调整浪运行当中，基本无法辨认。

说它很难辨认，是因为在走出不规则调整浪的a浪时，a浪通常是以三浪结构示人。如果走出五浪结构，我们知道，后面还会有b浪与c浪的调整。但是三浪结构还可能是延长浪中的简单回调，如图4-55。

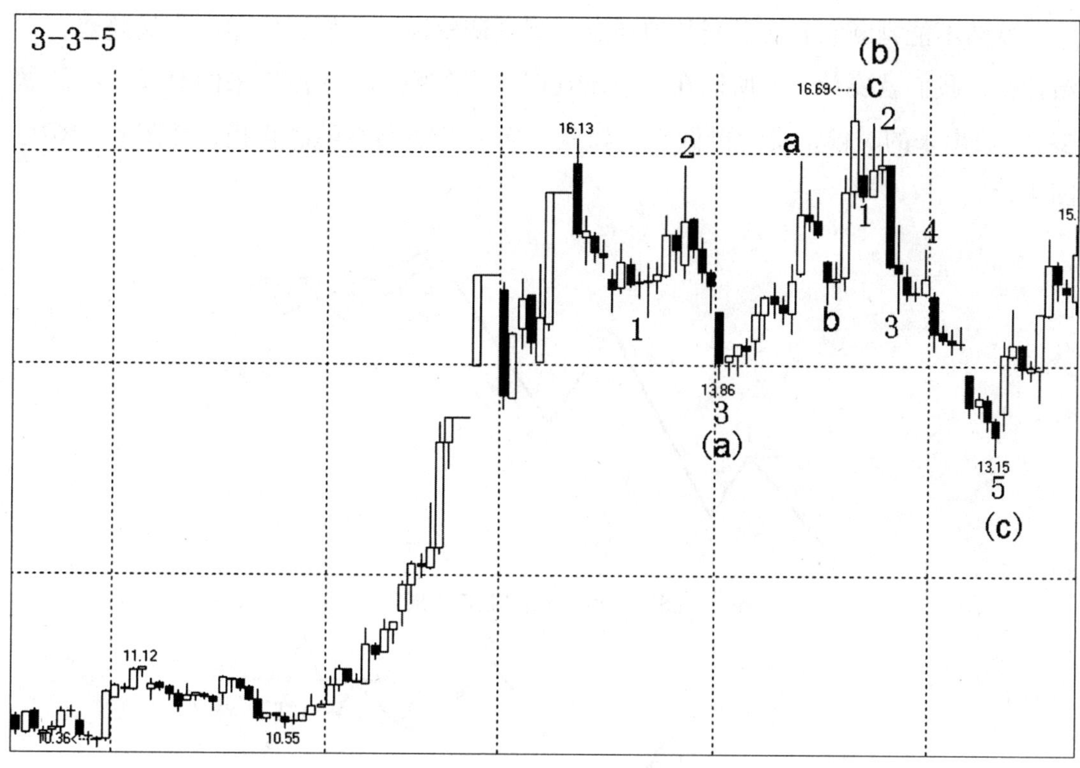

图4－54　宁波联合不规则调整浪例

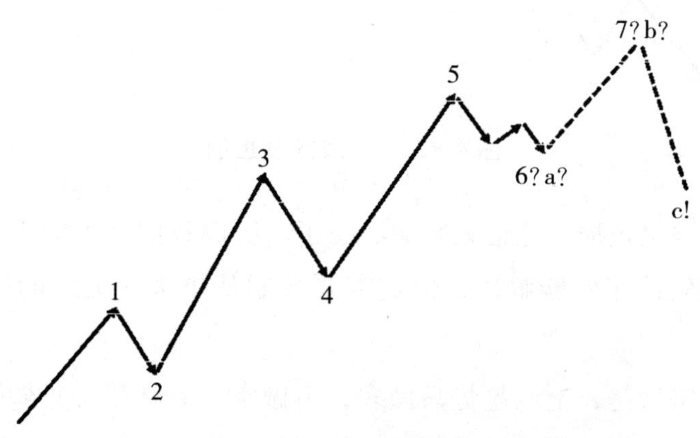

图4－55　延长浪与不规则调整浪大部分重合

当前期推进浪五浪结构，向下走了三浪结构的回调，我们可以把它当成是延长浪中的第6浪，也可能是不规则调整浪的a浪。破高后，我们既可以把它看成延长浪中的第7浪，也可以把它看成不规则调整浪的b浪。当它向下破a浪低点时，我们才能看清楚全貌，原来这是不规则形调整浪，而不是延长浪。延长浪与不规则调整浪，有很大一部分是重合的走势。

既然不能判断它到底是延长浪还是不规则调整浪，我们只能跟随市场趋势，它给什么，我们就要什么。所以在 a 浪出现时，我们做空；b 浪出来的时候，我们做多；c 浪出来的时候，我们再做空。如此三次，可能会有两次止损，如图 4－56 与图 4－57。

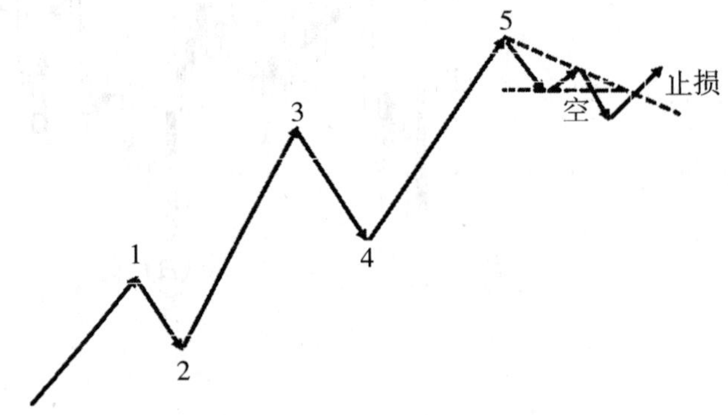

图 4－56　a 浪做空止损

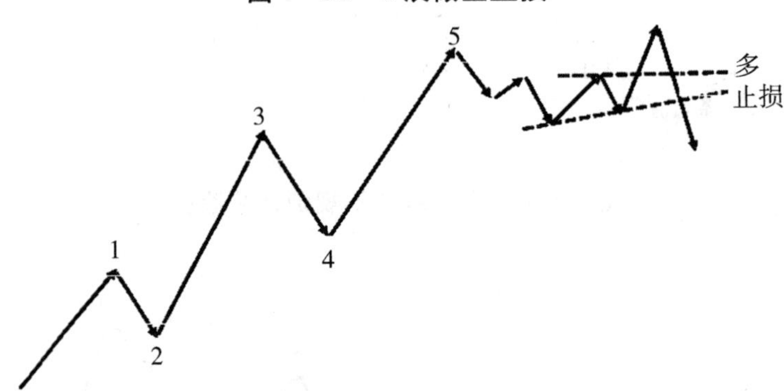

图 4－57　b 浪做多止损

多也止损，空也止损，这也太影响心态了。所以我们能不能想一个办法，把两面挨耳光的问题解决了？能解决，但这需要我们从更大、更广的视角来看待这个问题。

顺势交易的宗旨是，上涨趋势只做多，不做空；下跌趋势只做空，不做多。如果能判断出来此时是上涨趋势还是下跌趋势，那就可以减少一次止损。

4.3.4　需要一种过滤器

在上图中加一条线，如图 4－58，这条虚线，你可以把它当成移动平均线，也可以当成是趋势线，因为我们暂时不构架交易系统，所以你可以把它当成任何一种可以判断趋势方向的工具。这条线显示，目前处于上涨趋势之中，上涨趋势只做多、不做空。所以在线之上，所有的做空信号都被忽略，a 浪放过它，b 浪做多。

因为在b浪运行过程中，我们无法预知它就是b浪，前文说过，它可能是延长浪的第7浪，本着不预测的宗旨，b浪一定要做多。即便止损，也仅止损一次。在上涨趋势中，c浪给出做空信号，也要忽略。直到走出大3浪时，向上破出b浪的新高时，我们再做多。或者大3浪给出峰谷有序的向上排列时，做多，如图4－59。

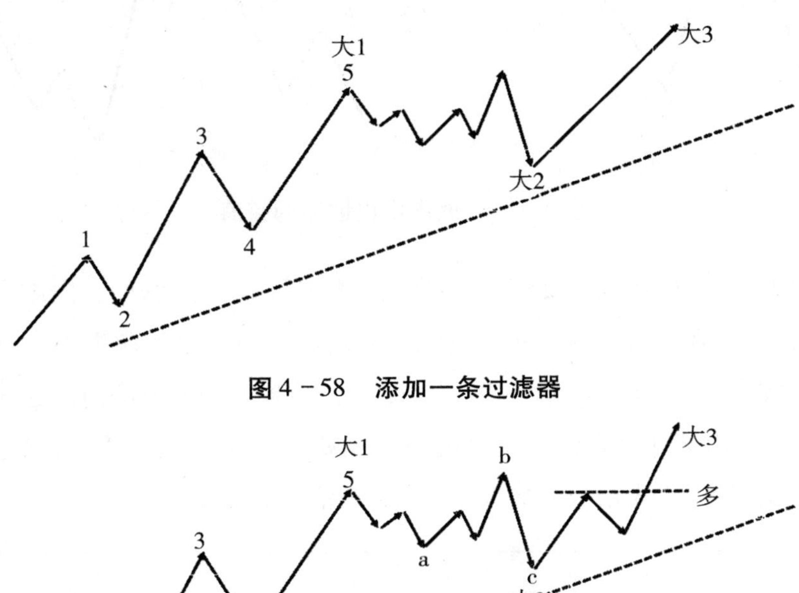

图4－58　添加一条过滤器

图4－59　符合趋势基本定义做多

4.3.5　内敛形与喇叭形调整浪

市场的运行极尽繁复，难以捉摸，波峰与波谷之间有时高有时低，有时不高不低，这种不高不低的关系，便是内敛形调整浪，如图4－60与图4－61。

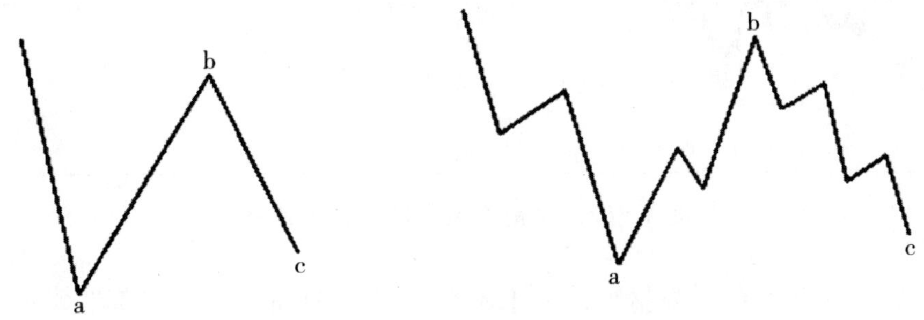

图4－60　牛市中内敛形调整浪

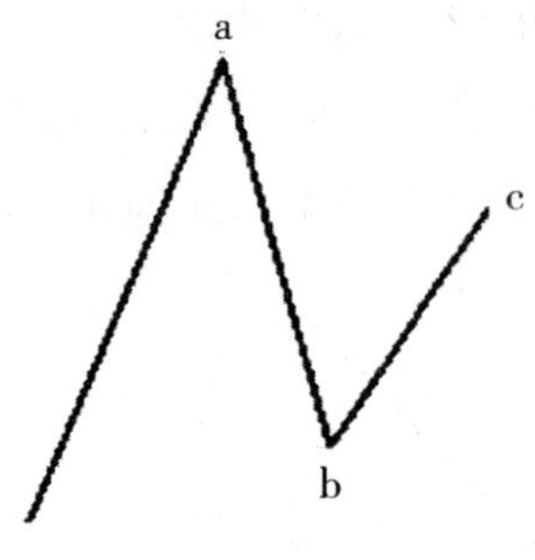

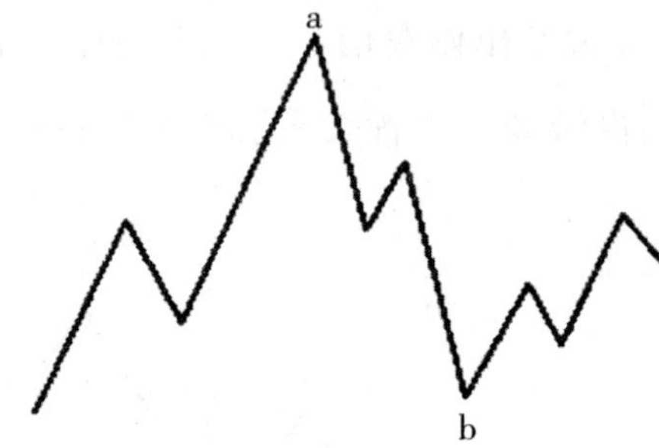

图 4－61 熊市中内敛形调整浪

它与喇叭形不规则调整浪相反，不规则调整浪是向外扩张的，内敛形调整浪是向内收缩的。b 浪不高于 a 浪，c 浪不低于 a 浪。同为平台形调整浪，所以内敛形调整浪也多以 3－3－5 结构呈现。图 4－62 中，内敛形调整浪的内部为 3－3－5 结构，最后的 c 浪内部并没有清晰可见的五浪结构，只是一气下跌。在波浪理论中，5 就是 1，1 就是 5，1 大浪分而成 5 子浪，5 子浪合而成 1 浪。

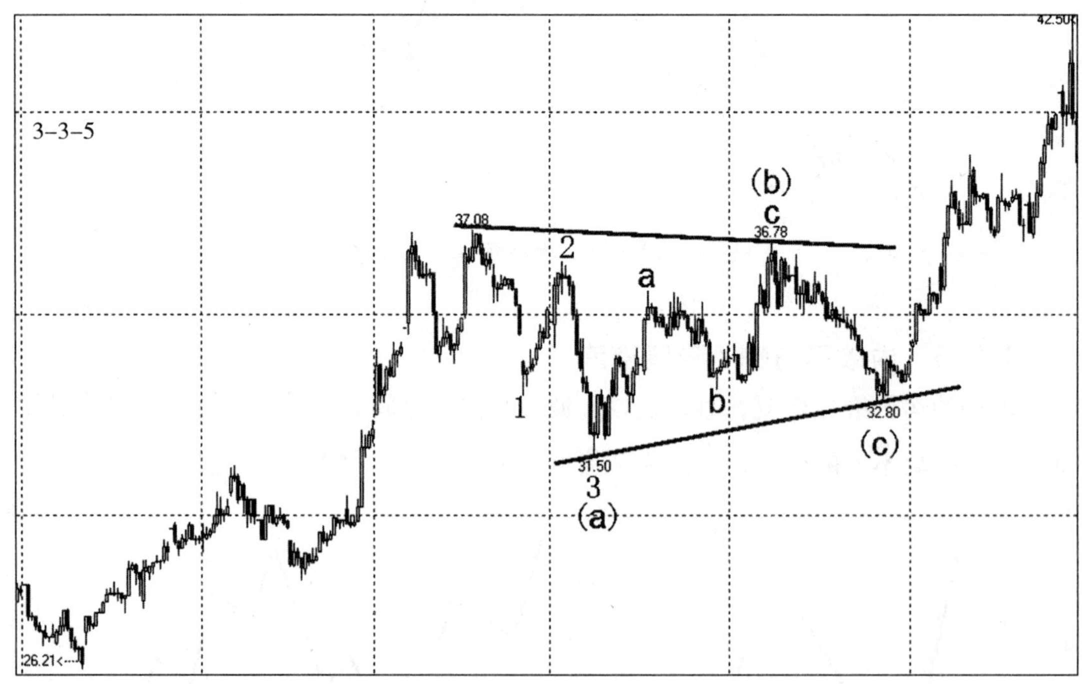

图 4－62 中海发展内敛形调整浪例

内敛形与标准平台形调整浪，由于不会上破 5 浪高点，所以都非常容易应对。难点在于不规则形调整浪，即便按照趋势定义来交易，也会止损两到三次，我们加入了趋势方向过滤器之后，将止损减少到一次。

不规则调整浪，类似于喇叭形态，而趋势交易者最害怕的就是连续上破、下破的喇叭形态，可以说喇叭形态是专杀趋势型交易者的形态。但不论调整浪怎么演变，我们都遵循趋势的基本定义，以不变应万变。

4.3.7 奔走形调整浪

奔走形调整浪在调整浪中非常少见，奔走形调整浪也称为顺势调整。在牛市中b浪的高点超过了a浪的高点，c浪的低点也高于a浪的高点，是所谓的整体向上的调整浪，如图4－63与图4－64。调整的方向大部分都与前期推进浪的方向一致，以至看到这种形态的调整，我们都不会把它看成是调整浪。

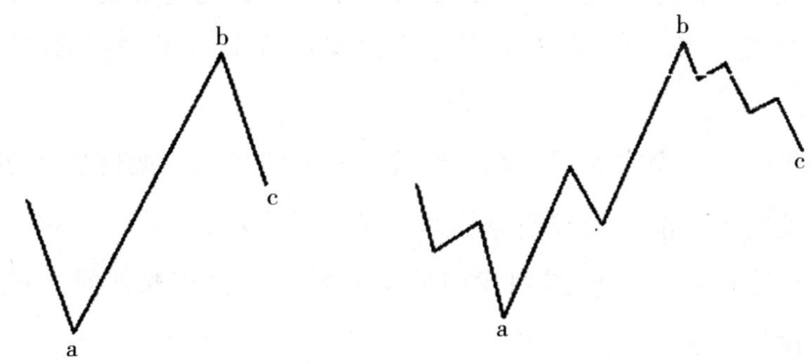

图4－63 牛市中的奔走形调整浪

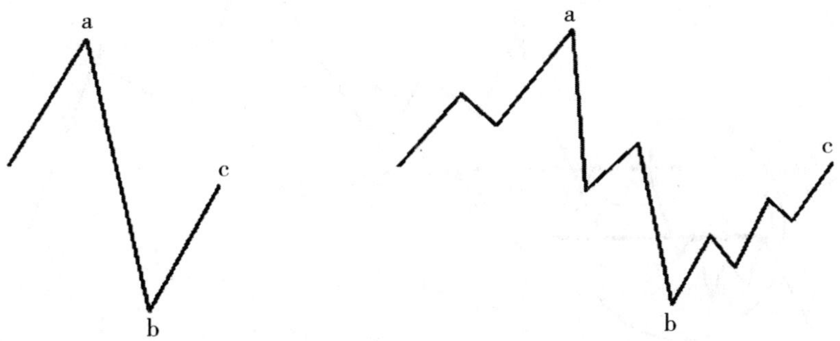

图4－64 熊市中的奔走形调整浪

把奔走形调整浪放到整体浪形中，便可观察到这种极端的情况是出现在市场中的什么位置了，如图4－65。牛市中向上的动能太强，以致不能正常调整，出现这种异常的情况，因为其迫不及待地要向上走，所以我们称它为奔走形调整浪。

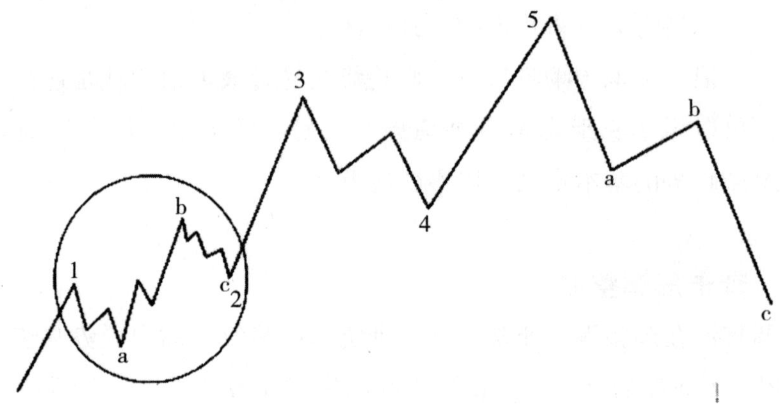

图 4 - 65 奔走形调整浪在整体循环中的位置

走势越是规矩，越好处理；同样，走势越是怪异，也越好处理。最不好处理的是像不规则调整浪一样，既不坏了规矩，但又稍稍坏了规矩，似是而非，就难处理。

奔走形调整浪，因为它大部分都与推进浪的方向相同，幅度也大多重合，所以我们不必管它到底走几浪，只按趋势基本定义交易即可，如图 4 - 66。奔走形调整浪太过怪异，很难遇到，即便遇到我们按正常数浪，也很难辨认。既然相见不相识，倒不如直接忽略它。

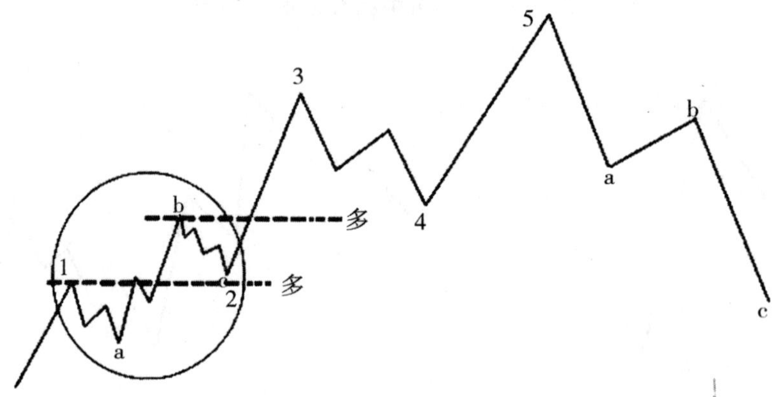

图 4 - 66 用趋势基本定义来应对奔走形调整浪

4.3.8 三角形调整浪

价格形态与波浪理论是相辅相成的，可以通过波浪理论画出价格形态中每段走势的波形，如果在使用中能将两者结合起来，那更是相互补充，相互印证了。而在调整浪中最常出现的价格形态，便是三角形。

标准的三角形形态是对称三角形，如图4－67。它还有很多变体，如上升三角形、下降三角形、扩大三角形（也就是我们所说的喇叭形态）。它们的外形虽然不一样，但内部结构都是一样的。在三角形内部，皆为五浪结构，用a、b、c、d、e浪来表示。如图4－68、4－69、4－70。

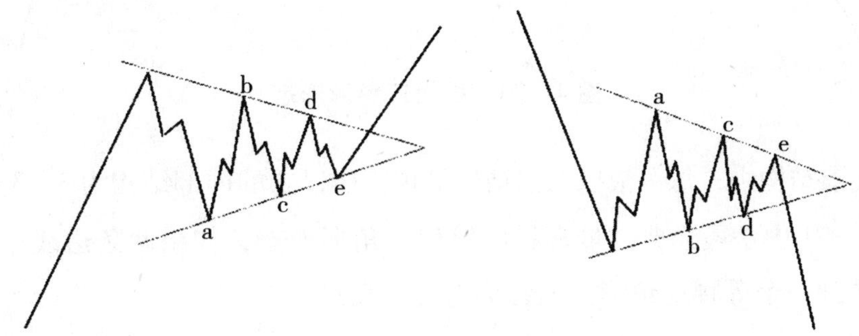

图4－67　对称三角形形态

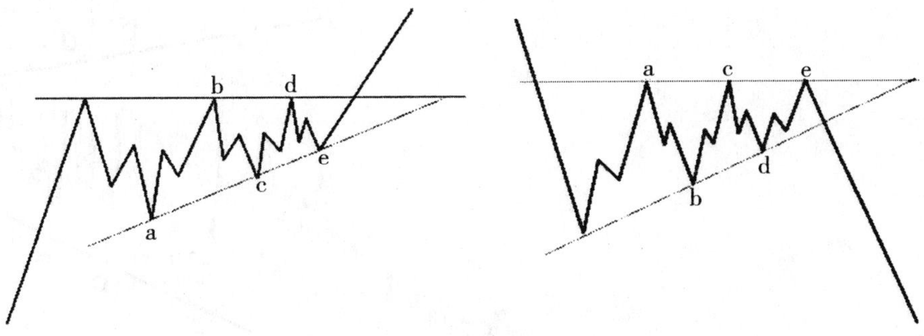

图4－68　上升三角形形态

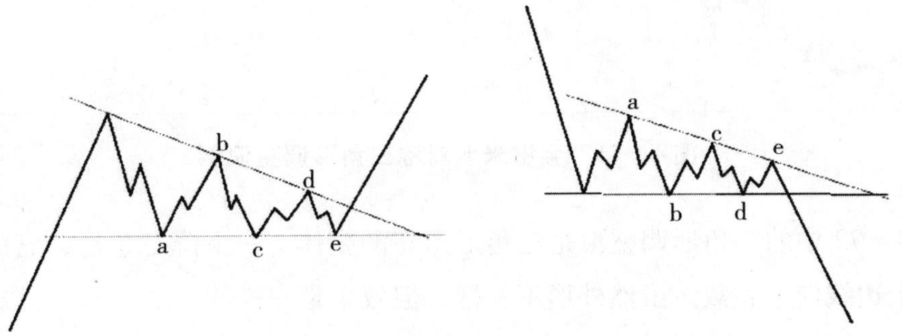

图4－69　下降三角形形态

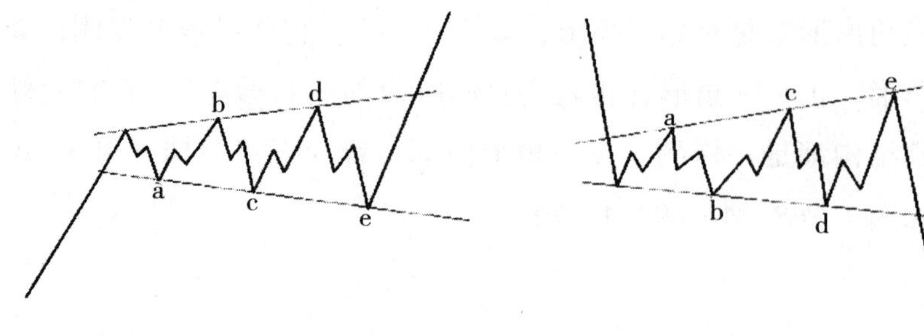

图 4－70　扩大三角形形态

内部五浪结构中，每一浪以三浪结构呈现，所以它的内部结构为 3－3－3－3－3 结构。图 4－71 中是最经典、最常见的对称三角形形态，如果两条边线相交，我们在图中会看到一个等腰三角形，又称为对称三角形。

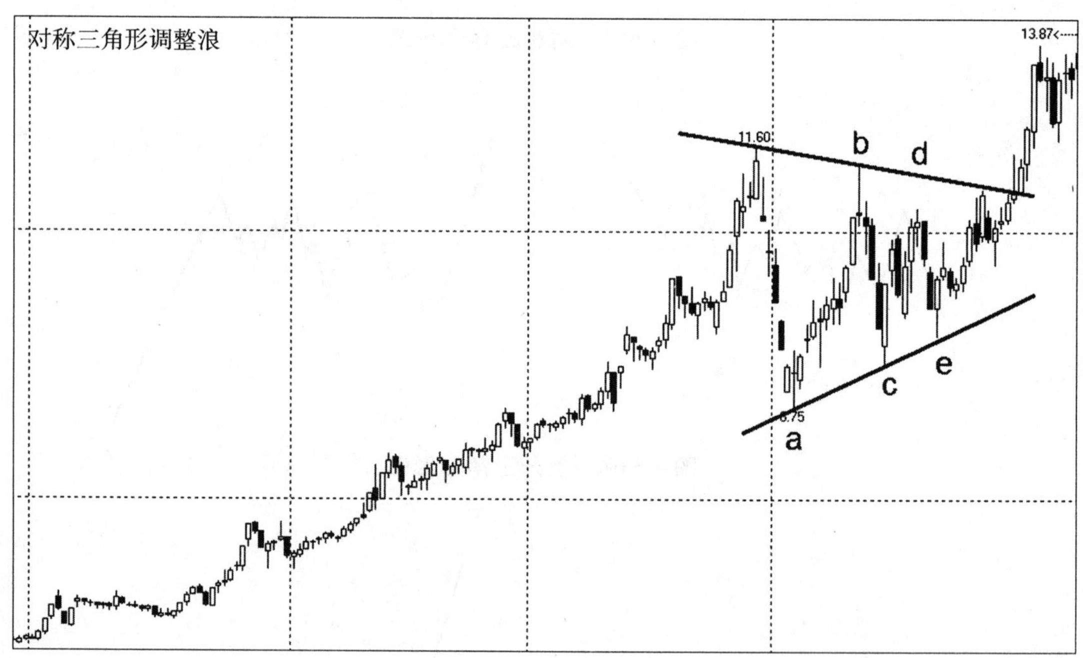

图 4－71　金键米业对称三角形调整浪例

图 4－72 中的三角形调整浪是三角形形态的变体——下降三角形，它的下边线水平，上边线向下收敛。虽然外形不一样，但效果是一样的。

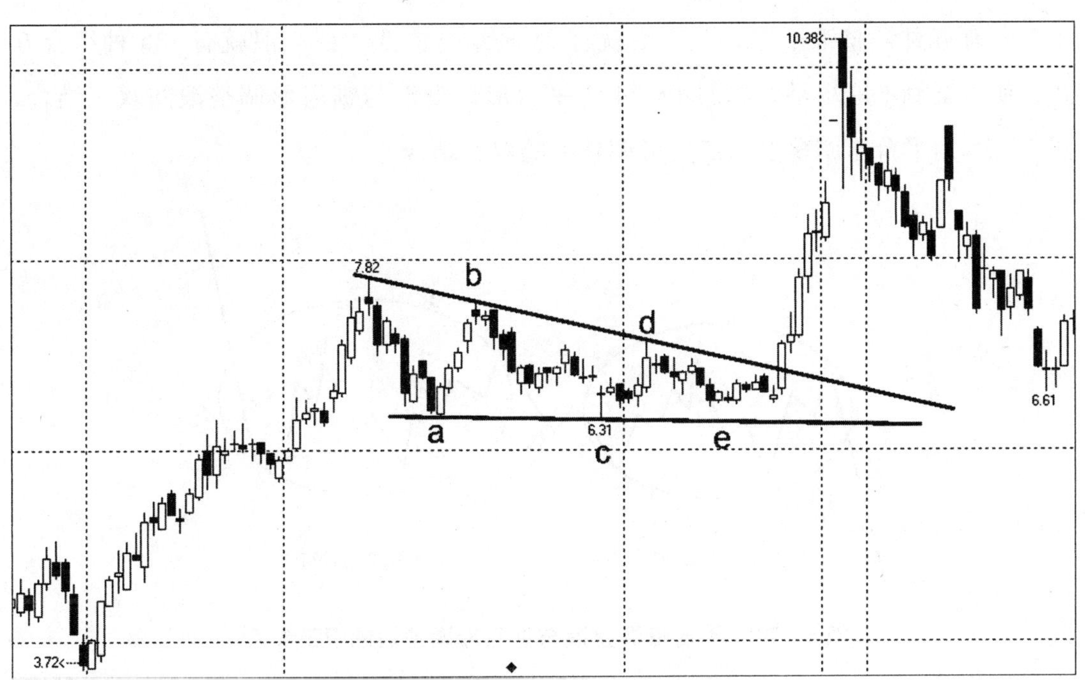

图4-72 海泰发展下降三角形调整浪例

三角形作为调整浪，只不过是内敛形调整浪的更进一步内敛，我们如何应对内敛形调整浪，就如何应对三角形调整浪。

4.3.9 联合形调整浪

联合形调整浪，它并不是单独开列出来的某一种具有特殊形态的调整浪，它是通过一个或两个X浪，将几种前文所述的调整浪连接起来。如图4-73。因为被X连接的浪，前后都为三浪结构，所以又称为双三浪与三三浪。因将不同形态的调整浪连接在一起，所以称为联合形调整浪。

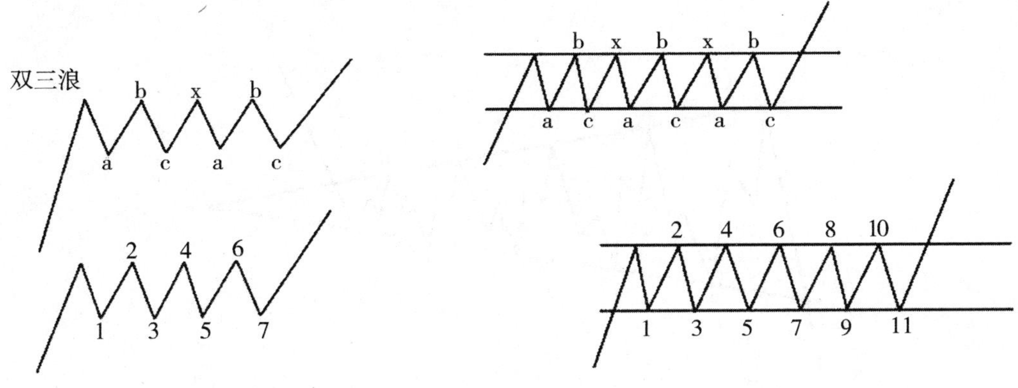

图4-73 双三浪与三三浪

若有五种调整浪形态，双三浪就有 25 种组合方式，三三浪就有 125 种组合方式，所以案例不能尽举。如图 4－74 为平台形调整浪与锯齿形调整浪的双三结合，图 4－75 为平台形调整浪与三角形调整浪的双三结合。

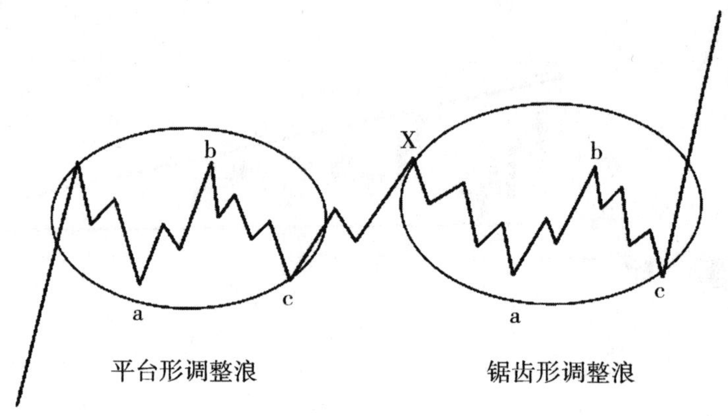

图 4－74　平台形调整浪与锯齿形调整浪的双三结合

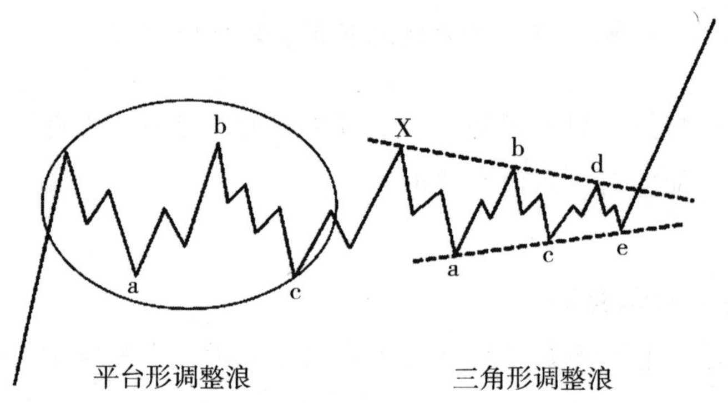

图 4－75　平台形调整浪与三角形调整浪的双三结合

以上两例是平行连接的双三浪形式，还有一种嵌入式的联合形调整浪，如图 4－76。

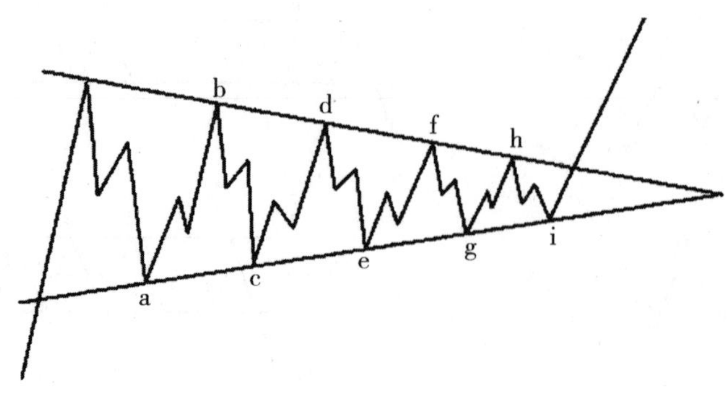

图 4－76　嵌入式复合型三角形调整浪

它是三角形调整浪中 a、b、c、d、e 浪的某一浪，再扩大成一个三角形调整浪，它可能是 abcd 加 abcde，后一个 abcde 合起来变成 e。它也可能是 abcde 组合成一个 a，再加上 bcde。你想怎么组合就怎么组合。但总体来说一共是 9 浪结构。

4.3.10 如何应对各种复杂的调整浪

如何应对如此复杂的调整浪呢？我们只需根据趋势线的基本定义，就能应对任何形态的调整浪。如图 4－77，前期上涨为五浪结构，那么它一定是推进浪，只要有了推进方向，那么趋势的方向也必然为上涨。前期上涨的五浪合而为一是一个大的整体上涨的大 1 浪，其后的各种复杂的调整浪，都不过是前期大级别上涨浪中的孕线而已，孕线没有意义，可以忽略，直到震荡结束，再次向上突破了大 1 浪的高点，形成大 3 浪，继续做多。

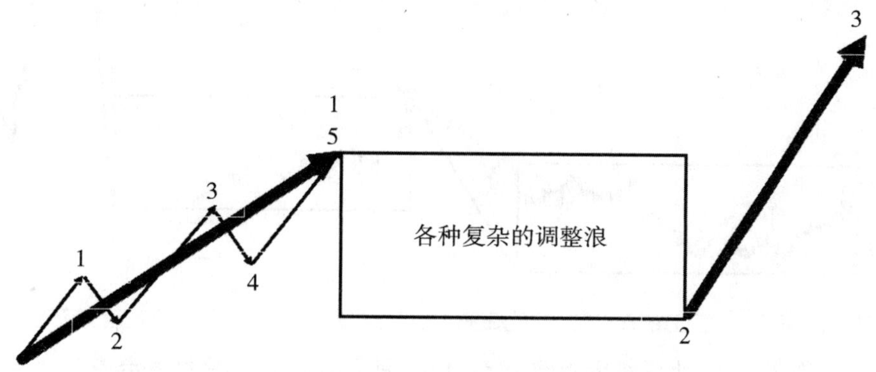

图 4－77 应对各种复杂调整浪的方法

不知道这张图是否让你想到了蜡烛图的上升三法，如图 4－78。上升三法的第一根阳线，即是上涨 1 浪，中间若干根小阴线，不论它呈现怎样复杂的排列，都不过是前方阳线的孕线，即为 2 浪。再次上涨，突破了前期上涨的 1 浪高点之后，形成 3 浪。那么我们有机会做 1 浪、3 浪。调整浪不论如何复杂，与我们无关。

图 4－78 上升三法即为 123 浪

图4－79为上证综合指数1990年12月至2011年4月月线走势图。每一次的推进浪之后，都存在着一波调整浪。我们无法辨认调整浪何时结束，但我们可以在突破前期推进浪高点之后买进。突破前期推进浪的高点，除了不规则形调整浪以外，它都代表着新的推进浪开始了。这就是以不变应万变、根据趋势基本定义的应对方案。

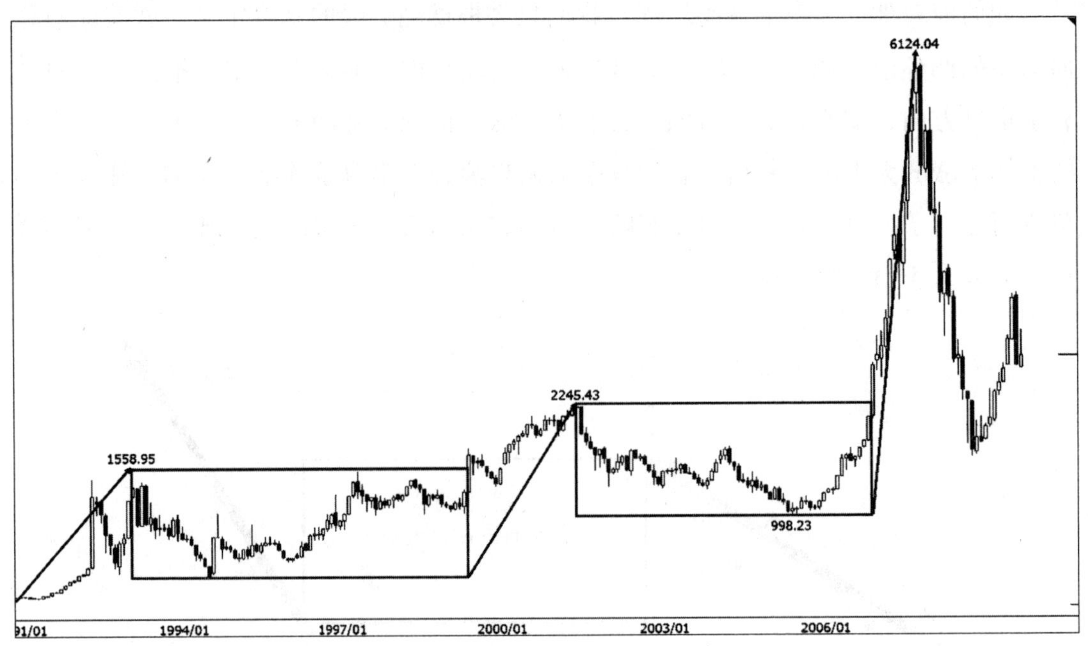

图4－79　上证综合指数1990年12月至2011年4月月线走势图

我们能否用最简单的表述来总结波浪理论呢？能。如图4－80，当波浪呈现推进浪形态的时候，它的峰谷排列一定是有序的。当峰谷的排列打乱，变成了乱序排列，调整浪开始了，如图4－81。除了价格形态充当调整浪以外，其他调整浪皆为三浪结构，所以我们用简单的三浪调整来代替，不再给出具体是哪种调整浪。当它再重新破高，回归上涨趋势之后，峰谷的排列再度变得有序，如图4－82。之前的乱序变成了上涨主要趋势中的一段小插曲，按有序、乱序、有序的走势赋予每一段走势一根K线的话，之间的乱序只不过是一根孕线，清除孕线后，不影响大级别走势成为一段上涨分形，如图4－83。再次出现乱序时，调整浪又至，如此循环往复，皆为有序变乱序、乱序变有序，阴变阳、阳变阴，有变无、无变有。不过是文武之道，一张一弛。

简言之，波浪理论是峰谷有序排列与乱序排列的转换，有序时为推进浪，乱序时为调整浪。

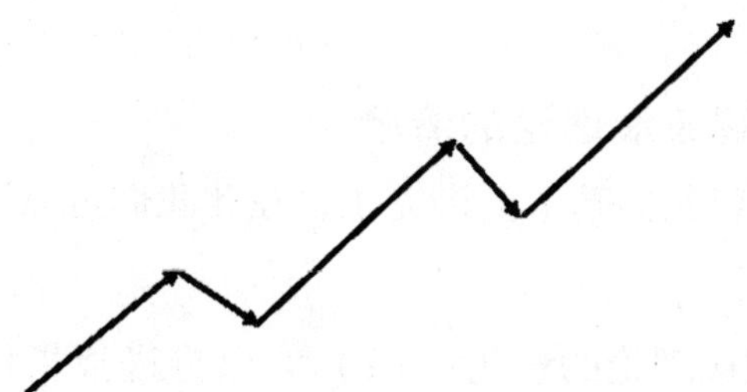

图4－80　峰谷有序向上排列的推进浪

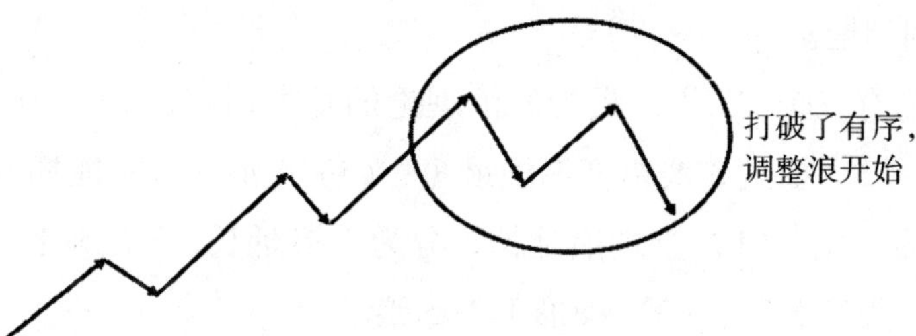

图4－81　乱序开始，调整浪出现

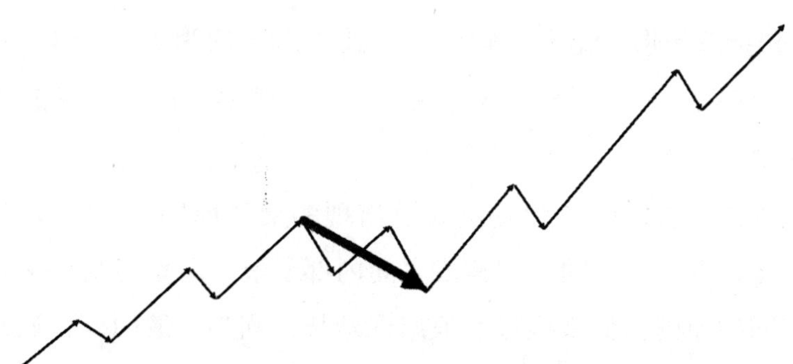

图4－82　重归上涨趋势后，乱序变有序

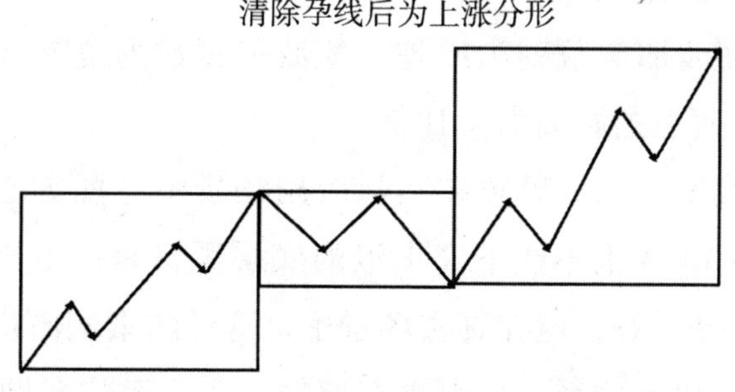

图4－83　清除孕线后为上涨分形

4.3.11 正确理解波浪理论的清单

波浪理论的核心内容我们基本上讲完了，在此我们可以列出如下一份《关于正确理解波浪理论的清单》：

1. 波浪理论是对道氏理论的量化：（1）它以推进浪指代与主要趋势方向相同的运动，以调整浪指代与主要趋势方向相反的运动；（2）它严格地量化了推进浪和调整浪的内部结构；（3）它以其大无外、其小无内的分形结构，解决了道氏理论中语焉不详的级别问题。

2. 波浪理论有三个“不”，是为波浪理论的基本招式。（1）任何形式的回调，都不超过起点；（2）推进 3 浪幅度不能最短；（3）4 浪回调不能插入 1 浪内部。

3. 推进浪的变化：（1）推进浪延长，分为 1 浪延长、3 浪延长、5 浪延长和无界定延长；（2）失败 5 浪；（3）楔形形态 5 浪。

4. 调整浪的变化：（1）锯齿形调整；（2）平台形调整；（3）不规则形调整，包括扩张形和内敛形。以上三种的内部结构为 5－3－5 或 3－3－5。（4）持续形价格形态调整，包括三角形、矩形、旗形等，其内部结构为 1－1－1－1－1，或 3－3－3－3－3，或 5－3－5－3－5；（5）双三、三三调整，每一个三浪调整中以 1 个或 2 个 X 浪连接。

5. 波浪理论遵循着以简单和复杂间隔出现的交替原则，（1）2 浪和 4 浪的调整，简单与复杂交替；（2）同一调整浪之间内部子浪，简单与复杂交替。

6. 牛市双回撤原则：如果推进 5 浪出现延长，则第一波回调，通常在 5 浪延长的起点处停止。

7. 通道原则：同一级别的推进浪，通常处于同一个价格通道中，并且以钟摆理论，作为价格间或突破价格通道的补充理论。

8. 波浪理论以斐波那契数列为原理。斐波那契数列蕴含着黄金分割理论，所以各浪之间的幅度，通常遵循着黄金比例。

9. 波浪理论的过度量化，导致在实际应用场景中，真实走势与理论之间无法融合的尴尬。例如（1）4 浪不能下穿 1 浪的底层逻辑是：主要趋势运行中，波谷（峰）不能穿越波（峰）谷，但在真实场景中，这样的案例俯拾皆是，无法完全量化；（2）各浪的幅度比例关系，也很少有遵循黄金比率的案例出现；（3）调整浪的变化过于复杂，使得在行情没有演化完全之前、之中，无法判断此时运行的到底是推进浪还是调整浪，以至于在操作中出现双兔傍地走，安能辨我雄雌的局面。

10. 总结波浪理论在操作中的弊端：波浪理论对于道氏理论的量化过于严苛，实际走势无法直接套用波浪理论；波浪理论中的浪型变化过多，使实际走势无法在实际交易中为决策呈现出唯一性。此处的唯一性是相对于决策中高准确率判断。

11. 波浪理论有如此弊端，我们还是要学习它。因为它为我们解决了级别问题，也补充说明了道氏理论中未能涉及的空白区域。通过波浪理论对价格走势的论述，我们可以把走势理解成两部分，即推进浪为单边市，调整浪为震荡市。

12. 单边市的特点：峰谷有序排列。震荡市的特点：峰谷乱序排列。交易中，只需识别峰谷的排列是有序的还是乱序的，来判断当前价格是处于单边市中还是震荡市中。当峰谷有序排列时，建仓、持仓；当峰谷乱序排列时，平仓。

13. 理解波浪理论的底层逻辑，而不是使用波浪理论的形式。用“形式”，难免会陷入郑人买履的尴尬境地。理解底层逻辑，可以演化出一套以峰谷排列特征为判断依据的交易系统，那是一种可以解释市场所有走势、具有逻辑闭环、量化后简洁明确的决策系统，而非分析系统。

4.4 过度量化并且毫无意义的波浪理论杂项

波浪理论过度量化的杂项包括：交替原则、牛市双回撤、价格通道、钟摆效应和斐波那契数列。

4.4.1 杂项之一：交替原则

技术分析有三条基本假设，其中一条为“历史会重演”。但它所谓的重演不是简单的重演，艾略特说过，不是简单时间的重复，也不是简单的幅度的重复，也不是简单的形态的重复。交替原则，是对调整浪的立法。如果2浪走得很复杂，那么4浪就会变得很简单。相反，如果2浪走得很简单，那么4浪就会变得很复杂。这是针对两个不同的调整浪而言。如图4－84与图4－85。

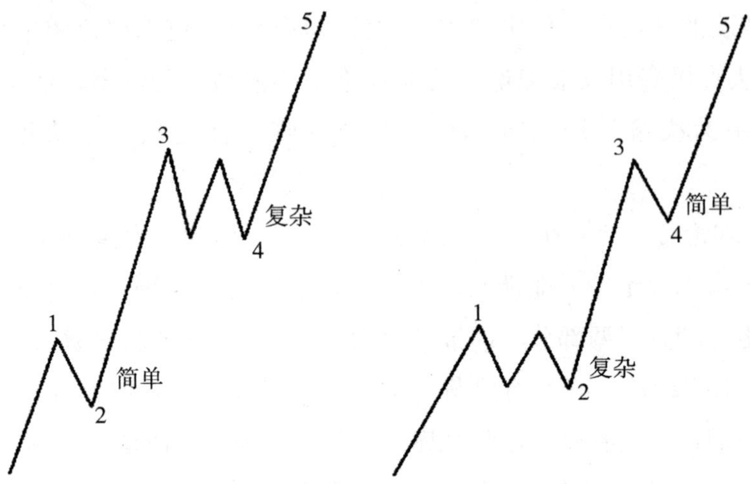

图 4-84　牛市中调整浪的交替原则

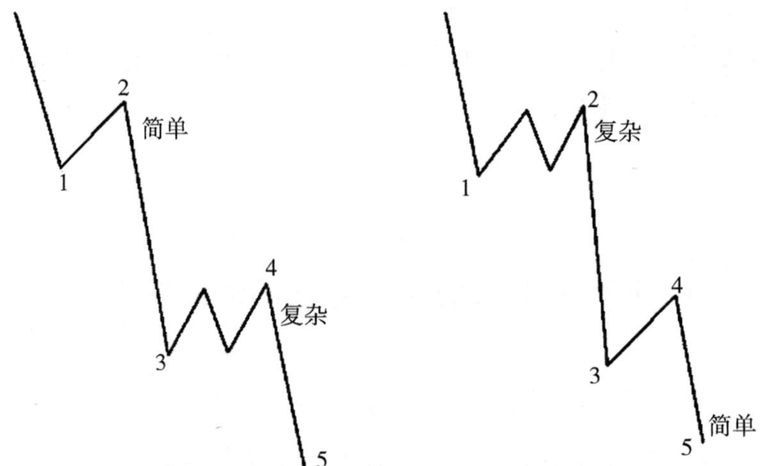

图 4-85　熊市中调整浪的交替原则

但是有没有 2 浪和 4 浪都很简单，或者都很复杂的情况呢？当然有，所以我说交替是波浪理论中的杂项，它过度量化，过于理想化。对于杂项，不必过于重视。

简单调整浪中，多见锯齿形调整浪，它幅度大、速度快、时间短。而复杂的调整浪多以平台形、三角形、联合形等形态出现，运行时间很长，震荡的幅度较小。如图 4-86 中，②浪运行时间很长，为平台形调整浪，内部为 3-3-5 结构。而④浪只是简单一跌就完成了，这是明显的交替原则。

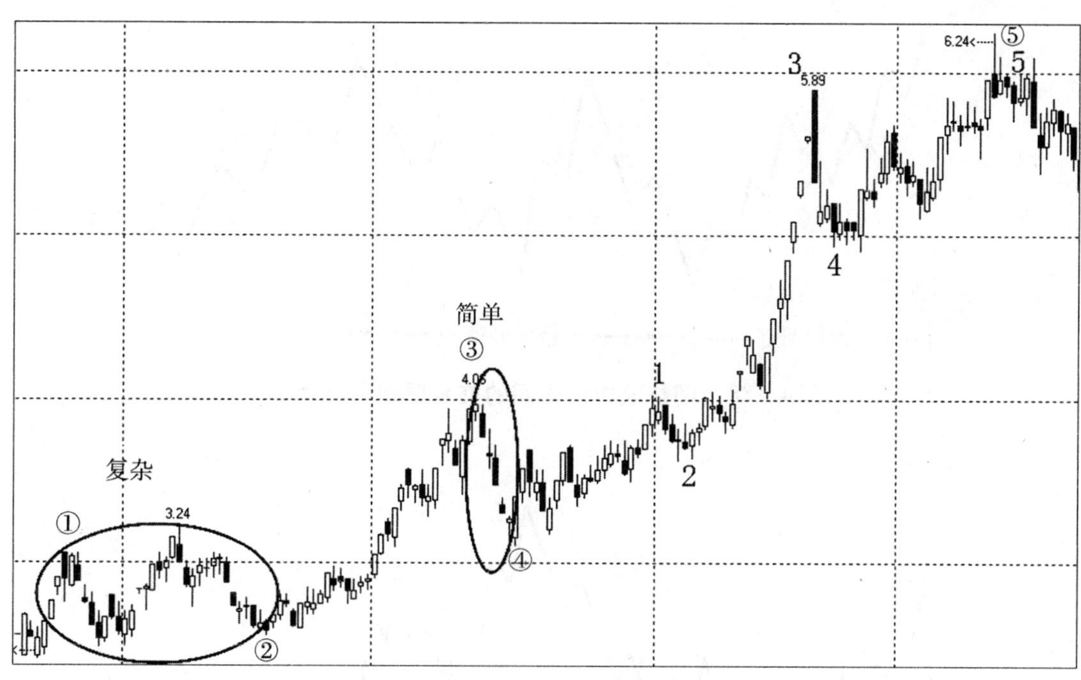

图4－86　银广夏交替原则例

不仅仅是两个不同的调整浪可以交替，在同一调整浪的内部也可以出现交替原则。如图4－87，先是平台形调整浪作为a浪，再以锯齿形调整浪作为b浪，再以简单5浪下跌推进作为c浪。

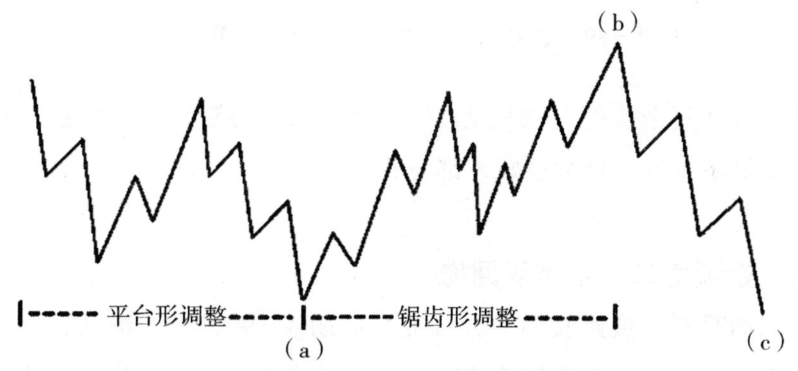

图4－87　调整浪内部之间的交替原则变化之一

图4－88中，先由锯齿形调整浪作为a浪，再以平台形调整浪作为b浪，再以简单5浪推进作为c浪。图4－89中，以简单的3浪下跌为a浪，再以略为复杂的锯齿形调整作为b浪，再以更加复杂的全结构下跌推进为c浪。

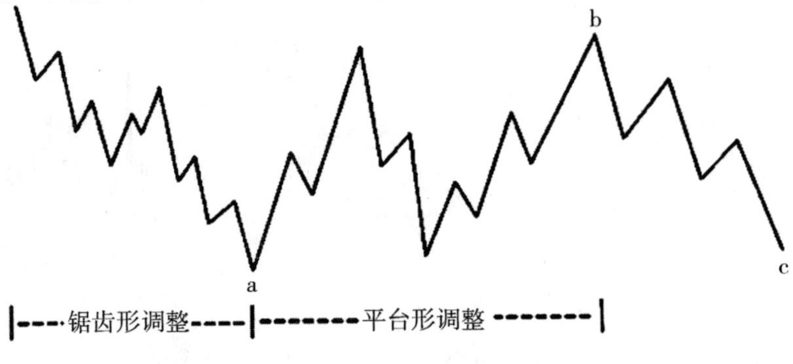

图 4-88　调整浪内部之间的交替原则变化之二

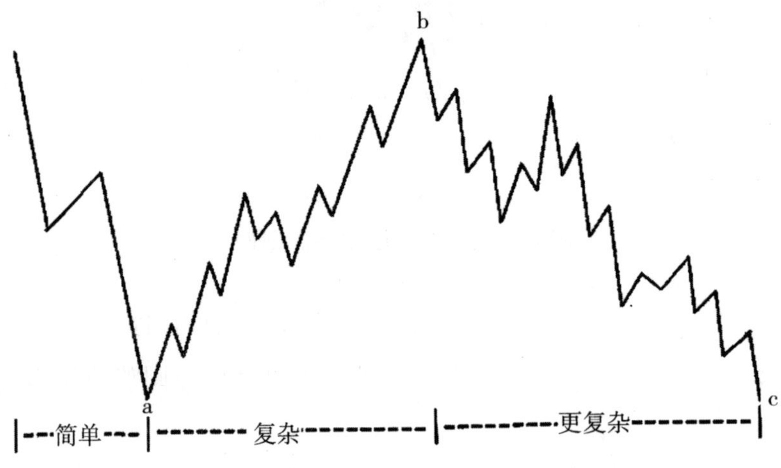

图 4-89　调整浪内部之间的交替原则变化之三

但不论它多么复杂，都与我们无关。我们抱定了趋势的基本定义来应对调整浪，所以它是简单也好、复杂也好，都与我们无关。

4.4.2　杂项之二：牛市双回撤

牛市双回撤是对 5 浪延长的一种补充，如图 4-90，当 5 浪延长后，第一次回撤的低点，理论上会打在 5 浪延长的起点处。当然这也是理想化的量化，如果不打在 5 浪延长的起点处又如何？难道就不是波浪理论了吗？第二回撤的方向与第一回撤的方向相反，打到延长浪的起点处，会再起弹起来。这也是一个鸡肋设定，如果不在延长浪的起点处弹起，那也就不足以称为双回撤了。总之，关于牛市双回撤，我们记住一点就可以了，即 5 浪若延长，其后的回调可能会在 5 浪 1 处停止。

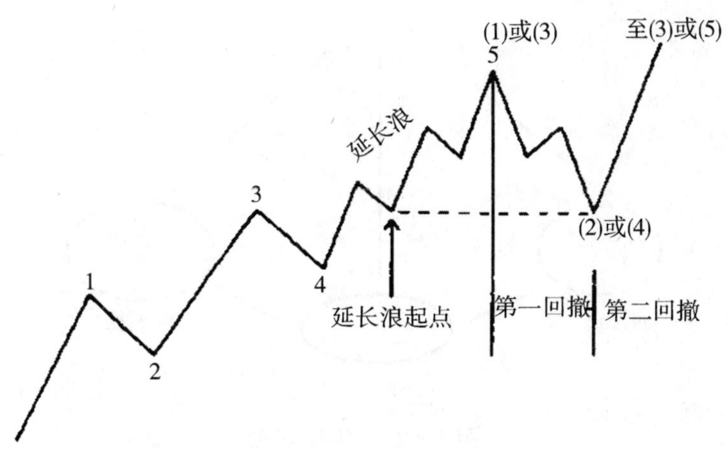

图4-90 牛市双回撤

4.4.3 杂项之三：价格通道与钟摆效应

波浪理论认为，同一级别的推进浪大都会处于同一上行或下行通道内部，如图4-91。

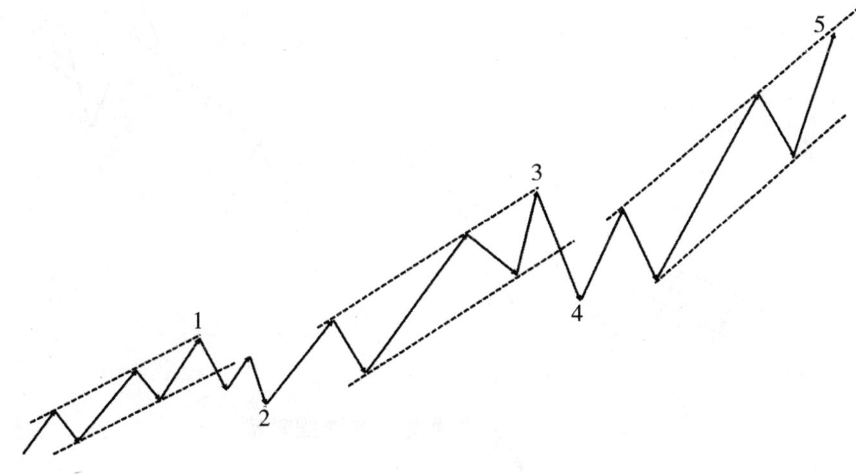

图4-91 价格通道

当然不可能都这么规整，不论哪一浪都处于价格通道之内，所以波浪理论还给出了一个补充，钟摆理论，如图4-92。

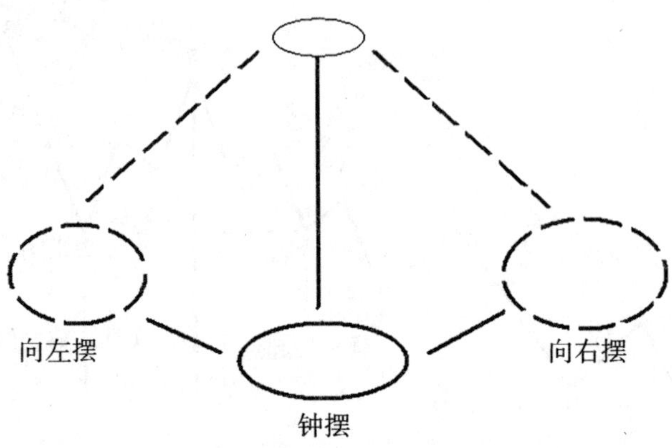

图 4－92　钟摆理论

钟摆的特征是，在理想环境下，钟摆向左摆多大的幅度，就会向右摆动多大的幅度。当价格有时突破了价格通道的时候，它也会相应地向另一侧突破价格通道，而突破的幅度大致相等，如图 4－93。

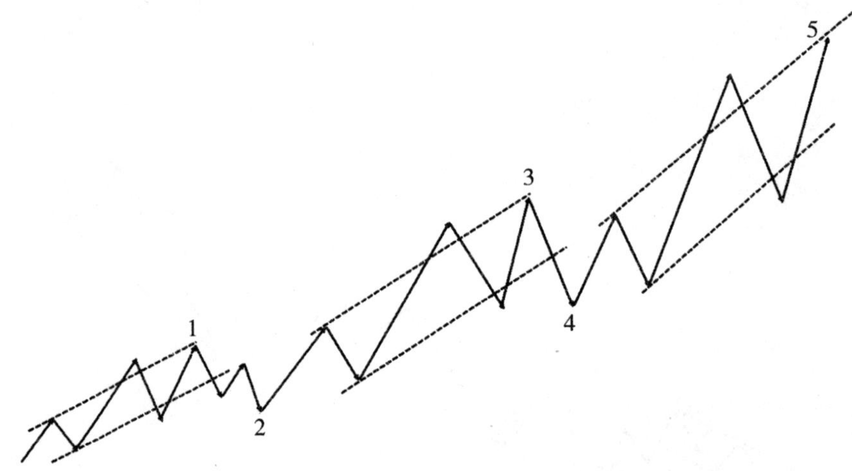

图 4－93　价格通道中的钟摆效应

图 4－94 为价格通道中产生的钟摆效应。4 浪向下突破了价格通道，5 浪止步于价格通道，向上突破大致相同的幅度后，5 浪结束。

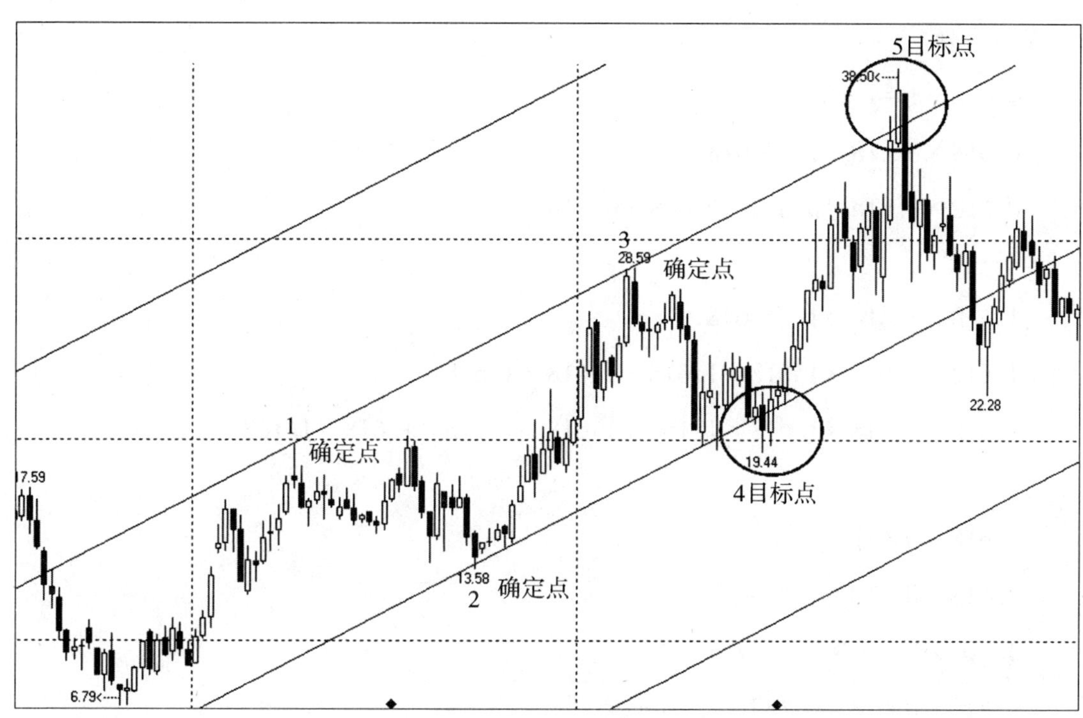

图4-94　哈飞股份价格通道中的钟摆效应例

当然，这都是过度理想化的量化，可能在一些走势图中，某一级别的浪会处于同一价格通道内，但并不代表所有走势图都符合这一标准。那么既然是给市场立法，一些走势守法，一些走势不守法，这法也就没有任何意义了。

4.4.4　杂项之四：斐波那契数列

斐波那契在《计算的书》中有这样一个问题，如果一对兔子从第二个月开始，每个月生一对新的兔子，并且不发生死亡，那么一对兔子在一年内总共会生产多少只兔子？这道题在小学奥林匹克数学教材中会经常被引用，而解决该问题最简单的方法，就是斐波那契数列。

该数列为1，1，2，3，5，8，13，21，34，55，89，144……这个数列中有无数的特性等待我们去发掘，其特性之一是每两个相邻数字之和为下一个数字。在数列中任何相邻两个数字的前后比值都向0.618靠近，数列越向后，其与0.618靠得越近。数列中隔一个数字的相邻两个数字的比值为0.381，并且数列越向后，其与0.382越靠近。

我们都知道0.618是黄金分割率，柏拉图《蒂迈欧篇》中的彼得·汤普金斯说，黄金分割是宇宙中物理学的关键。16世纪的约翰尼斯·开普勒说黄金分割是神赐的分割。

0.618+1=1÷0.618

0.618×0.618=1-0.618

0.618×0.618×0.618=0.618-0.618×0.618

……

1.618×1.618=1+1.618

1.618×1.618×1.618=1.618+1.618×1.618

1.618×1.618×1.618×1.168=1.618+1.618×1.618×1.168

……

1.618-0.618=1

1.618×0.618=1

1-0.618=0.382

0.618×0.618=0.382

2.618-1.618=1

2.618×0.382=1

……

2.618×0.618=1.618

1.618×1.618=2.618

……

斐波那契数列还有很多特性，例如：

两个连续的斐波那契数字没有公约数。

如果把斐波那契数列标上序列号，如1，2，3，4，5，6，7等，从斐波那契数列的第三项开始，每次遇到质数的斐波那契数字时，它的序列号也是质数。

数列中的任何十个数字之和，均可被11整除。

数列中发展至任何一步的所有斐波那契数字之和加上1，等于与最后一个加数向后相隔一项的斐波那契数字。

从第一个1开始的任何相连的斐波那契数列数字的平方和，等于被选的最后一个数列数字乘以这个数字之后的斐波那契数列数字。

任何斐波那契数字的平方，减去数列中与这个数字向前相隔一项数字的平方，结果还是一个斐波那契数字。

任何斐波那契数字的平方等于序列中这个数字的前一项与后一项的乘积，再加上1或减去1。

第N个斐波那契数字的平方加上第N+1个斐波那契数字的平方，等于第2N+1个斐波那契数字的平方。

波浪理论的走势，全部符合斐波那契数列，如上涨走势1，下跌走势为1，结合起来一推进一调整为2，调整浪结构为3，推进浪结构为5，推进调整完整循环为8（浪），锯齿形5-3-5结构为13，每一浪都有子浪的推进浪为21，等等。不一而足。

不但每浪的浪数符合斐波那契数列，每一浪的幅度也都遵循着斐波那契数列。如图4-95至图4-99。

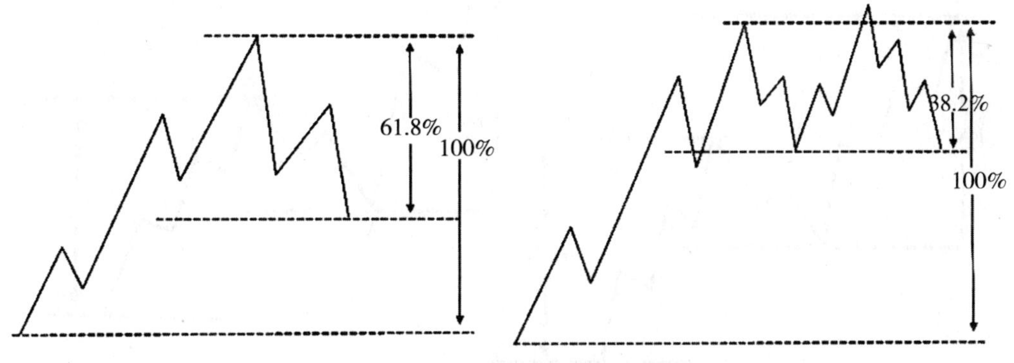

图4-95　锯齿形与平台形调整浪的幅度

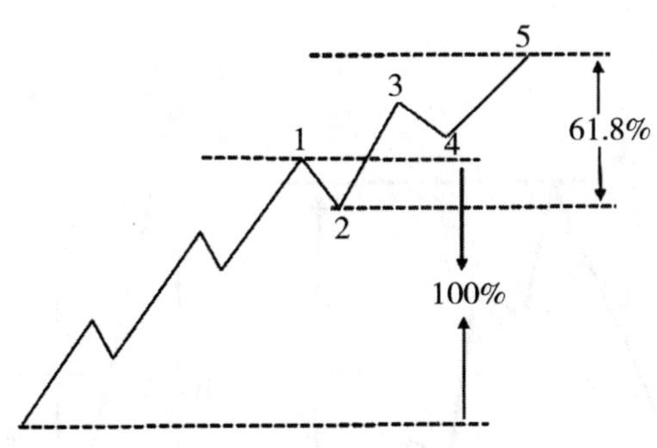

图4-96　1浪延长的各浪幅度

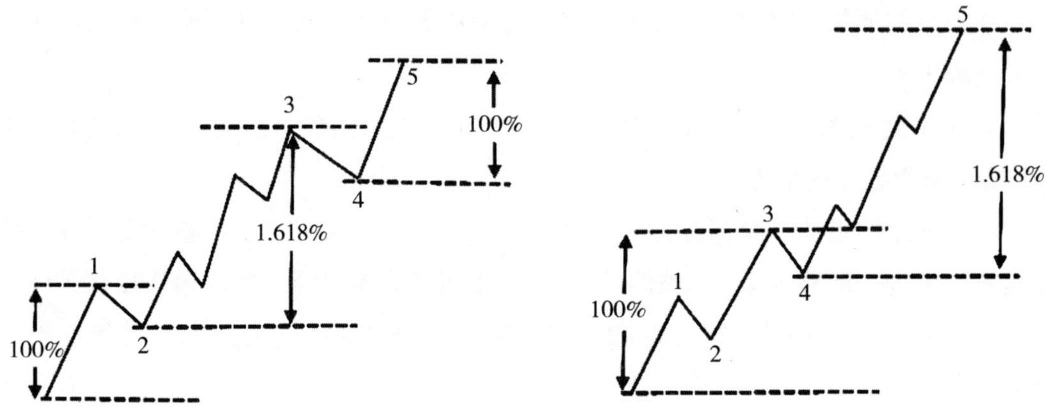

图 4-97　3 浪延长与 5 浪延长的各浪幅度

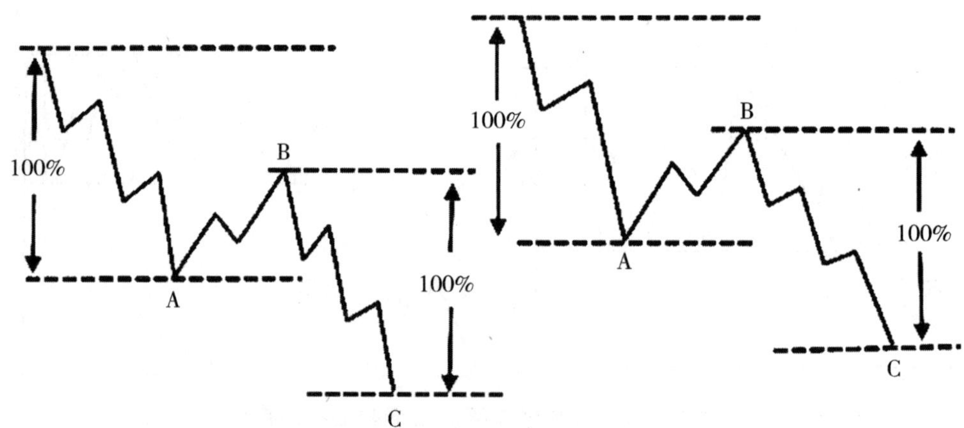

图 4-98　锯齿形调整浪内部的各种幅度

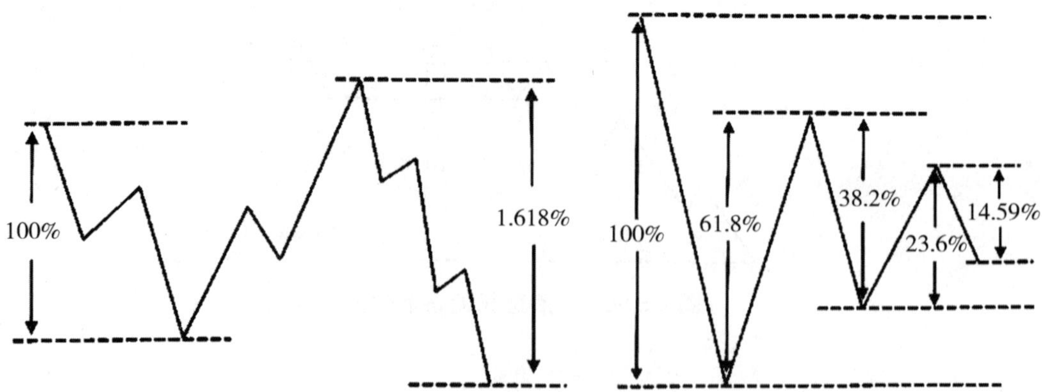

图 4-99　不规则平台形调整浪与对称三角形内部各浪比率

如果每一浪都根据规定好的幅度来交易，那交易岂不是过于简单了？波浪理论的过度量化，是最为人诟病的，《关于正确理解波浪的清单中》第5点至第8点，了解即可，最好不要拿来应用。

4.5 波浪理论的资金管理方案

按波浪理论交易也存在着资金管理，虽然在正式讲解波浪理论的书中难得一见，但在比尔·威廉斯的《混沌操作法》中，倒是给出了波浪理论中资金管理的详细方案。

4.5.1 大级别推进浪的资金管理

第一次买进处，不是在第1浪的起点，不是在零点，而是要等到①推进浪的第1个子浪结束后，我们能从更清楚的较低周期的走势中看到第1子浪内部是五浪结构。由此确定新的牛市是真的来了，才可以着手买进，这是最基本的，没有确定之时万不可出手。当第1子浪运行结束后，会出现小级别中的第一次回撤，经回撤结束之时我们递入第一份买单。如图4－100。

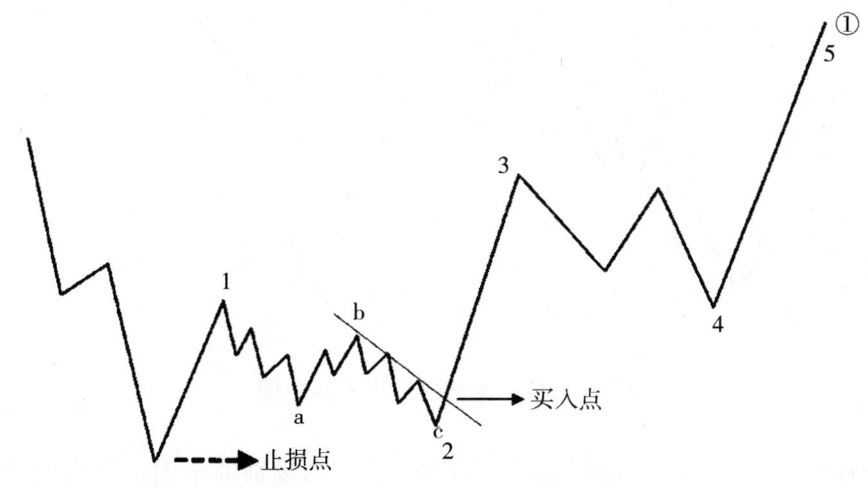

图4－100　第一次买入点示意图

在①推进浪中第2子浪的回调结束时，也就是第2子浪的c浪结束时（我们在第五章中讲到过各种回调方式是如何结束的），我们递上第一份多单，为全部可入资金的 30%，也就是买进 3 手合约，此时我们需要做好两种准备。

第一要考虑的是，我们判定错了怎么办，有什么办法进行补救？根据波浪理论的规则第 2 浪是不会下穿第 1 浪的底部的，所以我们在第 1 浪的底部偏下一点的地方作止损，如果价格向下击穿了止损点，说明我们真的看错了，那么只有认赔出场，再等新的机会。

我们现在的股票市场没有做空机制，如果你用本方法在商品期货市场，或是利率市场，或是黄金市场中操作的话，在止损点处不但要认赔平仓，还要在此处，再次加入 5 手的空单，如果价格向上破位的话，说明我们数错浪数了，一定是还没有跌完，并且是破位下跌，那么 5 手空单，一定会弥补我们 3 手多单的损失了。

第二要考虑的是，如果我们的判断是正确的，如何操作？如图 4－101。等待价格运行至①浪的第 5 子浪结束时卖出，但何时卖出？我们在第八章讲到，如何判定 5 浪的结束，此时我们手中有 3 手多单，在此处，我们只需要平掉手中的两手多单即可，这样是基于两方面的考虑，一是如果我们判断将走出②浪的调整，将其中绝大部分落袋为安，则不失为明智的选择。二是再留下 1 手多单，这是为了防止我们一旦看错，或者价格出现滑点，日线内穿越了这根趋势线，如果全部平掉的话，那损失的利润可就太多了。

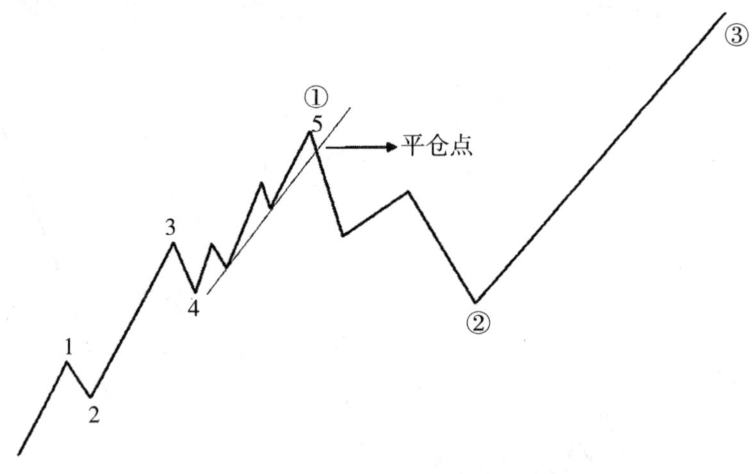

图 4－101　第一次卖出点示意图

①浪运行完毕，必然要运行②浪，因为不论什么级别的波浪，它们的特性都是一样的，所以②浪与第 2 浪是一样的，根据①浪中第 2 子浪结束时的交易策略，我们等待着②浪中 c 浪的结束，在此处我们将买进 5 手合约，如图 4－102。

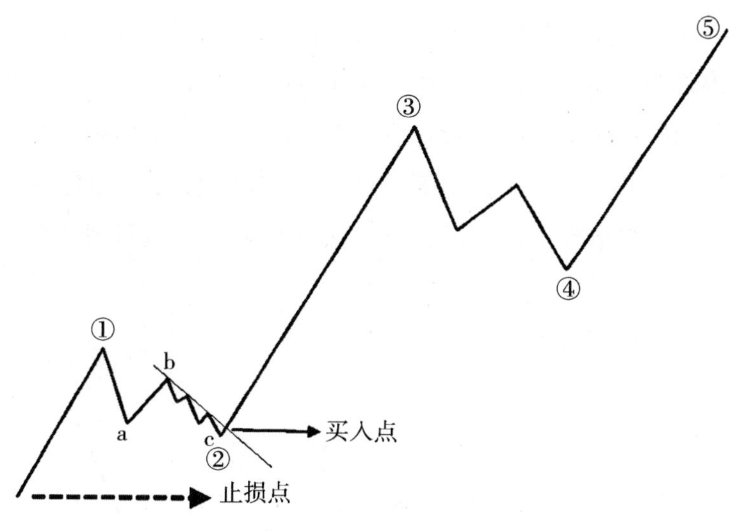

图4－102　第二次买入点示意图

你或许会问，与图4－100相比，图4－102有什么不同？它们看上去很相像啊。当然外形确实相像，但请你仔细看图，这两张图的级别是不同的，我们在图4－100中讲的是①浪中第2子浪结束处的买点。而图4－102讲的是②浪结束时的买点，波浪的级别是完全不同的，但方法还是一样的。此时我们已经有了6手合约了，在②浪c浪结束时买进的5手，和之前没有平掉的1手，加起来共6手多单。

同样，我们还是要考虑两个问题，因为在此时，我们还有可能是数错了波浪，只是运气好，目前的走势与我们想象的一样罢了，建立了头寸，我们首先要想的不是盈利怎么办，而是亏损了怎么办。②浪是不能下穿①浪的，所以，如果②浪下穿了①浪，说明我们的波浪真的数错了，止损离场。如果你处于有做空机制的市场中，可以在止损点处放入10手合约，向下破位卖出，那么这10手合约的利润足以弥补我们之前6手合约的亏损了。

如果我们判断是正确的，那么我们手里现有6手合约来迎接大③浪。这里有一个至关重要的问题，我们需要仔细讨论，因为本浪是决定后续整体走向的最关键的一浪。如图4－103。

预期的走势是大③浪如期而至，那么我们可以一直持有至大③浪结束之时，我们在第六章详细讲过如何判定大③浪何时结束。但此处要是发生意外呢？特别是当我们在第一次大回调后接回了5手多单后，价格确实是如期上涨，但涨至与大①浪同样幅度之时，我们尚不能完全肯定我们一定是将波浪数对了，如果此时价格不涨反跌，并且下破了我们之前认定的①浪顶时，那么我们一定是数错了，因为④浪是绝不能下破①浪顶的，此时我们之前认定的一切都被推翻，行情从开始到现在极有可能处于大B浪之中，第一阶段的上涨是大B浪的a浪，第一次回调是大B浪中的b浪，第二次的上涨是大B浪之中的c浪。怎么办呢？见招拆招，没什么好怕，当价格没有按我们预期的行进，而是向下突破了①浪的顶部，我们认错，平掉全部6手多单，此时的6手多单都是盈利的，有什么好怕的呢，只是看走眼了而已，那就全面退出市场，等待下一次机会。

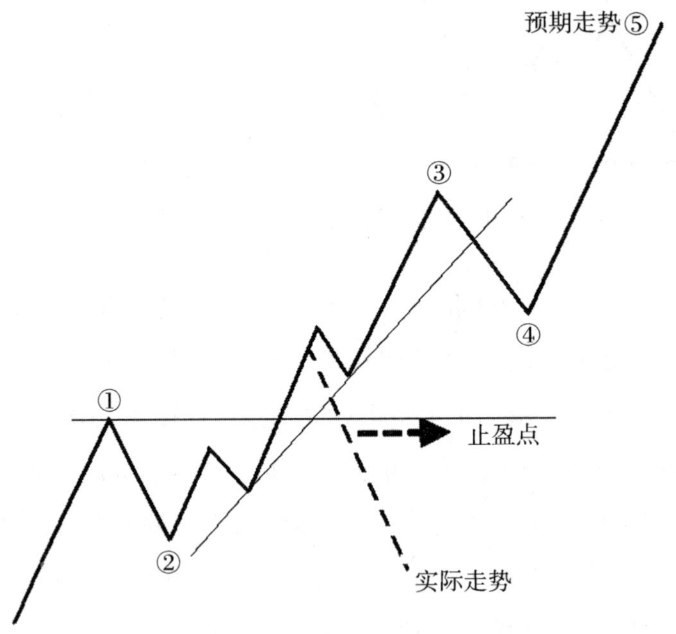

图4-103 出现变盘时的止盈点

如果我们没有看错，大③浪如期而至了，价格一路上涨，我们应该如何应对呢？两种方法，第一，保持手中的仓位不动，直至按我们第六章讲过的方法，当③浪结束时，我们再做理论。第二，加仓，既然认定了是大③浪，那么勇往直前好了，让利润充分地奔跑。那什么位置加仓好呢？如图4-104。

设定第一阶段的上涨为100%，当第二次的上涨超过第一次上涨的10%，也就是第二次的上涨幅度达到了第一次上涨幅度的110%时，可以判定我们认为的大③浪基本上是准确的了，为什么呢？我们在第三章总论波浪理论中关于各浪幅度比例时说过，c浪基本上是a浪的100%，那么如果超过了100%，并且没有下破趋势线，并且其他各方面都符合推进浪特征的话，我们有理由认为，我们没有将B浪中的c浪错看成是大③浪，那么一切问题都不是问题了，加仓好了，让利润奔跑好了。加多少呢？再补入4手多单。

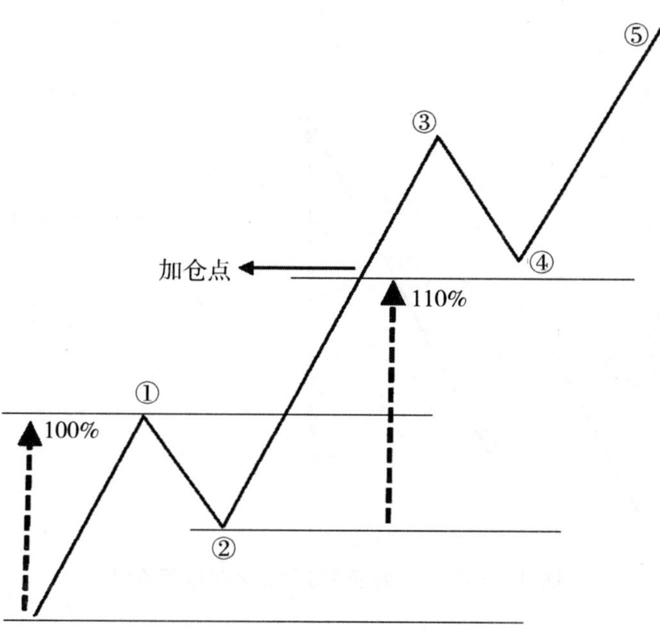

图 4－104　加仓点示意图

在下穿了它自身子浪的趋势线后，我们需要获利了结，我们平掉 10 手多单中的 7 手，手中还留下 3 手，为什么？因为我们不知道是否会出现意外情况。若出现滑点，价格又再次向上了，我们的 7 手多单落袋为安，还有 3 手多单继续创造利润呢，如果我们判断正确，那么绝大多数的利润我们已经到手了。这是一件相当美妙的事情。

④浪开始了，根据我们所讲的操作方法，来寻找④浪是何时结束的点位，在此点位进入再次补入多单，但这里还有两种情况等着我们，因为③浪和⑤浪发生延长的情况较多，所以我们需要判定到底是③浪会发生延长还是⑤浪会发生延长。

如图 4－105，如果③浪是①浪的 1.618 倍，或 1.618 倍以上，那么我们相信③浪已经发生延长现象了，即将上涨的⑤浪与①浪的涨幅将会大致相同，换句话说⑤浪的预期涨幅可能会很小，所以我们尽量少补一些多单，建议在确定④浪结束时，补入 3 手多单，这样形成总数为 6 手的多单直至完整推进五浪的结束。

如果③浪与①浪的涨幅相同，说明⑤浪发生延长浪的概率极大，所以此时我们必须多补入一些多单，建议补入 5 手多单，与之前的 3 手多单共为 8 手多单。

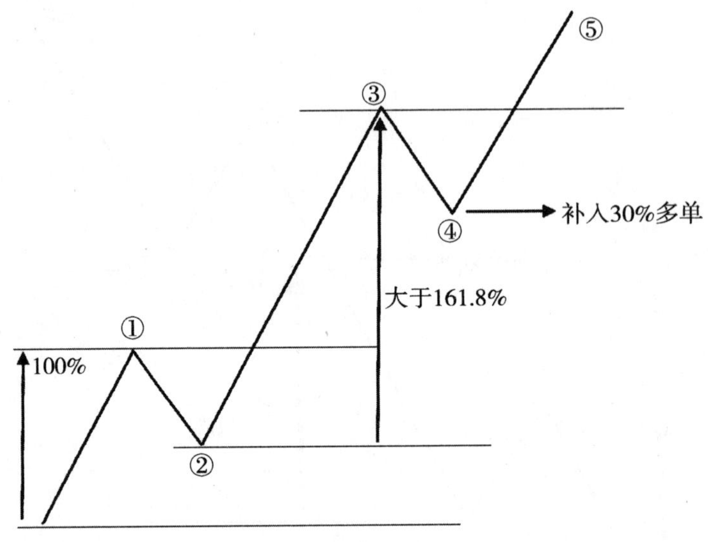

图 4－105　③浪延长后加仓点位示意图

找出⑤浪何时结束，平掉手中全部多单。如图 4－106，这便是全部的推进五浪的资金管理问题，如果在没有做空机制的市场中，你可以休息了，再次等待新的牛市一浪的到来。如此反复循环。

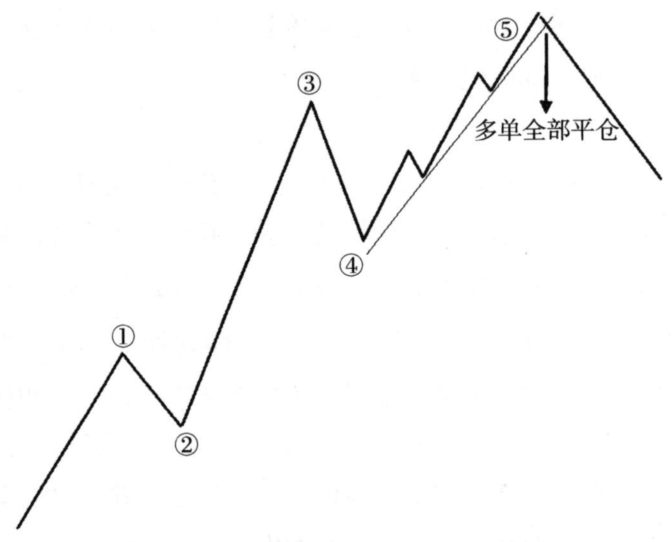

图 4－106　多单全部平仓点位示意图

4.5.2　大级别调整浪的资金管理

完整推进五浪已经结束后，即将开始的是大级别的调整浪 ABC 三浪，那么在有做空机制的市场中，你还可以继续交易。如图 4－107。

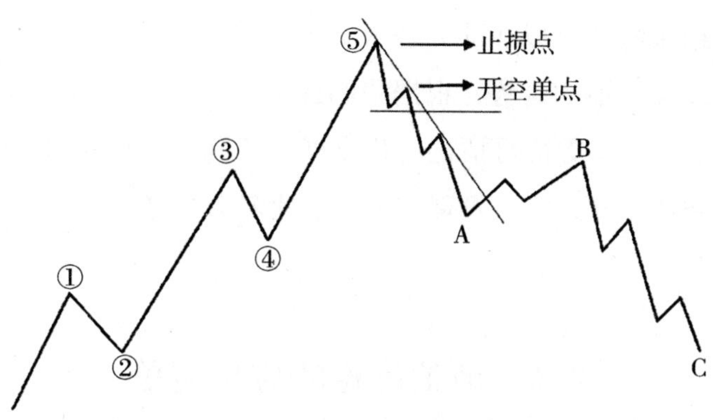

图4－107　空头头寸开仓点位

A 浪为调整浪中的推进浪，所以我们只需要将在①浪建立多头头寸的方法，反向使用即可。如果 A 浪下跌为五浪结构，那么就与①浪子浪内部的交易方法一样，当 A 浪中的第 2 子浪结束时，进入 3 手空单，将⑤浪的顶点处设定为止损点，如果价格如期下跌，那么我们按照推进浪的做法，继续持有空单，直至价格上破下跌趋势线后，平掉 2 手空单，留下 1 手空单。如果价格没有向下运行，而是掉头向上运行，那么在止损点处，平掉空单，进 5 手多单，破位买入，这样 5 手多单的盈利，足以弥补 3 手空单所造成的损失。

如果 A 浪的下跌为三浪结构，那怎么办？没有了参考的依据，你要学会变通。表现变了，规律是不变的，不论它是三浪下跌也好，还是五浪下跌也好，都会受到它自身子浪的下跌趋势线的约束，所以一旦上破下跌趋势线，平掉两手空单，留下 1 手多单。道理是一样的。

当 A 浪的交易结束后，不可避免地迎来最复杂的大 B 浪。当确定了大 B 浪结束了，就可以根据前面讲过的如何交易大③浪的方法来交易。如图 4－108。

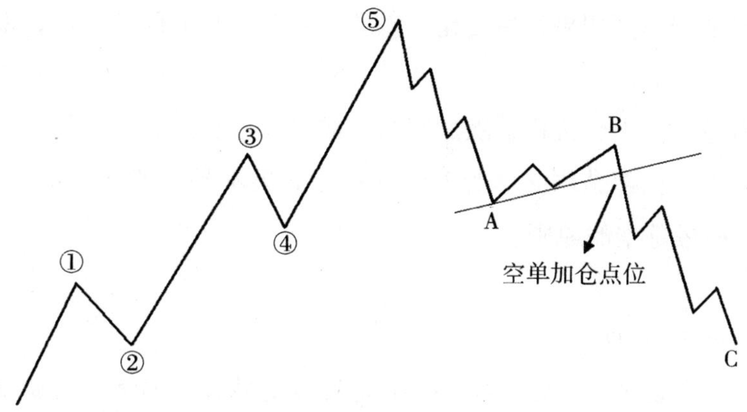

图4－108　第二次空单加仓点

在确定B浪结束时，可以在此处补入3手空单，与之前留下的1手空单，总数为4手空单，顺着大C浪的走势，根据我们在第十一章讲到的如何判定大C浪完结方法，将空单全部回补，等待行情进一步发展，待到①浪的第2子浪结束时，再一次的轮回开始，循环往复，资金管理的方法也重新开始了。

4.6 波浪理论的应用清单

我们抛开一切解构的方法，按波浪理论自身的特点，再给出一份总结清单。

4.6.1 推进1浪

推进1浪是最难判定的，它是上涨的第一阶段，所有的一切都是从它开始的，如果推进1浪判断准确了，那么恭喜你找到了零点。

(1) 前期C浪下跌过程中，蜡烛图会出现底部反转形态。底部蜡烛图反转形态有：启明星形态、锤子线形态、倒锤子线形态、刺透形态、看涨吞没形态、底部孕线反转形态等。

(2) 向上穿越前期C浪的下跌趋势线。

(3) 摆动指数（RSI，MACD，KD）与价格之间出现底部背离现象。

(4) 推进1浪开始后，其内部子浪会形成新的、短期的上涨趋势线。通常情况下，推进1浪后续走势，不会向下穿越其内部的零点与第2子浪的底部连接成的趋势线。

(5) 价格上涨速度如果发生变化，需要不断调整趋势线的角度，来适应价格的最新变化。

(6) 在推进1浪中，价格上涨的同时，成交量也会随着价格的上涨而上涨。

(7) 推进1浪内部结构必然为五浪结构。如果不是，那么一定不是推进1浪，这是波浪理论的最基本的原则。

4.6.2 调整2浪

如果你是一个真正的波段交易者，或是长线交易者，那么寻找调整2浪的重要性大于寻找推进1浪，通常情况下，中长线交易者，都会在第一次回调后建仓。

价格下穿推进1浪最新的趋势线时，为推进1浪结束，调整2浪开始。

调整2浪会以三种不同形式展现，锯齿形调整浪、平台形调整浪与持续形态调整浪。本书第五章主要讲锯齿形调整浪与平台形调整浪，持续形态调整浪在第七章详细阐述。但调整2浪与调整4浪的回调方式是可以互换的。

锯齿形调整浪，其内部结构为5－3－5模式，其中a浪为五浪结构，b浪为三浪结构，c浪为五浪结构，b浪向上反弹的高度不会太高，整体调整2浪通常会回撤至推进1浪的50%～61.8%左右。将调整2浪中的c子浪画出一条下降趋势线，价格上穿这条趋势线，为锯齿形调整2浪结束。

平台形调整浪，又分为常规平台形调整浪、不规则形调整浪、内敛形调整浪与奔走形调整浪。

常规平台形调整浪，其内部结构为3－3－5模式，当然也会出现5－3－5模式，但不常见。其中a浪为三浪结构，b浪为三浪结构，c浪为五浪结构，其中abc三浪的高点与低点几乎都处于同一水平位置上，形成一个震荡平台，所以叫作平台形调整。平台形调整2浪通常会回撤至推进1浪的38.2%～50%左右。将平台形调整2浪的c子浪画出一条下降趋势线，价格上穿这条趋势线，为平台形调整2浪结束。

不规则形调整浪，其内部结构为3－3－5模式，其中a浪为三浪结构，b浪为三浪结构，c浪为五浪结构，其中a、b、c三浪震荡的幅度会越来越大，b浪的幅度超越a浪，c浪的幅度超越b浪，但整体三浪的高点与高点之间、低点与低点之间，不会相差太大，形成一种扩大喇叭形的形态，将不规则形调整浪c子浪画出一条下降趋势线，价格上穿这条趋势线，为不规则形调整2浪结束。

内敛形调整浪，其内部结构为3－3－5模式，其中a浪为三浪结构，b浪为三浪结构，c浪为五浪结构，其中a、b、c三浪震荡的幅度会越来越小，b浪的幅度小于a浪，c浪的幅度小于b浪，整体三浪的高点逐渐降低、低点逐渐抬高，将内敛形调整浪c子浪画出一条下降趋势线，价格上穿这条趋势线，为内敛形调整2浪结束。

奔走形调整浪，其内部结构为3－3－5模式，其中a浪为三浪结构，b浪为三浪结构，c浪为五浪结构，b浪会远远高出推进1浪的高点，c浪运行的终点也会在推进1浪的高点之上终结，出现这种状况极少，我们也无从预先判断，如果在推进1浪后出现三浪结构的快速上涨，而后又跟随着五浪结构的小调整，那么就可以判断这是奔走形调整浪了。

前期C浪与推进1浪、调整2浪会在底部形成各种反转价格形态，例如：头肩底形态、双底形态、三重底形态、充当底部的三角形形态和圆弧底形态。

调整 2 浪是向下，价格下跌的过程中，成交量也会随之萎缩。

4.6.3 推进 3 浪

确定为推进 3 浪，只有一句话，持有。

（1）上破调整 2 浪第 c 子浪下跌趋势线之时，为推进 3 浪开始之时。

（2）推进浪中会出现持续形态的蜡烛图，如跳空窗口、向上跳空并列阴阳线、高位跳空窗口、上升三法、前进白色三兵等。

（3）推进 3 浪运行中，其自身子浪会形成新的上涨趋势线。

（4）随着推进 3 浪上涨速度的不断变化，应该不断调整趋势线的角度来适应最新的价格变化。

（5）均线系统会在推进 3 浪形成多头排列形态。

（6）推进 3 浪内部必须是五浪结构。

（7）如果推进 3 浪上涨的幅度是推进 1 浪的 1.618 倍，或 1.618 倍以上，那么基本可以判定目前的推进 3 浪出现了延长现象，进而可以判定推进 5 浪的涨幅与推进 1 浪的涨幅大致相等。

（8）推进 3 浪中，随着价格的大幅上涨，成交量并不会创出新高。

（9）在调整 2 浪与推进 3 浪形成之间，可能会出现“持续形态头肩底”。

4.6.4 调整 4 浪

调整 4 浪如果没有出现持续形态调整浪，而是通过锯齿形或是平台形进行调整，那将是非常恐怖的事情。

（1）当价格向下跌穿推进 3 浪最新的上升趋势线时，推进 3 浪结束，调整 4 浪开始。

（2）调整 4 浪同样会出现锯齿形调整浪、平台形调整浪与持续形态调整浪，我们在第五章着重讲了锯齿形调整浪与平台形调整浪，本章以持续形态调整浪为主。

（3）看涨持续形态包括：对称三角形形态、上升三角形形态、下降三角形形态、扩大三角形形态、旗形形态、矩形形态，持续楔形形态等。

（4）当价格上穿各种持续形态的上边线时，调整 4 浪结束。

（5）此时的均线形态，由中长期均线支撑，中短期均线开始黏合。

（6）随着价格趋稳，成交量也会随之萎缩。

4.6.5　推进5浪

上涨阶段的最后一次推进，5浪是否延长要看推进1浪与推进3浪的关系。有延长的倾向，那么它将代替推进3浪的角色，没有延长的倾向，要时刻警惕推进A浪的到来。

（1）推进5浪自身的子浪会形成新的上涨趋势线。

（2）随着推进5浪上涨速度的不断变化，应该不断地调整趋势线的角度，来适应最新价格的变化。

（3）此时均线系统再次形成多头排列形态。

（4）如果推进3浪与推进1浪的幅度大致相同，那么可以判定推进5浪极有可能发生延长。

（5）在5浪即将结束时，摆动指标会与价格形成顶部背离的情况。

（6）在推进5浪最后的子浪可能会出现楔形反转形态。

（7）在推进5浪没有发生延长的情况下，推进5浪高点所对应的成交量通常会低于推进3浪高点所对应的成交量，形成量价背离的情况。

4.6.6　推进A浪

第一次大级别大幅度的下跌，在没有上破A浪趋势线之前，一定要经受得起各种诱惑，抢反弹将死无葬身之地。

（1）当价格下破推进5浪最新的上升趋势线时，推进5浪结束，A浪开始。

（2）A浪的顶部会出现顶部反转蜡烛图，如：上吊线形态、黄昏之星形态、乌云盖顶形态、看跌吞没形态、流星线形态、顶部孕线反转形态、三只乌鸦形态、向上跳空两只乌鸦形态等。

（3）A浪开始之时，完整推进浪结束，大的回调浪开始，在顶部会形成各种底部反转形态，如：头肩顶形态、双重顶形态、三重顶形态、圆弧顶形态、充当顶部的三角形形态等。

（4）均线系统随着价格快速大幅度下跌，会由多头排列迅速转为空头排列。

（5）A浪的下跌是快速的迅猛的凌厉的，这与C浪的绵延形成了对比。

4.6.7　调整B浪

它比调整4浪更复杂，不论你是趋势交易还是波段交易，都离开这儿吧，这是短线投机者的天堂。

（1）B浪是调整浪中的调整浪，所以它本身是很复杂的。

（2）均线系统由推进5浪的多头排列快速转换为推进A浪的空头排列，再转向横向调整的B浪，此时的均线系统完全失效，陷入极度的混乱之中。

（3）B浪也会以锯齿形、平台形和持续形态三种方式展现。只是它调整的方向与我们之前所讲的调整浪的方向是相反的。

（4）B浪持续形态为看跌持续形态，同样包括对称三角形形态、上升三角形形态、下降三角形形态、扩大三角形形态、旗形形态、矩形形态，持续楔形形态等，但与我们之前所讲的看涨持续形态的方向是相反的。

（5）B浪中，成交量会逐渐萎缩。在B浪即将结束之时，通常会出现价涨量增的现象，这是B浪最后的陷阱，一定要注意。

（6）锯齿形与平台形调整B浪，将两个低点相连接成趋势线，当价格下穿这条趋势线时，确定B浪结束，C浪开始。如果是持续形态调整B浪，当价格下穿下边线时，可确定B浪结束，C浪开始。

（7）在B浪中，有时会形成比较特别的持续头肩顶形态。

（8）不论B浪有多么诱人，都不建议操作。

4.6.8 推进C浪

面对最后的下跌，擦好你的枪，磨亮你的刀，吃饱饭，喝足水，准备好一切，睁大你的双眼，C浪的结束预示着下一个新时代的降临。

（1）C浪在B浪确认结束时，确认开始。

（2）C浪中会出现蜡烛图的持续形态，如下降三法、向下跳空并列阴阳线、向上跳空窗口与低位跳空等。

（3）大多数C浪类似“人”字右边的一捺，遇到此类情况，我们无法用其他界定推进浪的趋势线法来界定它，所以，在C浪中，每一次向上突破下降趋势线后，都值得我们一试，如果价格再回落至趋势线下，止损，再次等待机会，同时，将斜率较大的趋势线改变成斜率较小的、角度较缓的下降趋势线。

（4）C浪中，是市场人气的最低点，情绪最悲观之时，各种指标都在低位徘徊，成交量也降至最低谷。

（5）C浪一旦结束，摆动指标与价格之间会发生底部背离的现象。

（6）均线系统由B浪时的混乱不堪，转为空头排列。随着C浪下跌越来越缓慢，均线系统会逐渐黏合。

不论是N字突破，还是唐安奇通道，或是波浪理论，都要求我们向上突破的时候再建仓。可是如此一来，便要主动放弃回调低点至突破位之间的利润。如图5－1。

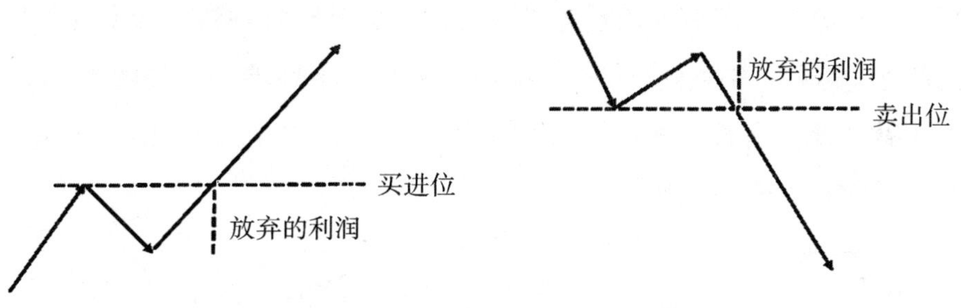

图5－1　突破后建仓放弃的利润

虽说我们不可能买在回调的最低点，也不可能卖在反弹的最高点，但能不能稍微比突破再提前一点呢？能，此时我们需要的是三重滤网法。

5.1　三重滤网法的趋势方向确认

三重滤网法的发明者是美国的交易专家亚历山大·埃尔德（Alexander Elder），1986年首度在美国《期货杂志》（*Futures Magazine*）上推出这套系统，并且埃尔德博士还写了一本书《以交易为生》，详细介绍了三重滤网法。三重滤网法力求在回调的低点买进，在反弹的高点卖出。想要达成这一目标，必须确定两个条件：第一，目前的方向是什么？如果是上涨，则去找回调低点；如果是下跌，则去找反弹高点。第二，确定回调的低点、反弹的高点。如图 5 -2。

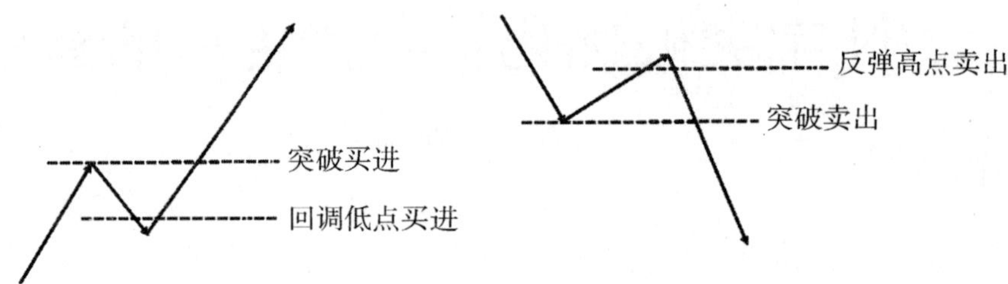

图 5 -2 三重滤网法的宗旨

既然是三重滤网，那必然有三重。第一重确定趋势方向，第二重寻找回调低点与反弹高点，第三重确认买卖点位。

5.1.1 原版第一重滤网 MACD

原版第一重滤网，用来确认趋势方向的工具是 MACD 柱线，如果柱线的斜率大于 0，代表上涨趋势；如果柱线的斜率小于 0，代表下跌趋势。如图 5 -2。斜率如何确定？也就是绿柱由长变短时，红柱由短变长时，斜率大于 0；红柱由长变短，绿柱由短变长时，斜率小于 0。

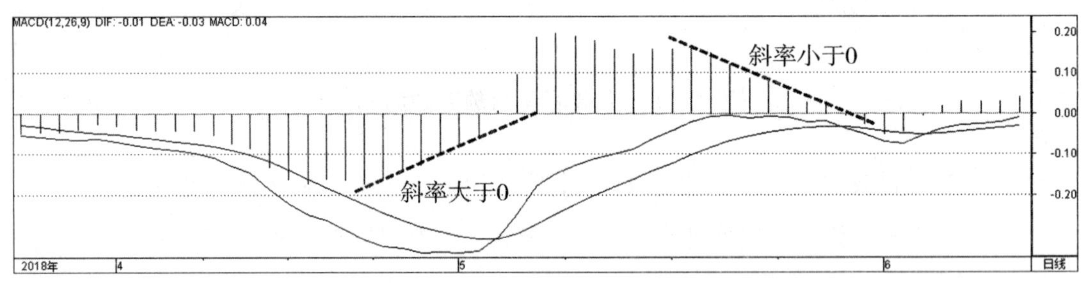

图 5 -2 MACD 柱线的斜率

MACD 柱线的斜率作为确认趋势的方向最大的问题，在于它过于灵活，并缺少容错性。图 5 -3 为 180ETF2017 年 12 月 25 日至 2018 年 1 月 30 日日线走势图。在这一段没有明显调整走势的上涨趋势中，MACD 柱线的斜率由上变下，再由下变上。如果按照 MACD 给出的趋势方向，要么会踏空，要么会丧失一段利润，并且增加交易成本。

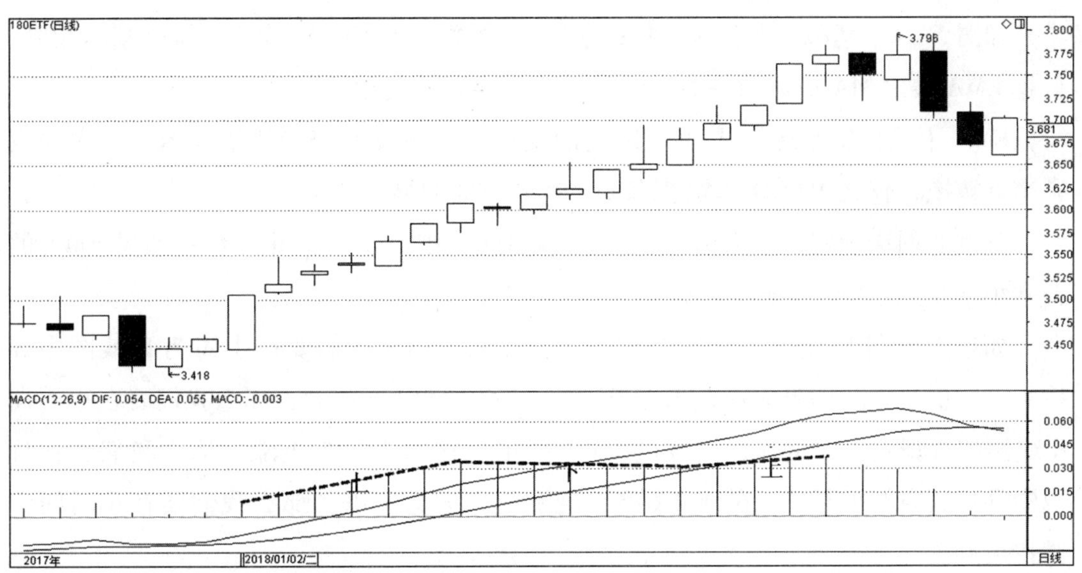

图 5-3　180ETF2017 年 12 月 25 日至 2018 年 1 月 30 日日线走势图

5.1.2　改进第一重滤网 EMA

根据《以交易为生》所说，三重滤网方法发表之后，有读者来信表示用 EMA 比 MACD 更好。

EMA 为指数平均线。它是算术移动平均线的一种变体，与 MA 差别不大，你甚至可以将 EMA 当成是 MA。

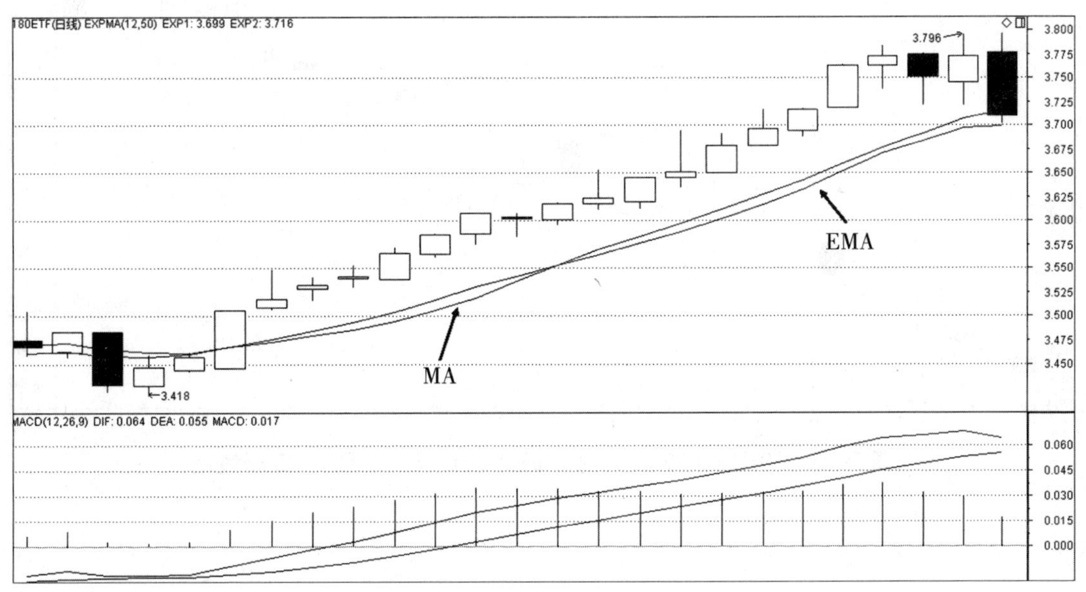

图 5-4　EMA 与 MA 对比

如图 5－4，两条线分别为 EMA 与 MA，参数都为 10，两线运行轨迹基本相同，只是 EMA 较之 MA 更灵活一些，但灵活不一定比滞后更好。

EMA 不论从斜率还是从对于 K 线的支撑，这一波上涨趋势毫无迟滞，中间没有半点转换，较之 MACD 的敏感多变，优势更加明显。

三重滤网法规定，如果 EMA 的斜率大于 0，则默认为上涨趋势；如果 EMA 的斜率小于 0，则默认为下跌趋势。

如果大周期 K 线图中给出的方向是上涨的，那么我们要在小周期 K 线图中寻找买点。反过来，如果大周期 K 线图中给出的方向是下跌的，那么我们要在小周期 K 线图中寻找卖点。例如，周线的 EMA 指出现在的方向为上涨，那么我们要在日线中寻找买点。如果日线的 EMA 指出现在的方向为上涨，那么我们要在小时线中寻找买点。

如图 5－5 为 50ETF2017 年 5 月 5 日至 2017 年 12 月 15 日周线图，在两条竖线之间的走势中，EMA 的斜率始终大于 0，代表着在这段时间，按三重滤网规定，它都处于上涨趋势中。因此，只要周线 EMA 的斜率保持大于 0，我们便在日线寻找回调低点买进。问题是怎么确定回调低点呢？这就需要第二重滤网了。

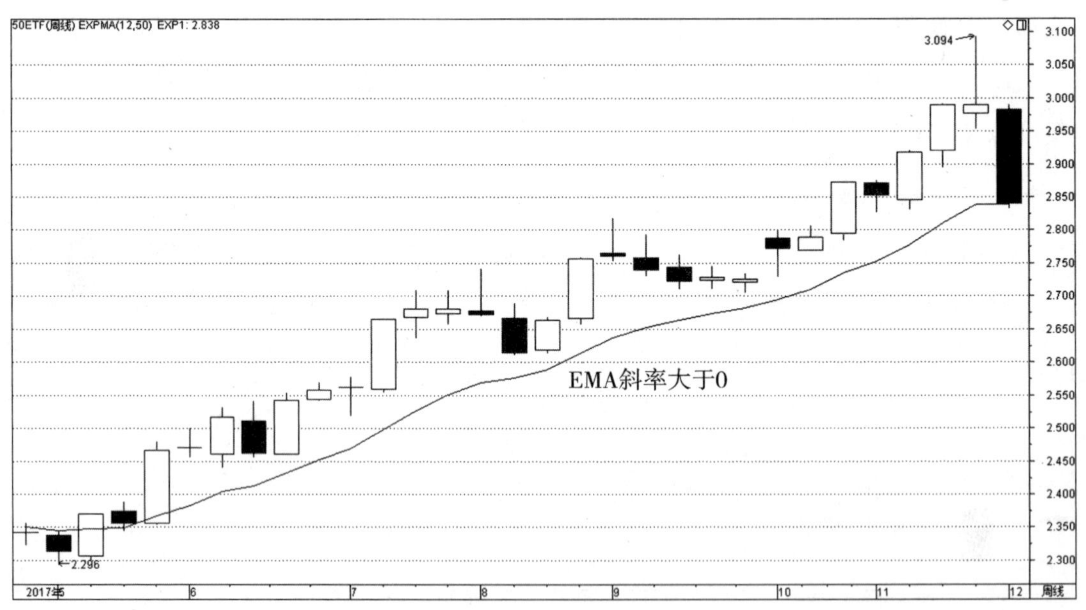

图 5－5　50ETF2017 年 5 月 5 日至 2017 年 12 月 15 日周线图

5.2 劲道指数作为第二重滤网的交易策略

《以交易为生》给出的第二重滤网，即是劲道指数、艾达透视指标、随机指标与威廉斯指标（William's %R），其中劲道指标与艾达透视指标都是埃尔德博士自创的。

5.2.1 劲道指数

埃尔德博士说："劲道指数由三个因子界定，方向、距离与成交量。如果今天的收盘价高于前一天的收盘价，劲道指数为正值。如果今天的收盘价低于前一天的收盘价，劲道指数为负值。价格的变动程度愈大，劲道愈足，成交量愈高，走势的劲道也愈大。"

劲道指数 = 成交量（当日）×（当日收盘价 - 昨日收盘价）

如果打开文华财经或其他一些软件的指标管理，可以编写劲道指数。

JD：Volumstick * [Close - Ref（Close，1）]，Colorstick；

MAJD：EMA（JD，2）；

公式的第一行表示劲道指数，公式的第二行表示对劲道指数进行 2 天平滑处理。根据三重滤网法规定，如果周线的 EMA 斜率大于 0，日线劲道指数只要小于 0，便是买进点，如图 5 - 6 为 50ETF2017 年 5 月 12 日至 2017 年 12 月 8 日日线图，此段走势，我们在上图中展示过它的周线走势，周线一直给出的是上涨趋势。所以在日线图中，MAJD 每一次低于 0 时，都是一次买进机会。

当然最后阶段的买进肯定是要亏损的，因为行情在反转，毕竟 EMA 还是均线类指标，且均线具有滞后性，所以，最后阶段的买进出现亏损是不可避免的。

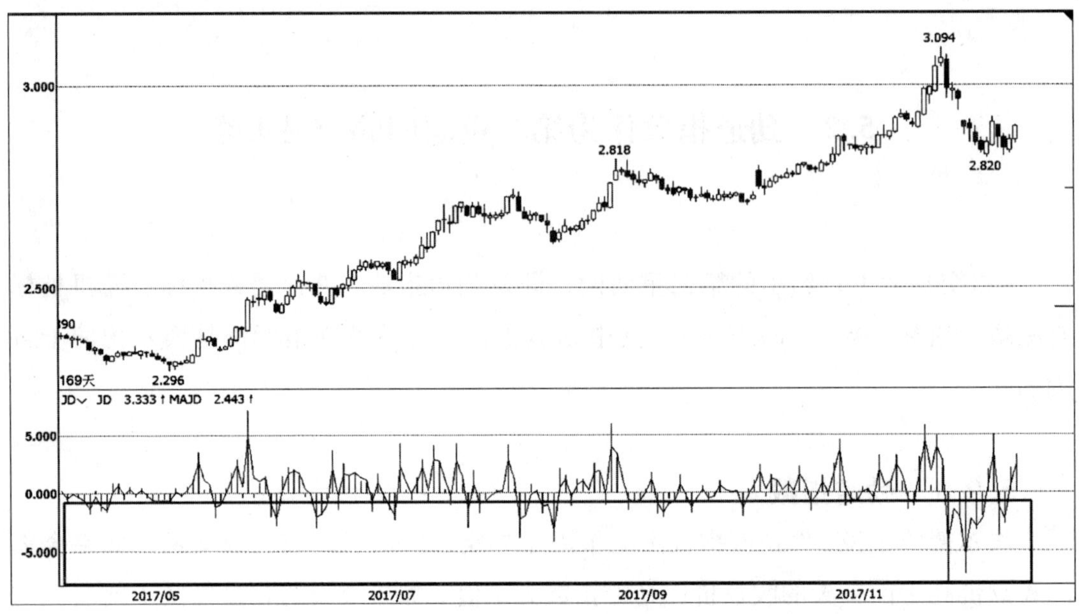

图 5－6 MAJD 每一次小于 0，都是一次买进机会

5.2.2 劲道指数部分回测数据

我们来做一个回测，当周线 EMA 给出趋势方向为上涨时，只要日线 MAJD 小于 0，我们就买 1 手 50ETF，直到周线的 EMA 给出趋势方向为下跌时平仓，你可以自己动手编写劲道指数指标，然后再手动回测一下，把数据拿来与我们的作对比。

5 月 17 日，2.358 元买进；5 月 18 日，2.350 元买进；6 月 2 日，2.470 元买进；6 月 5 日，2.442 元买进；6 月 13 日，2.512 元买进；6 月 14 日，2.482 元买进；6 月 15 日，2.465 元买进；6 月 16 日，2.460 元买进；6 月 20 日，2.483 元买进；6 月 28 日，2.548 元买进；6 月 30 日，2.558 元买进；7 月 3 日，2.543 元买进；7 月 4 日，2.520 元买进；7 月 7 日，2.561 元买进；7 月 18 日，2.659 元买进；7 月 21 日，2.680 元买进；7 月 25 日，2.683 元买进；7 月 26 日，2.677 元买进；7 月 27 日，2.677 元买进；8 月 3 日，2.689 元买进；8 月 4 日，2.671 元买进；8 月 7 日，2.679 元买进；8 月 9 日，2.664 元买进；8 月 10 日，2.655 元买进；8 月 11 日，2.613 元买进；8 月 16 日，2.640 元买进；8 月 24 日，2.689 元买进；8 月 30 日，2.774 元买进；8 月 31 日，2.766 元买进；9 月 1 日，2.760 元买进；9 月 6 日，2.764 元买进；9 月 7 日，2.743 元买进；9 月 8 日，2.738 元买进；9 月 11 日，2.730 元买进；9 月 13 日，2.739 元买进；9 月 14 日，2.722 元买进；9 月 15 日，2.722 元买进；9 月 19 日，2.72 元买进；9 月 20 日，2.717 元买进；9 月 27 日，

2.711元买进；10月20日，2.790元买进；10月23日，2.791元买进；10月31日，2.851元买进；11月1日，2.842元买进；11月6日，2.843元买进；11月14日，2.913元买进；11月15日，2.901元买进；11月23日，2.991元买进；11月24日，2.990元买进；11月27日，2.966元买进；11月28日，2.896元买进；11月29日，2.890元买进；11月30日，2.858元买进；12月1日，2.838元买进；12月4日，2.858元买进；12月6日，2.871元买进；12月7日，2.844元买进。

12月8日，50ETF周线EMA斜率小于0，上涨趋势改为下跌趋势，全部平仓，平仓位为12月8日收盘价2.865元。共57笔交易，每笔交易100份50ETF，共买进5700份ETF，总成本为15396元。卖出平仓时市值为16330.5（2.865×5700），盈利934.5元，收益率为5.72%。

通过交易记录我们会发现，多数情况都连续几天给出了买进信号，即MAJD连续几天都处于零轴以下，特别是上涨趋势运行到最后阶段时，MAJD在零轴之下后便再也没有上来。只要MAJD在零轴之下就买，好像并不是太划算。有没有什么更好的方法，避免在趋势的最后阶段过度买进呢？

5.2.3 加入第三重滤网

要避免在趋势的最后阶段过度买进，涉及三重滤网法中的第三重滤网，确定具体的交易点位。第三重滤网规定，在前两重滤网都满足条件的情况下，买点位于小周期K线高于前一根K线的最高价加一档，卖点位于小周期K线低于前一根K线的最低价减一档。如图5-7。

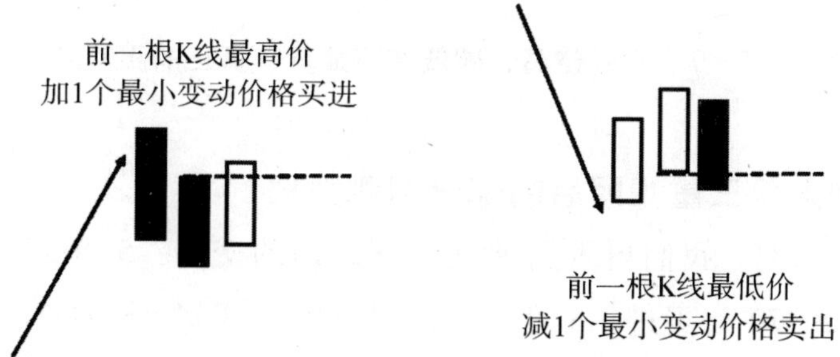

图5-7 第三重滤网确定具体买卖点位

股票的最小变动价格为0.01元，如果小周期前一根K线的最高价为10元，若寻找买点，对应的点位是10.01元。豆粕期货最小变动价格为1元，如果小周期前一根K线的最低价为3000元，若寻找卖点，对应的点位是2999元。

如果前两重滤网都满足条件，但第三重滤网迟迟未突破前一根 K 线的最高价或最低价，而不断地向后顺延，如图 5－8，直到满足条件为止。顺延的不仅仅是时间，连带买进价格也随着“前一根”K 线的最高价或最低价不断顺延。

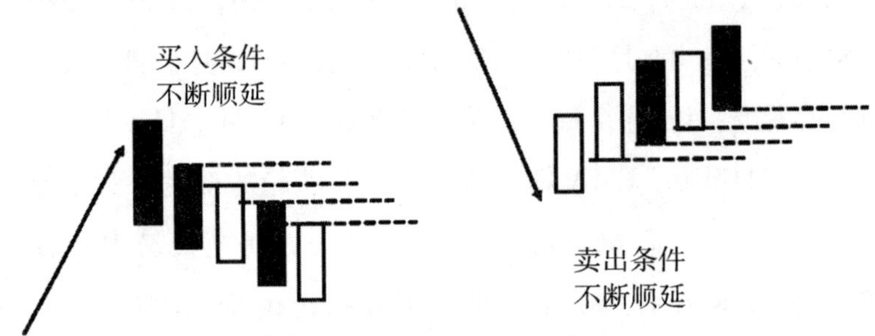

图 5－8 未达到条件不断顺延

但是亚历山大·埃尔德在书中并未给出如果遇到孕线后怎么应对的方案。我们可以回想一下上升三法和下降三法，孕线在前方 K 线的笼罩之下，多根孕线之间相互破高破低是再正常不过的事了，但它并没有任何意义。如果我们不去除孕线的话，会产生很多伪信号，所以如果出现孕线，一定要忽略，如图 5－9。

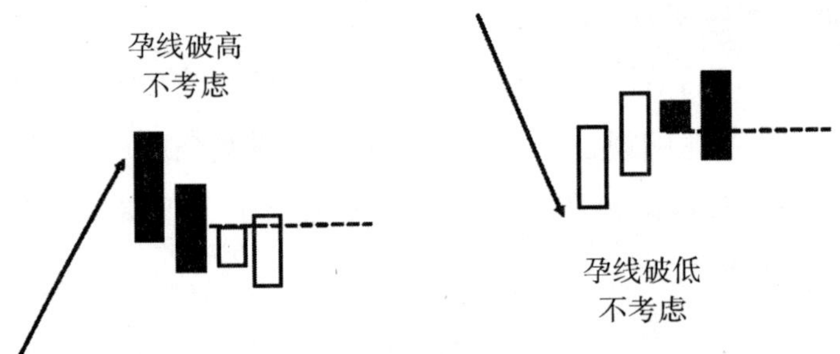

图 5－9 孕线破高、破低并不能算作真正的买卖点

5.2.4 加入第三重滤网后的部分回测数据

有了第三重滤网，我们再重新整理一下之前的交易：5 月 22 日，2.358 元买进；6 月 7 日，2.470 元买进；6 月 19 日，2.478 元买进；6 月 21 日，2.507 元买进；7 月 5 日 2.547 元买进；7 月 10 日，2.570 元买进；7 月 19 日，2.681 元买进；7 月 28 日，2.686 元买进；8 月 15 日，2.645 元买进；8 月 17 日，2.650 元买进；8 月 25 日，2.725 元买进；9 月 5 日，2.767 元买进；9 月 11 日，2.754 元买进；9 月 18 日，2.730 元买进；9 月 21 日，2.728 元买进；9 月 29 日，2.717 元买进；10 月 24 日，2.799 元买进；11 月 1 日，2.853 元买进；11 月 7 日，2.849 元买进；11 月

16日，2.918元买进；11月29日，2.911元买进；12月4日，2.868元买进。

共22笔交易，比没有第三重滤网之前减少了34笔交易，并且在上涨趋势的最后阶段只买进了3笔，未用第三重滤网时最后阶段要买进9笔，高下立判。总成本为5921.1元。至12月8日大周期周线给出反转信号，2.865元平仓，总市值为6303元，收益率为6.45%。总交易数量变少的情况下，总收益率更高，这就是使用第三重滤网确定具体买卖点的好处。

当然这么计算有失公允，我们又不是做定投，不是每一个买点都要买进，而是第一次给出买进信号的时候买进即可。5月17日在2.358元处给出第一个买点买进，之后不再交易，直到50ETF周线给出趋势反转信号，2.865元平仓，收益率为21.5%。

劲道指数给出的买进信号太过频繁，适合做短线交易，如果我们在劲道指数为负值时买进，正值时卖出，也能获得不错的收益。不过短线交易更适用于震荡走势，对于我们给出的这种趋势性走势，用来做短线，未免有些浪费了。

5.3 艾达透视指标作为第二重滤网的交易策略

艾达透视指标分为两部分，分别为多头力道与空头力道。

多头力道 = 当日最高价 - 当日 EMA

空头力道 = 当日最低价 - 当日 EMA

在一般走势中，多头力道为正值，空头力道为负值。多头力道柱状图越高，代表多头的力道越强；空头力道柱状图越深，代表空头的力道越强。当多头力道转为负值，显示空头的力道完全凌驾于多头之上。当空头力道转为正值，显示多头力道完全凌驾于空头之上。

打开文华财经指标管理，分别编写两份指标，指标图例如图5-10。

多头力道：

```
B：EMA（C，13），NODRAW；
BULL：HIGH-B，COLORSTICK；
```

空头力道：

```
B：EMA（C，13），NODRAW；
BEAR：LOW-B，COLORSTICK；
```

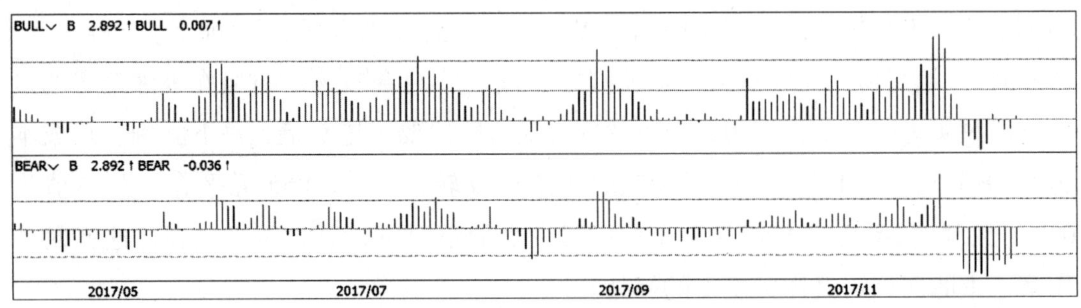

图 5－10　多头力道与空头力道示意图

当大周期给出的趋势方向为上涨，小周期空头力道的柱线在零轴之下变短时，便是买进的机会。当大周期给出的趋势方向为下跌，小周期多头力道的柱线在零轴之上变短时，便是卖出的机会。

如图 5－11 为 50ETF2017 年 5 月 12 日至 2017 年 12 月 8 日日线图，每一次空头力道在零轴之下柱线变短时，都是一次绝好的买进信号，几乎都能买在回调的低位，不过，最后一阶段的买入照例是会亏损的。第一次给出买进信号出现在 5 月 19 日 2. 355 元买进，其后可以一直持有至 12 月 8 日大周期周线给出趋势反转信号 2. 865 元平仓，收益率为 21. 66%。

图 5－11　艾达透视指标空头力道给出的买进信号

图 5－12 为天然橡胶 1809 合约 2017 年 12 月 1 日至 2018 年 4 月 27 日周线走势图，此图中标示出从 2018 年 1 月 19 日开始，大周期周线图给出的方向是下跌，所

以我们在小周期日线图中寻找放空机会。

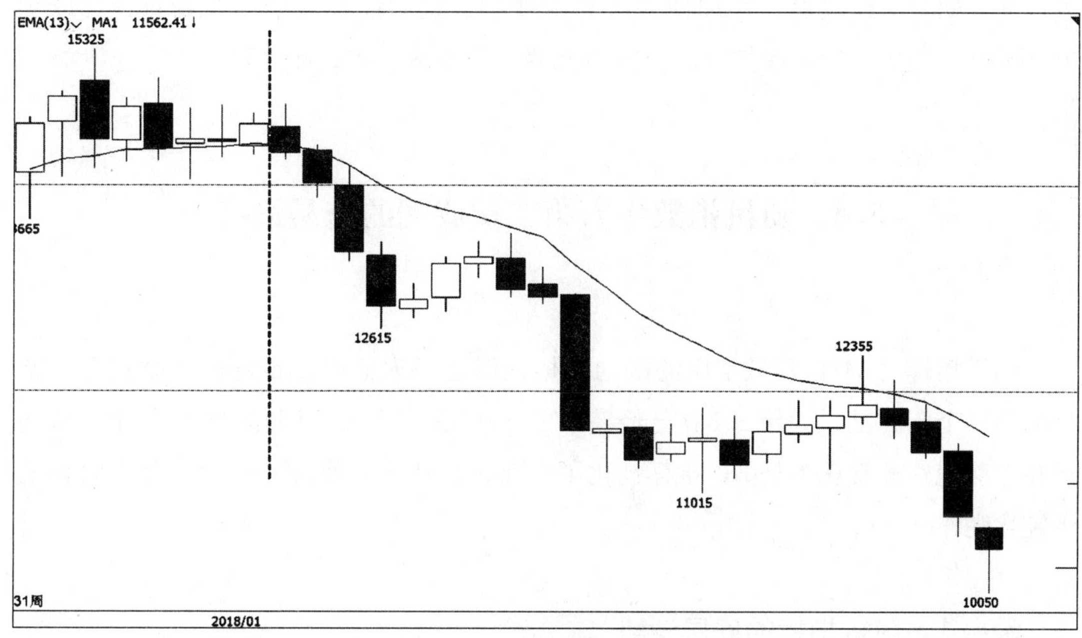

图5－12 天然橡胶1809合约2017年12月1日至2018年4月27日周线走势图

小周期日线图在2018年1月19日便给出了卖出信号，多头力道柱线变短，当日收盘价14315元放空的话，至2018年4月27日价格为11290元，盈利3025元/吨，如图5－13。

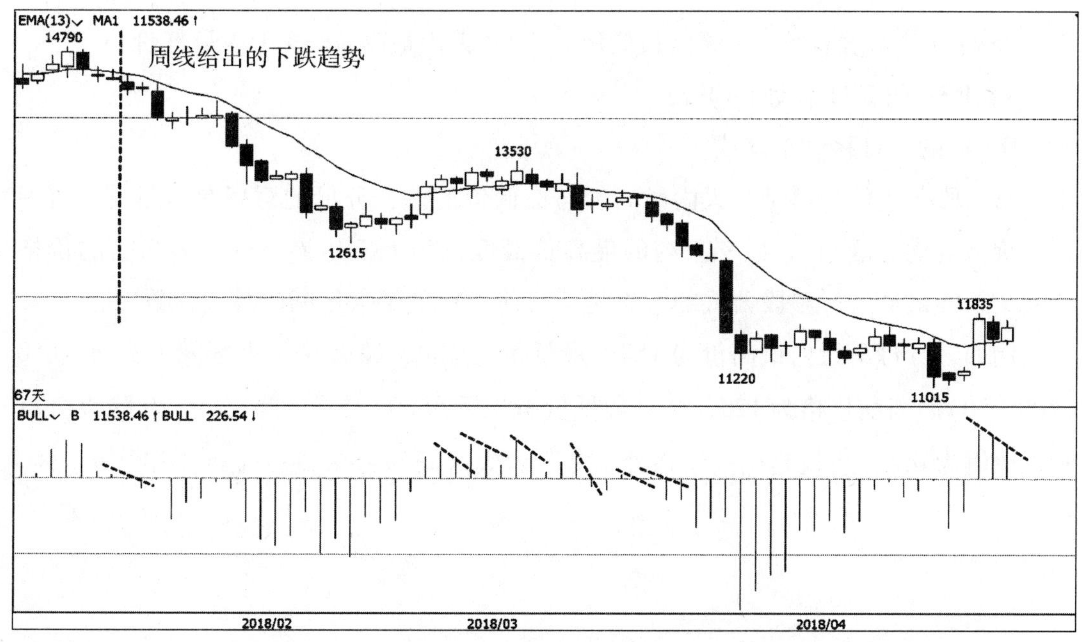

图5－13 艾达透视指标多头力道给出的卖出信号

大周期为上涨趋势，小周期空头力道变小，说明回调可能已至低点，可以买进。大周期为下跌趋势，小周期多头力道变小，说明反弹可能已至高点，可以卖出。不过，使用艾达透视指标，最好加入第三重滤网，才更加保险。

5.4 随机指数作为第二重滤网的交易策略

随机指标（KD）是最常用的摆动指标，但也是人们误解最深的一款指标。常见的第一个问题是，为什么 KD 已经超买了，在 70 以上 80 以上甚至 90 以上，价格还在上涨呢？通常认为是 KD 指标钝化了。那么，什么时候钝化解除？什么时候发生钝化呢？

5.4.1 随机指标的底层逻辑

要弄清楚这个问题，必须先知道 KD 指标在表达什么，这就要从 KD 指标的计算公式入手。计算公式如下：RSV = ［CLOSE - LLV （LOW，N）］/［HHV（HIGH，N） - LLV（LOW，N）］ ×100；

K：SMA（RSV，M1，1）；

D：SMA（K，M2，1）；

RSV：（当日收盘价 - 9 天内最低价）/（9 天内最高价 - 9 天内最低价）；

K：RSV 的 3 日移动平均线；

D：K 的 3 日移动平均线。

第一段公式的分母是 9 天内最高价与最低价的差，分母的意思是“这是一个 9 天内价格运动大区间”，以 9 天内的最高价最低价为上下边界。分子为当前的价格减去 9 天的最低价。整段公式的意思是，目前价格处于大区间的什么位置。

例如，分母 9 天内最高价为 150，最低价为 100，那么这个大区间的高度为 50（100 - 50）。当前价格为 120，减去最低价 100 后为 20，是分子。分子 20 除以分母 50，比值为 0.4，也就是当前价格处于 9 天内大区间的 40% 高度位置。如图 5 - 14。

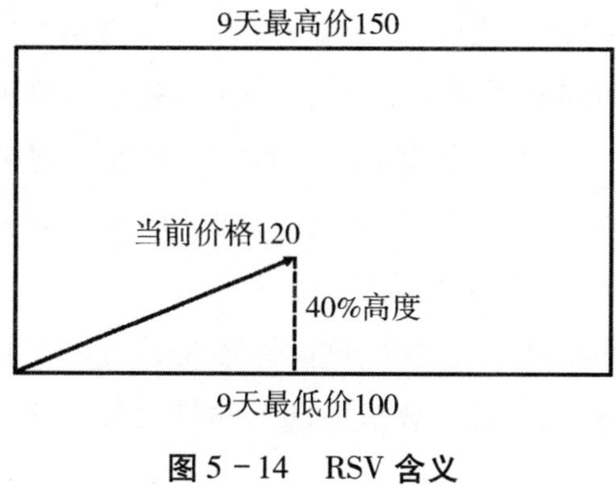

图5－14 RSV含义

在价格创新高或新低时，第一段公式很容易得出0或100的数值。例如上例中，当收盘价为100时，分子为0，RSV也为0；最新价为150时，分子为50，RSV值为100%。

当价格窄幅变动时，RSV会突然从0提升至100，也可能突然从100下跌至0，变化过大，RSV就再无指导意义。所以要将RSV进行平滑处理。最简单的方法就是移动平均，所以将RSV进行3日移动平均化后得出KD指标中的K线，再将K线进行3日移动平均化，得出D线。

那么K值可以理解为，3天内的平均价格，处于9天高低大区间之内的相对位置（%）。例如KD指标的K值为48，说明3天内的平均价格处于9天区间内的48%的高度。

现在我们再来回答第一个问题，为什么KD值已经达到了超买区域后，还在继续上涨？为什么KD值已经达到了超卖区后，还在继续下跌？

需要注意的是9天内的高低区间并不是固定不变的，它的计算方法与移动平均线一样。出现一根新的蜡烛图后，最初的那根蜡烛图不再参与计算，而将最新的蜡烛图添加为新的计算样本。例如由1日至9日蜡烛图来计算大区间的范围，新增10日蜡烛图，则将1日蜡烛图去除。

当价格一直处于上涨中，一根阳线接着一根阳线地向上蹿，阳线的收盘价一直处于蜡烛图的上部。那么三根连续不断向上破高的阳线出现后，KD指标的K线必然会进入超买区。这种情况持续的时间越长，D值也越会以快的速度冲进超买区。这一切都是公式计算的结果，并没有什么可以大惊小怪的。

KD指标连续处于超买区，那就是行情已经出现了连续上涨的单边市。趋势一旦出现，不断地向上破高，那是再正常不过的了。偶尔出现一两根阴线的回调后，价格将继续上扬，继续收阳线，收盘价继续处于阳线的上半部分，继续破高，KD

指标继续超买。所以会给我们造成这样的错觉，怎么越是上涨，越是钝化？怎么总在超买区域呢？KD 指标到底还管不管用了？不是说进入超买就容易下跌了吗？其实趋势线具有趋势性，一旦形成趋势，KD 指标一旦进入超买区，反而不会轻易下来。如果你明白了 KD 指标的计算逻辑，这一切就简单明了——不是越超买，价格越上涨，而是价格越上涨，指标越超买。

出现超买了，并且持续超买，你应该高兴才是，应该赶快介入多单，而不是犹豫徘徊，轻易放空。不要忘了技术分析最基本的三大假设之一：趋势不会轻易发生改变。如图 5－15。

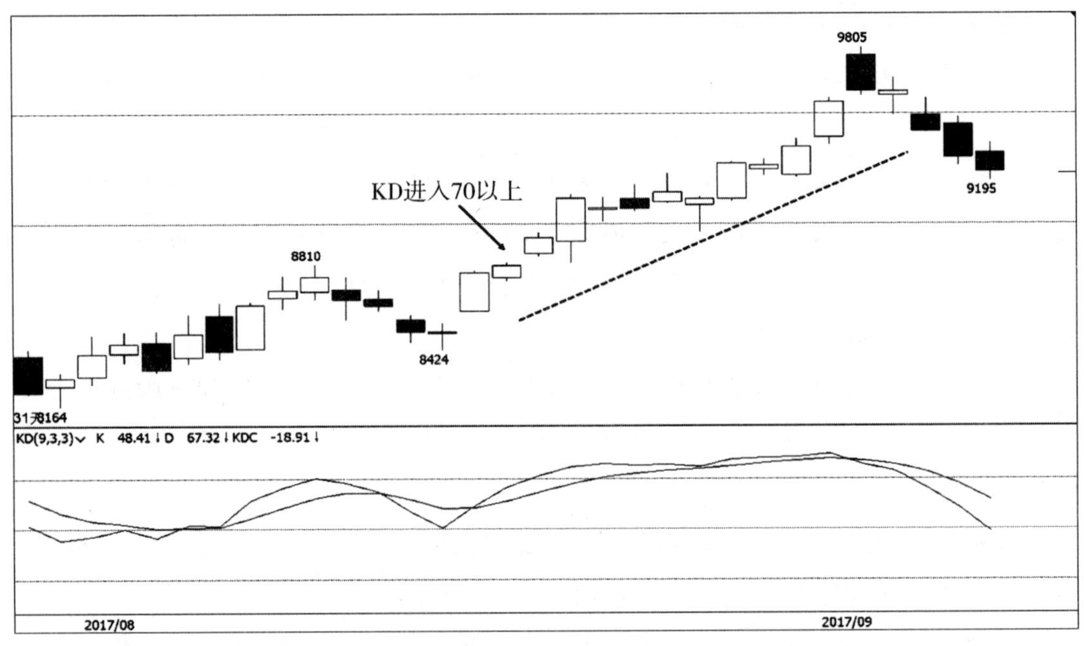

图 5－15　PP 指数 2017 年 8 月 7 日至 9 月 5 日走势图

KD 进入 70 以上那一天的收盘价为 8806，并且至 9 月 5 日 KD 一直处于 70 以上超买区，最高涨至 9805，涨幅 11.34%。再看图 5－15 中 KD 最低点时的价位为 8424，至 KD 进入 70 以上那一天的最高价 8820，涨幅 4.7%，与 9 月 5 日完全不可同日而语。所以超买，才是上涨的真正开始，而不是下跌开始。

摆动指标，它只表示目前价格位于最近 N 个交易日内的相对高度，所以用它来指示方向，并不是它原本的用法。KD 更适合于寻找回调低点与反弹高点。

5.4.2　更适于波段交易的随机指标第二重滤网

在三重滤网法中，若大周期趋势为上涨，小周期 KD 指标进入 25 以下时（超卖），可以择机买进；若大周期趋势为下跌，小周期KD指标进入75以上时（超买），可以择机卖出。

使用KD指标作为第二重滤网，必须加入第三重滤网。KD进入超买区或超卖区，并没有明确的区域，你可以将KD超卖区与超买区的刻度值设为30/70或25/75，也可以设为20/80。区域越小越安全，但是机会就会变少；区域越大机会越多，但止损的频率也会更高。加入第三重滤网，以便更好地过滤掉伪信号。

KD指标的缺陷是对不太明显的调整不敏感，有时大周期一直处于上涨趋势中，而小周期KD从未进入过30以下的区域，根本没有买进机会。所以KD更适用于上涨趋势中，略为深入、明显的回调；或是下跌趋势中幅度足够大的反弹。但若回调低一些，或是反弹更高一些，又会影响大周期的趋势判定。因此，KD作为第二重滤网，用得恰到好处才能发挥作用。

如图5－16为用KD作为第二重滤网的同一案例，大周期周线给出的方向为上涨趋势，我们设定KD的超卖区域为25以下。在此段上涨中，它给出了三段买进机会。

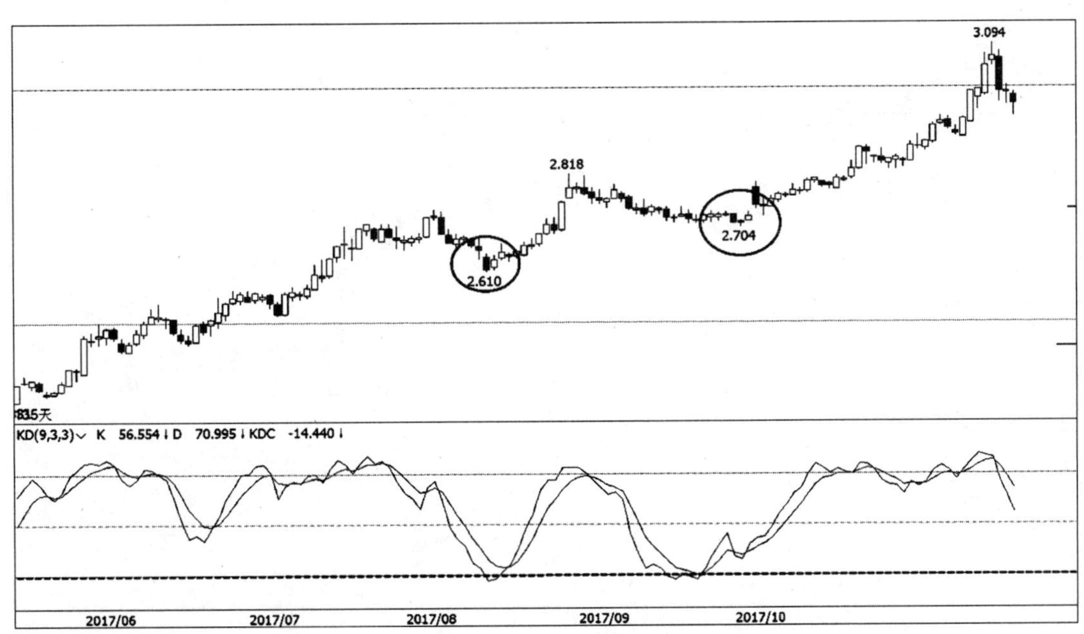

图5－16 用KD作为第二重滤网的同一案例

8月15日2.645元买进，9月18日2.730元买进，9月21日2.723元买进。至12月8日2.865元全部平仓，收益率为6.14%。相比劲道指数，买进的时间晚，买进的价位高，却几乎与劲道指数收益率持平。KD指标作为第二重滤网给出的买点，确实是明显的回调低点，它较之劲道指数与艾达透视指标不断地给出微小的回调低点，不知道高明了多少。所以劲道指数与艾达透视指标更适合于短线操作，KD 更适合于波段操作。

KD 指标作为第二重滤网更加稳健，因为它针对的是比较明显的回调或反弹，所以它总是把第一波上涨或下跌让过去，也就是把 1 浪让过去，2 浪走完之后，寻找 2 浪低点建仓。在波段中寻找买卖点，准确率更高，收益也更大。只有大调整才能酝酿出大趋势。

我们所讲的所有作为第二重滤网的指标，都没有涉及止损，只要大周期趋势方向不变便一直持有。虽然我们更看重大方向，可一旦交易之后不加入止损，大周期趋势方向产生了变化，那么止损的幅度较大，对于我们来说得不偿失。那么三重滤网法有没有止损方面的建议呢？有。只要非孕线情况下价格高于前一根 K 线的最高点便可买进。若价格并未按计划上涨，而是继续向下，突破了前一根 K 线的最低点，则以此最低点作为止损点，止损幅度非常小，不过是小级别周期图中一根 K 线的长度。

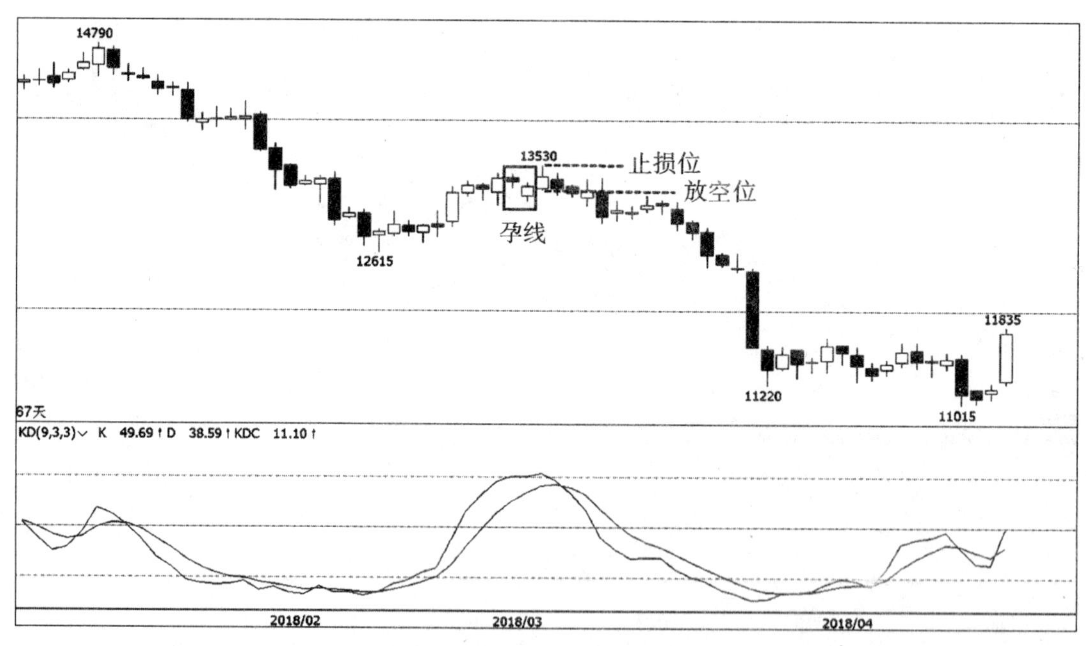

图 5－17　三重滤网的止损法

如图 5－17 为前文中天然橡胶的案例，其大周期周线给出的是下跌趋势，小周期中当 KD 高于 80 时，寻找放空点位。在反弹高点 13530 元之前为两根孕线，我们说过孕线没有意义，它们之间的相互破高破低也应被忽略。所以在 13530 元阳线之后，下破了前一根K线的最低点放空，那么止损点就设在13530元加一档处，也就是价格向上突破13535元时止损（天然橡胶最小变动价位为5元）。放空价位为13265，止损幅度仅为265点，非常小。

5.4.3 优化后的KD双低/高位法

周线级别与日线级别的配合，成功率很高，但机会却很少，必须等到大级别趋势来临时，才能获得可观的利润。更多的人喜欢用三重滤网法来做日线与小时线或小时线与15分钟线级别的配合。

级别越大越有序，级别越小越混沌。周、日线配合时，日线的调整中KD基本只有一次进入超买、超卖区。但是日、小时线配合，小时线的调整中KD可能会多次进入超买、超卖区。所以如果用较小级别K线来使用三重滤网法的话，我们可以再优化一下。

因为小时线是在日内产生，与前一根K线相比，破高破低太过频繁，即便止损幅度很小，但反复止损也会使本金消耗过多，所以第三重滤网断不可用。我们可以用KD的金叉与死叉来寻找交易点位。

第一重滤网用EMA也过于迟缓，改为用大级别趋势线。我们之前所说的趋势线的画法，并没有涉及级别的问题。普通（上涨）趋势线的画法为：以离目前最高点距离最近的底分形的低点为结束点范围，囊括所有低点。那么大级别（上涨）趋势线的画法为：以离目前最高点距离最近的峰谷乱序的低点为结束点范围，囊括所有低点。

将原定义中底分形换为峰谷乱序。我们在讲峰谷乱序的时候说过，只要在一段走势中出现了峰谷乱序，那么它便出现了层级。既然有层级，相对于简单上涨与下跌，它便是大级别的上涨与下跌，以此画出来的趋势线，也就变成了大级别趋势线。

梳理一下小级别图表应用三重滤网的方法：

1. 以大级别趋势线为反向第一重过滤器，如果价格向上突破大级别下跌趋势线，则视为上涨趋势；如果价格向下突破大级别上涨趋势线，则视为下跌趋势。

2. 如果大周期为上涨趋势，小周期图中KD第二次在超卖区出现金叉时买进；如果大周期为下跌趋势，小周期图中KD第二次在超买区出现死叉时卖出。

3. 买进或卖出后，以前期高点或前期低点为止损点。

如果转换为改进版的三重滤网法之后，其实就是在123原则中，放弃原则3的买进点位，进而寻求更低的原则2买点。

如图5-18为豆油1805合约2017年11月27日至2018年1月2日小时线走势图，根据大级别趋势线来交易，当豆油价格形成原则3的时候，建立多单。

图5-18 豆油1805合约2017年11月27日至2018年1月2日小时线走势图

但我们不想建仓过慢，想早一点在回调低点处建仓，此时就可以使用KD指标了。理论上，当豆油价格向上突破大级别下跌趋势线后形成原则1，此时有两种可能：一种是继续下破前期低点，又走下跌走势；另一种在下跌趋势线之上形成上涨123原则。但这两种情况，哪种可能性大一些呢？这两种情况存在的概率各为50%。所以此时需要我们的KD指标登场了。

如图5-19为上图豆油1805合约的15分钟图123原则处的放大图。在小周期图表中原则2的位置上，我们看到了KD两次在20以下超卖区出现金叉，那么见底的可能性大一些，所以在KD第二次低位金叉时做多，并且以前期低点作为止损点。

在可上可下的情况下，我们利用KD双低位法买进，也就是我们加入了一个必要条件后，判断向上的可能性更高，并且止损幅度很少，可见，早建仓很划算。

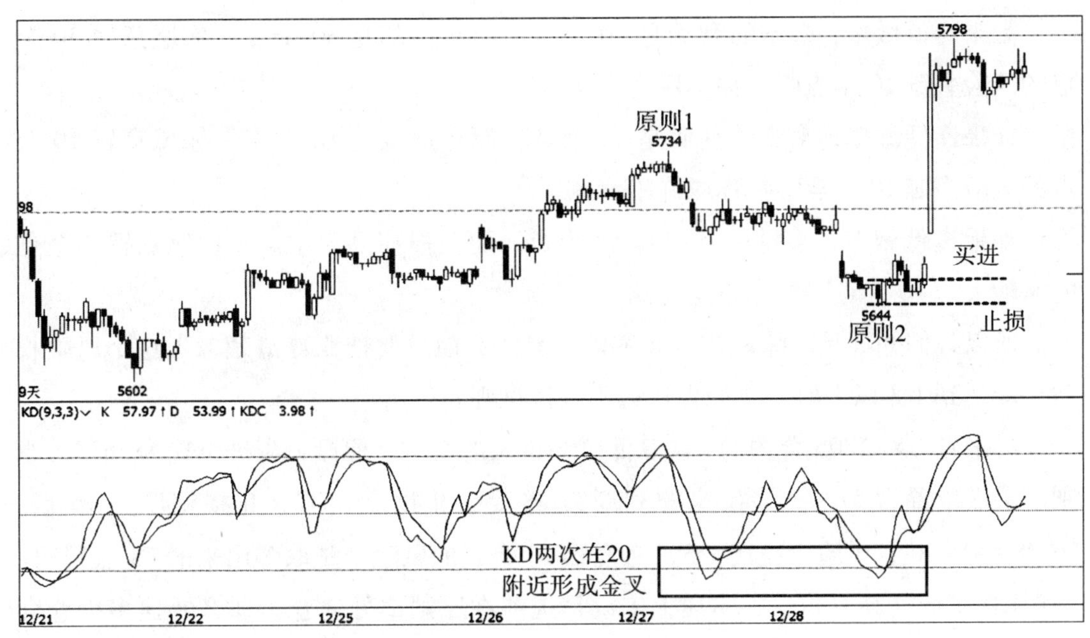

图 5－19　KD 双低位买进法

5.4.4　以盈亏比确定是否交易

我们之所以想在原则 2 处建仓，就是不想浪费行情。逢低买进，不是比突破买进更好吗？问题在于，逢低买进（原则 2 买进），这是赌两种可能性中哪个更大，突破买进（原则 3 买进）成功率更高。这就是要看你的取舍了，你是想要更大的确定性并且放弃一部分利润，还是想要更多的利润舍弃一部分确定性。

这需要细细地算一笔账。如果选择更多的利润，这些多出来的利润，值不值得用确定性来交换。那么，多出来的利润在哪里呢？如图 5－20。

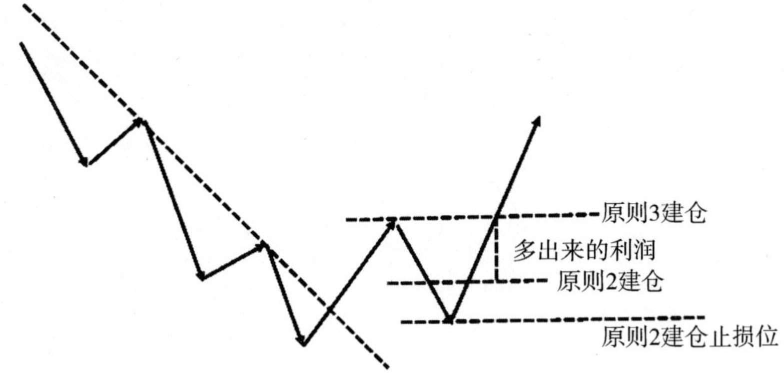

图 5－20　多出来的利润图示

如果逢低做多，多赚的利润是 10 个点，而止损却是 30 个点，你愿意冒 30 个点的风险去赚 10 个点吗？你不愿意。

如果逢低做多，多赚的利润是 10 个点，而止损也是 10 个点，你愿意冒 10 个点的风险去赚 10 个点吗？你或许不愿意。

如果逢低做多，多赚的利润是 10 个点，而止损却是 3 个点，你愿意冒 3 个点的风险去赚 10 个点吗？你肯定愿意。

所以我们并不是一味地排斥非突破交易法，而是要把账算清楚，当这个风险收益比能达到 1:3 以上时，我们为什么不去试试呢？

再来看豆油 1805 合约的 KD 双低位买进法的案例。原则 2 买进位置为 5658，原则 3 买进位置为 5736，多出来的利润为 78 点。止损点 5642，止损幅度为 16 点。16:78 = 1:4. 88，风险收益比 1:3，愿意冒 16 个点的风险来赚取多出来的 78 点利润。

KD 双低（高）位法，本质上来说是提前在原则 2 处建仓，那么要建多少仓合适呢？最简单的方法是原则 2 处建仓一半，原则 3 处建仓一半。原则 2 建仓，赚得多；原则 3 建仓，赚得稳。根据资金管理公式，如果通过计算可以建仓 10 手，那么在原则 2 处建仓 5，至原则 3 达成时，再建 5 手。这样既不会踏空一波可见的利润，也不会因为它又回归原趋势而亏损过大。

同样根据分仓原则，在使用反出击日线止损法时，可以用反出击日线法止损一半持仓，以最终止损位（趋势线）止损另一半。既可以避免过多的损失，也可以避免贸然平仓，以致踏空。

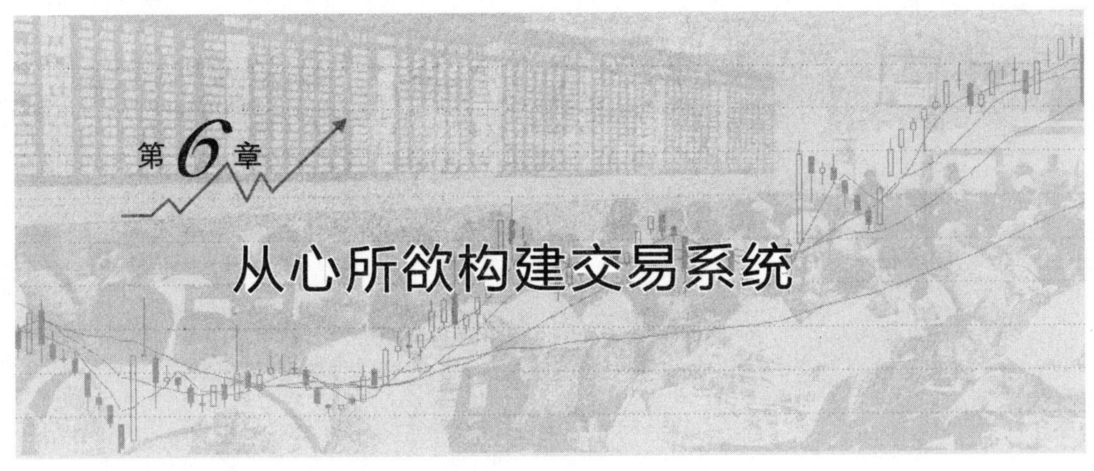

子曰：从心所欲，不逾矩。构建交易系统其实非常简单，之前我们所有的工作都在解构经典技术分析方法和已有的交易系统，它们的原理都符合本书第一章中讲到的趋势定义，也就是峰谷朝向某一方向的有序排列，也可以把它称为N字突破。我们现在需要做的，就是把这些东西加上一个过滤器，使它在大方向上涨的时候，过滤掉向下的假N字突破，避免做空；在大方向下跌的时候，过滤掉向上的假N字突破，避免做多。

从心所欲，是指你可以用N字突破加上任何一款过滤器。不逾矩，是指不违背趋势的定义。

6.1 四种价格走势模式

我们解构了几乎所有传统的、经典的技术分析方法，得到了价格走势最基本的元素，无非是不断向上或向下有序排列的峰谷排列。出现两对有序排列的峰谷，便可建仓。但真实的走势并非如此简单，它并不是单纯的同一级别的有序排列，如图6-1，而是你中有我、我中有你的具有层级的峰谷排列，如图6-2。

图6-1　简单的有序峰谷排列

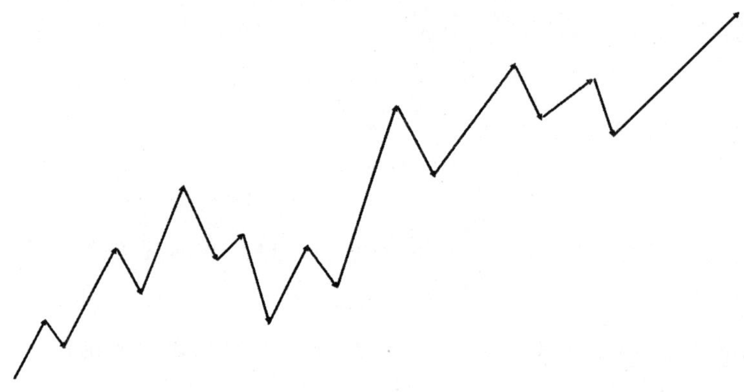

图6-2　具有层级的价格运行模式

也就是说，这个世界不是非黑即白，非对即错，大量存在着的是灰色地带。那么价格走势也不是简单地分为上涨趋势与下跌趋势，也存在着既非上涨、也非下跌的灰色地带。所以，不论是什么样的价格形态，它都包含有反转形态与持续形态。反转形态连接的是相反方向的趋势，持续形态连接的是相同方向的趋势。为什么相同方向的趋势还需要持续形态来连接呢？这就是层级。

两段上涨趋势之间存在着的持续形态，便是上涨间歇；两段下跌趋势之间存在着的持续形态，便是下跌间歇。所以，真实走势实际上分为四种形式：快速上涨，上涨间歇，快速下跌，下跌间歇。

快速上涨之后，上涨趋势可能出现停顿，需要休息一下、整顿一下，需要加点油、吃点东西，然后继续向上。整顿休息的时候，它既不处于快速上涨区间，也未形成下跌趋势，它就是上涨的间歇。同理，快速下跌之后的停滞，且未反转形成上涨趋势之时，便是下跌间歇。

我们之所以要解构波浪理论，是想让大家明白趋势的层级问题。如图6-3，推进1浪、推进3浪、推进5浪是快速上涨形式，调整2浪与调整4浪是上涨间歇形式，推进 A 浪与推进 C 浪是快速下跌形式，调整 B 浪是下跌间歇形式。

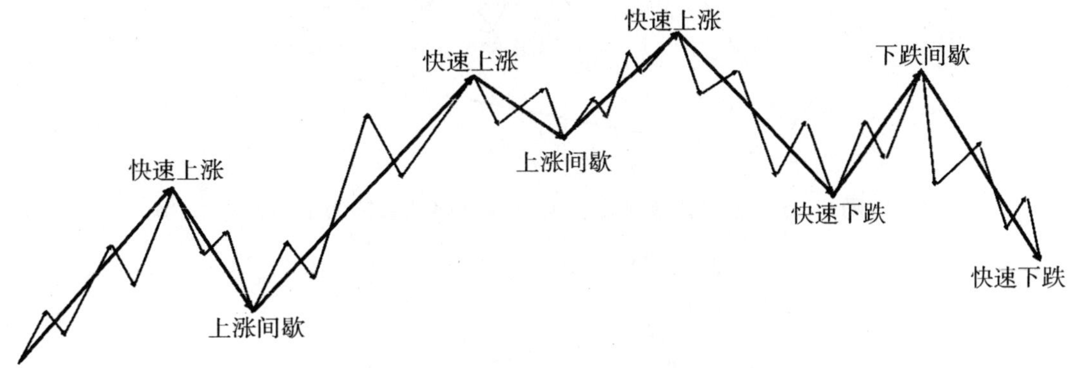

图 6－3　波浪理论解释的层级问题

前文中，我们在构建简单的 N 字操作交易系统时发现，简单的 N 字操作系统在峰谷乱序时，经常会发生两面止损的情况，如图 6－4。图中用 N 字操作法，共进行 3 笔交易，不论用趋势线止损法，还是用峰谷推进止损法，最终 3 笔交易都发生亏损。为什么会如此？因为 N 字操作系统的世界只有黑白，而没有灰色。正向 N 字突破就是上涨趋势，反向 N 字突破就是下跌趋势。可我们需要的是带有间歇区域的系统，N 字操作系统无法满足我们的要求。

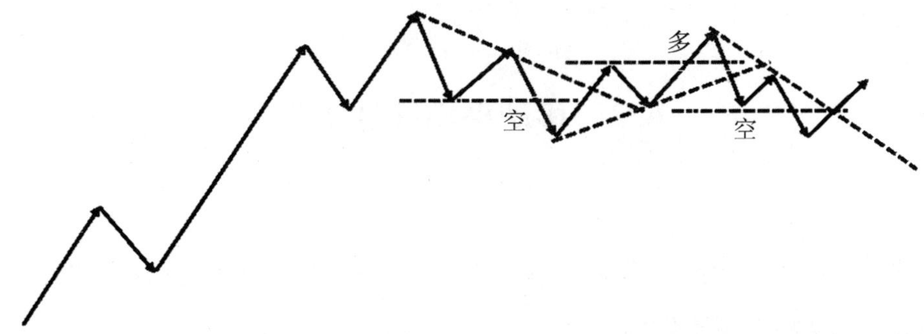

图 6－4　N 字操作系统的世界只有上涨与下跌

如果我们有一种过滤器（某级别的趋势方向），那么在过滤器之上，所有反向 N 字突破为上涨间歇，忽略不计，如图 6－5；在过滤器之下，所有正向 N 字突破为下跌间歇，忽略不计，如图 6－6。有了趋势过滤器，原本要止损三次的交易，变成了止损一次或两次。

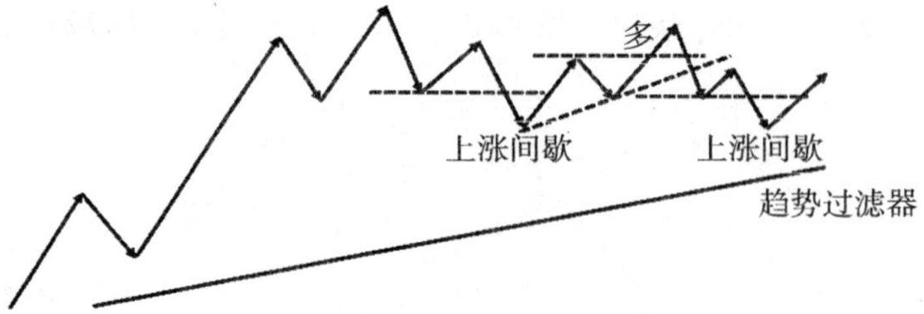

图6-5 在过滤器之上，所有的反向突破皆为上涨间歇

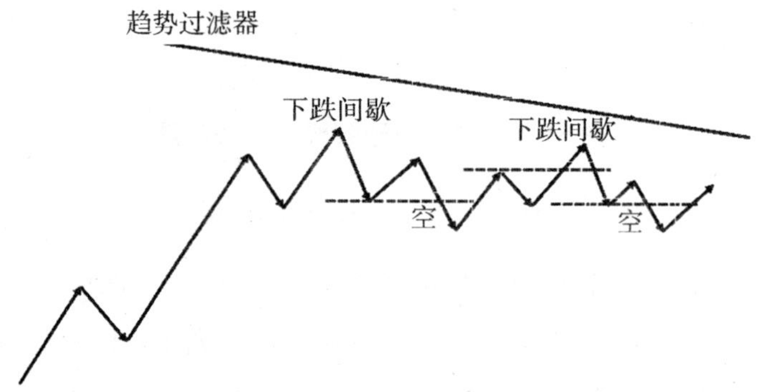

图6-6 在过滤器之下，所有的正向突破皆为下跌间歇

避免双向止损，找到与大级别趋势方向相同的交易信号，便是过滤器的价值。

6.2 移动平均线过滤器

能够充当过滤器的技术分析工具，有三种：移动平均线类指标，趋势线类指标，趋势性或摆动性副图指标。

6.2.1 移动平均线的特点

投资者都很熟悉移动平均线，甚至熟悉得有些熟视无睹，但移动平均线使用起来并不尽如人意，其原因大概是因为移动平均线的条数太多，并且参数可以任意设定。本来非常好的趋势指示性工具，只是因为它的变化过多，以至于效果不佳。

移动平均线从来都是趋势性指标，如果有趋势出现，它可以一定程度上过滤掉无意义或次级别的震荡行情，让你一直持有手中的仓位，不怕被震出去。但若行情处于震荡之中，它就会反复给出伪信号。如果震荡的时间足够长，它也可能让你把单边走势中赚到的钱，全部交回去。

所以使用移动平均线时，既爱又恨，爱其趋势性，恨其滞后性。其实这如同一个硬币的两面，它之所以有趋势性，就是因为它滞后；它之所以有滞后性，也正是因为它有趋势性。如果你想把这两者割裂开来看待，就是不懂、不通、不智、不明。

6.2.2 单根移动平均线与 K 线组合

最简单的移动平均线的用法是单根移动平均线与 K 线的组合。如果 K 线的收盘价处于移动平均线之上，代表上涨趋势，反之则为下跌趋势。关键在于设定趋势线的参数，如果参数过小，则交易信号过多，相对伪信号也过多，交易成本过大；但参数过大，又无法以最快的速度跟上趋势，在平仓的时候，也会回吐较多利润。

解决移动平均线参数问题最快的方法便是回测拟合，寻找以历史数据为基础的最恰当的参数。我们对贵州茅台（600519）从 2007 年 10 月 16 日的历史高点到 2017 年 12 月 20 日这十年间的数据做回测。分别以 5 日、10 日、20 日、40 日、60 日、120 日均线为基准，进行回测。高于均线买进，低于均线卖出，并且遵循 T+1 的交易原则。

5 日均线策略收益：-29.82%。

沪深 300 为基准收益：-30.68%。

策略年化收益率：-3.51%。

准确率：38.6%。

盈亏比：0.98。

最大回测：62.75%。

10 日均线策略收益：-37.11%。

沪深 300 为基准收益：-30.68%。

策略年化收益率：-4.63%。

准确率：32.7%。

盈亏比：0.83。

最大回测：62.3%。

20 日均线策略收益：108.64%。

沪深 300 为基准收益：-30.68%。

策略年化收益率：7.7%。

准确率：30.1%。

盈亏比：1.66。

最大回测：36.7%。

40 日均线策略收益：313.5%。

沪深 300 为基准收益：-30.68%。

策略年化收益率：15.38%。

准确率：37.6%。

盈亏比：3.5。

最大回测：39.53%。

60 日均线策略收益：518.91%。

沪深 300 为基准收益：-30.68%。

策略年化收益率：20.17%。

准确率：31.5%。

盈亏比：3.71。

最大回测：38.76%。

120 日均线策略收益：386.39%。

沪深 300 为基准收益：-30.68%。

策略年化收益率：17.29%。

准确率：24.3%。

盈亏比：1.73。

最大回测：34%。

参数拟合既没意义也有意义。之所以没有意义，是因为拟合的数据全部是历史数据，适合于历史数据的参数，未必适用于未来的数据；适合于 A 品种的参数，未必适用于 B 品种。参数拟合就像捕鱼，哪里鱼多，就在哪里下网，鱼是静态的，网是动态的，总能找到一个最佳的位置可以捕到最多的鱼。可一旦我们下了网，网就变成了静态的，而鱼成了动态的，这个位置的鱼是不是还像以前一样多，我们并不知道，有一些刻舟求剑的意思。之所以有意义，是因为如果没有拟合过程的话，所有自然数都可以当成移动平均线的参数，从无穷大的数字中寻找一个比较恰当的参数，无异于大海捞针。拟合就是为我们确定一个相对恰当的范围。

拟合后的参数，并不一定是最佳参数。不过话说回来，所有的技术分析方法或者所有指标的参数，都只适用于某一阶段，不存在永远有效的参数。所以我们选定一个参数后，最好的应对方式是相对长期的时间内不要随意改变。如果今天用参数55，明天用参数99，有可能你的运气非常差，你每次主动选择的时候都是错的。如果你不选择，固定一个参数，至少还有50%的机会是盈利的。不要追求完美，追求完美即是贪婪，容错性更小。

如果移动平均线的参数固定后，在某一阶段非常好使，频频大幅盈利，那就不用改动。麻烦的是，在某一阶段它会失效，对于移动平均线过滤器的使用者来说，就有了改动参数的冲动。建议最好不要这样，理由我们已经说过了，应对方法是资金管理，每次亏损都是总资金的固定份额，而每次盈利，都是顺着趋势的方向，亏损有限，盈利（理论上）无限，即便该参数的准确率只有50%，我们也可以利用盈亏比来获利。

所谓“工作线”上买，买错也要买，“工作线”下抛，抛错也要抛，便是利用了移动平均线的趋势性。为什么称为“工作线”？因为之前的股票只能做多，不能做空。一旦K线突破移动平均线，则代表着上涨趋势来了，要工作了，所以称为“工作线”。K线处于移动平均线之下，便是休息的时间，不再工作了。

我们拿沪深300股指期货主力连续合约（IF主连）的所有日线来回测一下单根K线与移动平均线的配合，一旦收盘价平均线上破移动平均线则卖平买开；一旦收盘价下破移动平均线则买平卖开。移动平均线取参数28。

回测结果如下。

收益总额：792300元

交易笔数：162笔

平均每笔交易回报：4890.74元

毛利润（盈利交易之和）：2686500元

毛亏损（亏损交易之和）：1894200元

盈亏比：1.42

盈利交易笔数：48笔

亏损交易笔数：114笔

准确率：29.63%

最大连续亏损笔数：11 笔

最大连续亏损金额：173400

收益曲线如图 6 -7，单位：点。

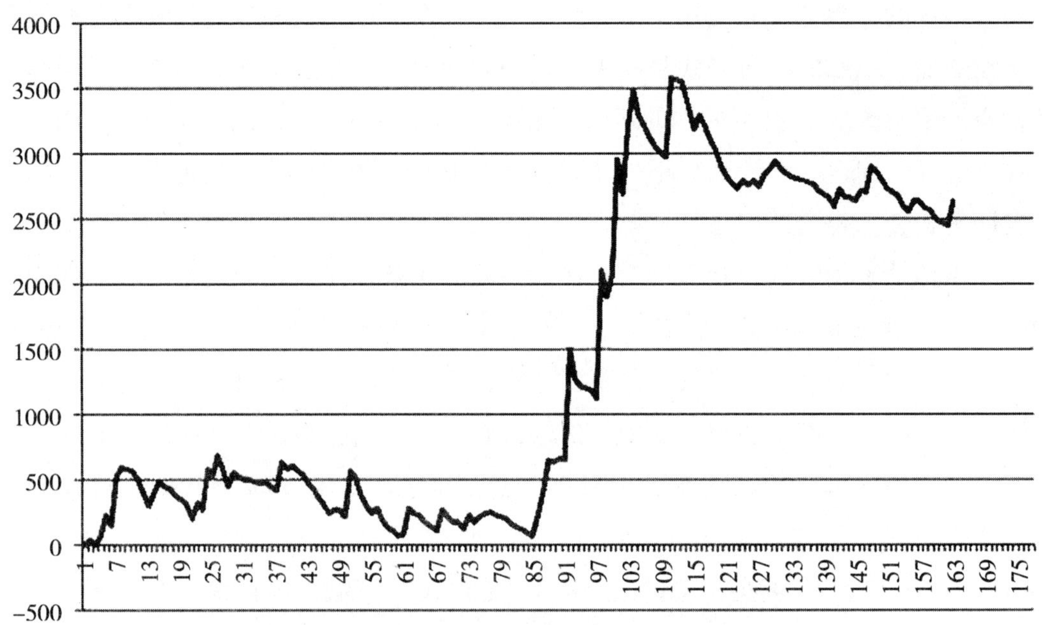

图 6 -7　单根移动平均线与 K 线系统收益曲线

总体来说，这份回测数据并不乐观。行情在震荡的时候，不仅 K 线本身会频繁穿插移动平均线，甚至相邻的几根 K 线的收盘价也会频繁穿插移动平均线，导致今天建多、明天建空、反复止损的情况频繁发生。所以我们应该加入一些容错性，允许收盘价突破“工作线”一个交易日，如果连续两天收盘价都突破“工作线”，再予以平仓。

6.2.3　加入容错性

任何一种工具都是双刃剑，有利有弊，如图 6 -8，持仓品种收盘价反向向下突破了移动平均线，我们加入了更大的容错性，允许它破线一天，避免了反复的交易。但是涨势的末端收盘价下破移动平均线时，如果我们还是允许它破线一天，带给我们的将是更低的平仓位，如图 6 -9。

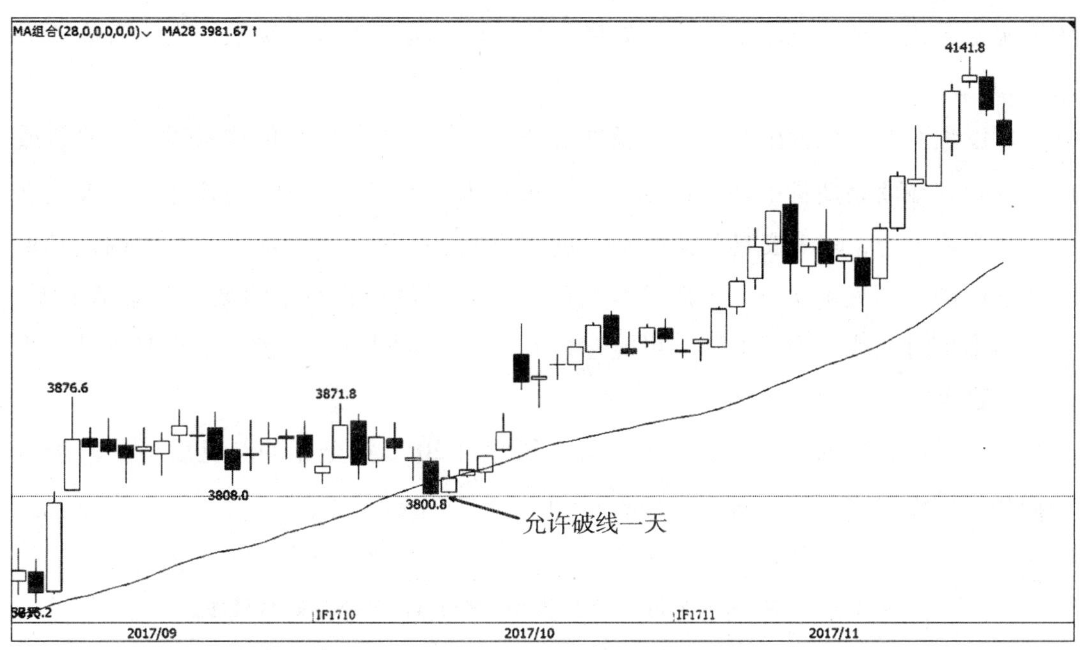

图6-8　IF主连2017年8月24日至2017年11月17日日线走势图

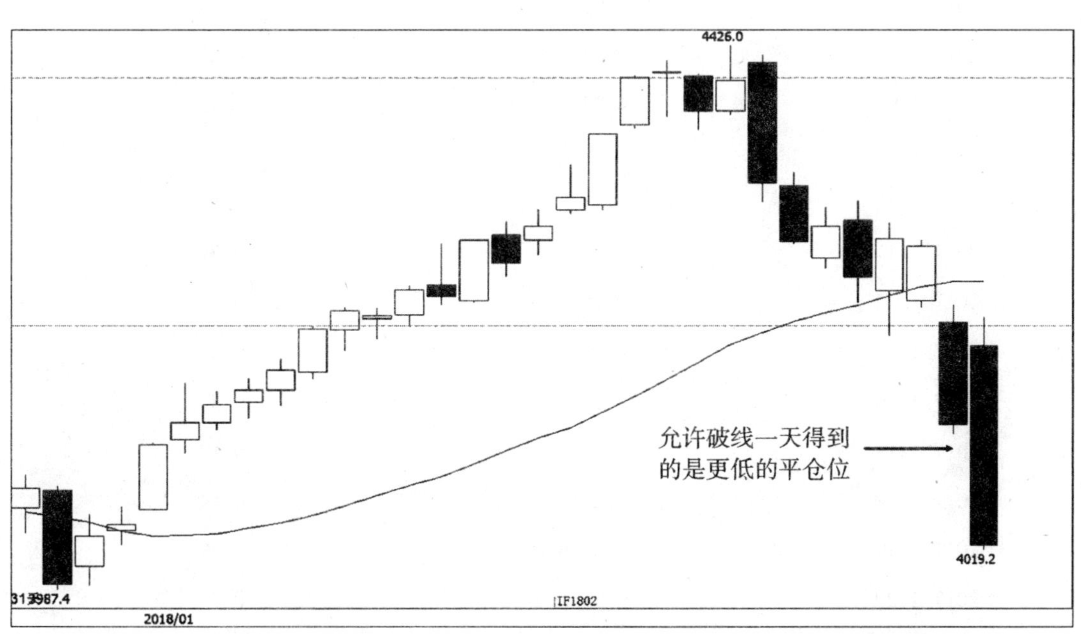

图6-9　IF主连2017年12月29日至2018年2月7日日线走势图

如果我们机械地允许破线一天，那么经过回测会发现，不论从收益总额还是从准确率，或是从盈亏比来看，都不如不加这一容错性。那么容错性本身错了吗？并不是，只是我们还没有找到真正的容错性工具。之所以允许它破线一天，是为了避

免擦枪走火式的突破移动平均线。如果它并不是擦枪走火式的突破，就没有必要对它容错。

所以我们要在允许破线一天的条件之外，再加一个条件，但这只适用于股票或股指期货，在商品期货中并不适用。证券市场因为有 T+1 的限制条件，当天建仓并不能当天平仓，很多交易都集中在开盘后的半个小时与收盘前半个小时内，其他时间基本都处于观望状态，因此开盘后的半个小时就显得特别重要。通常情况下，开盘后半小时上涨，当天上涨的可能性会大大增加。同样，开盘后半小时下跌，当天下跌的可能性会大大增加。

当然，没有数据，理论便站不住脚。我们对 2017 年全年的开盘后半小时涨跌数据与当日涨跌数据进行对比，如表 6－1。

表 6－1　2017 年交易日前 30 分涨幅幅度与当日涨跌幅度对照数据

日期	前 30 分钟涨跌幅度（%）	当日涨跌幅度（%）
2017. 1. 3	0. 77	1. 04
2017. 1. 4	0. 02	0. 73
2017. 1. 5	0. 03	0. 21
2017. 1. 6	0. 12	－0. 35
2017. 1. 9	0. 11	0. 54
2017. 1. 10	－0. 23	－0. 3
2017. 1. 11	0. 15	－0. 79
2017. 1. 12	0. 17	－0. 56
2017. 1. 13	－0. 15	－0. 21
2017. 1. 16	－0. 71	－0. 3
2017. 1. 17	－0. 59	0. 17
2017. 1. 18	0. 24	0. 14
2017. 1. 19	－0. 3	－0. 38
2017. 1. 20	0. 29	0. 7
2017. 1. 23	0. 45	0. 44
2017. 1. 24	－0. 02	0. 18
2017. 1. 25	－0. 03	0. 22
2017. 1. 26	0. 27	0. 31
2017. 2. 3	－0. 26	－0. 6

续表

日期	前30分钟涨跌幅度（%）	当日涨跌幅度（%）
2017. 2. 6	-0. 11	0. 54
2017. 2. 7	-0. 12	-0. 12
2017. 2. 8	-0. 46	0. 44
2017. 2. 9	0. 25	0. 51
2017. 2. 10	0. 13	0. 42
2017. 2. 13	0. 43	0. 63
2017. 2. 14	-0. 13	0. 05
2017. 2. 15	0. 18	-0. 18
2017. 2. 16	0. 05	0. 53
2017. 2. 17	0. 12	-0. 85
2017. 2. 20	0. 42	1. 18
2017. 2. 21	0. 29	0. 41
2017. 2. 22	-0. 04	0. 24
2017. 2. 23	-0. 2	-0. 3
2017. 2. 24	-0. 22	0. 06
2017. 2. 27	-0. 14	-0. 76
2017. 2. 28	0. 28	0. 4
2017. 3. 1	0. 17	0. 16
2017. 3. 2	0. 11	-0. 52
2017. 3. 3	-0. 7	-0. 36
2017. 3. 6	0. 07	0. 48
2017. 3. 7	-0. 08	0. 26
2017. 3. 8	0. 02	-0. 05
2017. 3. 9	-0. 7	-0. 74
2017. 3. 10	-0. 05	-0. 12
2017. 3. 13	-0. 37	0. 76
2017. 3. 14	0. 23	0. 07
2017. 3. 15	-0. 07	0. 08
2017. 3. 16	0. 67	0. 84
2017. 3. 17	0. 09	-0. 96

续表

日期	前 30 分钟涨跌幅度（%）	当日涨跌幅度（%）
2017. 3. 20	0. 03	0. 41
2017. 3. 21	0. 21	0. 33
2017. 3. 22	-0. 21	-0. 5
2017. 3. 23	0. 23	0. 1
2017. 3. 24	-0. 2	0. 64
2017. 3. 27	0. 2	-0. 08
2017. 3. 28	-0. 08	-0. 43
2017. 3. 29	-0. 13	-0. 36
2017. 3. 30	-0. 53	-0. 96
2017. 3. 31	0. 18	0. 38
2017. 4. 5	0. 51	1. 48
2017. 4. 6	0. 03	0. 33
2017. 4. 7	0	0. 17
2017. 4. 10	-0. 32	-0. 52
2017. 4. 11	0. 37	0. 6
2017. 4. 12	-0. 36	-0. 46
2017. 4. 13	-0. 13	0. 07
2017. 4. 14	-0. 26	-0. 91
2017. 4. 17	-0. 63	-0. 74
2017. 4. 18	-0. 14	-0. 79
2017. 4. 19	-0. 63	-0. 81
2017. 4. 20	0. 1	0. 04
2017. 4. 21	0. 06	0. 03
2017. 4. 24	-1. 43	-1. 37
2017. 4. 25	-0. 03	0. 15
2017. 4. 26	0. 14	0. 2
2017. 4. 27	-1. 07	0. 36
2017. 4. 28	-0. 25	0. 08
2017. 5. 2	-0. 17	-0. 35
2017. 5. 3	0. 04	-0. 27

续表

日期	前30分钟涨跌幅度（%）	当日涨跌幅度（%）
2017.5.4	-0.42	-0.25
2017.5.5	-0.54	-0.78
2017.5.8	-0.66	-0.79
2017.5.9	-0.6	0.06
2017.5.10	0.23	-0.9
2017.5.11	-0.19	0.29
2017.5.12	0.12	0.71
2017.5.15	0.28	0.22
2017.5.16	-0.84	0.74
2017.5.17	-0.06	-0.27
2017.5.18	-0.25	-0.46
2017.5.19	-0.02	0.02
2017.5.22	0.09	-0.48
2017.5.23	-0.21	-0.45
2017.5.24	-0.77	0.07
2017.5.25	-0.04	1.43
2017.5.26	0.09	0.08
2017.5.31	0.94	0.23
2017.6.1	-0.45	-0.47
2017.6.2	-0.14	0.09
2017.6.5	-0.43	-0.45
2017.6.6	-0.04	0.34
2017.6.7	0.7	1.23
2017.6.8	-0.1	0.32
2017.6.9	0.32	0.26
2017.6.12	-0.02	-0.57
2017.6.13	-0.23	0.42
2017.6.14	-0.31	-0.73
2017.6.15	-0.23	0.06
2017.6.16	-0.14	-0.3

续表

日期	前30分钟涨跌幅度（%）	当日涨跌幅度（%）
2017.6.19	0.28	0.7
2017.6.20	-0.11	-0.16
2017.6.21	0.09	0.52
2017.6.22	0.33	-0.28
2017.6.23	-0.29	0.33
2017.6.26	0.68	0.87
2017.6.27	-0.17	0.18
2017.6.28	-0.29	-0.56
2017.6.29	0.35	0.47
2017.6.30	-0.31	0.14
2017.7.3	-0.14	0.11
2017.7.4	-0.31	-0.39
2017.7.5	-0.02	0.74
2017.7.6	-0.01	0.17
2017.7.7	-0.35	0.16
2017.7.10	-0.19	-0.15
2017.7.11	-0.39	-0.3
2017.7.12	-0.11	-0.17
2017.7.13	0.09	0.64
2017.7.14	-0.28	0.13
2017.7.17	-1.56	-1.43
2017.7.18	0.11	0.35
2017.7.19	0.29	1.36
2017.7.20	0.11	0.43
2017.7.21	-0.13	-0.21
2017.7.24	0.1	0.39
2017.7.25	-0.14	-0.21
2017.7.26	0.27	0.12
2017.7.27	-0.47	0.06
2017.7.28	-0.19	0.11

续表

日期	前30分钟涨跌幅度（%）	当日涨跌幅度（%）
2017.7.31	0.05	0.61
2017.8.1	0.41	0.6
2017.8.2	0.04	-0.23
2017.8.3	-0.02	-0.37
2017.8.4	0.09	-0.33
2017.8.7	-0.44	0.53
2017.8.8	-0.05	0.07
2017.8.9	-0.23	-1.9
2017.8.10	0.12	-0.42
2017.8.11	-0.63	-1.63
2017.8.14	0.25	0.9
2017.8.15	0.51	0.43
2017.8.16	-0.37	-0.15
2017.8.17	0.38	0.68
2017.8.18	-0.33	0.01
2017.8.21	0.29	0.56
2017.8.22	-0.13	0.1
2017.8.23	0.07	-0.08
2017.8.24	-0.06	-0.49
2017.8.25	0.66	1.83
2017.8.28	0.68	0.93
2017.8.29	0.01	0.08
2017.8.30	0.11	-0.05
2017.8.31	-0.11	-0.08
2017.9.1	0.33	0.19
2017.9.4	0.22	0.37
2017.9.5	-0.12	0.14
2017.9.6	-0.4	0.03
2017.9.7	0.05	-0.59
2017.9.8	0.08	-0.01

续表

日期	前30分钟涨跌幅度（%）	当日涨跌幅度（%）
2017.9.11	0.17	0.33
2017.9.12	0.04	0.09
2017.9.13	-0.2	0.14
2017.9.14	0.16	-0.38
2017.9.15	-0.48	-0.53
2017.9.18	0.3	0.28
2017.9.19	0.06	-0.18
2017.9.20	-0.08	0.27
2017.9.21	-0.18	-0.24
2017.9.22	-0.45	-0.16
2017.9.25	-0.18	-0.33
2017.9.26	-0.02	0.06
2017.9.27	-0.02	0.05
2017.9.28	-0.2	-0.17
2017.9.29	0.27	0.28
2017.10.9	1.16	0.76
2017.10.10	-0.22	0.26
2017.10.11	0.11	0.16
2017.10.12	-0.2	-0.06
2017.10.13	-0.07	0.13
2017.10.16	0.02	-0.36
2017.10.17	-0.27	-0.19
2017.10.18	0.09	0.29
2017.10.19	-0.3	-0.34
2017.10.20	-0.16	0.25
2017.10.23	0.09	0.06
2017.10.24	0.1	0.22
2017.10.25	-0.08	0.26
2017.10.26	0.09	0.31
2017.10.27	0.09	0.27

续表

日期	前30分钟涨跌幅度（%）	当日涨跌幅度（%）
2017. 10. 30	-0. 95	-0. 77
2017. 10. 31	-0. 34	0. 09
2017. 11. 1	0. 35	0. 08
2017. 11. 2	-0. 57	-0. 37
2017. 11. 3	-0. 47	-0. 34
2017. 11. 6	-0. 34	0. 49
2017. 11. 7	0. 34	0. 75
2017. 11. 8	0. 11	0. 06
2017. 11. 9	0. 05	0. 36
2017. 11. 10	-0. 19	0. 14
2017. 11. 13	0. 43	0. 44
2017. 11. 14	-0. 36	-0. 53
2017. 11. 15	-0. 42	-0. 79
2017. 11. 16	-0. 04	-0. 1
2017. 11. 17	-0. 32	-0. 48
2017. 11. 20	-1. 17	0. 28
2017. 11. 21	0. 34	0. 53
2017. 11. 22	0. 54	0. 59
2017. 11. 23	-0. 51	-2. 29
2017. 11. 24	-0. 4	0. 06
2017. 11. 27	-0. 67	-0. 94
2017. 11. 28	0. 02	0. 34
2017. 11. 29	0. 03	0. 13
2017. 11. 30	0. 07	-0. 62
2017. 12. 1	-0. 22	0. 01
2017. 12. 4	-0. 11	-0. 24
2017. 12. 5	0. 03	-0. 18
2017. 12. 6	-0. 31	-0. 29
2017. 12. 7	-0. 3	-0. 67
2017. 12. 8	0. 11	0. 55

续表

日期	前30分钟涨跌幅度（%）	当日涨跌幅度（%）
2017.12.11	0.22	0.98
2017.12.12	-0.32	-1.25
2017.12.13	-0.13	0.68
2017.12.14	-0.24	-0.32
2017.12.15	-0.34	-0.8
2017.12.18	0.35	0.05
2017.12.19	0.38	0.88
2017.12.20	-0.07	-0.27
2017.12.21	-0.42	0.38
2017.12.22	0.08	-0.09
2017.12.25	0.41	-0.5
2017.12.26	0.42	0.78
2017.12.27	-0.28	-0.92
2017.12.28	-0.19	0.63
2017.12.29	0.15	0.33

据表6-1，开盘后半小时上涨且当日上涨的天数为82天，开盘后半小时下跌且当日下跌的天数为74天。同向性共计156天，2017年共244个交易日，同向性率为63.93%。如果某一规律的概率大于50%，便可以说这种规律具有倾向性。2017年的数据显示的倾向性高达63.93%，便可以把这种规律拿来一用。

6.2.4 单根均线与N字突破组合

如果在单根移动平均线之上形成向上的峰谷有序排列，则为快速上涨阶段，再买进开仓。如图6-10。

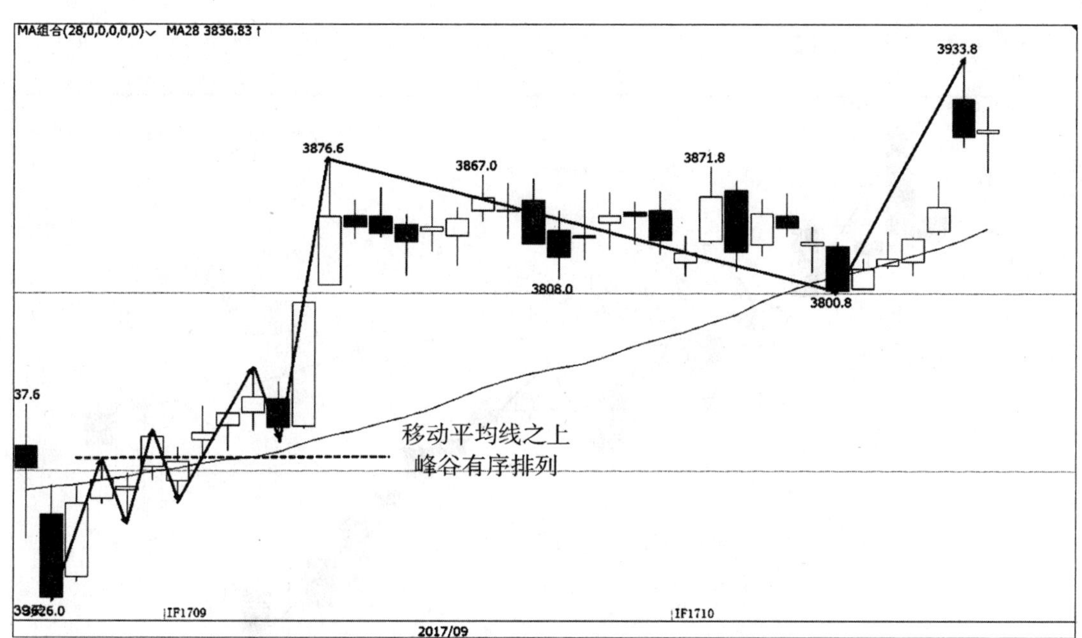

图6-10 IF主连快速上涨阶段买进开仓

如果在单根移动平均线之上形成向下的峰谷乱序排列，则为上涨间歇阶段，应卖出平仓。如图6-11。

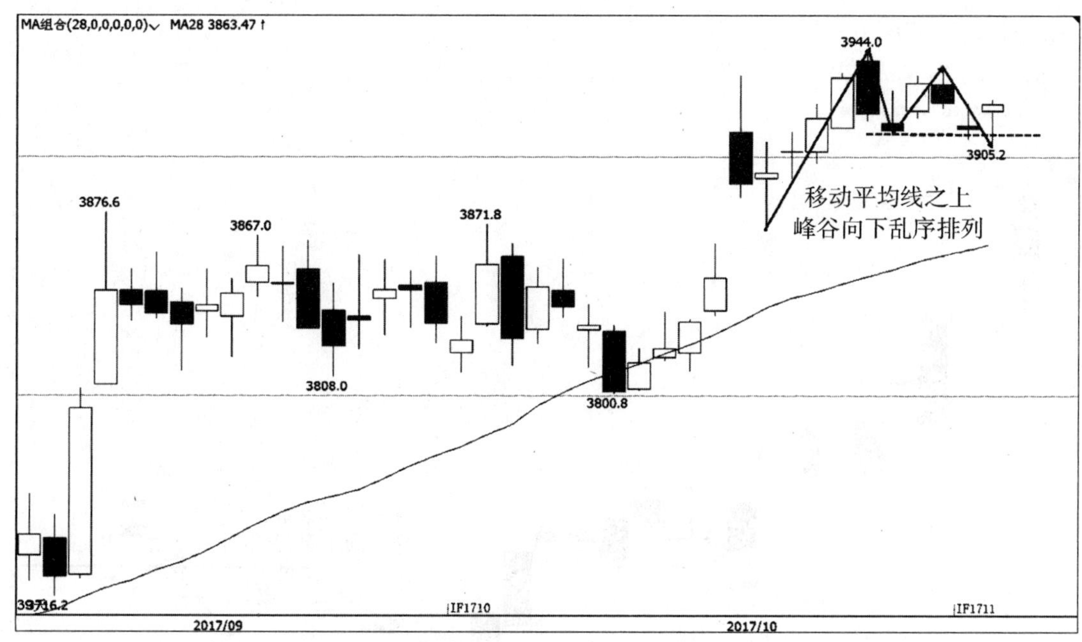

图6-11 IF主连上涨间歇阶段卖出平仓

如果在单根移动平均线之下形成向下的峰谷有序排列，则为快速下跌阶段，应卖出开仓。如图 6－12。

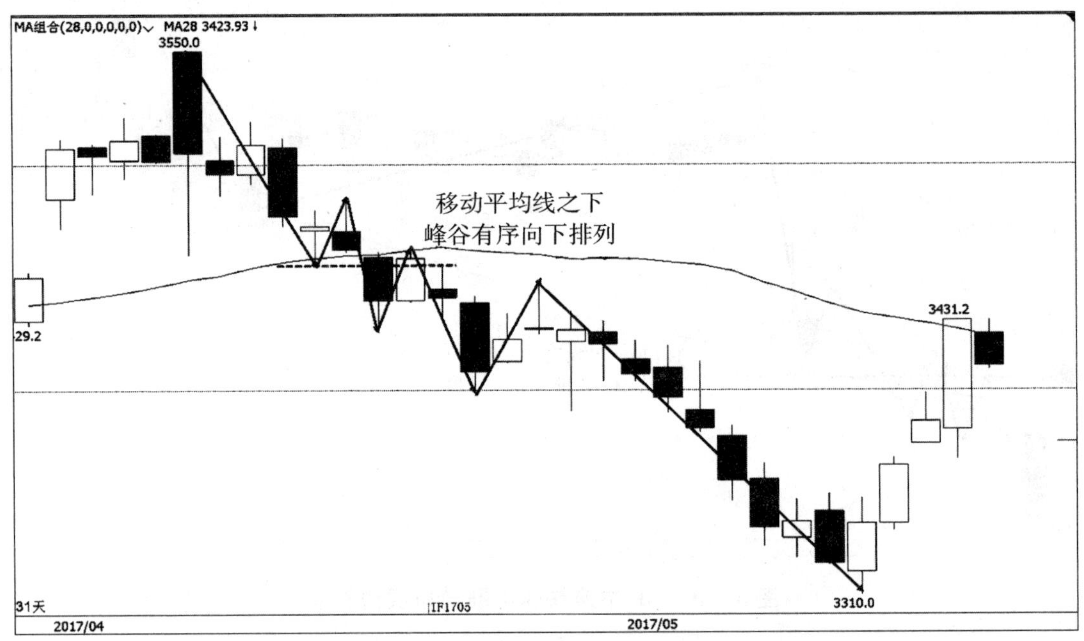

图 6－12 IF 主连快速下跌阶段卖出开仓

如果在单根移动平均线之下形成向上的峰谷乱序排列，则为下跌间歇阶段，应买进平仓。如图 6－13。

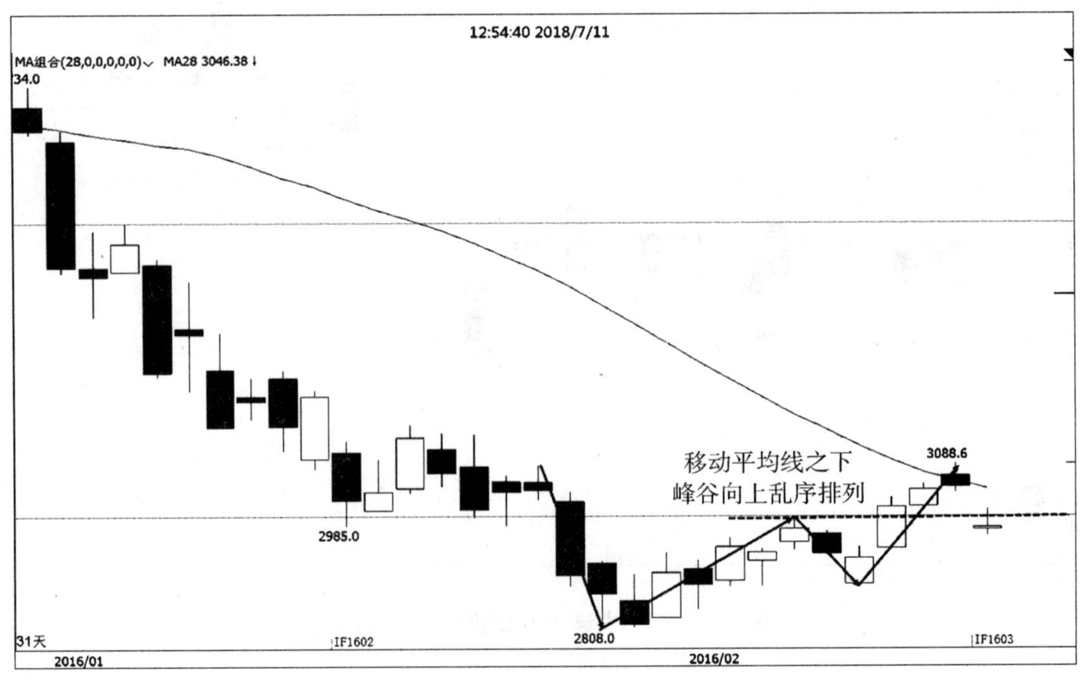

图 6－13 IF 主连下跌间歇阶段买进平仓

有了N字突破与单根移动平均的系统，我们再对IF主连做一次回测，均线参数还是选用28。回测数据如下。

收益总额：985200元

交易笔数：84笔

平均每笔交易回报：11728.57元

毛利润（盈利交易之和）：2078100元

毛亏损（亏损交易之和）：1092900元

盈亏比：1.9

盈利交易笔数：39笔

亏损交易笔数：45笔

准确率：46.43%

最大连续亏损笔数：7笔

最大连续亏损金额：205200元

收益曲线如图6-14，单位：点。

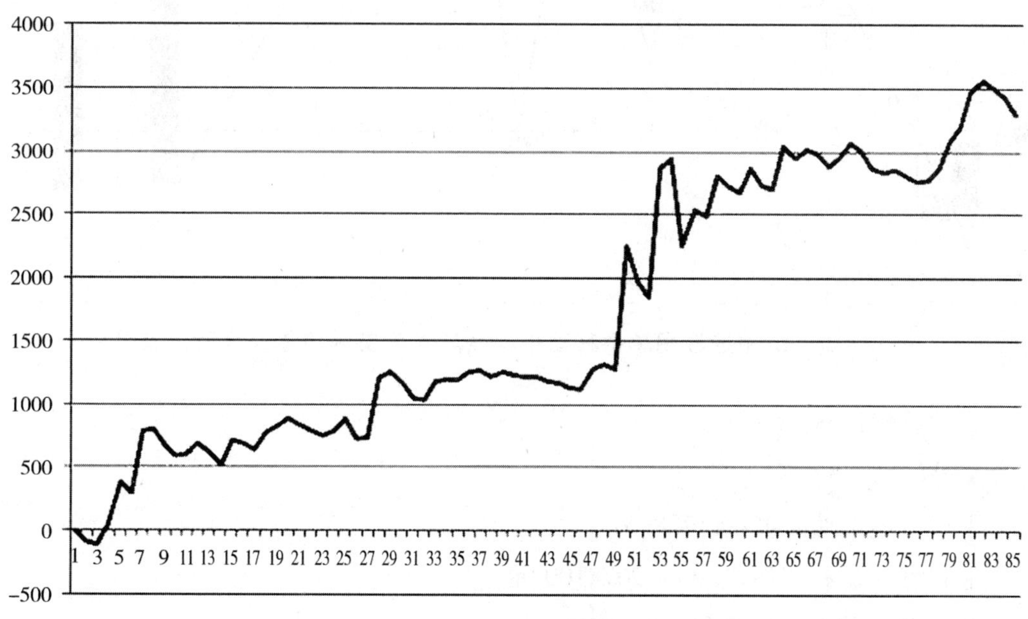

图6-14　单根均线与N字突破收益曲线图

不论从盈利总额、总交易笔数，还是从盈亏比与准确率来说，单根均线与N字突破的组合都完胜单根均线与单根K线的组合。这就说明了我们之前所有的解构工作得出来的任何交易方法底层逻辑都是趋势定义的结论是正确的。

总体来说，单根均线与K线的组合，只有一次赚钱的机会，其他时间收益曲线都处于震荡状态。IF上市8年来，只有在2014年至2015年的牛市中才有赢利机会，而此间单根K线N字突破的收益曲线，总体呈现震荡向上的走势。在此8年中，只要坚持此方法交易一年以上的交易者，都有赢利的机会。从操作性上来说，单根均线与N字突破结合的方法，更胜一筹。

不过美中不足之处在于，最大连续亏损达到20.52万，未免太多了一些，并且这笔亏损出现的前后，都是盈利的交易，也就是说这20.52万的亏损是在一笔交易中损失的。如图6－15。

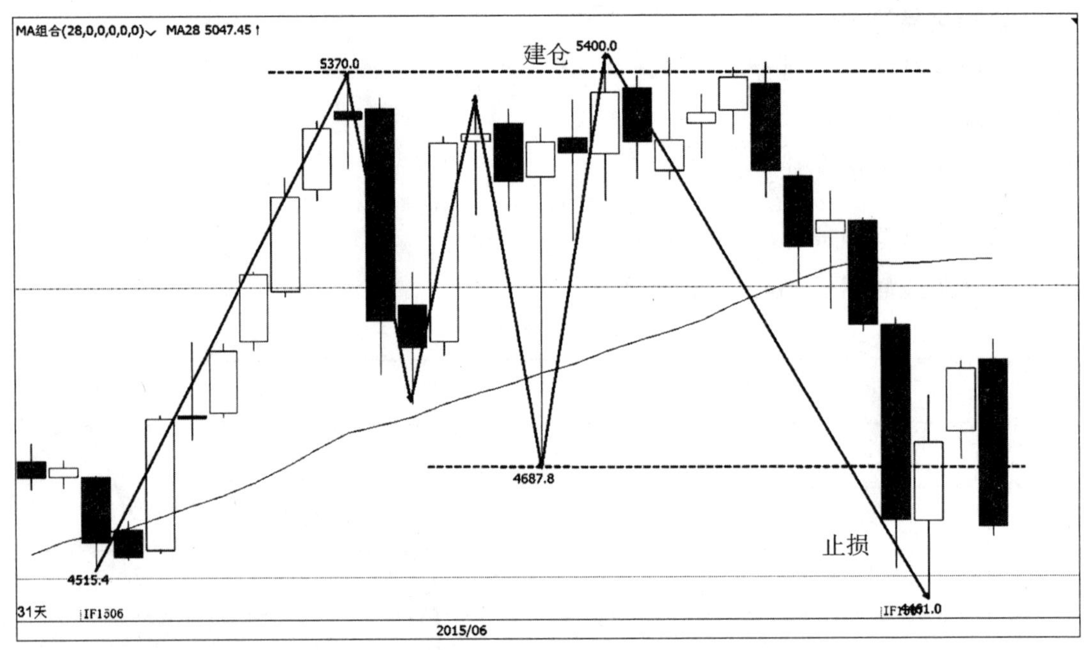

图6－15　IF主连应用单根移动平均线与N字突破单笔最大亏损交易

收益总额：985200元

交易笔数：84笔

平均每笔交易回报：11728.57元

毛利润（盈利交易之和）：2078100元

毛亏损（亏损交易之和）：1092900元

盈亏比：1.9

盈利交易笔数：39笔

亏损交易笔数：45笔

准确率：46.43%

最大连续亏损笔数：7 笔

最大连续亏损金额：205200 元

单笔亏损多达 684 点，原因在于给出峰谷乱序之间的空间过大，完全没有过渡。应对这种情况有两种方法，其一是完全从技术上规避，如反出击日线止损法。其二是从资金管理上规避，如果给出的回测数据没有加入任何资金管理方案，都是以单笔交易一手来计算的。若加入资金管理方案的话，会有很多种方法。如果每 100 万只交易一手 IF 合约，如果亏损幅度达到 3% 便立刻止损。例如以峰谷推进法来计算单笔交易量，在此例中，建仓位为前期波峰 5371 点，止损位为前期波谷 4687 点，止损幅度为 684 点，每点价值 300 元，总止损金额为 20. 52 万，如果你有 100 万资金，每次最大止损不超过 3%，也就是 3 万元的话，本次交易应回避，因为总资金的 3% 即 3 万元无法覆盖 20. 52 万元的亏损。

资金管理的方法有很多，我们便不再一一回测了。我们仅回测一下使用反出击日线法止损的数据。详情如下。

收益总额：982500 元

交易笔数：111 笔

平均每笔交易回报：8851. 35 元

毛利润（盈利交易之和）：1913700 元

毛亏损（亏损交易之和）：931200 元

盈亏比：2. 06

盈利交易笔数：32 笔

亏损交易笔数：79 笔

准确率：28. 83%

最大连续亏损笔数：15 笔

最大连续亏损金额：145200 元

收益曲线如图 6 - 16，单位：点。

从收益总额来看，加入反出击日线止损法与无反出击日线法基本持平。准确率降低，但盈亏比升高；最大连续亏损总额降低，但最大连续亏损笔数降低，同时交易总笔数升高。

这些数据的变化说明一个问题，反出击日线止损法虽然可以遏制大幅度的亏损，但是它过于敏感，会把一段大幅度的趋势分割成几段。N 字突破后的震荡阶段，极有可能擦枪走火触发止损，当行情按原方向再次突破时，将会错过一部分行情，再加上错误的止损，会产生双重损失。

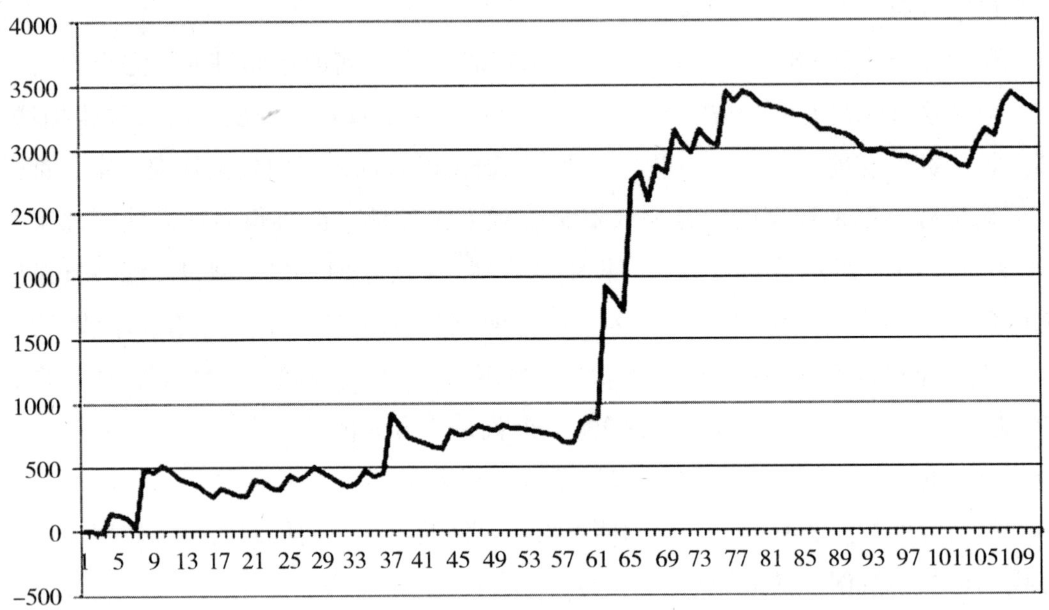

图 6-16 单根移动平均线与 N 字突破加入反出击日止损法收益曲线图

所以说任何一种方法都是双刃剑。

从 IF 主连的回测数据中可以看出，是否加入反出击日线止损法对于最终的结果的影响并不大。但对比两者的收益曲线，加入反出击日线止损法的收益曲线，更类似于单根移动平均线与单根 K 线组合的收益曲线。真正赚钱的地方仅有一处，其他时段的收益曲线几乎都处于震荡之中。那么从操作性的角度来看，还是不加入反出击日线法更好一些，至少不论我们在什么时间入场，都有机会赚到钱。

对于单笔大幅度止损来说，从技术的角度上来解决，还是处于同一个维度的体系内部的解决阶段，如果我们使用资金管理来控制的话，便多了一个维度，效果会更好一些。

6.2.5 传统双均线过滤器

单根均线的维度毕竟过于单一，移动平均线的用法还包含双均线与多均线。可以用长短均线再一次过滤 N 字突破给出的信号。通常双均线中包含着一长一短两条周期均线，如果都用短期均线或都用长期均线，则达不到应有的效果。

传统的双均线用法为：均线呈现金叉时为上涨趋势，均线呈现死叉时为下跌趋势。双均线金叉，K 线收盘价处于双均线之上时，为快速上涨阶段，买进开仓；K

线收盘价处于双均线之间时，为上涨间歇阶段，卖出平仓；双均线死叉，K 线收盘价处于双均线之下时，为快速下跌阶段，卖出开仓；K 线收盘价处于双均线之间时，为下跌间歇阶段，买进平仓。

传统双均线系统可以分为两部分，一部分为之前所述的短期单根均线与 K 线收盘价的组合，我们称之为简单系统 A。另一部分是增加了一条长期均线充当过滤器，在长期均线之上的简单系统 A 的做空信号全部忽略，在长期均线之下的简单系统 A 的做多信号全部忽略，从而在某种程度上阻止了价格反复穿越均线时，造成的双向止损问题。

我们采用参数为 28、98 的双均线对 IF 主连进行回测，回测数据如下。

收益总额：650100 元

交易笔数：85 笔

平均每笔交易回报：7648.24 元

毛利润（盈利交易之和）：1518300 元

毛亏损（亏损交易之和）：868200 元

盈亏比：1.75

盈利交易笔数：29 笔

亏损交易笔数：56 笔

准确率：34.12%

最大连续亏损笔数：7 笔

最大连续亏损金额：121500 元

收益曲线如图 6－17，单位：点。

对比单根均线加 K 线与双均线加 K 线两组回测数据，如表 6－2。除了收益总额降低，为负向变化以外，其他所有项都为正向变化。交易总笔数变少了，每笔交易的质量提高了，交易成本降低了。盈亏比提高了，准确率提高了。连续最大亏损笔数与金额全部降低。

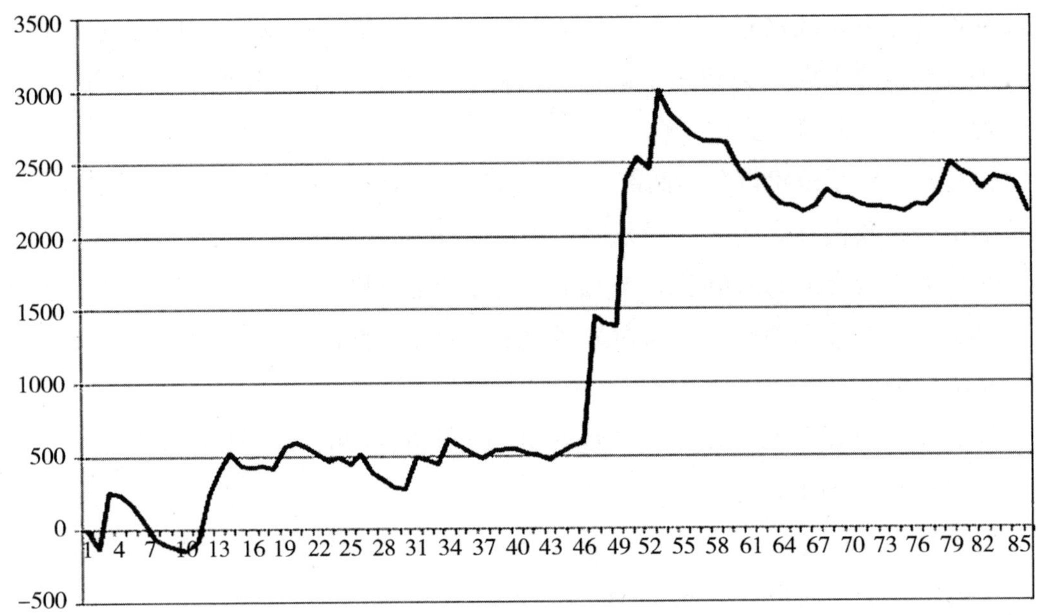

图 6-17 双均线与 K 线收盘价组合收益曲线

并且我们需要注意的是，由于我们采用的均线参数为 28 与 98，那么单根均线系统可以在 2010 年 5 月 26 日开始交易，但双均线系统则要在 2010 年 9 月 6 日开始交易，单根均线系统交易时长要比双均线系统多 70 个交易日，也就比双均线多了 70 个交易日之间的赢利机会。所以如果你更注重交易体验的话，双均线系统明显要比单均线系统更有优势。

表 6-2 单根均线系统与双均线系统回测数据对比

	单根均线与 K 线	双均线与 K 线	变化
收益总额	792300	650100	-17.95%
交易总笔数	162	85	-47.53%
每笔盈利	4890.74	7648.24	56.38%
盈亏比	1.42	1.75	23.24%
准确率	29.63%	34.12%	15.15%
连续最大亏损笔数	11	7	-36.36%
连续最大亏损金额	173400	121500	-29.93%

6.2.6 双均线与 N 字突破组合

既然双均线比单均线有优势，N 字突破比单根 K 线有优势，那么我们将优势相结合，将双均线与 N 字突破放在一起构建交易系统。

长短移动平均线呈金叉状态，峰谷向上有序排列，为快速上涨阶段，买进建仓，如图6－18。

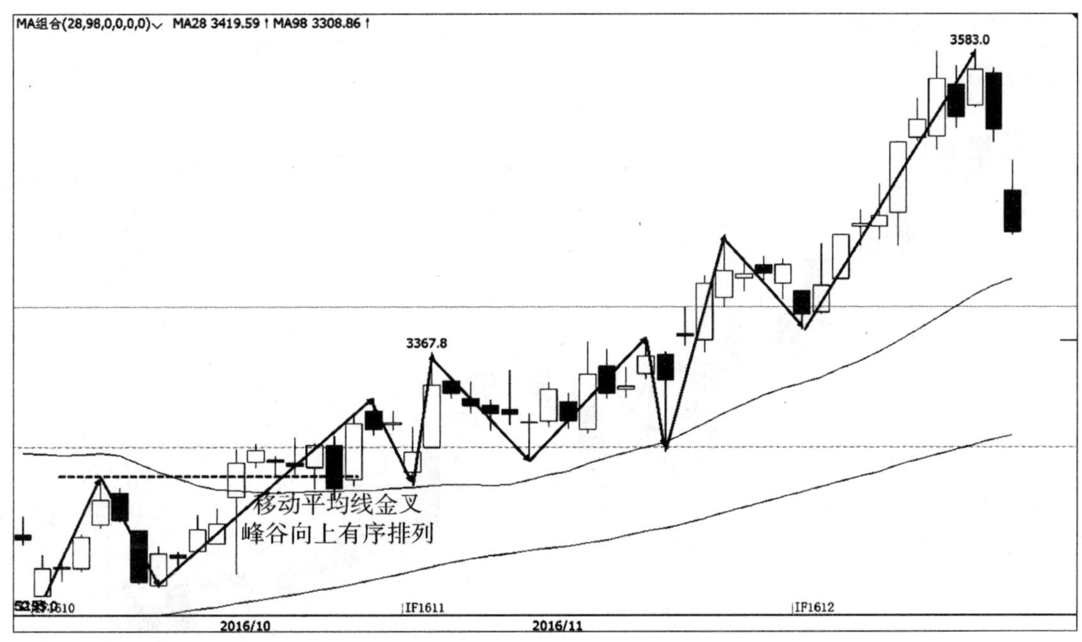

图6－18　均线金叉峰谷向上有序排列买进建仓

长短移动平均线呈金叉状态，峰谷向下乱序排列，为上涨间歇阶段，卖出平仓，如图6－19。

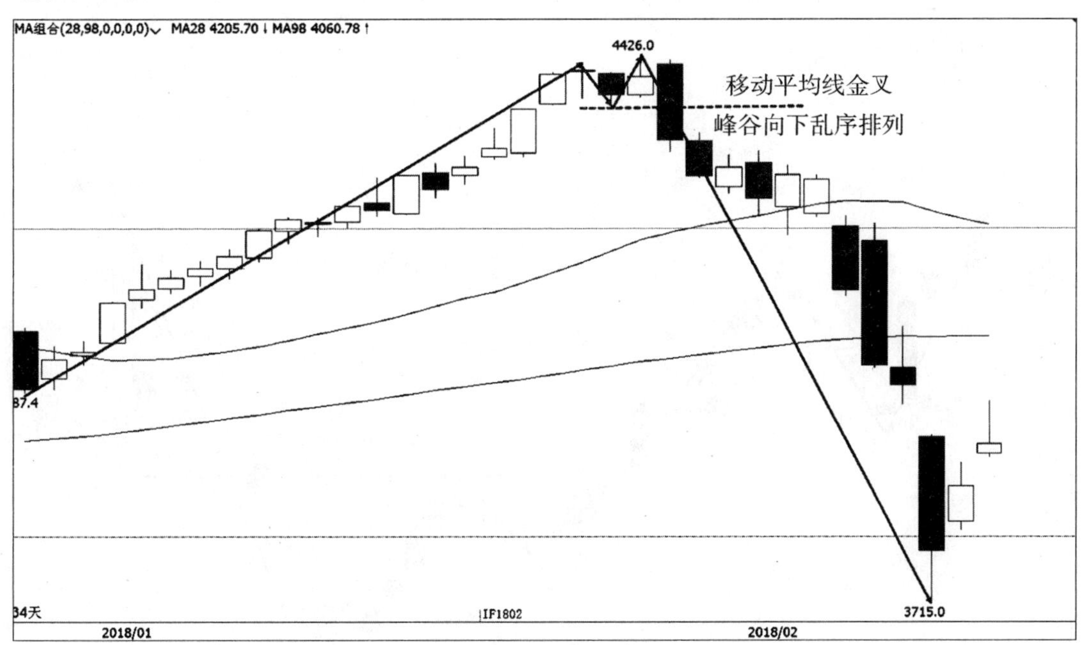

图6－19　均线金叉峰谷向下乱序排列卖出平仓

当长短移动平均线呈现死叉状态，峰谷向下有序排列，为快速下跌阶段，卖出建仓，如图6-20。

图6-20 均线死叉峰谷向下有序排列卖出建仓

长短移动平均线呈现死叉状态，峰谷向上乱序排列，为下跌间歇阶段，买进、平仓，如图6-21。

图6-21 均线死叉峰谷向上乱序排列买进平仓

我们还是选用参数为28、98的移动平均线进行回测，回测数据如下。

收益总额：668700元

交易笔数：58笔

平均每笔交易回报：11529.31元

毛利润（盈利交易之和）：1501800元

毛亏损（亏损交易之和）：833100元

盈亏比：1.8

盈利交易笔数：28笔

亏损交易笔数：30笔

准确率：48.28%

最大连续亏损笔数：3笔

最大连续亏损金额：205200元

收益曲线如图6－22，单位：点。

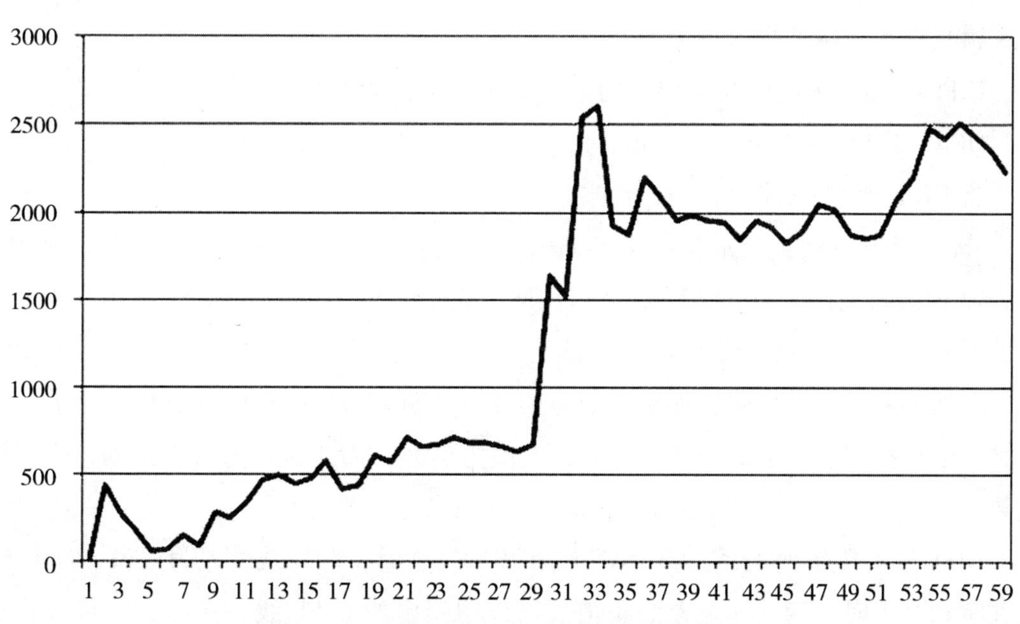

图6－22　双均线与N字突破系统收益曲线

单均线系统的优势是灵活，双均线系统的优势是容错。采用单均线还是双均线完全取决于你的交易风险偏好或承受力，但N字突破，因为它符合价格走势的底层逻辑，即趋势的基本定义，因此实战价值最高。

双均线的参数必须要一长一短（相对），不能全取小参数，也不能全取大参数。如果参数相同，便无法展现双均线的优势。MACD指标是最常见的一款基于双均线系统搭建的技术分析指标，它的理念非常先进，完全符合四种走势模式。但真正纯粹用它的人并不多，为什么呢？就是原版 MACD 的参数选得不好。

6.2.7 内含双均线系统的 MACD 指标

MACD 指标全称为指数平滑移动平均线，几乎所有的分析软件都把 MACD 归为摆动指标，其实是错的。MACD 的全称中带有“平均线”二字，平均线是趋势类指标，所以 MACD 的本质还是趋势类指标。

为什么说 MACD 是基于移动平均线所计算的指标呢？来看一下 MACD 指标的计算公式。

DIFF：EMA（CLOSE，SHORT） - EMA（CLOSE，LONG）；

DEA：EMA（DIFF，M）；

2×（DIFF-DEA），COLORSTICK；

其中：EMA 为指数移动平均线，它是算术移动平均线（MA）的一种变化，底层逻辑与算术移动平均线相当。

DIFF：Short 天内的收盘价平均值-Long 天内的收盘价平均值；

DEA：DIFF 值的 M 天平均值；

将 DIFF 值与 DEA 值相减，再乘以 2。

Short 意为短期，通常情况下 Short 的参数为 12，因为以前的交易日是每周 6 天，12 代表着两周的时间。Long 意为长期，通常情况下 Long 的参数为 26，约 1 个月的时间。这样，DIFF 线为 12 日均线与 26 日均线的差。

既然是两条均线相减，如果差值为正数，说明 12 日均线在 26 日均线之上，为金叉，多头排列，为上涨趋势。反之，差值为负数，为死叉，为空头排列，为下跌趋势。

DIFF 线与零轴的关系：当 DIFF 线在零轴之上时，两均线之差为正值；当 DIFF 线在零轴之下时，两均线之差为负值。所以副图中的 DIFF 线一条线，就可以代替主图中两条移动平均线。零轴之上为上涨趋势，零轴之下为下跌趋势。

DEA 线是将 DIFF 线再平均，M 的参数通常为 9，也就是 DEA 线是 DIFF 值的 9 日移动平均线。

MACD 指标中，除了两条平滑的曲线之外，还有红绿色的柱线。柱线就是 DIFF 值与 DEA 值的差值的 2 倍。差值为正，说明 DIFF 线在 DEA 线之上，即零轴之上的红色柱线；差值为负，说明 DIFF 线在 DEA 线之下，即零轴之下的绿色柱线。为什么要乘以2呢？乘以几都没关系，就是放大一下，让我们看起来更直观。

若DIFF线在零轴之上，且DIFF值处于DEA线之上，说明短期平均上涨速度大于9天平均的上涨速度，行情处于快速上涨的过程中。DIFF还在零轴之上，但在DEA线之下，说明短期平均上涨速度小于9天平均的上涨速度，涨速变慢，快速上涨行情可能告一段落。但这不意味着上涨趋势结束，仅仅是涨速变慢了而已，有可能此时仅仅是大级别上涨趋势的一段方向相反的次要趋势，也就是这可能是一波回调。真正转势，要看DIFF是否下穿零轴。

所以在MACD指标中，DIFF线表示的是12日均线与26日均线的相对位置，用零轴来加以区别。DEA线是对DIFF线的再平滑处理，柱线是DIFF线与DEA线的相对位置，用零轴之上的红色柱线与零轴之下的绿色柱线加以区别。

我们可以单独使用MACD指标来构建一套交易系统，如下：

1. 当DIFF线在零轴之上，并且当DIFF与DEA线呈金叉状态时，为快速上涨阶段，买进开仓。

2. 当DIFF线在零轴之上，并且当DIFF线与DEA线呈死叉状态时，为上涨间歇阶段，卖出平仓。

如图6-23。

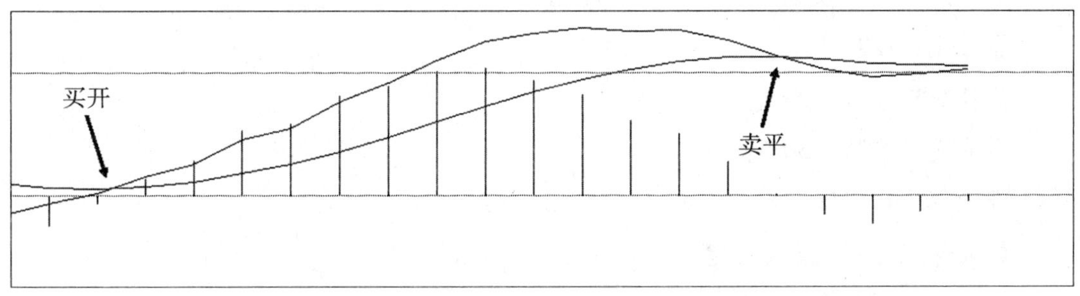

图6-23　MACD经典用法买开与卖平

3. 当DIFF线在零轴之下，并且当DIFF线与DEA线呈现死叉状态时，为快速下跌阶段，卖出开仓。

4. 当DIFF线在零轴之下，并且当DIFF线与DEA线呈现金叉状态时，为下跌间歇阶段，买进平仓。

如图6-24。

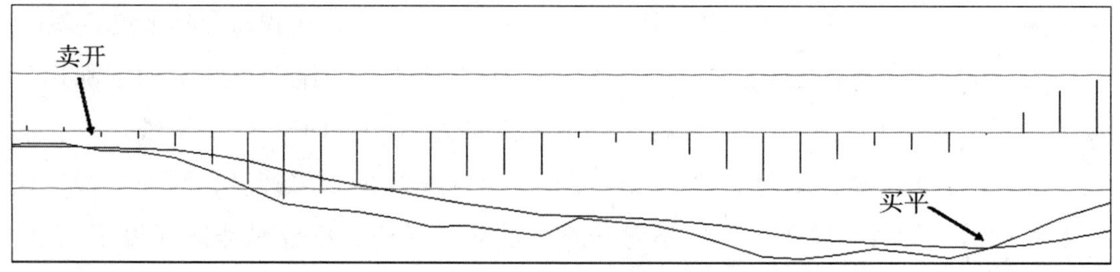

图 6－24　MACD 经典用法卖开与买平

MACD 指标完全可以替代双均线与单根 K 线系统，只用 MACD 便可完成所有交易，但为什么在真实交易中并不好用呢？因为原版的参数没选对，12 与 26，说小不小，说大不大，完全没有拉开差距，所以无法发挥双均线优势。

我们将 MACD 的参数由 12、26、9 改为 28、98、9，再用 IF 主连进行回测，回测数据如下。

收益总额：657600 元

交易笔数：53 笔

平均每笔交易回报：12407.55 元

毛利润（盈利交易之和）：1387500 元

毛亏损（亏损交易之和）：729900 元

盈亏比：1.9

盈利交易笔数：23 笔

亏损交易笔数：30 笔

准确率：43.4%

最大连续亏损笔数：4 笔

最大连续亏损金额：126000 元

收益曲线如图 6－25，单位：点。

修改参数后的 MACD 系统必然优于原版 MACD 系统，但要注意，并不是说所有参数中只有 28、98 才是最优解。如果我们用参数 12，后一个参数可以选择 55 或者 60。如果我们选择参数 26，前一个参数可以选择 5。要点在于两参数之间要拉开差距。

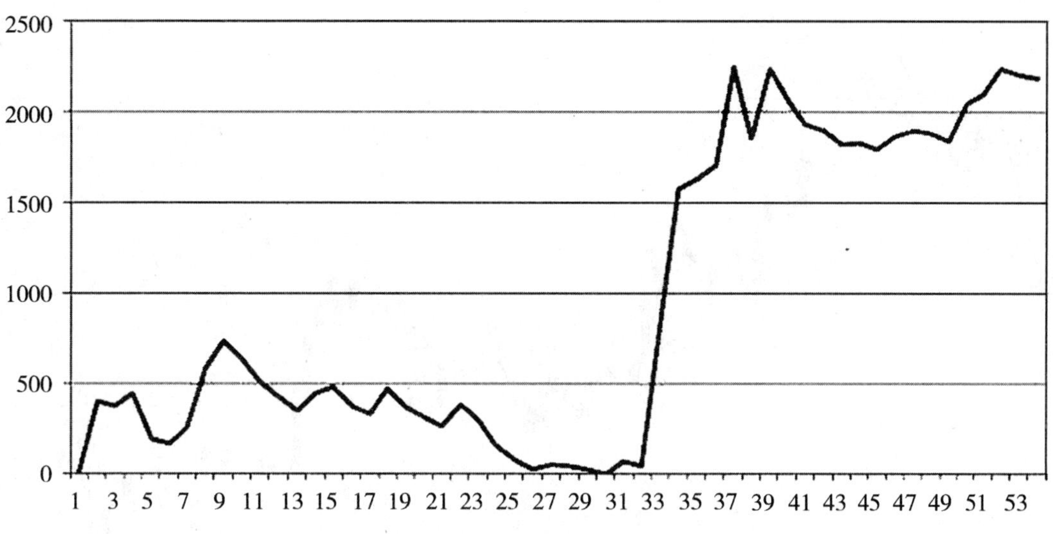

图6-25 MACD经典用法收益曲线图

毕竟MACD仅仅是双均线系统，它并未包含任何K线的成分，所以它只有一个维度，看它的收益曲线，只有在大趋势出现的时候才能赚到钱。而沪深300指数也仅在2014年至2015年的时间内出现过大牛市，其他时间都处于震荡之中。不过只要仔细调配参数，在总体震荡中还不至于亏损。

6.3 双均线与N字突破的主观交易系统

我们已经把走势模式分为四个阶段：快速上涨、上涨间歇、快速下跌与下跌间歇。但我们还想更进一步。

6.3.1 必然错过的反转之间的行情

不论我们使用哪种过滤器，在行情的反转过程中，我们无法拿到最初的阶段。例如快速下跌阶段结束之后，它有两种情况：一种情况转为下跌间歇阶段，停顿震荡过后，继续快速下跌；一种情况直接进入快速上涨阶段，但交易系统不能立刻给出交易信号，我们只能眼睁睁地看着错过一段快速上涨行情。反之，我们会避开一段快速下跌的行情。如图6-26。在卖平与卖开之间的下跌部分，若严格遵守交易系统便会错过。

图6－26　必定会错过的反转之间的行情

如果遵循交易系统，则给出信号便执行，投入的精力少一些，当然回报也会少一些。但如果你想谋求更多的收益，就要再想一些办法，尽可能跟随每一波走势。

6.3.2　上涨间歇与下跌间歇之间的操作

快速上涨阶段与快速下跌阶段，是任何一款趋势跟踪系统都能给出的信号。获取更多的利润，只能在上涨间歇与下跌间歇之间寻求。所以我们建立一套基于双均线与N字突破系统之上的主观交易系统，将上涨间歇与下跌间歇纳入其中，并且再加入开盘后30分钟涨跌与当日涨跌的同向性、资金管理与成交量等辅助因素。

与过滤器方向相同的N字突破，我们称之为峰谷有序排列；反过来，与过滤器方向不同的N字突破，我们称之为峰谷乱序排列。在正常的交易中，我们只做有序的N字突破，过滤掉乱序的N字突破，这也正是过滤器的作用。

通常情况下，N字突破后，多少都会有一些利润。也就是说不论在快速市阶段（峰谷有序），还是在间歇阶段（峰谷乱序），不论它是推进形式的N字突破，还是调整形式的N字突破，突破之后都会有一些空间，而这部分空间，就是我们要获取的额外利润空间。如图6－27。

图左侧，短期均线处于长期均线之下，按照双均线系统，此时市场正处于下跌趋势中。价格走势在下跌趋势中出现了向上的N字突破，此时按照正常的交易系统，应当平掉之前的空仓，并且观望后续走势，伺机而动。

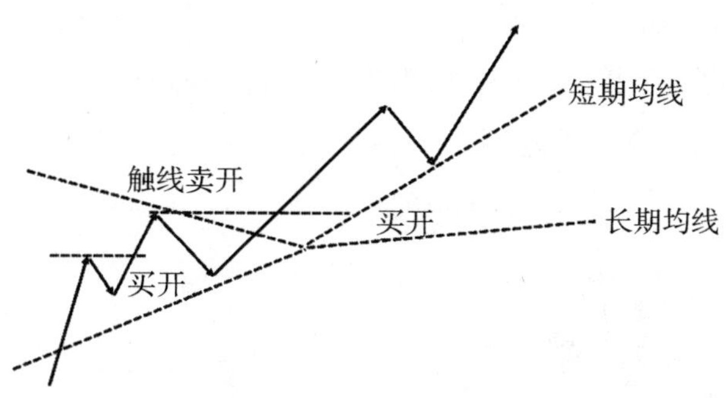

图6－27　峰谷乱序时的建仓位置

我们想要更多的利润，则可以暂时不考虑过滤器的过滤效果，见到N字突破即买进开仓，那么买进开仓与卖出平仓处于同一位置。然后再考虑过滤器的作用，毕竟市场目前还处于下跌趋势中，所以我们就不能按照既往的峰谷推进法平仓、也不能用趋势线推进法平仓，若这样就太慢了。

既然在下跌趋势中，出现了反向的N字突破，也就是说市场正处于下跌间歇阶段，理论上最大反弹目标位便是长期均线处，所以只要价格一旦触及或在长期均线之下出现了颓势，则立刻卖出平仓，成功抢到一波反弹，然后观望。如图所示，如果长期移动平均线上穿短期移动平均线，并且价格破高，再次形成与均线过滤器同向的N字突破，则再次买进建仓，正常操作。

如图6－28，严格按照双均线与N字突破系统来交易，只有一次买进开仓的机会（图中第二次买开）。在图中左侧，双均线呈现死叉状态，为下跌趋势，但它毕竟已形成向上的N字突破，所以在形成突破的时候买进开仓，先做一波短线，目标价格在上方的长期移动平均线处，触线卖出平仓，多拿到了一部分利润。

当然，这还并不完美，突破后再建仓，还是略显迟缓。是否能在回调的低点时便建仓呢？当然可以。我们解构的很多技术分析方法和成熟的交易系统，大部分都是N字突破后建仓，不过也有在回调时建仓的交易系统，三重滤网法便是一例。

当价格在两线之间运行一段时间后，滑向短期均线之上时，买进建仓。移动平均线是趋势性指标，仅从单根移动平均线来看，它具有对价格的支持作用。如果我们此时把交易系统仅看成是单根均线交易系统时，则又回到了它的基本原理，工作线上买，买错也要买；工作线下抛，抛错也要抛，这是顺应短期趋势的做法。当然也利用了三重滤网的理念，如图6－29。如果没有三重滤网理念，价格上破移动平均线便买进，并不稳定。而有了三重滤网理念，则至少可以设置三道屏障。当价格上穿移动平均线时，确认短期上涨的方向，这是第一重滤网；当价格向下靠近短期移动平均线，但未跌破移动平均线时，这是它理论上的回调目标，在回调低点买进，这是第二重滤网；我们再利用开盘前 30 分钟的涨跌与当日涨跌的同向性，确定在哪一天买进，这是第三重滤网。

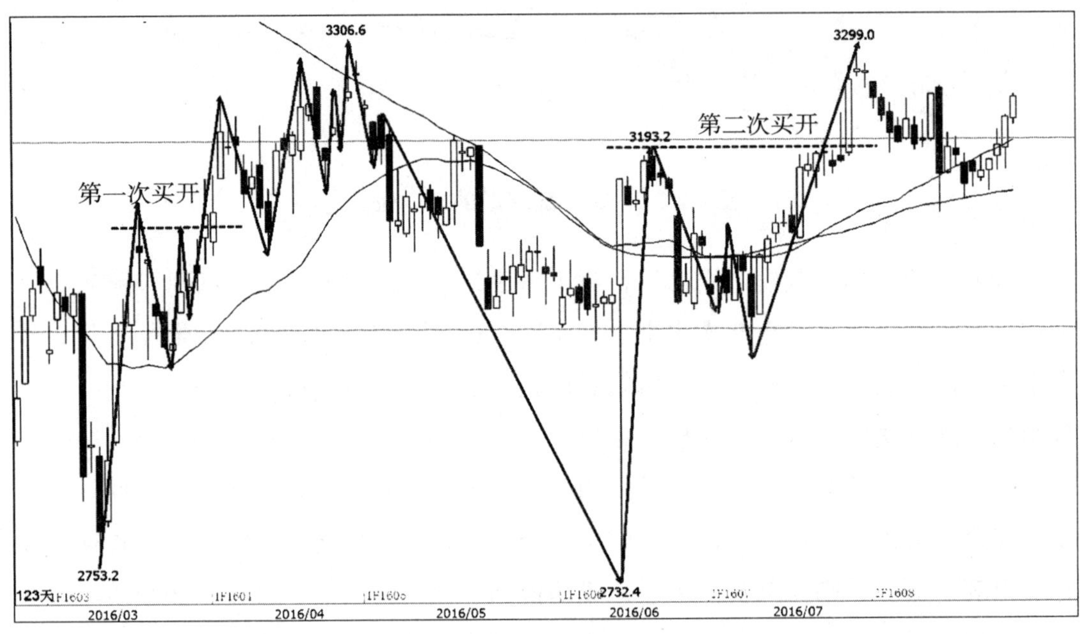

图 6－28　IF 主连加入主观交易策略

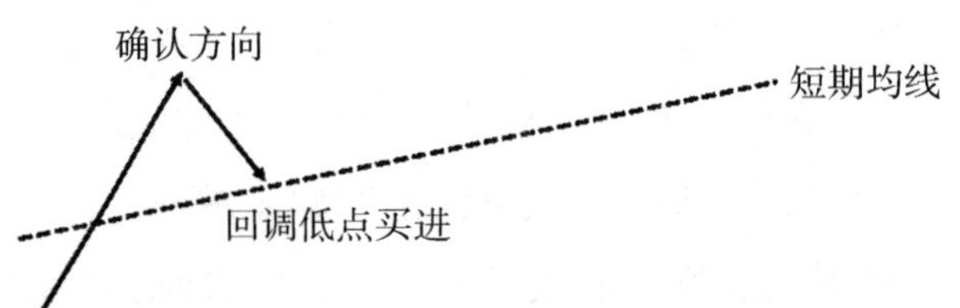

图 6－29　单根均线与 K 线结合三重滤网理念

如果采取回调建仓的交易系统，便要改用双均线与 K 线的交易系统。图中左侧短期均线处于长期均线之下，显示市场为下跌趋势。当 K 线的收盘位于两根均线之间时，便要平掉前期空单。如图 6－30。空单平仓后，我们处于价格突破短期均线的确立短期上涨的第一重滤网中；当它向下滑向短期均线，但未跌穿时，我们处于第二重滤网中；出现合适的买进机会，我们迎来了第三重滤网，买进开仓。

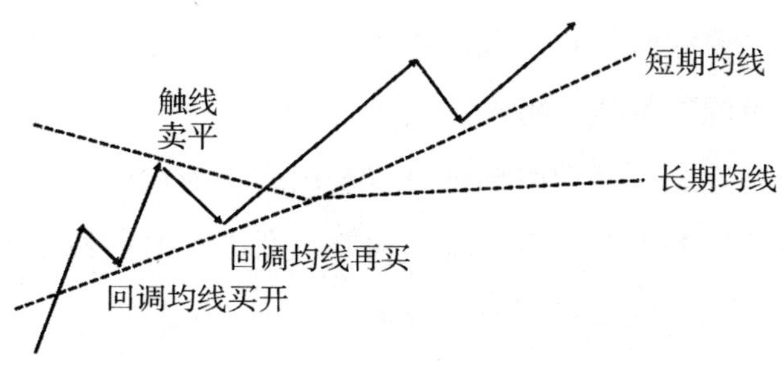

图 6-30 峰谷乱序回调时建仓

同样，用短期均线与 K 线的交易系统结合三重滤网的理念，只是用来开仓。平仓时，还要回到双均线系统中。双均线系统中的长期均线，是反弹的最高理论目标，当价格触及长期均线，或在长期均线之下出现颓势的时候，立刻卖出平仓。后面的交易，不过是不断重复前面的过程，直到双均线形成金叉，回到双均线系统的正常操作中。

这次我们不用再等它形成新的 N 字突破了，当价格上破短期移动平均线时，进入下跌间歇阶段。单从单根移动平均线的交易系统来看，也确立了短期上涨的涨势，价格再回调至短期移动平均线附近，且不跌穿短期移动平均线时，两层滤网都满足条件，买进开仓，并且当价格触碰长期移动平均线时，卖出平仓，如图 6-31。

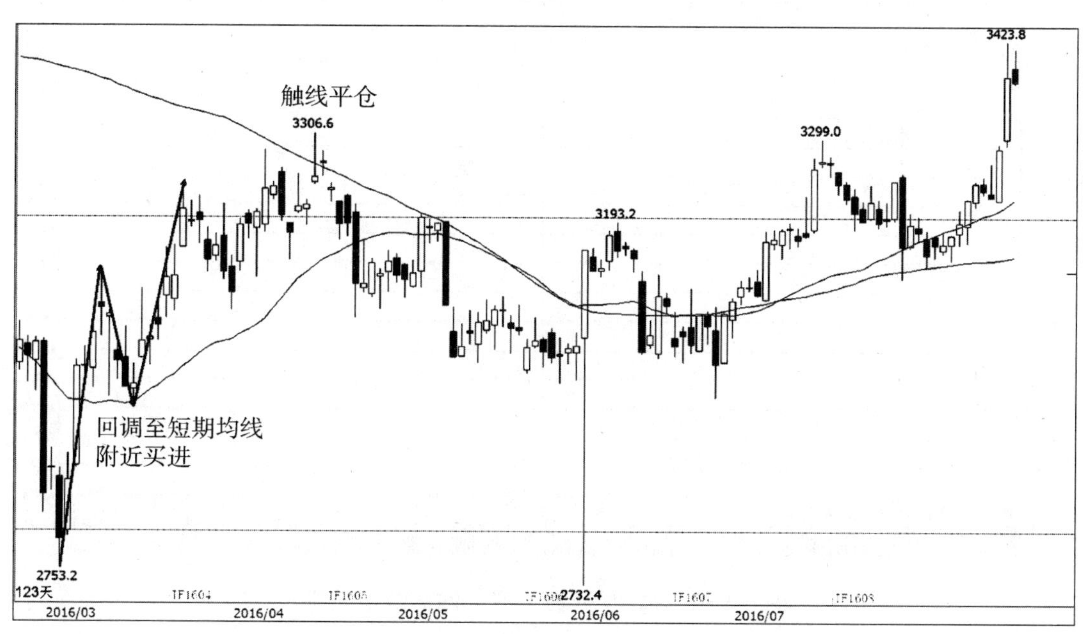

图 6-31 更激进的方法抢反弹

那么，剩下的最重要的问题，就是单根均线与 K 线的交易系统结合三重滤网理念的第三重滤网了。要注意的是，我们本章讲述的三重滤网，仅仅是三重滤网的理念，而不是原版三重滤网的使用方法。

三重滤网是一种理念，任何时候都可以采用三重滤网的理念来交易。三重滤网需要先确定第一重滤网的方向，方法是：用开盘后半小时的涨跌与当日涨跌大概率同向性，来作为第一重滤网确定当日的方向。

通常情况下，上涨或下跌都不可能是直线式的，特别是指数和股指期货。因为综合指数反映的是全体样本股票的涨跌情况，肯定会有波动。成分指数的涨跌也如此。

问题是指数或指数期货一天只有 4 个小时的交易时间，我们怎么确定哪个位置是回调的底部或反弹的高点呢？这就要考虑成交量。因为主力合约换月的问题，期货中的成交量显得并不是那么重要。但是在指数和股指期货中，成交量就特别重要，由于交易性质的不同，成交量是推动价格运行的原动力。所以在回调结束或反弹结束时，成交量一定会突然放大。如图 6 -32，前 30 分钟上涨，在向下调整放量时买进。

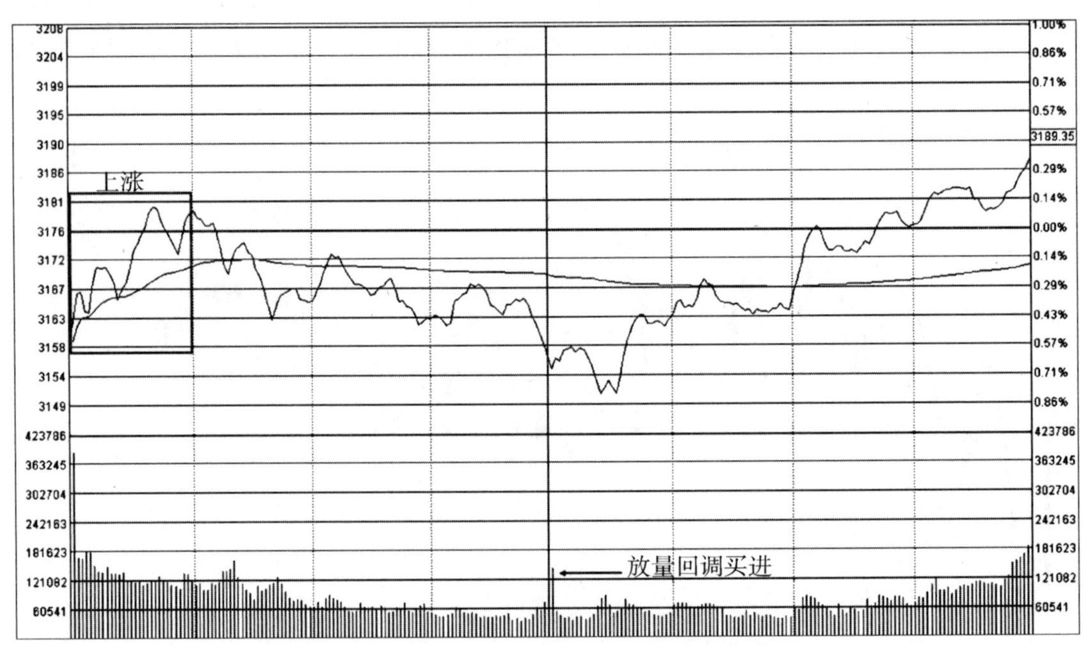

图 6 -32　前 30 分钟上涨，回调放量买进

如图 6 -33，前 30 分钟下跌，在向上反弹放量时卖出。这便是第三重滤网在分时图中的应用。

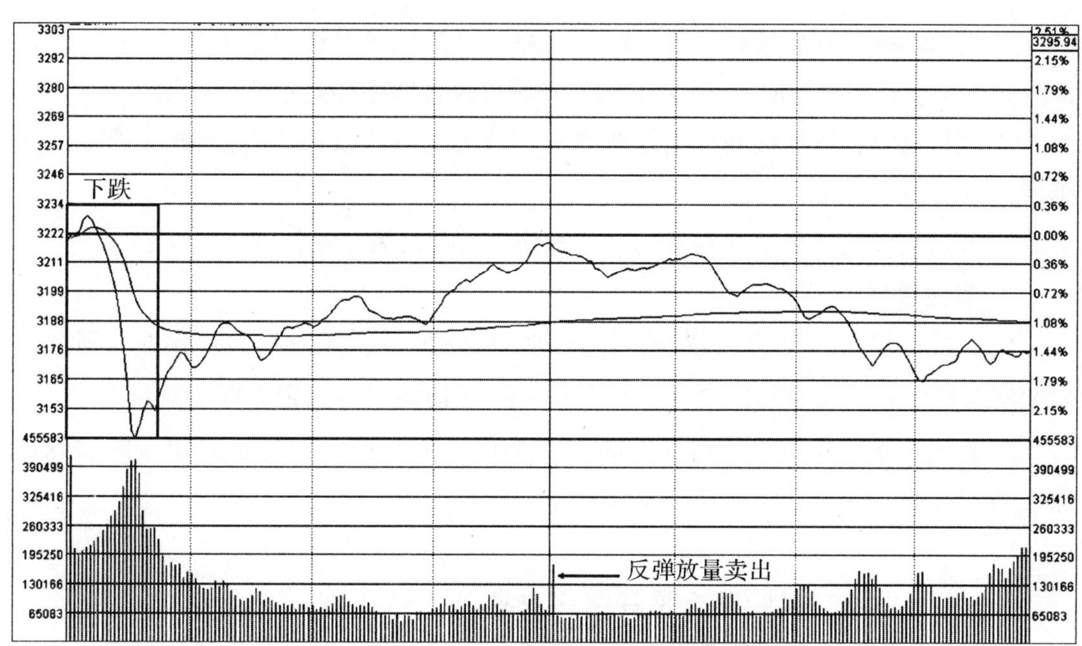

图 6－33　前 30 分钟下跌，反弹放量卖出

总结上述内容形成一套主观交易系统：

A. **做多策略**

1. 当双均线呈现死叉状态时，价格若由下方上穿短期均线，前期空单平仓。

2. 价格再次回落至短期均线附近且未跌穿短期均线时，日内分时图中若开盘后前 30 分钟上涨，其后寻找日内回调并且放量时买进开仓。

3. 当价格向上触及长期移动平均线时，卖出平仓。

4. 若双均线始终保持死叉状态，不断循环操作第 2 点与第 3 点。

5. 当双均线呈现金叉状态时，价格回落至短期均线附近且未跌穿短期均线时，日内分时图中若开盘后前 30 分钟上涨，其后寻找日内回调并且放量时买进开仓。

6. 当价格跌穿短期移动平均线或在双均线之上形成反向 N 字突破（峰谷乱序排列）时，卖出平仓。

7. 若双均线始终保持金叉状态，则不断循环操作第 5 点与第 6 点。

B. **做空策略**

1. 当双均线呈现金叉状态时，价格若由上方下穿短期均线，前期多单平仓。

2. 价格再次反弹至短期均线附近且未上穿短期均线时，日内分时图中若开盘后前 30 分钟下跌，其后寻找日内反弹并且放量时卖出开仓。

3. 当价格向下触及长期移动平均线时，买进平仓。

4. 若双均线始终保持金叉状态，则不断循环操作第 2 点与第 3 点。

5. 当双均线呈现死叉状态时，价格反弹至短期均线附近且未上穿短期均线时，日内分时图中若开盘后前30分钟下跌，其后寻找日内反弹并且放量时卖出开仓。

6. 当价格上穿短期移动平均线或在双均线之下形成反向N字突破（峰谷乱序排列）时，买进平仓。

7. 若双均线始终死叉，则不断循环操作第5点与第6点。

C. **资金管理**

1. 若严格按照N字突破建仓，并且利用峰谷推进止损或趋势线止损，则可以根据资金管理公式（交易数量=总资金×N%/止损幅度）确定每次交易量。

2. 若按主观交易系统，则可以固定一个总资金亏损比例为止损位。例如确定每N万元交易一张IF合约，规定每次亏损3%则止损。

6.3.3 主观交易实际上是程序化交易

可能有人会说主观交易带有更多的情绪化，不如量化、程序化交易严格，其实并非如此。

程序化交易是指设计人员将交易策略的逻辑与参数在电脑程序运算后，将交易策略系统化。

其实我们每个在市场中的人，但凡不是靠拍脑袋做决定的交易，都可以算得上是程序化交易。假如一个人是靠移动平均线策略进行交易的，短期均线上穿长期均线则做多，短期均线下穿长期均线则做空；又比如，价格突破前期高点则做多，价格突破前期低点则做空，等等：就是程序化交易，只不过他没有将这个策略编成程序，然后一切交给电脑。

简言之，只要遵循着某种理性的分析而产生的交易，都是程序化交易。

《海龟交易法则》的作者柯蒂斯·费思说，程序化交易就是搭积木。这话什么意思？各种程序化交易，都是从我们最常见的几种方法中组合而成的。这些经典技术分析方法，就是积木，最后搭建成形的东西，就是交易系统。积木都是一样的，能搭建成大厦还是草棚，就看搭建者的本事了。

那么，有哪些积木呢？已经解构了几乎所有的积木。还有一些系统是用基础数据来搭建的，比如Range Break日内冲销系统。它只用4个基础数据——开盘价、最高价、最低价、收盘价来搭建。或者是海龟交易法则的交易策略，突破最近50个交易日高低点来建仓，突破最近20个交易日高低点来平仓。还有菲阿里四价系统——空中花园系统，都和技术指标扯不上关系。程序化交易系统并不都是建立在技术指标之上的，只有一部分是。交易系统建立的基础是否是技术指标，与它的好坏没有必然联系。

6.3.4 双均线主观交易系统实盘案例

理论上，任何一套技术分析交易系统，可适用于任何一种标的的交易。我们用股指期货的实盘交易记录来解析这套主观交易系统。

为什么选择股指期货？股指期货不同于期货的地方在于它的交割方式不是商品，而是现金。商品期货最终变会成现货，所以商品期货随时都在参考现货的价格，现货价格与期货价格互相作用。即便现货价格每天都有不同的报价，但毕竟它的报价频率是每天一次。股指期货对应的是股票指数，通常情况下，只要股指期货开始交易，那么股票指数就会有报价。这种报价是即时的，“现货”指数报价与“期货”指数报价相互作用的频率更高，影响也更大，同步性更强。基本上，我们不用分析股指期货的走势图，而是直接分析综合指数直接指导股指期货的交易。

我每天在开盘后 30 分钟都会在特定的微信群内给出交易信号，并且每月汇总在http：//blog. sina. com. cn/u/2758097290 中，都是真实的交易记录，可以随时访问查询。

例如 2017 年 12 月 29 日，我给出的建议是“盘中考虑 3294 位置及附近配合分时量能建多”。如图 6 -34 为上证综合指数 2017 年 11 月 19 日至 2017 年 12 月 29 日日线走势图。我给出做多建议的位置是在此图的最后一根 K 线处，如果按照既定的交易系统，虽然它已经上破了短期移动平均线，但也不能做多，我们要等它上涨一段之后，回调滑向短期移动平均线且不跌穿均线时再做多，这是遵循着三重滤网的理念。

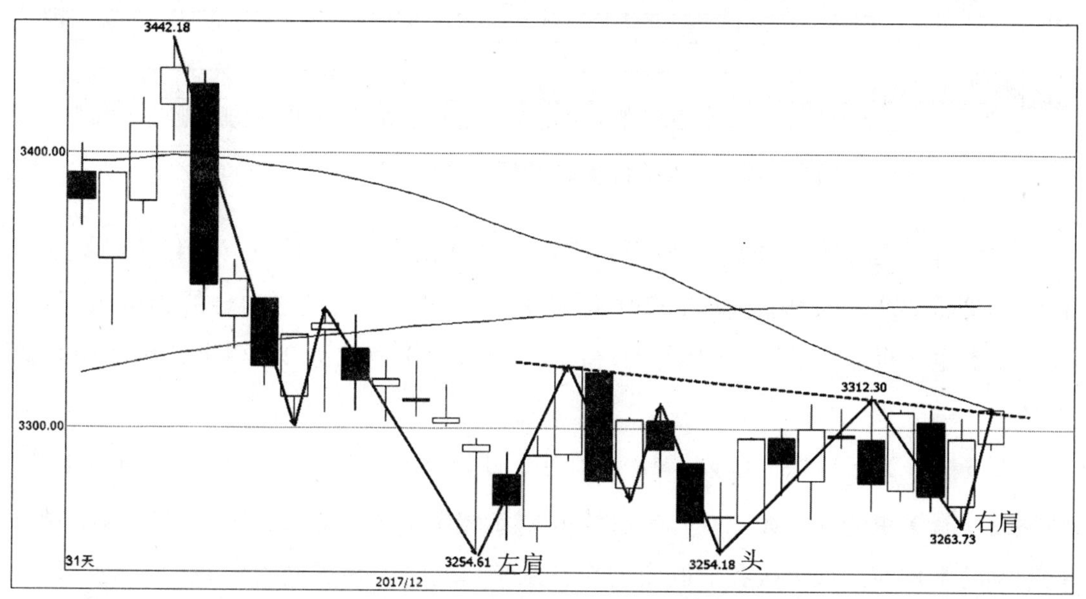

图 6 -34　上证综合指数 2017 年 11 月 19 日至 2017 年 12 月 29 日日线走势图

但是，我为什么认为12月29日给出交易信号了呢？首先，我们将之前的走势图的K线进行清理，找出峰谷后再连接峰谷，12月29日恰好突破头肩底的颈线，这是传统的价格形态给出的买进信号。其次，虽然按三重滤网理念，此时仅仅是形成了第一重滤网。但此时的上破短期均线还有头肩底形态的形成，是双重保证，表明上攻的力度非常强。再次，12月28日的成交量相对于前期有所放大，并且这根阳线低开高走收中阳，上攻力度非常强。所以我们可以灵活一些，在突破第一重滤网时，先行建立多单。最后，如图6-35，开盘后前30分钟指数上涨，根据同向性，判断当天上行的概率非常大，所以寻找当天回调放量时在股指期货（IF）上做多。具体操作为：当天放量回调时，我们在股指期货中以4027.2的价格成交建多。

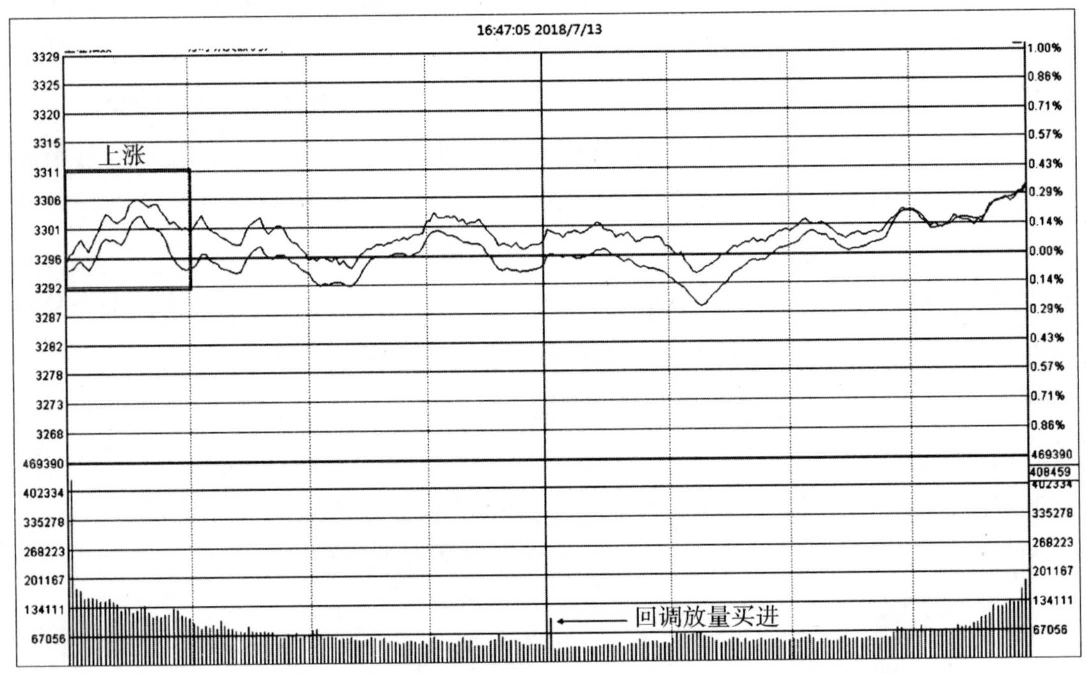

图6-35　上证综合指数2017年12月29日分时图

2018年1月2日，开盘后30分钟我给出的建议为："上周五（2017年12月29日）最低价3292与我们建议的3294位置基本上又是一次完全吻合的精准入场位，今天早盘也走得非常健康，继续持有待涨，若盘面快速拉涨2%以上，则盘中止盈了结。"

图6-36为上证综合指数2018年1月2日分时图，开盘后前30分钟继续上涨，则继续持有多单待涨。如图6-37后续K线走势图，上证综合指数当天收盘时触及长期移动平均线。如果按我们既定的交易系统，此时应该平仓。但我给出的建议并

未提到触线平仓的问题，这又是为什么？还是因为此次的上涨不仅仅是在双均线呈现死叉状态时的抢反弹操作，而是底部出现了头肩底的价格形态，并且刚刚穿越颈线，这正是一鼓作气快速上涨的时机，势头正猛，不能轻易平仓。

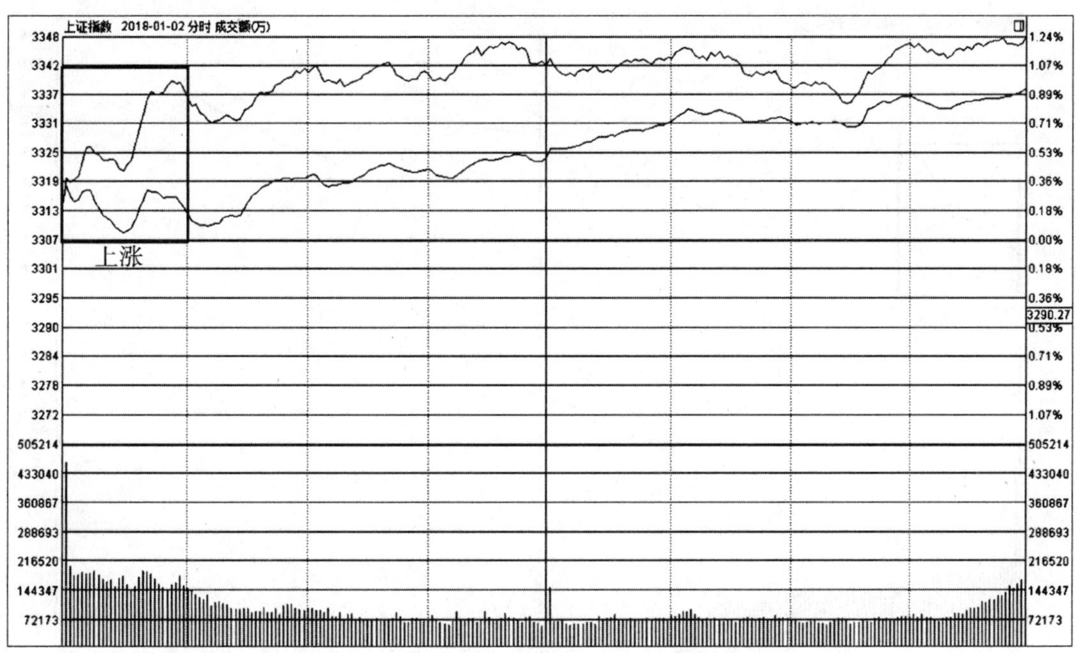

图6－36　上证综合指数2018年1月2日分时图

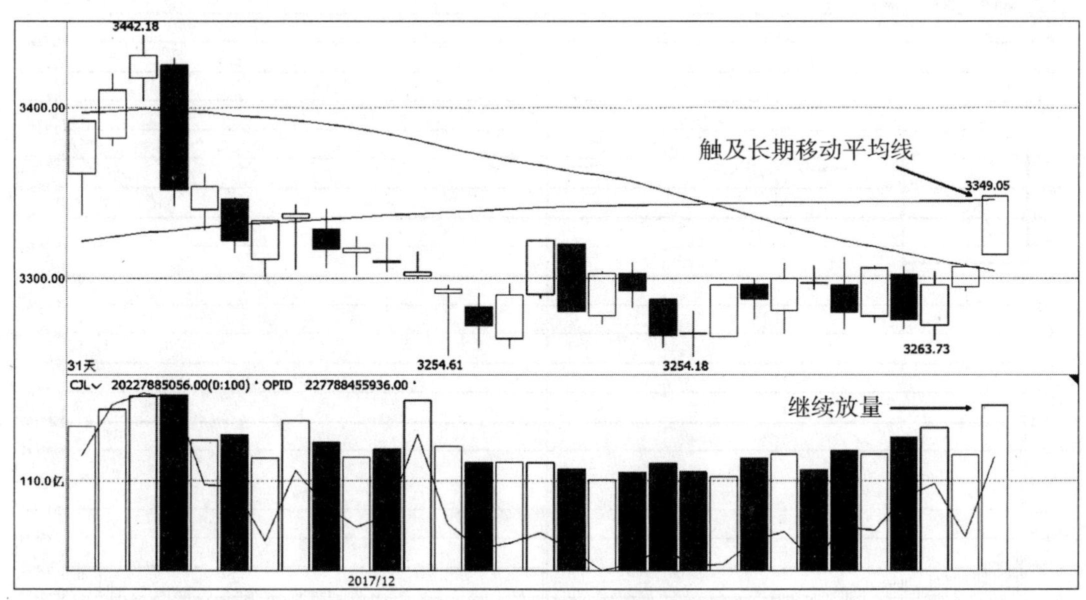

图6－37　指数触及长期移动平均线

2018 年 1 月 3 日至 5 日，我给出的交易建议都是继续持有多单，如果盘中快速冲高超过 2%，则平仓止盈。如图 6 - 38 至图 6 - 40，开盘后 30 分钟都为上涨，根据同向性原则，继续持有多单。

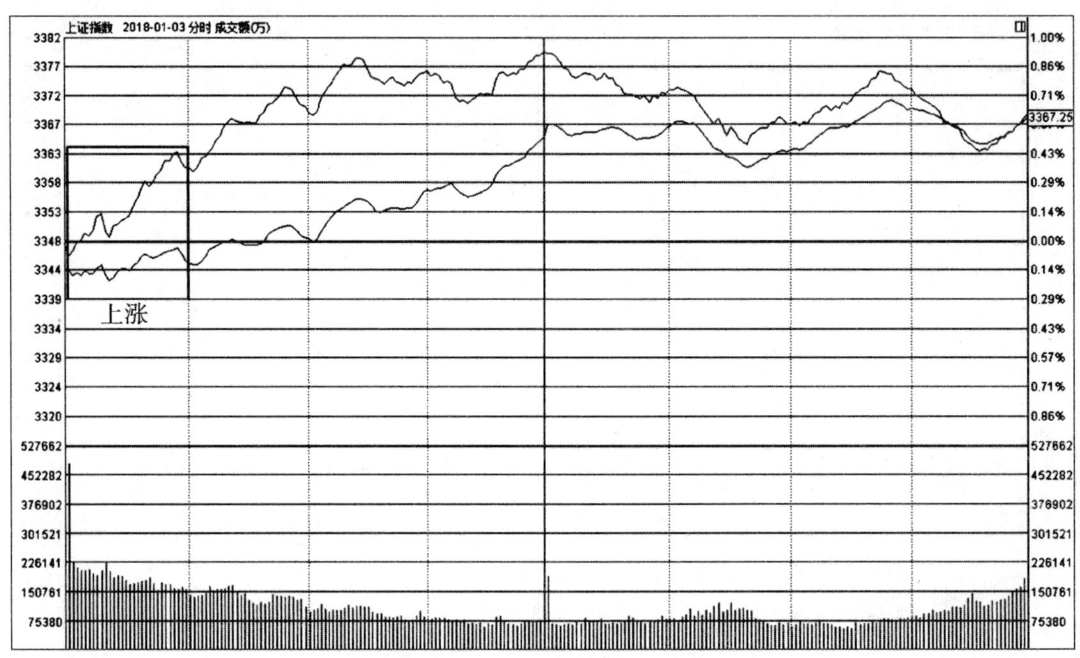

图 6 - 38 2018 年 1 月 3 日分时图

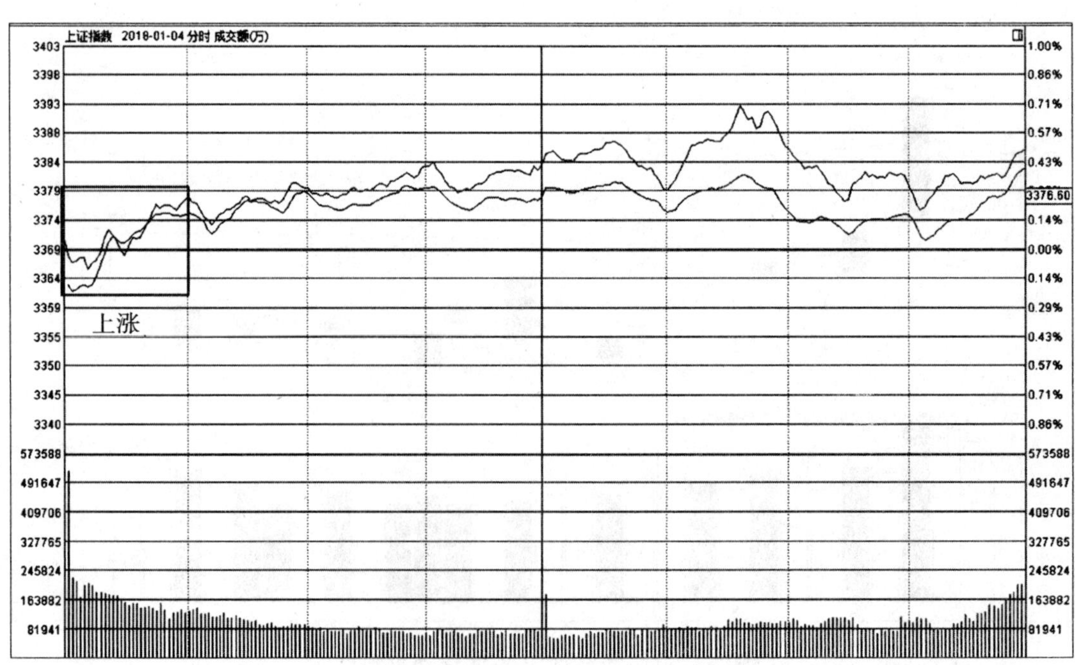

图 6 - 39 2018 年 1 月 4 日分时图

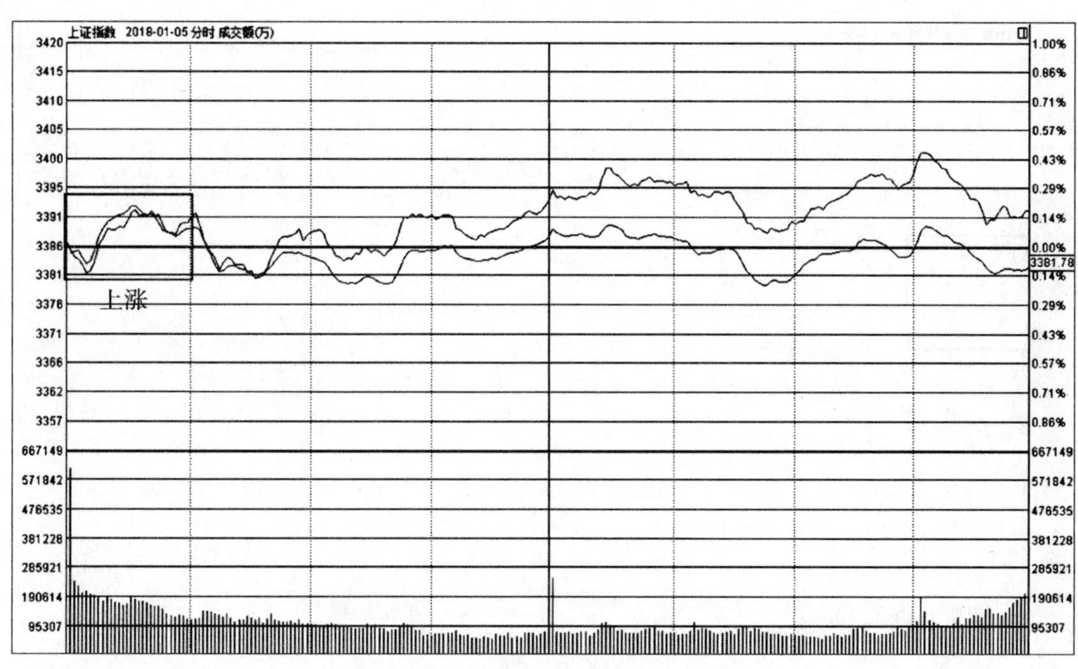

图 6－40　2018 年 1 月 5 日分时图

至 2018 年 1 月 8 日，开盘后 30 分钟下跌，根据同向性原则，当天大概率会下跌。并且我们从 2017 年 12 月 29 日介入多单之时起，便是抱着在双均线呈现死叉的状态中，抢到一波快速反弹，之所以在触及长期移动平均线之时没有平仓止盈，是因为在上穿长期移动平均线之后，上证综指不论从日 K 线上还是分时线上，都呈现强势上涨的态势。但总的原则还是看反弹状况，一旦出现颓势，则应立刻止盈平仓，如图 6－41 与图 6－42。

相应地，上证综合指数给出了短期平仓的信号，我们在股指期货（IF）上以 4144 的价格平掉了多单，盈利 116.8 点（未含手续费）。如果我们用 50 万来做一张 IF 合约的话，本次交易盈利 7%。

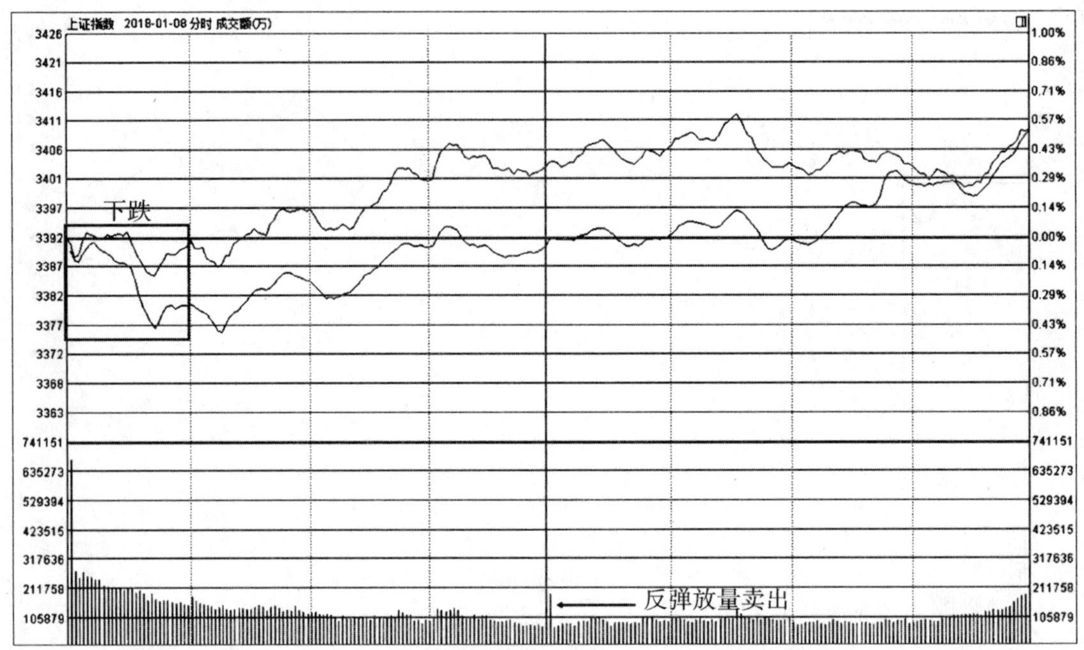

图 6 - 41　上证综合指数 2018 年 1 月 8 日分时图

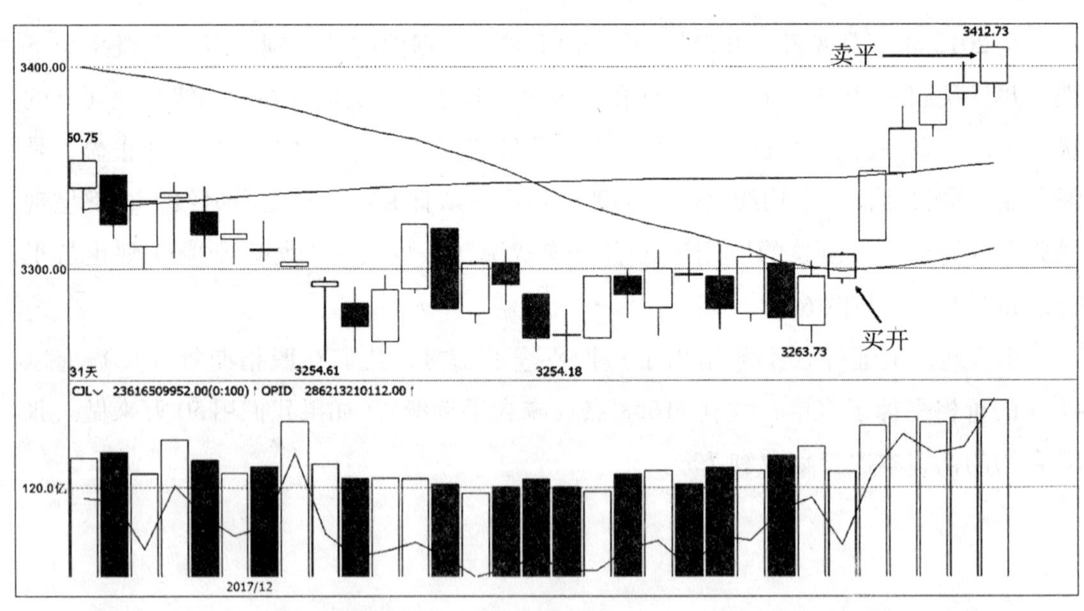

图 6 - 42　上证综合指数 2017 年 12 月 7 日至 2018 年 1 月 8 日日线走势图

2018 年 1 月 15 日，开盘后 30 分钟我给出的建议是："行情收出多条阳线后有所滞涨，获利盘观望，盘中考虑 3438 点左右配合分时图开空。"如图 6 - 43 与图 6 - 44，开盘后 30 分钟下跌，根据同向性原则，再加上至目前为止，双均线呈现死叉状态，指数反弹至一定高位，并且连续收出 11 连阳，前方高点水平位压制等

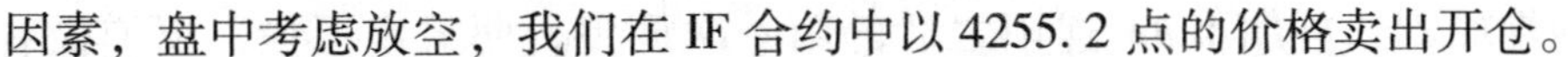

因素，盘中考虑放空，我们在 IF 合约中以 4255.2 点的价格卖出开仓。

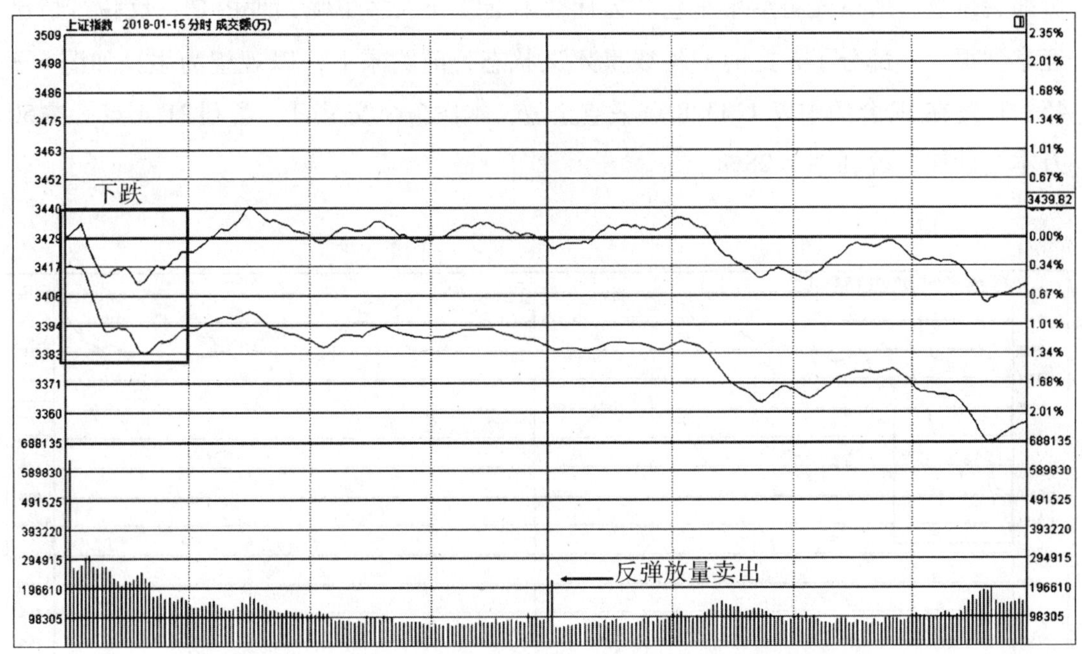

图 6－43　上证综合指数 2018 年 1 月 15 日分时线

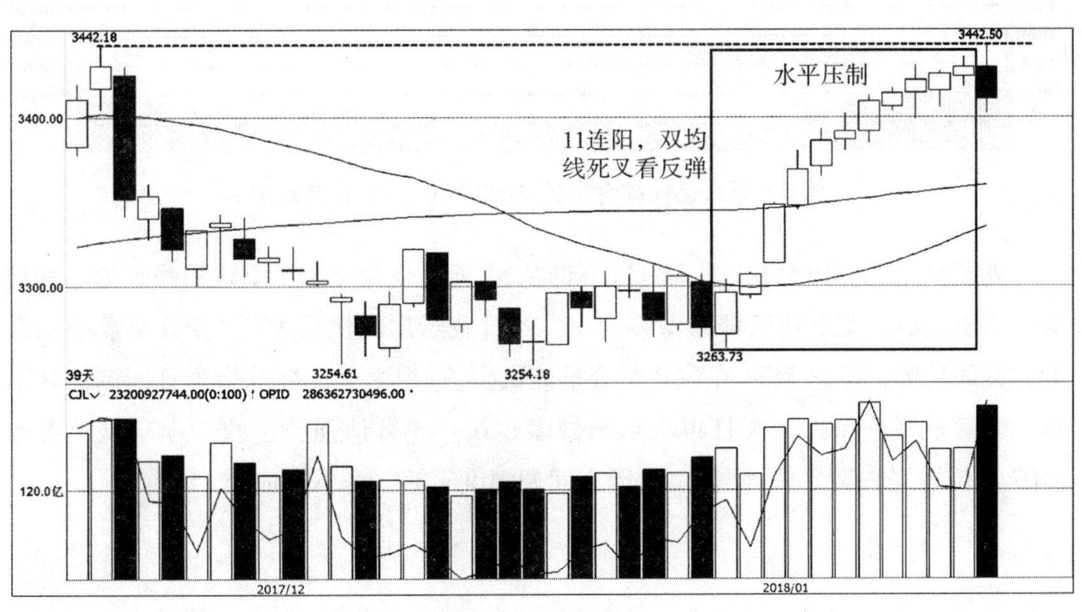

图 6－44　上证综合指数 2017 年 11 月 7 日至 2018 年 1 月 15 日日线走势图

2018 年 1 月 16 日，开盘后 30 分钟我给出的建议是：“昨天第一天回落就释放了很大的量能，这种回调通常时间较短，建议今天空单止盈。”开盘后 30 分钟上涨，根据同向性原则，再加上11连阳之后的第一次调整，便放出巨量，反弹极有可能会持续，所以先将空单平仓。为什么不继续介入多单呢？理由是：反弹行情已经拿到很大一部分了，此时双均线呈死叉状态，前路未卜，以观望为主，如图6-45。最终在IF合约中以4233.8点平空止盈，本次2个交易日，盈利21.4点，按50万本金计算，盈利率1.28%。

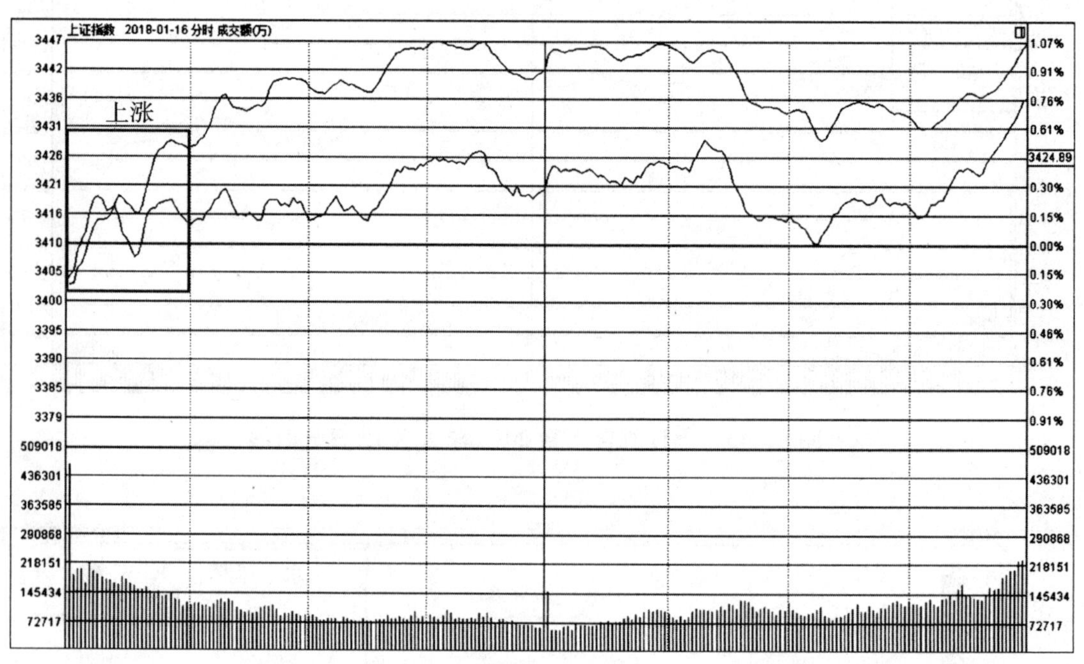

图6-45　上证综合指数2018年1月16日分时图

如图6-46，2018年1月22日，双均线由死叉变为金叉，下跌趋势改为上涨趋势，所以其后的交易建议都以做多为主。当日我给出的建议为："今日早盘小幅低开，盘面稳健，考虑3474点位置配合量能做多。"但由于上证综指当日回调幅度不深，未满足开仓条件。次日再次给出做多建议："行情强势上攻，今日盘中考虑3507点位置左右做多。"同样也是因为回调幅度不够，做单未成交。

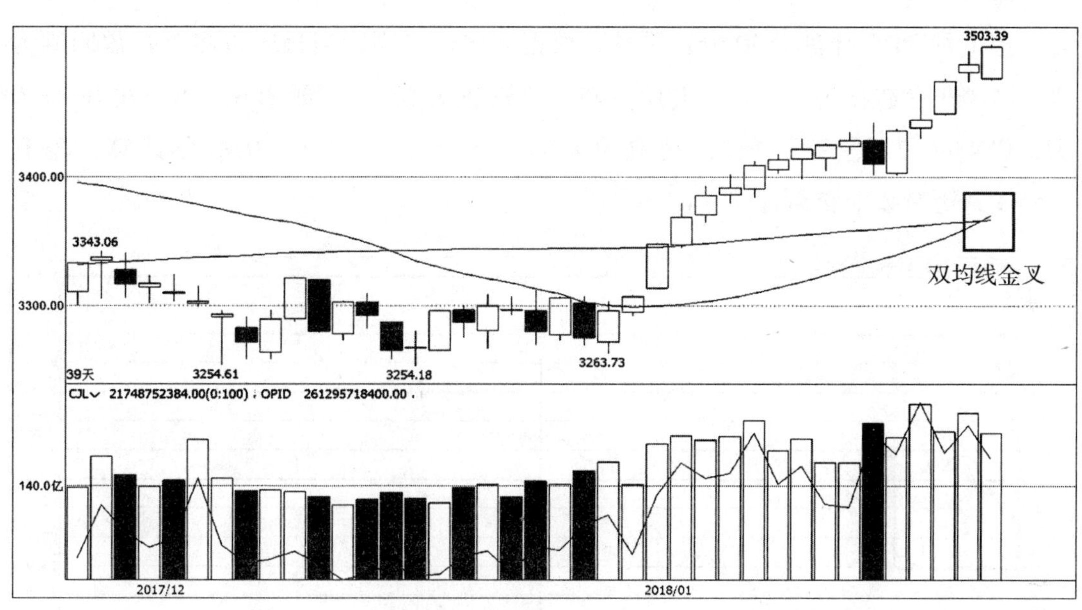

图6－46 上证综合指数2018年1月22日双均线金叉

直至2018年1月24日，开盘后30分钟上涨，并且日线双均线金叉，K线位于双均线之上，为快速上涨阶段，我继续给出做多建议："考虑3530点位置左右配合量能建多。"如图6－47。在IF合约中以4370.8点多单成交。

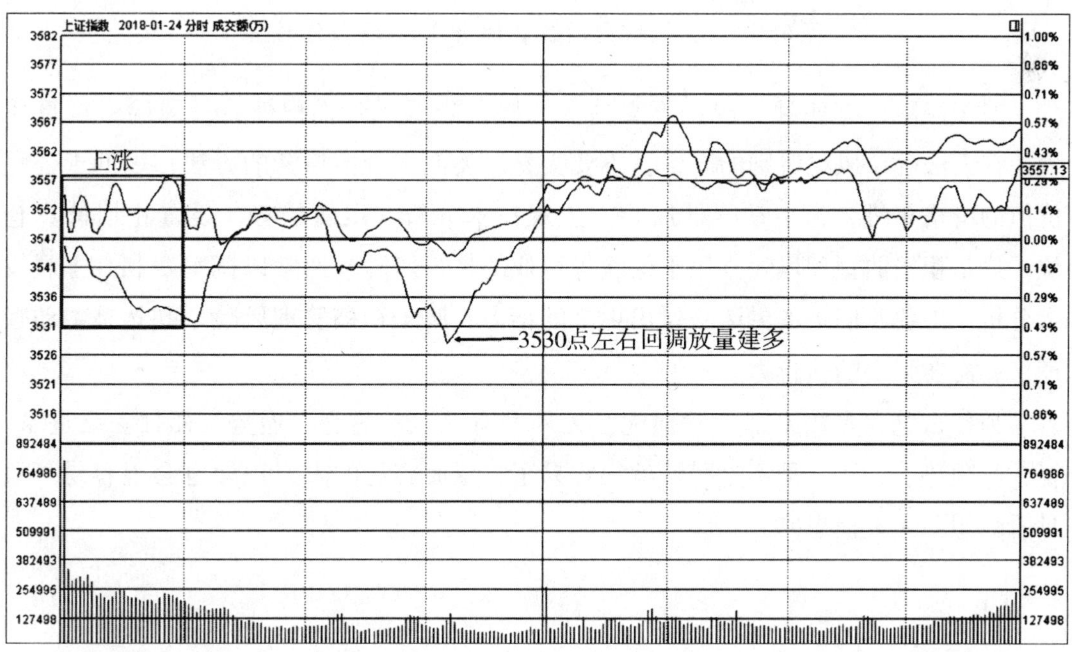

图6－47 2018年1月24日分时图

但1月25日开盘后30分钟下跌，根据同向性原则，当日应以多单止盈回避为主。我给出的建议为："早盘表现一般，主动止盈观望。"如图6－48。在IF合约中，以4380.2点平掉多单，盈利9.4点，本次交易以50万本金计算，盈利0.56%，历时2个交易日。

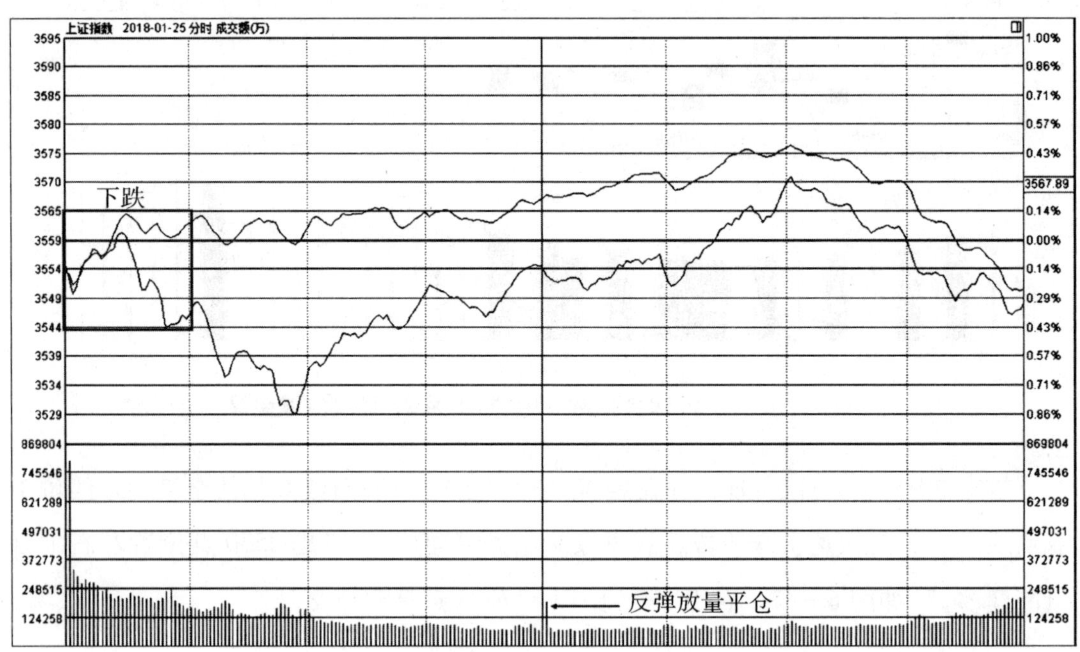

图6－48　上证综合指数2018年1月25日分时图

对于风险，有四种情况：不交易无风险，降低风险，积极管理风险，精算风险。在无法确认风险级别的时候，不要交易。类似于价值投资的方法，以低于公允价值的价格买进，为主动降低风险。主观技术分析，跟随趋势，设置止损计算仓位，这是积极的管理风险。用于保险等行业的精算风险，通常以概率赢利。主观技术分析，需要我们更加灵活，付出更多的精力，属于积极管理风险。既然是主动管理，就需要强大的执行力。

为什么绝大多数人都会亏损呢？无外乎有三点：重仓、逆势、死扛。反过来，轻仓、顺势、灵活，是不是赚钱就很容易了？反面容易的事，正面也会很容易。只是看你想不想改换思路。

6.4 从心所欲组建交易系统

过滤器不仅仅只有移动平均线，还有很多种方法，单从移动平均线来说，还可以用它的斜率来做过滤器，趋势线、趋势性指标和摆动性指标，都可以拿来做过滤器，所以，我说从心所欲组建交易系统。

6.4.1 移动平均线的斜率

移动平均线除了它与蜡烛图的相对位置、与其他参数均线的相对位置变化外，还有自身斜率的变化。什么是斜率呢？斜率表示一条直线对于横坐标轴的倾斜程度，它通常用直线与坐标轴夹角的正切，或两点的纵坐标之差与横坐标之差的比来表示。水平位置的斜率等于0；与水平位置的夹角大于0，斜率大于0；与水平位置的夹角小于0，斜率小于0。如图6－49。

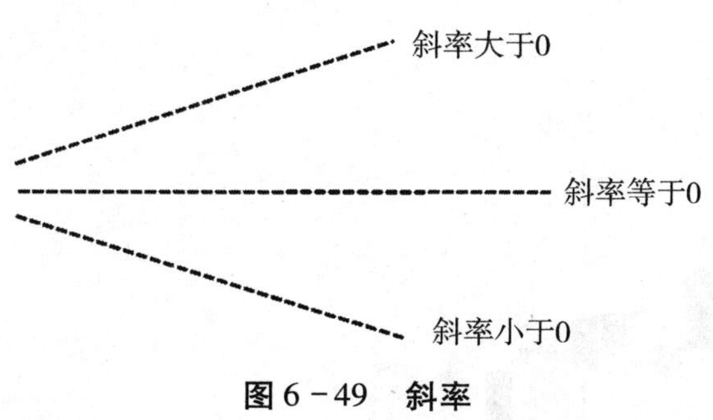

图6－49 斜率

移动平均线斜率的意义在于，如果要证明反转，不但要比平均水平高，还要比N天前的价格还要高。或者说，在我们的单根移动平均线交易系统之中，条件要改成，不但蜡烛图的收盘价要位于移动平均线之上，移动平均线的斜率还要为正，才能确认上涨趋势。

6.4.2 三均线法

三均线可以演化成很多种交易方法。但总结起来三均线法无非就两种：多头排列、空头排列。

多头排列是指短期均线在中期均线之上，中期均线在长期均线之上。空头排列是指短期均线在中期均线之下，中期均线在长期均线之下。

例如，5 日均线大于20 日均线，20 日均线大于60 日均线，说明最近5 天的平均上涨速度大于20 天的平均上涨速度，最近20 天的上涨速度大于最近60 天的上涨速度。即短期速度高于中期速度，中期速度高于长期速度，可以直接推导出，现在正在加速上涨。

不论是多头排列，还是空头排列，它都比双均线法多加了一个要素，由原来的两个要素变成了三个要素。要素多了一个，指示方向的准确率更高，但同时也导致过度量化的劣势。如图6－50 与图6－51 中三均线所指示的上涨、下跌趋势，都较之双均线要晚。有些时候在双均线可以交易的情况下，由于三均线法未达到要求，错过交易机会，等到三均线法达到要求时，行情已经走完。

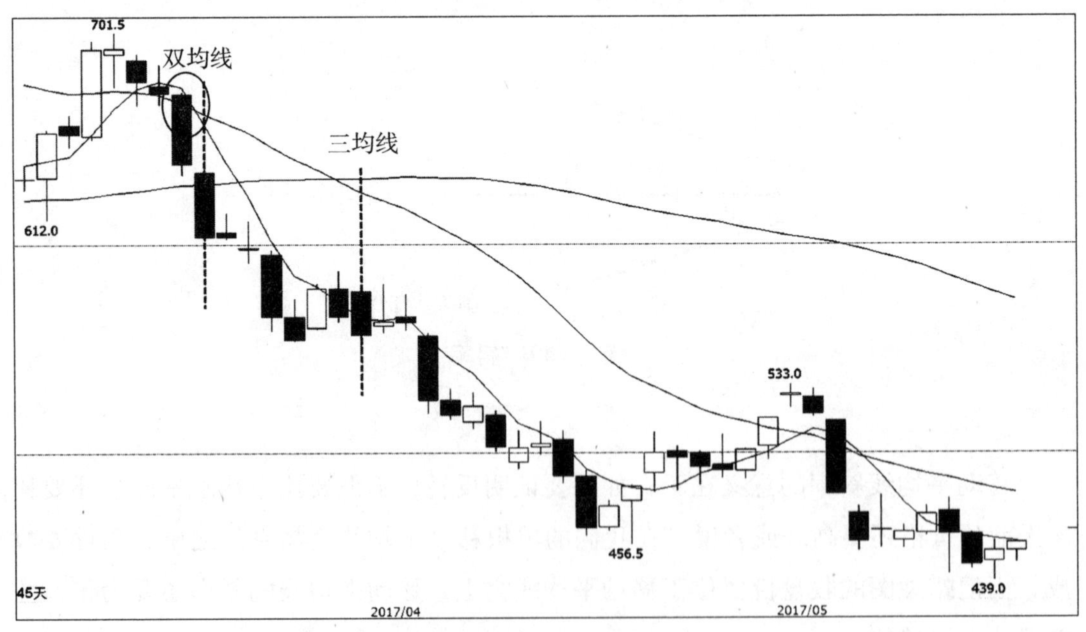

图6－50 双均线比三均线更早地提示下跌趋势

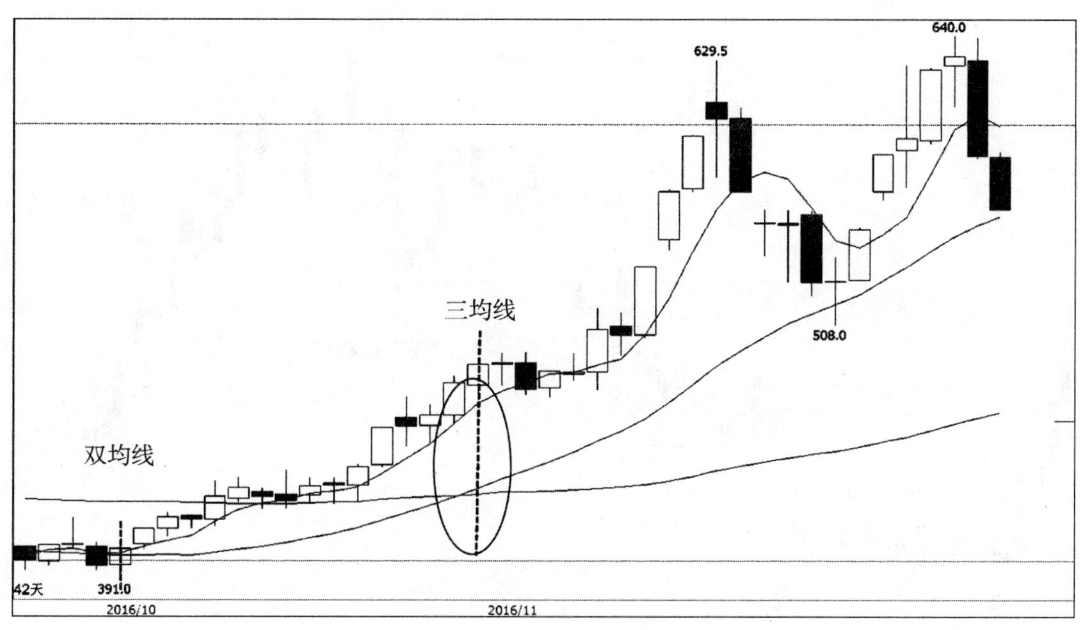

图6－51　双均线比三均线更早地提示上涨趋势

但三均线的滞后性，也有好处，如图6－52与图6－53。有些时候由于双均线较之于三均线更灵活，又会错误地指示趋势方向。

图6－52　双均线法提示了错误的上涨趋势

图6－53　双均线法提示了错误的下跌趋势

双均线法与三均线法既然各有优劣，我们用哪种方法更好一些呢？那就要看这两种方法中的某一种方法，是否存在着冗余的条件。

双均线法较之三均线法灵活，会给出错误的信号，我们可以将双均线的参数调大，用滞后性来平衡它的灵活性。反过来，我们也可以将三均线的参数调小，用灵活性来平衡它的滞后性。

但是同样参数的双均线与三均线，我们用哪一种更好呢？如果同样为大参数，那么双均线的包容性（滞后性）完全可以取代三均线的滞后性。大参数下，完全没有必要再加入更大的滞后性了。如果怕包容性不够强，那就继续加大双均线的参数。在同等参数下，三均线的灵活性完全不敌双均线的灵活性，因此舍三取双。

经过比较，我们发现，双均线经过参数优化后，完全可以取代三均线，三均线却不能优化得比双均线更好。我个人就不会选用三均线。

当然三均线法与多均线法的多头排列或空头排列，可以成为其他交易系统的辅助参考。如果其他交易系统也给出买进信号，同时还有移动平均线的多头排列，那么上涨的可能性就更大一些。

黄金谷是指三根均线构成了一个尖角向上的三角形，一旦形成黄金谷，则预示着价格将上涨。死亡谷则是由三根均线构成一个尖角向下的三角形，预示着价格要下跌。如图6－54与图6－55。

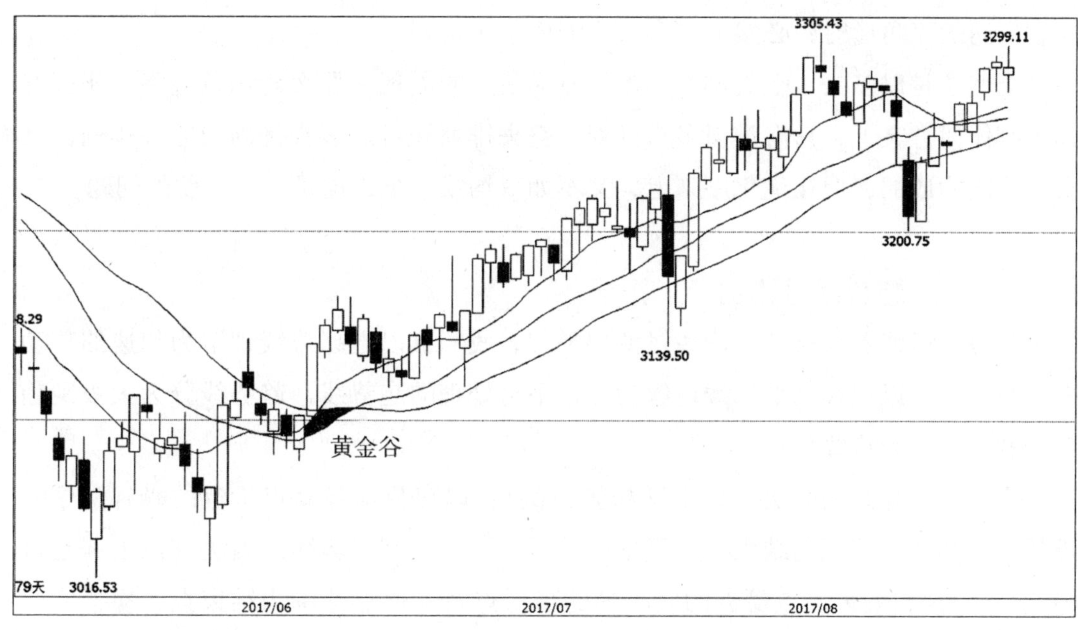

图6-54　黄金谷

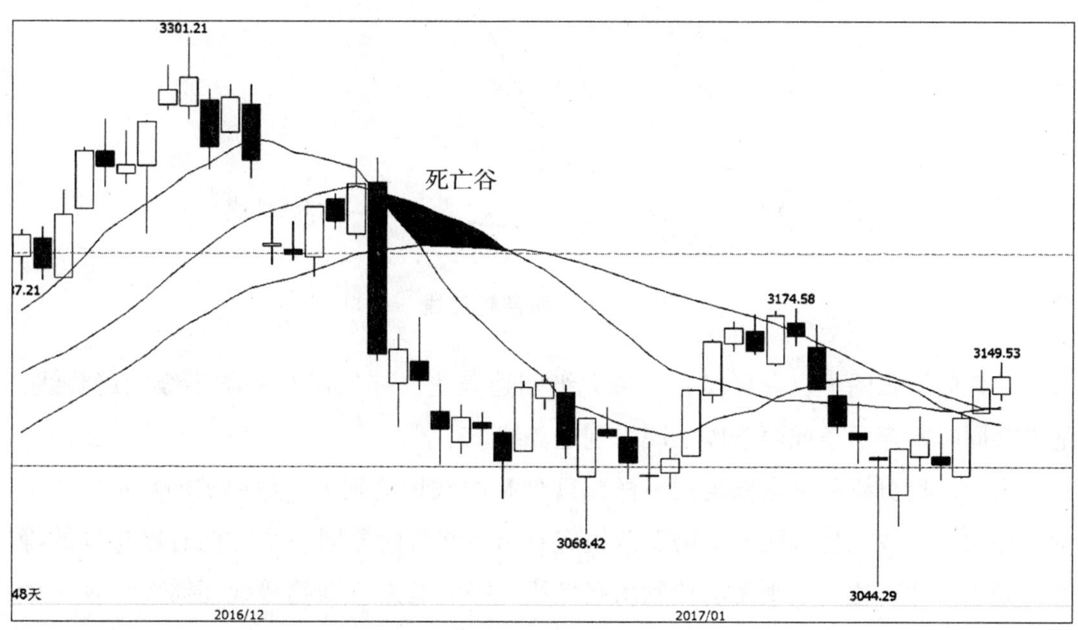

图6-55　死亡谷

图中均线参数为10、20、30。构成黄金谷时，10日均线首先上穿30日均线，随后20日均线上穿30日均线，10日、20日均线在30日均线下方时所构成的三角形，即为黄金谷。同样，死亡谷是先由10日均线下穿30日均线，20日均线随后下穿30日均线构成的三角形。既然如此，形成所谓黄金谷与死亡的条件，即是在形成有方向的三角形时，必然形成多头排列或空头排列。

既然还是以多头、空头排列的形式作为最后的展现，那么辨识黄金谷、死亡谷就没有任何意义了，只需辨识多头排列、空头排列即可。多头排列与空头排列，是由三均线构成的，但在优化序列上，又不如双均线系统，这是一个鸡肋的问题。

6.4.3 趋势线过滤器

趋势线过滤器与移动平均线过滤器类似，我们可以把趋势线理解为匀速的移动平均线，也可以把移动平均线理解为经过平滑处理的趋势线。趋势线分为大级别趋势线和小级别趋势线。

大级别趋势线的画法（以上涨趋势为例）：以离目前最高点最近的峰谷乱序的最低点及其低点范围为结束点，囊括所有低点。小级别趋势线的画法（以上涨趋势为例）：以离目前最高点最近的底分形的最低点及其低点范围为结束点，囊括所有低点。如图6－56。

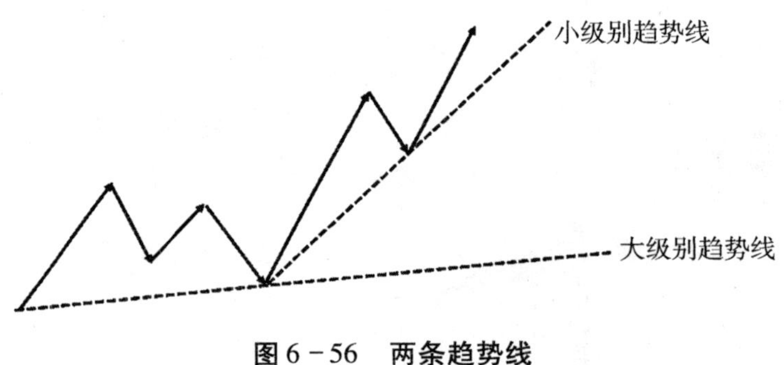

图6－56 两条趋势线

在任何一张图中，有且仅有一条大级别趋势线，有且仅有一条小级别趋势线，绝不会同时共存两条或两条以上同级别趋势线。

当然，趋势线并不是像均线一样，只要K线数量达到了参数要求的数量，便可画出移动平均线。趋势线至少需要两组成对出现并且向着同一个方向有序排列的峰谷，如果条件未达成，则无法绘制出趋势线。特别是大级别趋势线还需要出现至少一次峰谷乱序。

趋势线的形成，意味着建仓的时机到来。如图6－57。当一对峰谷（顶底分形）出现时，便可以画出小级别趋势线。注意：此时还没有出现峰谷乱序，也就不存在大级别趋势线。

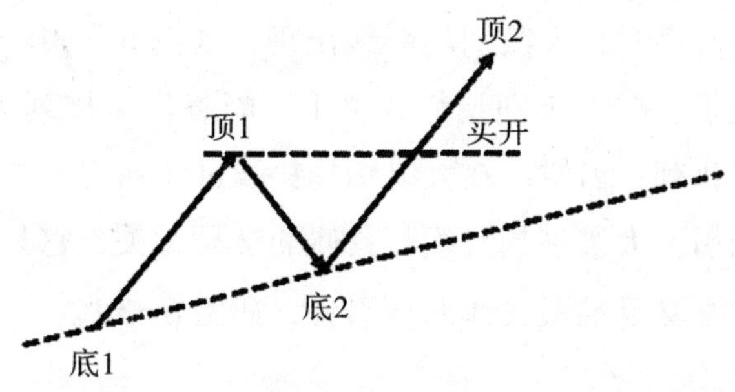

图6－57 出现两对有序排列的顶、底分形

随着新的有序排列的峰谷不断出现，要不断地调整趋势线，如图6－58。如果下破趋势线（情况1），或者在趋势线上出现了峰谷乱序（情况2），则止盈或止损，如图6－59。

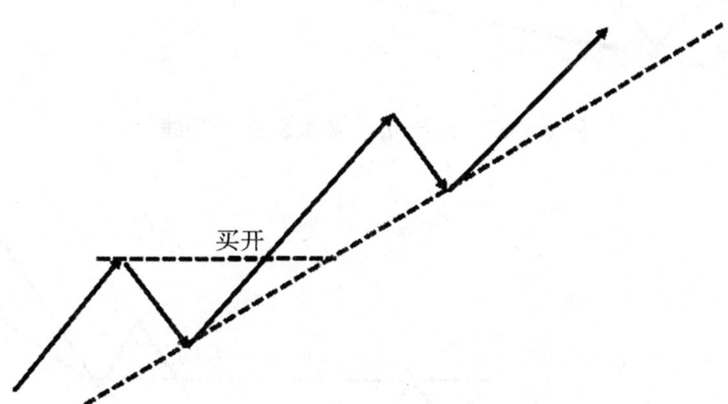

图6－58 出现新一对顶、底分形后调整趋势线

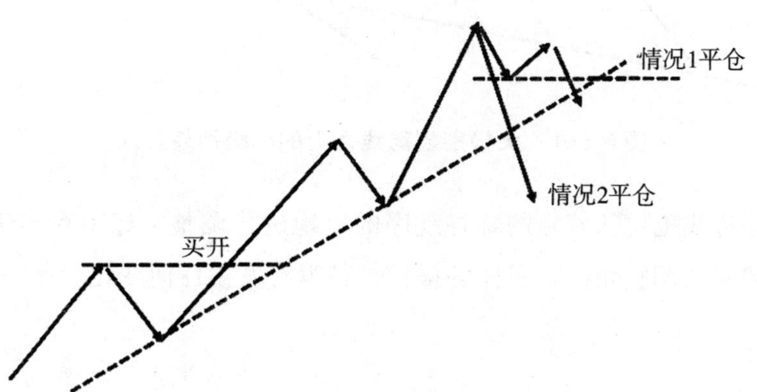

图6－59 乱序或下破趋势线平仓

当出现一次峰谷乱序时，大级别趋势线出现，如图 6 - 60。大级别趋势线一旦出现，过滤器便出现了。在大级别趋势线之上，峰谷向上排列为有序排列，做多；峰谷向下排列为乱序排列，做空。在大级别趋势线过滤器之上，交易层面还都遵循着小级别趋势线的指引。大级别趋势线与具体的交易无关，它只过滤信号，指引方向。小级别趋势线才是交易的最具体的指引者，如图 6 - 61。

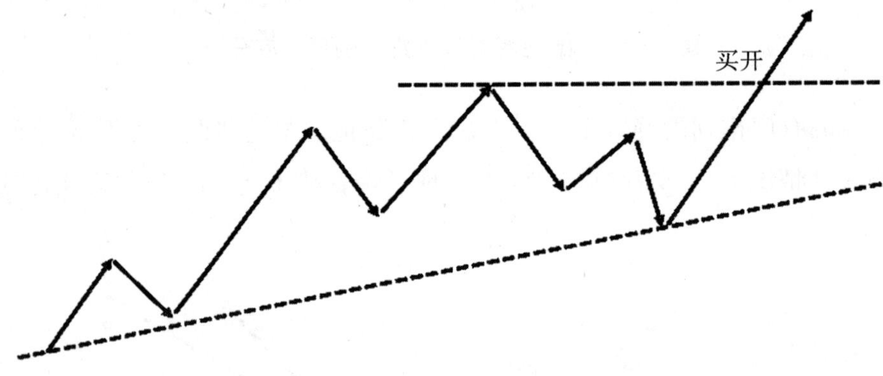

图 6 - 60　画出第一条大级别趋势线

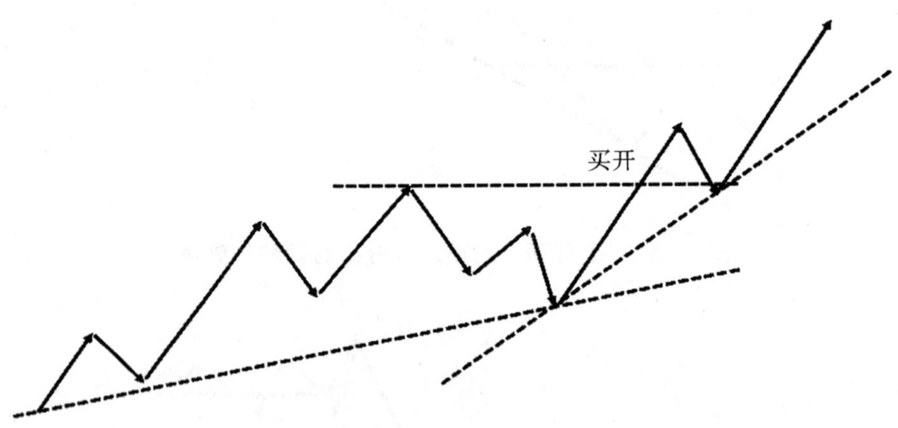

图 6 - 61　大级别趋势线之上的小级别趋势线

大级别趋势线也要随着新的峰谷乱序的出现进行调整，如图 6 - 62。发生改变也仅仅是趋势线的调整而已，具体的操作，都没有发生任何变化。

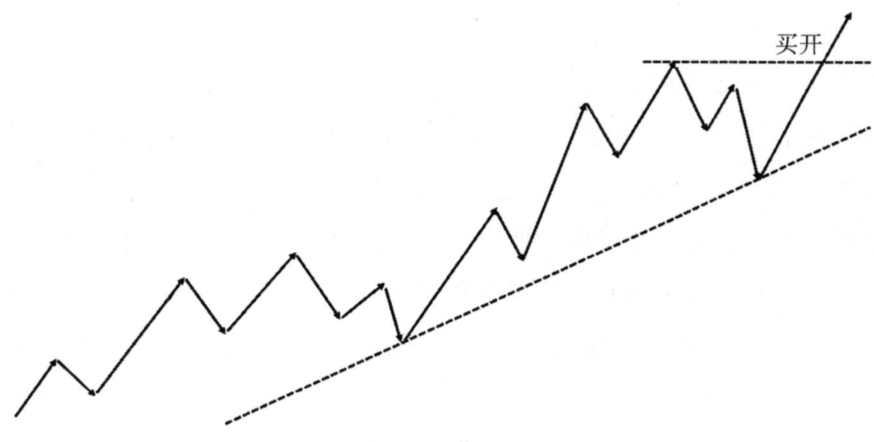

图6－62 调整过后的大级别趋势线

6.4.4 指标过滤器

关于指标过滤器，在前文讲过 MACD 与 KD 的使用方法，此处不再赘述。趋势类副图指标，皆可参考 MACD 指标的过滤方法；摆动类副图指标，皆可参考 KD 指标的过滤方法。

本节要阐述的重点是使用指标一定要明确它的底层逻辑，看似不同的指标，它们却是同一种计算方法，本节内容也紧扣探寻底层逻辑直指核心的思想。

ROC 指标称为变动率指标，它与 MACD 指标一样，都是根据移动平均线变化而来，虽然从 ROC 的计算公式来看并不属于一类，但底层逻辑却是一样的。如图6－63为 ROC 指标。

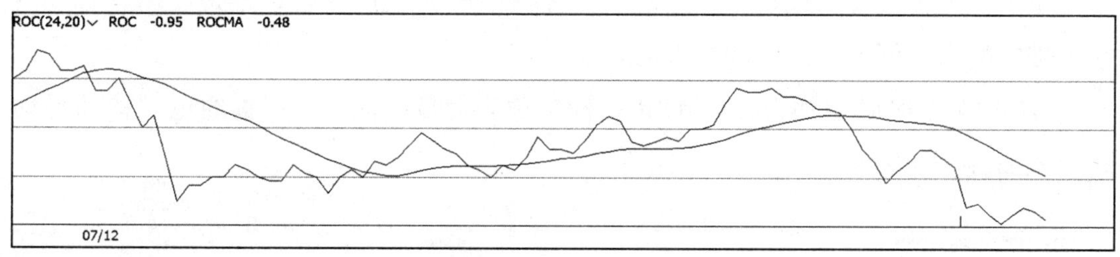

图6－63 ROC 指标

ROC 的计算公式如下。

ROC：[CLOSE－REF（CLOSE，N）]/REF（CLOSE，N）×100；

ROCMA：MA（ROC，M）。

翻译成文字为：

ROC：（当日收盘价－24个交易日之前的收盘价）/24个交易日之前的收盘价

×100；

ROCMA：ROC 值的 20 日移动平均线。

为什么说 ROC 也是从移动平均线演变而来的呢？看 ROC 线的分子，它是当日收盘价与 24 个交易日之前的收盘价之差，也就是要我们比较现在的价格与 24 个交易日之前的价格谁更高。在讲移动平均线的时候，我们详细阐述过移动平均线的斜率问题，移动平均线的斜率，就是当日价格与前 N 日价格的比较。所以 ROC 线的分子即是 24 日移动平均线斜率的变种。至于再除以什么，都无关紧要，ROC 所要比较的就是均线的斜率。

主导 ROC 线公式的是分子。也就是说，如果 24 日移动平均线的斜率为正，ROC 即在零轴之上。反之，则在零轴之下。ROCMA 是将 ROC 再度平滑化，就像 MACD 指标中，DEA 线是将 DIFF 线再度平滑化一样。所以 ROC 的用法与 MACD 相同，只不过一个采用的是均线的斜率，一个采用的是双均线的相对位置。

ROC 指标过滤器的使用方法为：

1. ROC 处于零轴之上，且 ROC 与 ROCMA 多头排列，为快速上涨阶段，买进建仓；

2. ROC 处于零轴之上，且 ROC 与 ROCMA 死叉，为上涨间歇阶段，卖出平仓；

3. ROC 处于零轴之下，且 ROC 与 ROCMA 空头排列，为快速下跌阶段，卖出建仓；

4. ROC 处于零轴之下，且 ROC 与 ROCMA 金叉，为下跌间歇阶段，买进平仓。

至于在具体交易的过程中，是使用指标与单根 K 线的配合，还是使用指标与 N 字突破的配合，便看交易者的个人喜好了。

MTM 较之 ROC 更加直接。MTM 指标又称为动量指标，它考查的也是移动平均线斜率问题，如图 6－64。

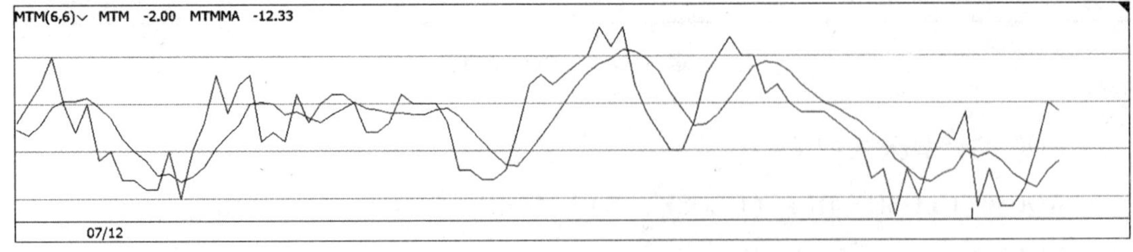

图 6－64　MTM 指标

MTM 计算公式如下。

MTM：CLOSE - REF（CLOSE，N）；

MTMMA：MA（MTM，N1）。

翻译成文字为：

MTM：当前收盘价与6个交易日前收盘价的差；

MTMMA：MTM的6日移动平均线。

可见MTM考查移动平均的斜率比ROC更加简单，甚至连分母都懒得用了。我们可以把MTM的分母看成1，ROC的分母是24天前收盘价。虽然分母不同，但分子的意义都一样，所以ROC与MTM指标去除刻度以后，它们的曲线应该是同样的，并且我给出的ROC与MTM指标都是同一品种同一时段的指标截图（见图6-63、6-64），为什么两者却不一样呢？

因为ROC用的参数是24与20，MTM用的参数为6与6。如果将MTM的参数也改为24与20，不看刻度的情况下，两指标走势应该一模一样。如图6-65，请与图6-63对比。

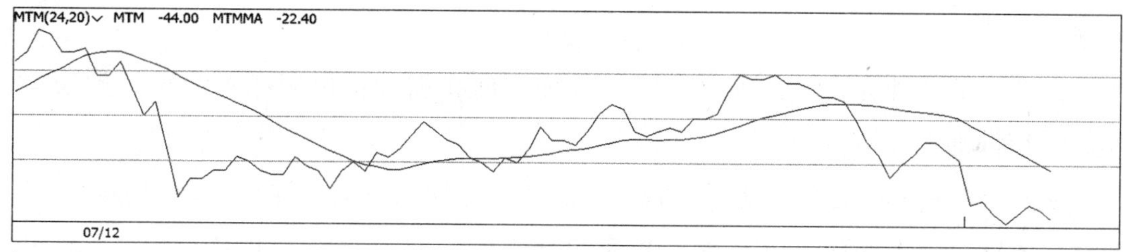

图6-65　将MTM参数改为24与20

不论是MACD，还是ROC、MTM，本质上没有任何区别。所以看见各类指标无以计数，不要怕，仔细研究一下它们的计算公式，你总能找到经典技术分析的痕迹，并且把它们归类。一旦可以归类，就没有神秘感了。从上述的例子，你也会发现这其中可笑的地方，ROC与MTM竟然是同一款指标。

6.4.5　交易系统总结

趋势类交易系统共为两部分：一为趋势的基本定义；二为过滤器。通过解构各种传统的经典技术分析方法，我们得出任何交易方法的内核都处于趋势的基本定义之下，不断上升的峰谷为上涨趋势，不断下跌的峰谷为下跌趋势。

但真正的走势并不如此完美，峰谷的排列的方向有时向上，有时向下。如果我们跟随每一次的峰谷排列，将会陷入不断的多空循环之中，永远在市，平多建空，平空建多。

趋势有主要趋势，有次要趋势。我们的诉求是追随主要趋势的方向，顺势建仓，要避开与主要趋势相反的次要趋势。也就是我们只想跟随与主要趋势方向相同的峰谷排列来交易，回避与主要趋势方向相反的峰谷排列。

回避，也就意味着过滤，将与主要趋势方向相反的峰谷排列过滤掉。既然是过滤，那就需要一款与主要趋势方向在绝大部分时间都吻合的工具。这些工具可以是移动平均线、趋势线、各种指标等。

在过滤器的基础之上，再加入 N 字突破，或各种我们总结出来的小规律，将它们拼接在一起，便是一套趋势类交易系统。

例如过滤器有三种：均线、趋势线、指标（细枝未分），排列组合后至少有 6 种不同的趋势类交易系统。

我本人并不倾向于单根 K 线与过滤器的配合，N 字突破更加贴近趋势逻辑。那么仅仅是 N 字突破与三种过滤器组合便有了 3 种不同趋势类交易系统。均线过滤器还可以继续拆分，指标也可以继续拆分，这样便有了不下十几种的趋势类交易系统。

细节上的各种变化因人而异，资金管理方面我们也给出了相对简单的解决方案，一切都准备就绪了。

趋势交易的本质是什么呢？就是接受趋势只有两种方向，并且呈现四种状态的理念。方向分为上涨和下跌，状态分为快速上涨、快速下跌、上涨间歇、下跌间歇。剩下的事情，就是在正确的时间做正确的事了。

期权在我国市场刚刚开始，到目前为止并未造成更大的影响。但以全球范围来看，期权交易总额，比股票、期货、外汇还要多。因为股票、期货都可以衍生出期权。期权最大的优点在于，亏损有限，盈利无限。未来几十年，期权交易在我国定会大行其道。

7.1 什么是期权?

我们可以把期权（option）理解为某种意义上的保险。

如果你认为某只股票或某种商品要涨价，但是你又不是非常确定它会上涨，但不买又怕踏空，那么你就可以为这只股票或商品买一份保险，如果它确实上涨了，那么不论它涨到什么位置，你都有权利以保险约定的价位买进它；如果它没涨，你只损失了一份保险金而已。

反过来，如果你手中持有某只股票，在上涨一段时间后，你担心它会下跌，如果卖掉手中的股票，又担心它不会真的下跌，反而涨得更高，那么你就可以为这只股票买一份保险，如果它确实跌了，那么不论它跌到什么位置，你都有权利以保险约定的价位卖出它；如果它没跌，你也只损失了一份保险金而已。

7.1.1 期权的构成要素

1. 标的。这是我们做期权的对象，期权不是凭空出现的，它需要一个载体来承载它。例如我们做某只股票的期权，某只股票便是期权的标的。例如我们做豆粕的期权，豆粕期货合约就是豆粕期权的标的。

期权的标的大约可分为股票、指数合约、期货合约。我国现在上市的期权品种有两类三种，分别为豆粕期权、白糖期权和 50ETF 期权。

2. 到期日。这是指期权的最后有效时限。我们交了保险费，但不是交一次费就管一辈子，而是有期限的。例如交一年的火灾保险，是指在这一年中遭遇火灾后得到赔付，在这一年之外没有赔付。

期权的到期日写在具体的合约中，通常为该合约月份的第四个星期三，如沪深 300 股指期权，如果遇到法定休息日，要按时间顺延。在期权到期日前，期权的买方有权利，期权的卖方有义务。如果在到期日之前，期权的买方没有行使权利，到期日之后，期权的买方与卖方的权利与义务关系自动解除。

到期日的规定主要有两种，一种为英式，一种为美式。英式到期日规定就像电影票，必须在到期日那一天，才可以行使权利。就像电影票写着 8 月 8 日观影，8 月 8 日之前与之后都不能观影。而美式期权就像月饼票，在到期日之前，随时都可以行使权利。

还有一种百慕大期权结合了英、美两种方式，它是一种可以在到期日之前，规定一系列行使权利的时间。也就是在到期日之前也可以行使权利，但只能在到期日之前规定的某些时间才可以行使权利。

3. 行权价。行权价也称为执行价（格）、约定价（格）。行权价是买方与卖方在交易之前便约定好的交易标的的价格。

例如 50ETF 的价格为 2.9 元，我们预测它会上涨，但不确定。所以我们买进看涨期权，并且约定这份期权的行权价为 2.9 元。不论 50ETF 上涨至多少，在到期日之前，我们都有权利按 2.9 元买进 1 份 50ETF。2.9 元便是行权价。

当然，如果 50ETF 的价格在 2.9 元，不仅仅只有 2.9 元一种行权价。在 50ETF 的合约当中规定，至少存在以 2.9 元为中心的 5 个不同行权价的期权合约。如果 50ETF 价格上涨至 3 元，也会存在至少 5 个以 3 元为中心的不同行权价的期权合约。

如果 50ETF 在 3 元以下，例如 2.9 元，那么它的行权价间距为 0.05 元。也就是以 2.9 元为中心，行权价分别为 2.8 元、2.85 元、2.9 元、2.95 元和 3 元。如果

50ETF 的价格在 3 元到 5 元（含）之间，例如 3. 3 元，那么它的行权价间距为 0. 1 元，行权价分别为 3. 1 元、3. 2 元、3. 3 元、3. 4 元和 3. 5 元。

如果 50ETF 的价格在 5 元到 10 元（含）之间，行权价间距为 0. 25 元。如果 50ETF 的价格在 10 元至 20 元（含）之间，行权价间距为 0. 5 元。如果 50ETF 的价格在 20 元至 50 元（含）之间，行权价间距为 1 元。如果 50ETF 的价格在 50 元到 100 元（含）之间，行权价间距为 2. 5 元。如果 50ETF 价格在 100 元以上，行权价间距为 5 元。

7. 1. 2　双向选择之上的双向选择

普通的标的走势只有两种选择：一种为上涨，一种为下跌。但期权在双向选择之上还有双向选择，即上涨即为看涨，可以买进看涨，也可以卖出看涨。下跌即为看跌，可以买进看跌，也可以卖出看跌。

看涨期权，也称为认购期权。预期它会上涨，所以我们买进一份保险，即为买进看涨期权。作为保险的买方，只要价格上涨了，便可按照约定行使权利。也可以理解为，买入某事件的保险，只要该事件发生即可获得赔付。例如买入火险，只要火灾发生便可获得赔付。

将身份转换一下，我们变成卖保险的，即为卖出看涨期权。作为保险的卖方，只要价格没有上涨，便可坐收保险金。也可以理解为，卖出某事件的保险，只要该事件没有发生，便无偿获取保险金。例如卖出火险，只要火灾没发生便不用赔付。

作为看涨期权的买方来说，若价格没有上涨，也就是该事件没有发生，便亏损了保险金，对应着期权卖方则无偿收取保险金。看涨期权的买方，即便发生了亏损，最大的亏损金额也就是保险金的金额。如果上涨的话，理论上收益无限大。

作为看涨期权的卖方来说，若价格上涨了，就是该事件发生了，期权买方要行使权利，从我们手中按约定的价格（低价）买进。但市场上的真实情况是该标的上涨了，我们只能从市场上以高价买进，再低价卖给买方，履行合同规定的义务。所以，作为期权的卖方，如果事件没有发生，最大的收益为期权买方的保险金。若该事件发生，履行义务要高价买低价卖，理论上亏损无限大。

举个例子。50ETF 的价格 2. 85 元/份。如果张三预期 50ETF 将会上涨，那么他会买进行权价为 2. 85 元的看涨期权，每份权利金为 0. 05 元。如果同时李四认为 50ETF 不会上涨，那么张三和李四达成交易，张三以 0. 05 元/份的价格买进看涨期权，李四以 0. 05 元/份的价格卖出看涨期权。

情况一：50ETF 在到期日之前，一直处于 2.85 元/份以下，张三放弃行使权利，亏损 0.05 元/份。李四坐收 0.05 元/份的权利金。

情况二：50ETF 在到期日之前，上涨至 3.3 元/份，张三要求行使权利，李四必须履行义务。张三从李四手中以 2.85 元/份的价格买进，再以 3.3 元/份的价格卖出，获得利润 0.45 元/份，再减去买进看涨期权的（保险）费用，利润为 0.4 元/份。李四为了履行义务，必须从市场上以 3.3 元/份的价格买进，再把它以 2.85 元/份的价格卖给张三，亏损 0.45 元/份，但收了 0.05 元/份的保险，亏损为0.4 元/份。

看跌期权，也称认沽期权。预期下跌则可以买进看跌期权，否则可以卖出看跌期权，其意义与看涨期权为镜像关系。认为期权很难理解的部分，便是看跌期权的部分，我们举一个镜像案例。

若 50ETF 的价格为 2.85 元，行权价为 2.85 元的看跌期权价格为 0.06 元/份。张三认为 50ETF 会下跌，而李四认为不会下跌。所以张三以 0.06 元/份的价格买进看跌期权，李四以 0.06 元/份的价格卖出看跌期权。

情况一：50ETF 在到期日之前，一直处于 2.85 元/份以上，张三放弃行使权利，亏损 0.06 元/份。李四坐收 0.06 元/份的权利金。

情况二：50ETF 在到期日之前，下跌至 2.3 元/份，张三要求行使权利，李四必须履行义务。张三从市场中以 2.3 元/份的价格买进 50ETF，再以 2.85 元/份的价格卖给李四，获取 0.55 元/份的利润，再减去看跌期权的（保险）费用，利润为 0.49 元/份。李四为了履行义务，虽然市价为 2.3 元/份，但必须以 2.85 元/份的价格从张三手中买进 50ETF。此时李四的账面亏损 0.55 元/份，但收取了 0.06 元/份的权利金，账面亏损为 0.49 元/份。如果李四以现价卖出，实际亏损为 0.49 元/份。如果李四想看看市场的情况，则亏损或收益不确定。

如果还是很难理解看涨期权、看跌期权的买进、卖出，我们可以将买、涨设为“正”，将卖、跌设为“负”。

买进看涨期权，为正正得正，意欲看涨。付出权利金，拥有权利。

卖出看涨期权，为负正得负，意欲看不涨（包含震荡或下跌）。收到权利金，拥有义务。

买进看跌期权，为正负得负，意欲看跌。付出权利金，拥有权利。

卖出看跌期权，为负负得正，意欲看不跌（包含震荡和上涨）。收到权利金，拥有义务。

7.1.3 50ETF 期权合约

期权是依附于期货的，所以了解期权合约，要先了解期货合约。例如 50ETF 的交易最小单位是 100 份，而 50ETF 期权每一张合约对应的却是 50ETF 的 10000 份，并不是期货与期权合约的各种数据都是相同的。如表 7－1 为 50ETF 期权合约内容，表 7－2 为白糖期权合约内容。

7－1　50ETF 期权合约内容

合约标的	上证 50 交易型开放式指数证券基金（50ETF）
合约类型	看涨期权和看跌期权
合约单位	10000 份
合约到期月份	当月、下月及随后两个季月
行权价格	5 个
行权价间距	3 元以下为 0.05 元，3 元至 5 元（含）为 0.1 元，5 元至 10 元（含）为 0.25 元，10 元至 20 元（含）为 0.5 元，20 元至 50 元（含）为 1 元，50 元至 100 元（含）为 2.5 元，100 元以上为 5 元
行权方式	到期日行权（欧式）
交割方式	实物交割（业务规则另有规定的除外）
到期日	到期月份的第四个星期三（遇法定节假日顺延）
行权日	同合约到期日，行权指令提交时间为 9：15－9：25，9：30－11：30，13：30－15：30
交收日	行权日次一交易日
交易时间	上午 9：15－9：25，9：30－11：30（9：15－9：25 为开盘集合竞价时间）；下午 13：00－15：00（14：57－15：00 为收盘集合竞价时间）
委托类型	普通限价委托、市价剩余转限价委托、市价剩余撤销委托、全额即时限价委托、全额即时市价委托以及业务规定的其他委托类型
买卖类型	买入开仓、买入平仓、卖出开仓、卖出平仓、备兑开仓、备兑平仓以及业务规则规定的其他买卖类型
最小报价单位	0.0001 元
申报单位	1 张或其整数倍
涨跌幅限制	看涨期权最大涨幅＝max｛合约标的前收盘价×0.5%，min［（2×合约标的前收盘价－行权价格），合约标的前收盘价］×10%｝ 看涨期权最大跌幅＝合约标的前收盘价×10% 看跌期权最大涨幅＝max｛行权价格×0.5%，min［（2×行权价格－合约标的前收盘价），合约标的前收盘价］×10%｝ 看跌期权最大跌幅＝合约标的前收盘价×10%
熔断机制	连续竞价期间，期权合约盘中交易价格较最近参考价格涨跌幅度达到或者超过 50% 且价格涨跌绝对值达到或者超过 5 个最小报价单位时，期权合约进入 3 分钟的集合竞价交易阶段

续表

开仓保证金最低标准	看涨期权义务仓开仓保证金 = ［合约前结算价 + max （12% × 合约标的前收盘价 - 看涨期权虚值，7% × 合约标的前收盘价）］ × 合约单位 看跌期权义务仓开仓保证金 = min ［合约前结算价 + max （12% × 合约标的前收盘价 - 看跌期权虚值，7% × 行权价格），行权价格］ × 合约单位
维持保证金最低标准	看涨期权义务仓维持保证金 = ［合约结算价 + max （12% × 合约标的收盘价 - 看涨期权虚值，7% × 合约标的收盘价）］ × 合约单位 看跌期权义务仓维持保证金 = min ［合约结算价 + max （12% × 合约标的收盘价 - 看跌期权虚值，7% × 行权价格），行权价格］ × 合约单位

合约名称：上证 50ETF 的全称是上证 50 交易型开放式指数证券投资基金。

合约类型：任何一种期权合约的类型都是两种，一为看涨期权、一为看跌期权。它的代码不是统一的，每一个不同行权价合约的代码不同。因为它是股票类的期权，所以它的各种特征与股票极其相似，而沪深 300 是期权合约，它的各种特性与期权相似。

合约单位：10000 份。合约名称为 50ETF 购 3 月 2200 元，这里的 50ETF 指的是合约标的，3 月代表的是 3 月份到期，2200 元是行权价。但上证 50ETF 每份的报价是 2 点几，怎么相差这么大？因为合约单位不是 1 份而是 10000 份，按 2015 年 2 月 27 日的 3 月期权报价为 0.2296 元，乘以 10000 为 2296 元，与 3 月行权价 2200 元基本一致。

合约到期月份：当月、下月及随后两个季月，共有四个月份，比沪深 300 少一个。现在的时间为 2015 年 3 月，那么当月合约为 3 月，下月合约为 4 月，随后的两个季月为 6 月和 9 月。

行权价格：共有 5 个行权价格，一个为平值期权，两个虚值期权和两个实值期权，详细内容请参考上文中讲到的沪深 300 行权价格。

行权价格间距：由于每份合约的价值很小，所以它的间距设置也都非常小。间距随着价格变化而变化。最小为 0.05 元，最大为 5 元。

行权方式：欧式。只有在到期日才可以行权，到期日之前不能行权。

交割方式：实物交割。它以上证 50ETF 开放式基金作为标的，并以这个基金的持有单位进行交割。

买卖类型：多出了“备兑开仓”以及“备兑平仓”两个新的术语，其实所有的期权都可以做这样的操作，只不过在上交所的这份标准化合约里说得比较详细而已。备兑就是准备兑现的意思。

比如你持有 1 手某股票，现价 13 元，并且认为它上涨的空间并不大，那么你可以选择卖出看涨期权。如果在到期日这只股票涨至13元以上，你的对手可能会行权，那么你就要履行义务，不论这只股票价格有多高，你都得将手中的持股以每股13元的价格卖给他。如此你手中持有的股票就是在期权生效期间准备兑现的东西，这就叫备兑开仓或备兑平仓交易。

申报单位：1张或是其整数倍。我们去菜市场买烤鸭可以买半只，但在这里你只能买一张或两张或其他自然数，绝对不能出现买一张半的情况。

涨跌幅限制：你可以按表格里的公式计算一下。但行情软件或委托交易软件中会给出当天的涨跌幅度的数据。

熔断机制：是指对某一合约在达到涨跌停板之前，设置一个熔断价格，使合约买卖报价在一段时间内只能在这一价格范围内交易的机制。这是控制风险的一种手段，在达到当日涨跌最大限度之前，先给你一个缓冲，就像学校门口公路上的减速带，到这儿你先慢下来，过去了以后再快。期权价格的熔断价格为前一个交易日结算价的正负6%，如果当天价格触及这个价格，并且持续几分钟（看具体的规定），此时熔断机制启动。在随后的一段时间内，买卖双方申报价格只能在这个6%之内，并且可以继续成交。熔断时间过后，价格限制放大到10%。

表7－2　白糖期权合约内容

交易品种	白糖期权合约
合约标的物	白糖期货合约
合约类型	看涨期权、看跌期权
交易单位	1手（10吨）白糖期货
报价单位	元（人民币）/吨
涨跌停板幅度	上一交易日结算价±4%（与白糖期货合约涨跌停幅度相同）
合约月份	1、3、5、7、9、11月
交易时间	每周一至周五上午9：00－11：30，下午13：30－15：00，晚21：00－23：30，以及交易所规定的其他交易时间
最后交易日	标的期货合约交割月份前二个月的倒数第5个交易日，以及交易所规定的其他日期
到期日	同最后交易日
行权价格	以白糖期货前一交易日结算价为基准，按行权价格间距挂出5个实值期权、1个平值期权和5个虚值期权。行权价小于等于3000元/吨，行权价间距为50元/吨；3000元/吨＜行权价格＜＝10000元/吨，行权价间距为100元/吨；行权价＞10000/吨，行权价间距为200元/吨
行权方式	美式。买方可在到期日前任一交易日的交易时间提交行权申请；买方可在到期日15：30之前提交行权申请、放弃申请

续表

交易代码	看涨期权：SR－合约月份－C－行权价格；看跌期权：SR－合约月份－P－行权价格
上市交易所	郑州商品交易所

白糖期权合约内容与50ETF期权合约内容大同小异，要补充的是期权的写法。先后顺序分别为：标的名称，到期时间，看涨、看跌期权和行权价。其中的C为英文中的Call，表意为看涨。看跌，为英文中的Put，简写为P。例如2018年3月到期的、行权价为3.1元的50ETF看涨期权，写成50ETF1803－C－3.1。再如2018年6月到期的、行权价为2.8元的50ETF看跌期权，写为50ETF1806－P－2.8。

7.2 交易期权

期权，又称选择权。是在期货的基础上产生的一种衍生金融工具，指在未来一定时期可以买卖的权利，是买方向卖方支付一定金额（权利金）后拥有在未来一段时间内（美式期权）或未来某一特定日期（英式期权）以事先规定好的价格（行权价）购买或出售一定数量的特定标的物的权利，但不负有必须买进或卖出的义务。

从其本质上讲，期权实质上是在金融领域中将权利进行定价，使得权利的受让人在规定时间内对于是否进行交易行使权利，而义务方必须履行。购买期权的一方称作买方，而出售期权的一方则叫卖方。买方即是权利的受让人，而卖方则是必须履行买方行使权利的义务人。

7.2.1 买进看涨期权

图7－1是上证50ETF2017年12月14日至2018年1月29日走势图。50ETF在双均线多头排列的状态下，峰谷向上有序排列，在形成N字突破时做多，若我们仅交易50ETF的话，应在2018年1月3日向上突破2.914时买进开仓。直至2018年1月29日形成峰谷乱序时卖出平仓，平仓位为3.120。盈利0.206元/份，如果是1万份的话，盈利2060元，收益率为7.07%。

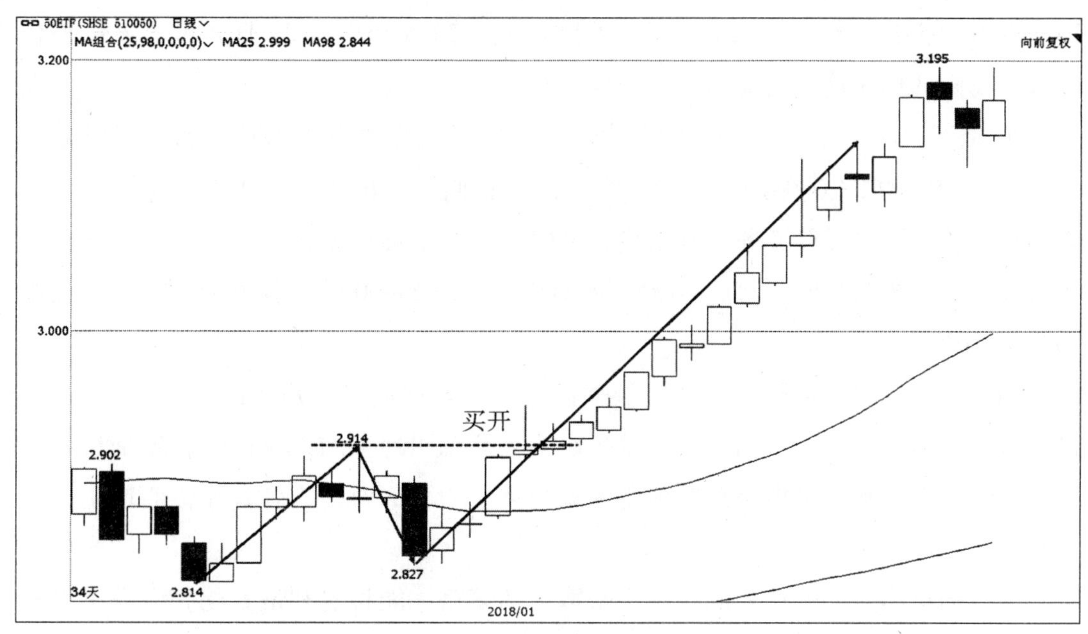

图7-1 上证50ETF2017年12月14日至2018年1月29日走势图

如果选择交易50ETF期权的话，收益率会更多。因为50ETF给出了做多信号，所以我们预期它会上涨，则买进相应的看涨期权。突破位置为2.912，我们在50ETF给出买进信号的同时，买进2018年6月份到期的行权价在2.9元的看涨期权，之所以选择2.9元的行权价，是因为突破位2.912元与2.9元最接近。

并且在50ETF形成峰谷乱序给出平仓信号的当日，将手中看涨期权卖出。50ETF期权每张合约对应着1万份50ETF，1月3日收盘价为0.1797元，1月25日收盘价为0.3178元。收益率为76.85%［（0.3178－0.1797）/0.1797×10000］。

虽然直接交易50ETF可以获利2060元，但收益率只有7.07%。改为交易50ETF期权，虽然真实收益只有1381元，少了679元，但期权的收益率更高，达到近77%，交易期权的成本更少，这是期权交易的优势。

7.2.2 卖出看跌期权

按照上文的案例，因为50ETF已经给出了上涨的信号了，根据我们的技术分析方法，它大概率要上涨。一种操作是买进看涨期权，另一种操作是卖出看跌期权。卖出为负，看跌为负，负负得正，即是看不跌。因为它有可能上涨，也有可能在这个位置震荡下去。因此卖出看跌期权，也不失为一种选择。

2018年1月3日，50ETF给出上涨信号，那么我们选择在2018年1月3日卖出

2018 年 6 月到期、行权价为 2.9 元的看跌期权。2018 年 1 月 29 日，给出多单平仓信号，我们选择在这一天卖出看跌期权平仓。

2018 年 1 月 3 日收盘价 0.0861 元，1 月 29 日收盘价为 0.0375 元。万份收益为 486 元［（0.0861－0.0375）×10000］。因为我们是卖出权利，所以要防备某一天 50ETF 下跌而被迫履行义务，所以我们手中必须有足够买 10000 份 50ETF 的资金准备着，行权价为 2.9 元，对应 10000 份 ETF 也就是 29000 元，收益为 486 元，收益率为 1.68%。

相对于买进看涨期权来说，这份收益过低了。即使是这份看跌期权跌至 0 元，最多也只能赚到 861 元。如果我们玩斗地主，是总叫地主的人赢得多，还是总不叫地主的人赢得多呢？当然是总叫地主的赢得多。为什么？因为牌好才会叫地主，牌不好才不会叫地主。

当标的给出方向性信号的时候，采取主动策略才能将盈利最大化，而像卖出权利这种被动策略，盈利相对较小。

7.2.3 买进看跌期权

2018 年 3 月 23 日，50ETF 日线在双均线空头排列的情况下，峰谷向下有序排列，形成 N 字突破时，卖出开仓。直至在双均线之下，形成峰谷乱序买进平仓，如图 7－2。卖出开仓价格为 2.78 元，买进平仓价格为 2.689 元，万份盈利 910 元。

图 7－2　50ETF2018 年 2 月 27 日至 2018 年 5 月 3 日日线走势图

既然标的50ETF给出了做空信号，那么在相应的50ETF看跌期权中，选择6月到期，行权价接近2.78元的2.8元买进看跌期权。3月23日50ETF开盘便给出了卖出开仓的信号，相对应的50ETF期权的开盘价为0.1117元，买进看跌期权开仓。至4月24日，50ETF在盘中9：40左右向上突破2.689，此时相对应的期权价格为0.1491元，卖出看跌期权平仓，盈利374元，收益率为33.48%。

7.2.4 卖出看涨期权

同样的案例，既然50ETF给出了下跌的信号，也就是说50ETF至少不会上涨，很可能震荡。看跌，也可以理解为看不涨，所以也可以卖出相应的看涨期权。同期50ETF看涨期权开盘价为0.1293元，至4月24日平仓价位0.0625元，收益668元，收益率51.66%。

7.2.5 行权成本与履约焦虑

让我们先来看一个案例，图7－3为豆粕1805合约2017年12月6日至2018年3月7日日线走势图。按照方法论，豆粕形成123原则时买进（2841），如果直接买进豆粕，并且在图中最后一根K线收盘价（3136）处平仓，可以获得2950元［（3136－2841）×10］的收益。

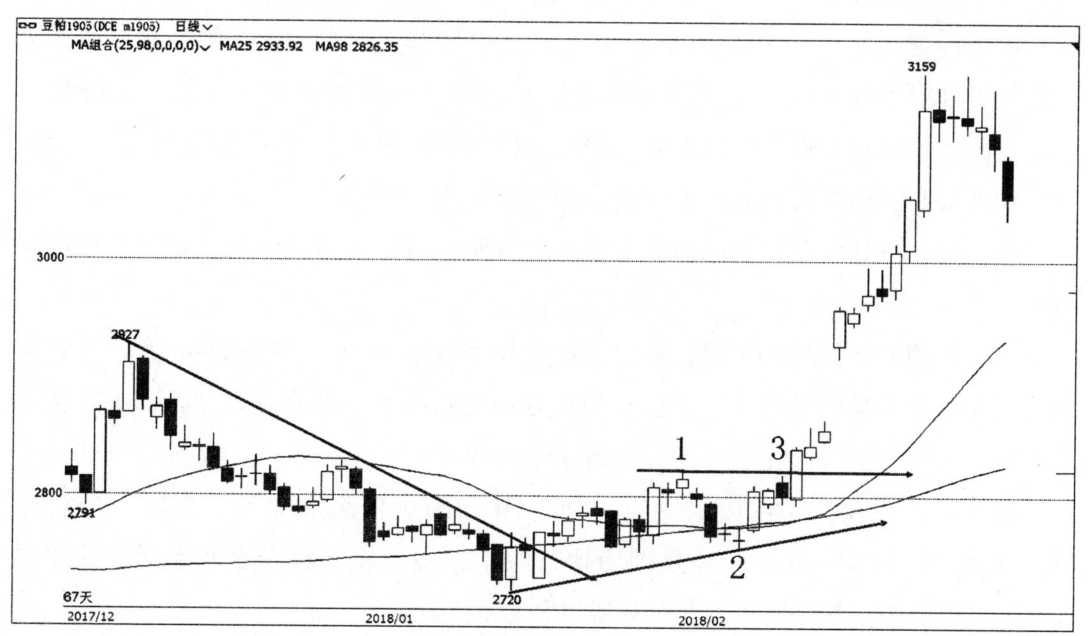

图7－3 豆粕1805合约2017年12月6日至2018年3月7日日线走势图

若在形成123原则时，以同期收盘价63.5元买进M1805－C－2850，并在同期以295元的价格平仓，可以获得2886.5元［（295－63.5）×10］的收益。虽然收益绝对值相对于直接交易豆粕期货要少63.5元，但期货最少需要占用2273元的资金，期权仅用635元即可，期权的收益率更大。

以上是仅交易期货和仅交易期权的收益对比。如果两者结合，通过期权行权，进而进入期货交易的话，收益有什么样的变化呢？

豆粕期权采用的是美式期权，可以在任意时间行权。假设在上图中最后一根K线处，我们要求行权，则可以按照M1805－C－2850的约定，以2850元的价格买进豆粕，然后再以市场3136元的价格卖出。期货部分可获得2860元［（3136－2850）×10］的收益，期权部分因为行使了权利，所以要减掉行使权利的费用635元，总收益为2225元。

行权的收益要比仅交易期权的收益少641.5元（2886.5－2225），所以不行权要比行权来得更划算。

我们来设想一种极端的情况，转换身份后反过来考虑，如果期权市场只有一笔交易。我们是期权的卖方，当豆粕的价格走势对我们不利的时候，买方因要让利润最大化，所以想直接在期权市场中平仓，不想行权。我们是否可以一直不参与交易，直接拿到最后呢？

因为作为卖方不参与交易，不给出报价，市场上又仅有我们一笔交易，那么买方就找不到对手来平仓，作为卖方的我们是否可以在这种走势对我们不利的情况下，还能坐收权利金呢？当然不能，因为期权的买方如果找到对手平仓，也不会放弃手中的权利。如果买方放弃了权利，他的损失为635元，为了避免出现亏损，买方一定会在找不到平仓对手的情况下，要求行使权利，只不过他的收益比直接将期权平仓会少一些。

我们再想一下极端的情况，如果豆粕价格下跌了10元，降至2840元，并且市场中只有一笔交易的情况下，并且作为卖方的我们不给出报价参与交易，买方会不会行权？出于利益最大化的考虑，买方不会行权。

如果买方行权，他将按照约定，以2850元的价格买进豆粕，再以市场价格2840元卖出，亏损100元。并且因为他行权了，还要丧失权利金635元，共亏损735元。如果买方不行权，买方仅亏损权利金635元。

所以，作为期权的买方，当走势对买方有利，并且市场中有充足的流动性的情况下，不会行权。当走势对买方有利，并且市场中没有充足的流动性的情况下，会行权。当走势对买方不利的情况下，不会行权。那么作为期权的卖方，只要走势对买方不利，就不必怀有履约焦虑。

7.3 期权的时间就是金钱

如果白糖现价为5000元，那么行权价为4500元的看涨期权价格绝对不会低于500元。假设该看涨期权的价格为400元，那么买进该看涨期权的成本为400元，立刻行权可以在4500元的位置买进白糖，再以市价5000元卖出，即可获得100元的利润。其中500元是弥补行权价与现价的差，称为内在价值。多出来的100元为时间价值。

7.3.1 内在价值与时间价值

按照上例，多出来的100元为看涨期权的时间价值。因为期权是预期，预期它会涨还是会跌。所以在美式行权方式下，在到期日之前价格必然会发生变动，时间越长，价格变动的可能性就越多、越大，所以多出来的这100元，是付给时间的，时间越长，机会越多，付给时间的钱也越多。所以在期权中，时间就是金钱。

如果白糖的现价为5000元，行权价为5500元的看跌期权的价格也必然会大于500元，假设为600元。其中500元为内在价值，多出来的100元为时间价值。

如果我们是期权的买方，随着时间的流逝，距离到期日会越来越近，时间越来越短，手中的期权会一天天贬值。即便价格未发生变动，期权买方的期权价格也会越来越低。

相对，作为期权的卖方，因为时间越来越短，变化的可能性也就越来越小，该事件不会发生的概率也会越来越小。所以即便价格不发生变动，期权卖方的期权价格也会越来越高。

可见，时间，对于期权的买方是敌人，对于期权的卖方是朋友。

7.3.2 实值期权、平值期权、虚值期权

所谓实值，就是比较市价与行权价之间有没有内在价值，如果有内在价值，便为实值期权。如果市价与行权价相等，两者价值相等，为平值期权。如果市价与行

权价之间没有内在价值，全部为时间价值，则为虚值期权。

相对来说，平值期权的价格高于实值期权的价格，实值期权的价格高于虚值期权的价格。

如白糖的市价为5000元，行权价小于5000元的看涨期权为实值期权，行权价为5000元的看涨期权为平值期权，行权价大于5000元的看涨期权为虚值期权。

如白糖的市价为5000元，行权价大于5000元的看跌期权为实值期权，行权价为5000元的看跌期权为平值期权，行权价小于5000元的看跌期权为虚值期权。

7.4 垂直价差期权套利

单一的敞口期权交易，属于入门阶段的交易，四种期权交易（买入看涨、买入看跌、卖出看涨、卖出看跌）都是一块一块单独的积木，如果再将这些基本交易组合在一起，则会形成强大的套利组合，构建起一套强大的交易系统。

7.4.1 牛市看涨价差期权

如果后市看涨，并且预估了上涨的目标价位，则可以采用牛市看涨价差期权来进行套利交易。

例如50ETF2018年3月6日的价格为2.888元，预期近一个月内将要上涨，并且预期上涨目标价位为3.3元。此时，我们以0.055元的价格买进50ETF1803－C－2.9，同时以0.0021的价格卖出50ETF1803－C－3.3。其中两笔期权的成交价格，为2018年3月6日的期权收盘价。价格变动情况如表7－3，图7－4为收益线图。

表7－3 牛市看涨价差期权价格变动情况表 单位：元

50ETF价格	收益
2.75	－499［（0.011－0.055）×10000＋（0.0021－0.008）×10000］
2.8	－439［（0.021－0.055）×10000＋（0.0021－0.012）×10000］
2.85	－166［（0.038－0.055）×10000＋（0.0021－0.0017）×10000］
2.9	68［（0.062－0.055）×10000＋（0.0021－0.0023）×10000］
2.95	350［（0.091－0.055）×10000＋（0.0021－0.0031）×10000］
3	700［（0.127－0.055）×10000＋（0.0021－0.0041）×10000］
3.05	1098［（0.168－0.055）×10000＋（0.0021－0.0053）×10000］

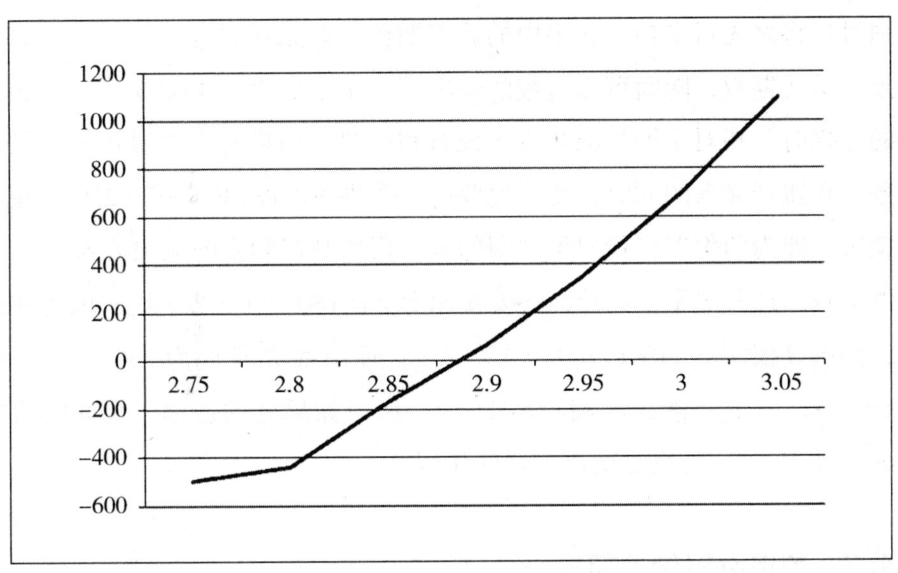

图7－4　牛市看涨价差期权收益线图

因为50ETF是英式期权，只有在到期日才可以选择是否行权，所以在到期日之前，我们不考虑行权与履约的问题。当价格下跌至2.75元时，50ETF1803－C－2.9的价格由0.055元下跌至0.011元，50ETF1803－C－3.3的价格由0.0021元下跌至0.008元，每张50ETF期权对应10000份50ETF，总收益为－499元。

当50ETF价格变动至其他价格时，我们都可以从期权计算器中计算出对应的期权价格。以上价格皆由期权计算器计算得出。当50ETF价格上涨至2.9元以上时，我们的收益为正值。

最坏的情况，50ETF不断地下跌，我们理论上最大的损失为买进50ETF1803－C－2.9所付出的权利金550元，但是我们还收到了卖出50ETF1803－C－3.3的权利金21元，理论总损失为－529元。但如果50ETF价格不断上涨，买进50ETF1803－C－2.9的价格上涨速度，要大于卖出的50ETF1803－C－3.3的价格上涨速度。只要它不断上涨，理论上的收益将会无限大。

说套利，就意味着收益有限、亏损也有限。为什么本例中给出的结论是理论上收益无限大呢？其根源在于50ETF为英式期权，即不到到期日，不可以行使权利。那么我们卖出的50ETF1803－C－3.3不论亏损多少，只要不到期，即可一直拿在手中，直到最后一刻，两张期权同时平仓。既不行权，也不履行义务，如此，则收益可以尽可能地放大。

也有另一种情况，上涨趋势已成，已经不需要卖出50ETF1803－C－3.3作为保护了，则可以将之先行平掉。让手中的看涨期权收益无限放大。

如果是美式期权，随时可以行权的情况下，卖出的50ETF1803－C－3.3发生一定程度的亏损时，相对于期权的买方来说有利可图。如果对手想要行权，我们必须履行义务。在履行义务的同时，我们也要行使买进50ETF1803－C－2.9的权利，则收益被锁定，即为两份期权行权价之间的差，再加减权利金的流出流入。

既然本身已经看涨了，为什么还要卖出50ETF1803－C－3.3呢？因为在最坏的情况下，如果仅仅买入50ETF1803－C－2.9，理论最大亏损为550元，而卖出的50ETF1803－C－3.3还能为我们收回21元。所以如果真的遭遇了最坏的情况，我们能减少亏损21元。这就是期权组合的作用。

7.4.2 熊市看涨价差期权

如果后市看跌，并且预估了下跌的目标价位，则可以采用熊市看涨价差期权来进行套利交易。

例如50ETF2018年3月6日的价格为2.888元，预期近一个月内将要下跌，并且目标价位为2.65元。此时，我们以0.055元的价格买进50ETF1803－C－2.9，同时以0.249的价格卖出50ETF1803－C－2.65。其中两笔期权的成交价格为2018年3月6日的期权收盘价。价格变动情况如表7－4，图7－5为收益线图。

表7－4 熊市看涨价差期权价格变动情况表 单位：元

50ETF价格	收益
2.65	1330［（0.002－0.055）×10000＋（0.247－0.063）×10000］
2.7	1060［（0.005－0.055）×10000＋（0.247－0.093）×10000］
2.75	770［（0.011－0.055）×10000＋（0.247－0.128）×10000］
2.8	460［（0.021－0.055）×10000＋（0.247－0.169）×10000］
2.85	190［（0.038－0.055）×10000＋（0.247－0.213）×10000］
2.9	－40［（0.062－0.055）×10000＋（0.247－0.26）×10000］
2.95	－230［（0.091－0.055）×10000＋（0.247－0.308）×10000］
3	－360［（0.127－0.055）×10000＋（0.247－0.357）×10000］

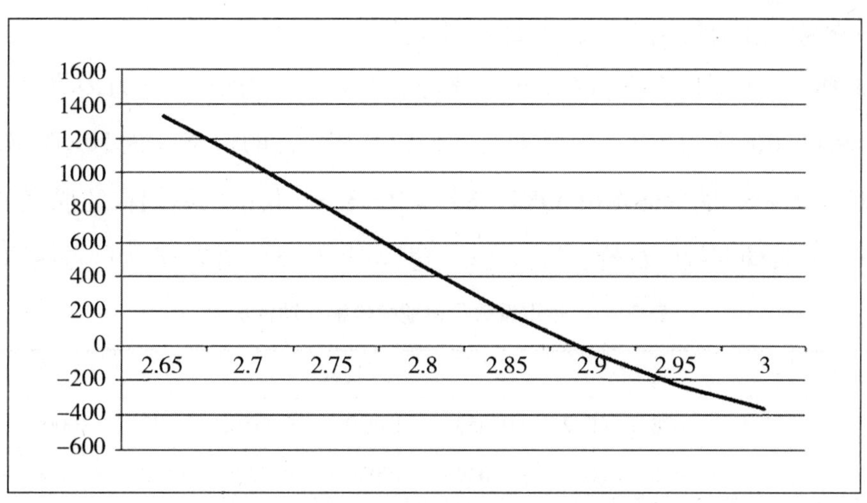

图7-5　熊市看涨价差期权收益线图

本例与上例相反，上例中有最大理论亏损，而本例为最大理论盈利。假设50ETF不断下跌，致使50ETF1803-C-2.65的价格下跌至0元，收益为收到的权利金2490元减掉购买50ETF1803-C-2.9付出的权利金550元，理论最大盈利为1940元。

若50ETF价格不断上涨，虽然买进的50ETF1803-C-2.9的价格也在不断上涨，但它的上涨速度，小于卖出的50ETF1803-C-2.65的上涨速度。买进期权的盈利速度，赶不上卖出期权的亏损速度，所以看似亏损无限大。

但考虑到50ETF是英式期权，只有在到期日才能行权或履约，那么如果发生亏损的话，可以坚持到最后的行权日。假设50ETF已经涨到了10元，我们也不会发生巨额亏损，理论上亏损也是有限的。

首先我们要行权，也就是50ETF1803-C-2.9的约定，以2.9元/份的价格买进50ETF，并且再以市价10元/份的价格卖出，盈利7.1元/份。然后我们还要履约，按照50ETF1803-C-2.65的约定，以市价10/份的价格买进，再以2.65元/份的价格卖出，亏损7.35元/份。两次交易的总亏损为0.25元/份，10000份共亏损2500元。买入50ETF1803-C-2.9时付出权利金550元，卖出50ETF1803-C-2.65收到权利金2490元，总收益为-560（2490-550-2500）元。

通过套利组合，这份看似收益有限而亏损无限的交易，最大理论盈利为1940元，最大亏损为560元，理论最大盈亏比为3.46。

7.4.3　牛市看跌价差期权

如果后市看涨，并且预估了上涨的目标价位，则可以采用牛市看跌价差期权来进行套利交易，收取权利金为其主要盈利模式。

例如50ETF 的2018 年3 月6 日的价格为2. 888 元，预期近一个月内将要上涨，并且预期上涨目标价位为3. 3 元。此时，我们以0. 059 元的价格买进 50ETF1803 - P - 2. 9，同时以0. 4082 的价格卖出 50ETF1803 - P - 3. 3。其中两笔期权的成交价格，为2018 年3 月6 日的期权收盘价。价格变动情况如表7 -5，图7 -6 为收益线图。

表7 -5　牛市看跌价差期权价格变动情况表　　单位：元

50ETF 价格	收益
2. 65	-478［（0. 245 -0. 059）×10000 +（0. 4082 -0. 642）×10000］
2. 7	-448［（0. 198 -0. 059）×10000 +（0. 4082 -0. 592）×10000］
2. 75	-398［（0. 154 -0. 059）×10000 +（0. 4082 -0. 543）×10000］
2. 8	-298［（0. 114 -0. 059）×10000 +（0. 4082 -0. 493）×10000］
2. 85	-148［（0. 08 -0. 059）×10000 +（0. 4082 -0. 444）×10000］
2. 9	52［（0. 053 -0. 059）×10000 +（0. 4082 -0. 397）×10000］
2. 95	322［（0. 033 -0. 059）×10000 +（0. 4082 -0. 35）×10000］
3	632［（0. 017 -0. 059）×10000 +（0. 4082 -0. 305）×10000］
3. 05	972［（0. 01 -0. 059）×10000 +（0. 4082 -0. 262）×10000］

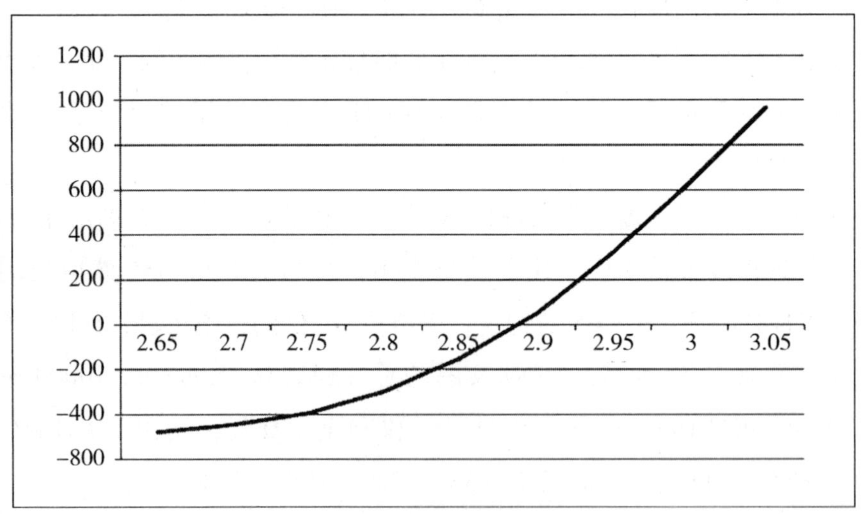

图7 -6　牛市看跌价差期权收益线图

本例与上例基本相同，从套利组合的名字中即可看出。上例为熊市中用看涨期权来套利，本例为牛市中用看跌期权来套利，市场走向与期权方向是相反的。意味着此种套利，以收取权利金为主要盈利模式。

如果50ETF价格上涨，则买进的50ETF1803 - P - 2.9价格会以相对较慢的速度下跌，而卖出的50ETF1803 - P - 3.3价格会以相对较快的速度下跌。当50ETF1803 - P - 2.9跌至0元时，最多损失权利金590元，而坐收卖出的50ETF1803 - P - 3.3权利金4082元，理论最大收益为3492元。

如果50ETF价格下跌，则两份期权价格都会上涨，卖出的50ETF1803 - P - 3.3收益已经无法覆盖买进的50ETF1803 - P - 2.9亏损，最终形成亏损。如果亏损巨大，我们可以要求行权，并且履行义务。假设50ETF的价格下跌至1元，首先行使权利，按50ETF1803 - P - 2.9的约定，以市场价格1元/份买进，并以2.9元/份卖出，收益1.9元/份。随后履行义务，按50ETF1803 - P - 3.3的约定，以3.3元/份的价格买进，并以市场价格1元/份卖出，亏损2.3元/份。两笔交易亏损0.4元/份。收到权利金4082元，付出权利金590元，总收益为 - 508（4082 - 590 - 4000）元。理论最大盈利为3492元，理论最大亏损为508元，理论最大盈亏比为6.87。

7.4.4 熊市看跌价差期权

如果后市看跌，并且预估了下跌的目标价位，则可以采用熊市看跌价差期权来进行套利交易。

例如50ETF2018年3月6日的价格为2.868元，预期近一个月内将要下跌，并且预期下跌目标价位为2.6元。此时，我们以0.0481元的价格买进50ETF1803 - P - 2.85，同时以0.0064的价格卖出50ETF1803 - P - 2.6。其中两笔期权的成交价格为2018年3月7日的期权收盘价。价格变动情况如表7 - 6，图7 - 7为收益线图。

表7 - 6　熊市看跌价差期权价格变动情况表　　单位：元

50ETF	收益
2.65	1093 [（0.197 - 0.0481）×10000 +（0.0064 - 0.048）×10000]
2.7	823 [（0.156 - 0.0481）×10000 +（0.0064 - 0.032）×10000]
2.75	533 [（0.116 - 0.0481）×10000 +（0.0064 - 0.021）×10000]
2.8	283 [（0.083 - 0.0481）×10000 +（0.0064 - 0.013）×10000]
2.85	63 [（0.056 - 0.0481）×10000 +（0.0064 - 0.008）×10000]
2.9	- 97 [（0.036 - 0.0481）×10000 +（0.0064 - 0.004）×10000]
2.95	- 227 [（0.021 - 0.0481）×10000 +（0.0064 - 0.002）×10000]
3	- 307 [（0.012 - 0.0481）×10000 +（0.0064 - 0.001）×10000]

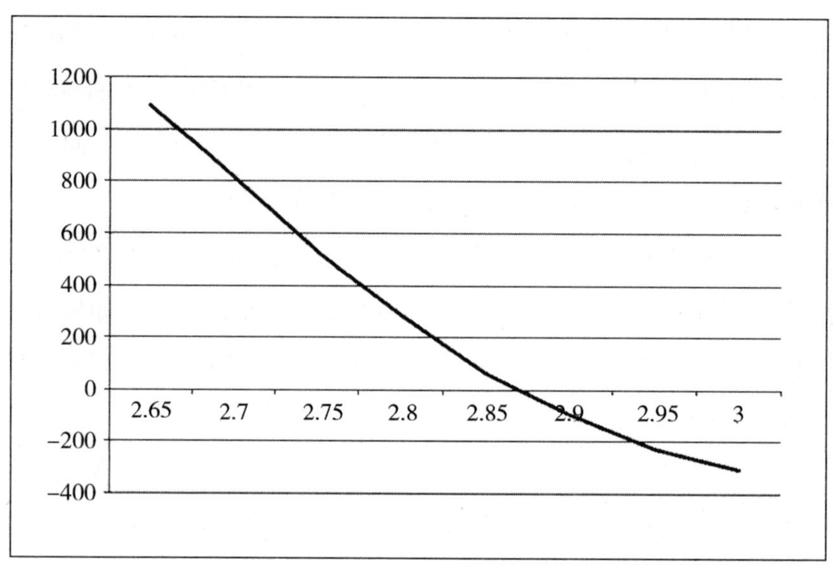

图 7-7　熊市看跌价差期权收益线图

本例与垂直价差期权的第一个例子相同，都是顺势交易。因为看跌，所以买进看跌期权。为了给看跌期权一份保护，卖出在下跌目标价位处的看跌期权，卖出看跌，负负得正，即为此处看不跌，期权看涨，一正一反互相对冲。购买权利付出 481 元现金，卖出权利收到 64 元现金，即使是最坏的情况下，理论上最大亏损为 417 元。

7.4.5　垂直策略总结

1. 垂直策略有 4 个特征：(1) 同时买进一份期权，再卖出一份同向期权。(2) 两份交易的期权到期日是相同的。(3) 若是牛市看涨价差期权和牛市看跌价差期权，买入的期权行权价要高于卖出行权价，反之，熊市看涨价差期权与熊市看跌价差期权买入期权的行权价要低于卖出期权的行权价。(4) 凡是带有看涨二字的，都是以交易看涨期权来构建。凡是带有看跌二字的，都是以交易看跌期权来构建投资组合。

2. 同向顺势交易，都是借方交易。牛市与看涨相搭配的牛市看涨价差期权，熊市与看跌相搭配的熊市看跌价差期权，为同向顺势交易，都是付出更多的权利金，收到相对较少的权利金，来博取无限的更大的顺势利润。

3. 逆向逆势交易，都是贷方交易。牛市与看跌相搭配的牛市看跌价差期权，熊市与看涨相搭配的熊市看涨价差期权，为逆向逆势交易，都是付出较少的权利金，收到相对较多的权利金，来换取有限的相对固定的利润。

有些书中说垂直策略的套利组合是亏损和利润同时锁定。但我们认为垂直策略同向顺势交易不能锁定利润。原因在于前者是静态分析期权交易行为，而我们的则是动态行为。

静态分析假定最终期权的买方会行权。我们来举一个例子，豆粕 1805 合约 2018 年 3 月 7 日收盘价为 3124 元，预计未来一个月内将会上涨至 3400 元。根据垂直策略，以 80 元的价格买进 M1805 - C - 3100，同时以 10.5 元的价格卖出 M1805 - C - 3400。按照静态分析的假设，只要豆粕价格高于行权价即行权，只要豆粕价格低于行权价即放弃行权，价格变动情况如表 7 - 7。图 7 - 8 为收益折线图。

表 7 - 7　静态分析垂直策略价格变动　　单位：元

M1805 价格	是否行权	是否履约	收益
3000	放弃行权	不必履约	-695［（10.5 - 80）×10］
3050	放弃行权	不必履约	-695［（10.5 - 80）×10］
3100	放弃行权	不必履约	-695［（10.5 - 80）×10］
3150	行权	不必履约	-195［（3150 - 3100）×10 - 80×10 + 10.5×10］
3200	行权	不必履约	305［（3200 - 3100）×10 - 80×10 + 10.5×10］
3250	行权	不必履约	805［（3250 - 3100）×10 - 80×10 + 10.5×10］
3300	行权	不必履约	1305［（3300 - 3100）×10 - 80×10 + 10.5×10］
3350	行权	不必履约	1805［（3350 - 3100）×10 - 80×10 + 10.5×10］
3400	行权	不必履约	2305［（3400 - 3100）×10 - 80×10 + 10.5×10］
3450	行权	履约	2305［（3450 - 3100）×10 - 80×10 + 10.5×10 +（3400 - 3450）×10］
3500	行权	履约	2305［（3500 - 3100）×10 - 80×10 + 10.5×10 +（3400 - 3500）×10］

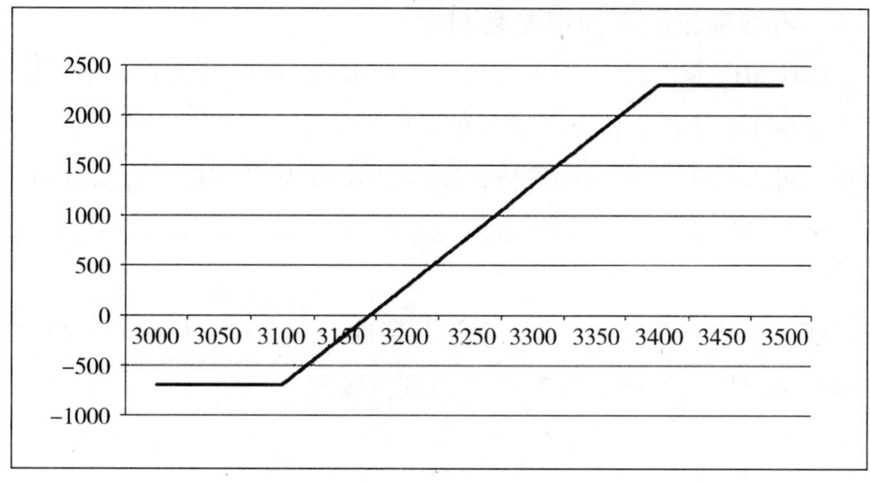

图 7 - 8　垂直策略静态收益折线图

静态分析不考虑收益最大化的问题，不考虑行权成本的问题。所以一买一卖的两份期权，一份要求行权，另一份也必然会被要求履约。垂直策略的收益，即锁定了最大收益与最大亏损。最大收益为3150元至3400元之间的价差、付出权利金、收到权利金的总和。最大亏损为付出权利金、收到权利金的总和。

但在交易的真实情况中，每位参与交易的人，必然会考虑到行权成本的问题，所以静态分析中的这种情况，通常不会出现。

7.5 水平价差期权套利

要看大涨，可以单独买进看涨期权。要看大跌，可以单独买进看跌期权。要想锁定利润，可以用垂直价差期权。但这些投资组合都是要求标的的走势具有方向性。一般说来，在市场中，价格走势至少有三分之一到二分之一的时间处于无趋势的震荡状态。如果在这么长时间内我们无所作为，未免太可惜了。所以我们要找到一种把震荡行情利用起来的投资组合。既然是震荡，那么价格基本上没有方向性，所以我们很难用价差来赚钱。这里说的价差是指行权价的价差。

垂直价差期权套利组合，利用的是同一到期日的合约的不同行权价来套利。本节讲解的为水平价差期权，与垂直价差恰好相反。水平价差期权利用的是不同到期日的合约相同的行权价来套利。

7.5.1 看涨期权的正向期差套利

例如50ETF2018年5月25日的报价为2.654元，我们预测在未来一段时间内，它既不会大涨也不会大跌，而是围绕2.654元窄幅震荡。

此时我们可以以0.1030元的价格，卖出2018年9月到期、行权价为2.7元的看涨期权。同时，以0.1512元的价格，买进2018年12月到期、行权价为2.7元的看涨期权。

因50ETF行权方式为欧式，所以在未到期前，不必理会行权与履约的问题。1个月后，盈亏情况如表7-8，图7-9为盈利折线图。

表7-8 水平价差套利价格变动

单位：元

50ETF 价格	50ETF1806-C-2.7 价格	50ETF1809-C-2.7 价格	收益
2.45	0.019	0.052	-152
2.5	0.029	0.068	-92
2.55	0.043	0.087	-42
2.6	0.061	0.109	-2
2.65	0.083	0.134	28
2.7	0.109	0.162	48
2.75	0.139	0.193	58
2.8	0.173	0.227	58
2.85	0.21	0.263	48
2.9	0.251	0.301	18
2.95	0.294	0.341	-12

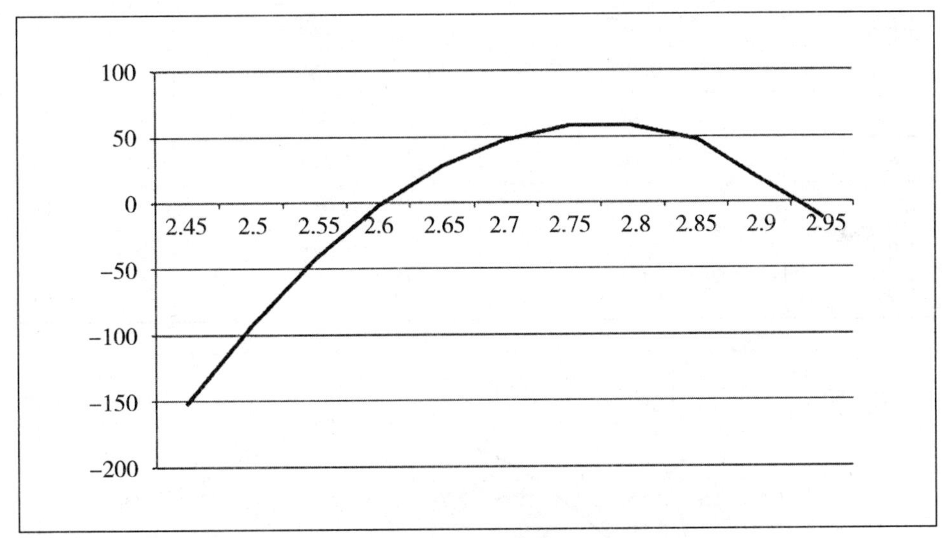

图7-9 看涨期权的正向差期组合盈利折线图

看涨期权的正向差期组合盈利图是一根抛物线。50ETF 的价格在一个范围内震荡，在本例中，只要 50ETF 价格处于 2.65 元至 2.9 元之间，便可盈利，区别仅在盈利的多寡。

7.5.2 看跌期权的正向期差套利

看跌期权的正向期差组合的原理与看涨期权的正向期差组合的原理相同，只不过构建组合的期权由看涨期权变成了看跌期权。

同样的案例，50ETF2018 年5 月25 日的报价为2. 654 元，预计50ETF 价格将围绕2. 654 元窄幅震荡。则可以以0. 1115 元的价格，卖出2018 年9 月到期、行权价为2. 7 元的看跌期权。同时以0. 1327 元的价格，买进2018 年12 月到期、行权价为2. 7 元的看跌期权。

因50ETF 行权方式为欧式，所以在未到期前，不必理会行权与履约的问题。1 个月后，盈亏情况如表7 -9，图7 -10 为盈利折线图。

表7 -9　水平价差套利价格变动

单位：元

50ETF 价格	50ETF1806 - C - 2. 7 价格	50ETF1809 - C - 2. 7 价格	收益
2. 45	0. 243	0. 247	-172
2. 5	0. 203	0. 213	-112
2. 55	0. 167	0. 182	-62
2. 6	0. 135	0. 154	-22
2. 65	0. 107	0. 129	8
2. 7	0. 083	0. 107	28
2. 75	0. 063	0. 088	38
2. 8	0. 047	0. 072	38
2. 85	0. 035	0. 058	18
2. 9	0. 025	0. 046	-2
2. 95	0. 017	0. 037	-12

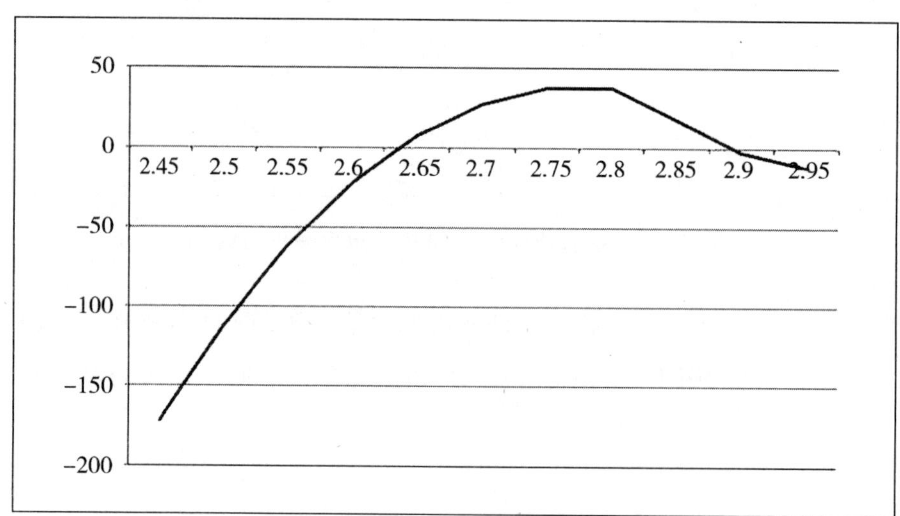

图7 -10　看跌期权的正向差期组合盈利折线图

看跌期权的正向差期组合的盈利曲线同样是开口向下的抛物线，只要50ETF 价格处于2.65元与2.85元之间，便可盈利。

7.5.3 水平价差正向差期套利总结

1. 水平价差期权，是利用卖近月到期的期权合约，并买入远期到期的期权合约而形成的一种套利模式，这属于正向差期组合。

有正向便有反向，买入近月到期的期权合约，同时卖出远期到期的期权合约。不论是正向还是反向，它们的共同点为行权价相同。

正向套利组合的盈利折线图的抛物线的开口是向下的，看似标的只能在某一范围内震荡才能获利。反过来，反向套利组合的盈利折线图的抛物线的开口便是朝上的，只要标的价格脱离了震荡区间，便可盈利。

我们的诉求便是在震荡中获利，如果标的价格突破震荡区间形成趋势，我们便不再利用套利组合来盈利，而是改用简单的敞口期权交易来获利了。如此一来，利润更大，风险更小，没有必要使用反向套利组合。

2. 垂直策略与水平策略各有优劣。

垂直策略：借方垂直牛市看涨价差期权组合

以P1价格　买进　T月（固定）　低行权价　看涨合约（固定）

以P2价格　卖出　T月（固定）　高行权价　看涨合约（固定）

垂直策略：贷方垂直熊市看涨价差期权组合

以P1价格　买进　T月（固定）　高行权价　看涨合约（固定）

以P2价格　卖出　T月（固定）　低行权价　看涨合约（固定）

垂直策略：贷方垂直牛市看跌价差期权组合

以P1价格　买进　T月（固定）　低行权价　看跌合约（固定）

以P2价格　卖出　T月（固定）　高行权价　看跌合约（固定）

垂直策略：借方垂直熊市看跌价差期权组合

以P1价格　买进　T月（固定）　高行权价　看跌合约（固定）

以P2价格　卖出　T月（固定）　低行权价　看跌合约（固定）

水平策略：看涨水平价差正向差期组合

以P1价格　卖出　T近月　同一行权价　看涨期权（固定）

以P2价格　买进　T远月　同一行权价　看涨期权（固定）

水平策略：看跌水平价差正向差期组合

以P1价格　卖出　T近月　同一行权价　看跌期权（固定）

以 P2 价格　买进　T 远月　同一行权价　看跌期权（固定）

两者的不同在于，垂直策略的到期合约是固定的，行权价一高一低。水平策略的到期合约为一近一远，行权价相同。垂直策略的优点是盈利高，但盈利所对应的标的价格震荡范围较小。水平策略的优点是盈利所对应的标的价格震荡范围较大，但是盈利低。那我们能不能综合两者的优势，既将盈利提高，又将盈利所对应的标的价格震荡范围放大呢？方法就是对角价差期权套利组合。

7.6　对角价差期权套利

垂直策略采用相同的到期合约与不同的行权价，水平策略采用不同的到期合约与相同的行权价。那么综合两者优点，就是对角策略，即采用不同的到期合约与不同的行权价。

在使用期权交易替代期货交易或 ETF 交易之前，首先要了解什么时候采用简单的敞口期权交易，什么时候采用套利组合交易。我们在构建交易系统的时候，将走势分为两种方向、四种模式。方向为上涨或下跌，模式为快速上涨、上涨间歇、快速下跌与下跌间歇。

在快速上涨与快速下跌的过程中，即为趋势快速推进之时，此时宜采用简单的敞口期权交易，以跟随趋势获取最大的利润率。在上涨间歇与下跌间歇时，即为上涨趋势中产生震荡走势或下跌趋势中产生震荡走势，则宜采用期权套利组合，赚取震荡中的利润。根据不同的形势采用不同的策略，如果仅为主观交易，则无法区分哪里是快速市、哪里是震荡市，便无法因势制宜。

7.6.1　看涨期权与看跌期权的借方对角水平价差期权套利

如图 7 - 11 为本章图 7 - 1 中的案例延续。2018 年 1 月 29 日 50ETF 走势在双均线多头排列的状态下，出现了峰谷乱序，快速上涨阶段暂告结束，进入上涨间歇状态，也就是进入了震荡状态，平掉前期的看涨期权多单。

如果 50ETF 继续向上突破前高 3.195 元时，则再次进入快速上涨阶段。如果 50ETF 向下跌破长期移动平均线，不论彼时双均线为多头排列还是空头排列，上涨趋势完结的概率也非常大了。所以震荡走势的范围，也就是上涨间歇走势的范围，便是上至前期高点 3.195 元，下至形成峰谷乱序当天所对应的长期移动平均线（参数 98，参数可自行设置）2.878 元。在震荡走势中，我们便可以利用对角价差期权构建套利组合了。

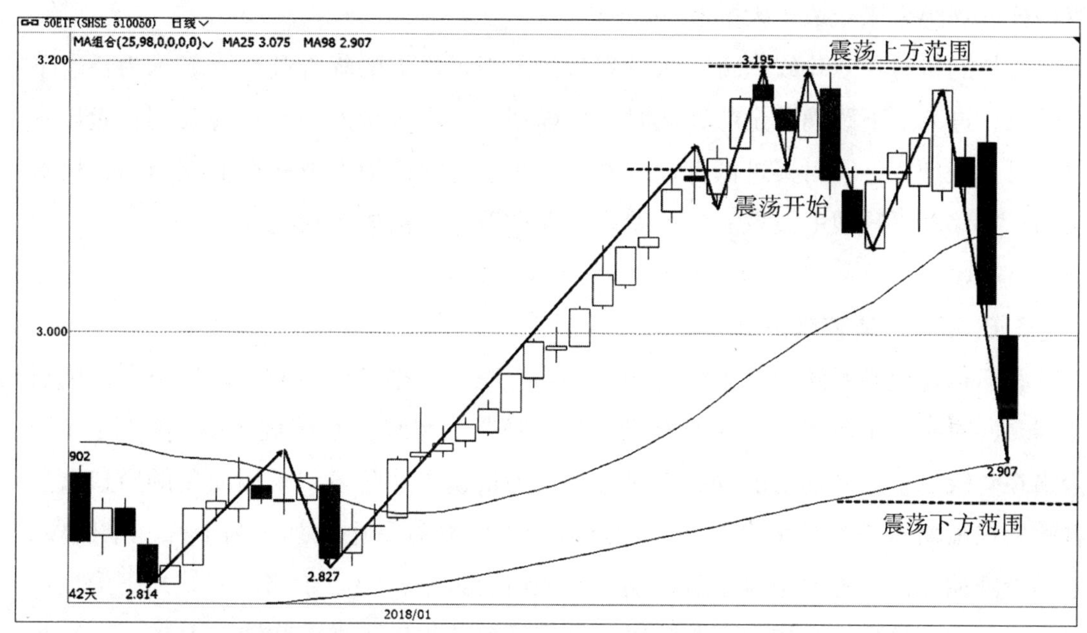

图 7－11　50ETF2017 年 12 月 14 日至 2018 年 2 月 8 日走势图

2018 年 1 月 29 日，50ETF 在双均线之上形成峰谷乱序。当日，以 0.0375 元的价格卖出 2018 年 6 月到期、行权价为 2.9 元的看跌期权（50ETF1806－P－2.9）。同时以 0.173 元的价格买进 2018 年 9 月到期、行权价为 3.2 元的看跌期权（50ETF1809－P－3.2）。

这两份期权中，卖出 50ETF1806－P－2.9，卖出看跌期权为负负得正，意为 50ETF 在 2.9 元处时看涨；买进 50ETF1809－P－3.2，买进看跌期权为正负得负，意为 50ETF 在 3.2 元处时看跌。高位看跌，低位看涨，便形成了套利。

2018 年 2 月 8 日，50ETF 的最低价跌破了长期移动平均线，上涨间歇告一段落，此时交易系统未给出任何方向性的指示，所以将两份期权全部平仓。当日，50ETF1806－P－2.9 价格为 0.0271 元，50ETF1809－P－3.2 价格为 0.3041 元。两份合约平仓后共盈利 1415 元［（0.0375－0.0271＋0.3041－0.173）×10000］。如果我们只做 50ETF 交易的话，面对下跌只能等待，而采用期权套利交易在震荡中甚至转势的时候，还会带来利润。

虽然 50ETF 在双均线多头排列时出现了峰谷乱序，但它还处于上涨趋势中，为什么我们会建议大家用看跌期权来构建套利组合呢？因为刚刚形成乱序时，50ETF的价格距离震荡上限比较近，距离震荡下限比较远，那么它更有可能向下偏离，而不是选择继续向上。既然向下的概率更大，向下的幅度更大，那么即可采用看跌期权构建套利组合来获取更大的利润。

若标的走势在双均线呈现空头排列时，出现了向上的峰谷乱序，表示为快速下跌结束，进入了下跌间歇走势，此时也可以用对角水平价差期权组合套利：卖出高位近月看涨期权，同时买进低位远月看涨期权。行权价为下方前期低点与当日所对应的长期移动平均线的位置。低位看多，高位看空，构成套利组合。

7.6.2 对角套利应用

我们构建交易系统时，主要应用峰谷的有序、乱序排列，辅之以指引方向的过滤器。同时阐述了双线（不论是移动平均线还是趋势线）系统优于单线系统：（1）价格在双线之上形成向上的峰谷有序排列，为快速上涨阶段，采用简单的敞口买进看涨期权策略；（2）价格在双线之上形成向下的峰谷乱序排列，为上涨间歇阶段，采用看跌期权的借方对角水平价差期权套利组合策略；（3）价格在双线之下形成向下的峰谷有序排列，为快速下跌阶段，采用简单的敞口买进看跌期权策略；（4）价格在双线之下形成向上的峰谷乱序排列，为下跌间歇阶段，采用看涨期权的借方对角水平价差期权套利组合策略。

图7－12至图7－22为该套利策略的完整示意图，示意图中双线，可以理解为移动平均线，也可以理解为大小级别趋势线。

1. 当标的给出上涨信号时，买进看涨期权。如图7－12。

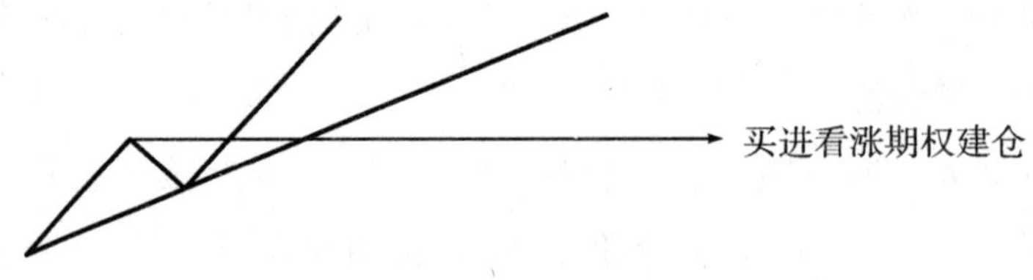

图7－12 买进看涨期权

2. 当标的下破趋势线时，卖出看涨期权平仓。同时买进看跌期权建仓，并在前低处卖出看跌期权建仓，构建垂直策略套利组合。意为下破趋势线看跌，下跌目标为前期低点。如图7－13。

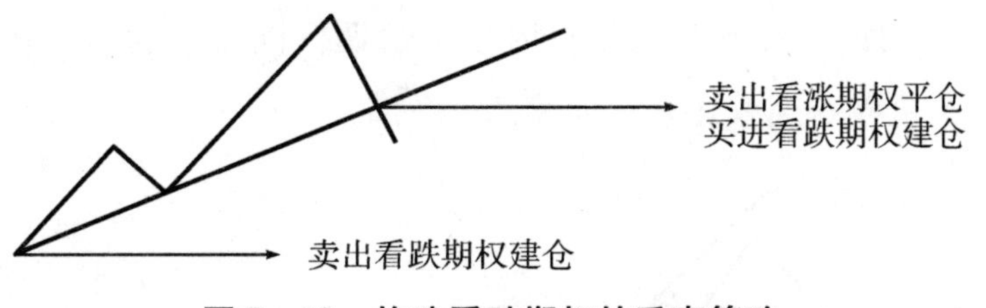

图 7-13　构建看跌期权的垂直策略

3. 继续下跌，并且下破形成下跌趋势，买进前低处的看跌期权平仓，并继续持有高位的看跌期权。如图 7-14。

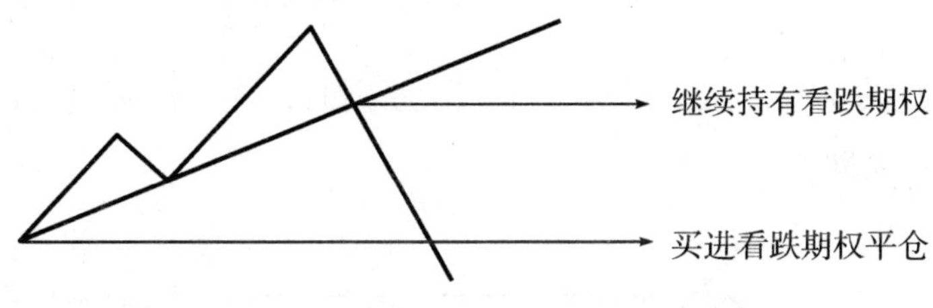

图 7-14　买进前低处看跌期权平仓

4. 在均线下方形成下跌 123 原则时，买进前低处看跌期权平仓，并且继续持有高位看跌期权，如图 7-15。

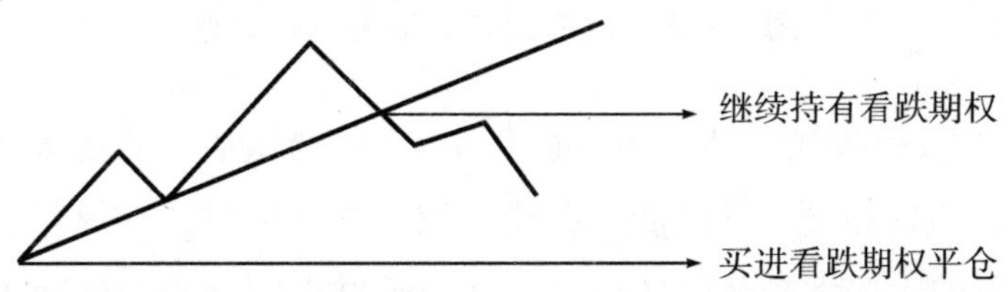

图 7-15　形成下跌 123 原则时买进前低处看跌期权平仓

5. 给出空单平仓信号时，卖出原高位看跌期权平仓。同时，在平仓位买进看涨期权建仓，在后市买进信号处，卖出看涨期权，构建垂直策略期权套利组合。如图 7-16。

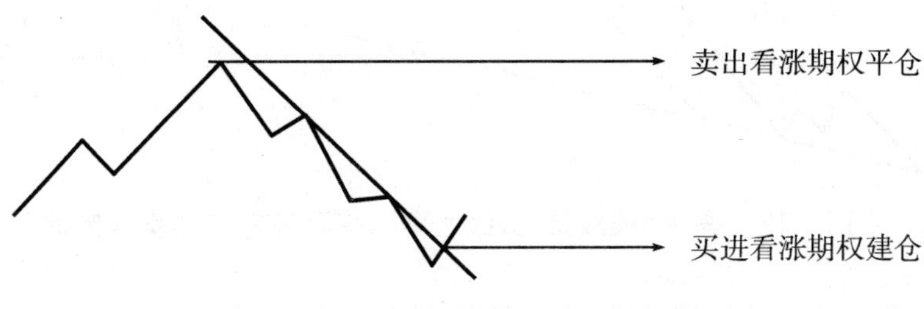

图 7-16　构建看涨期权的垂直策略

6. 再次下破前低，形成下跌趋势时，两份期权同时平仓，并在下破前低给出卖出信号时，买进看跌期权建仓。如图 7－17。

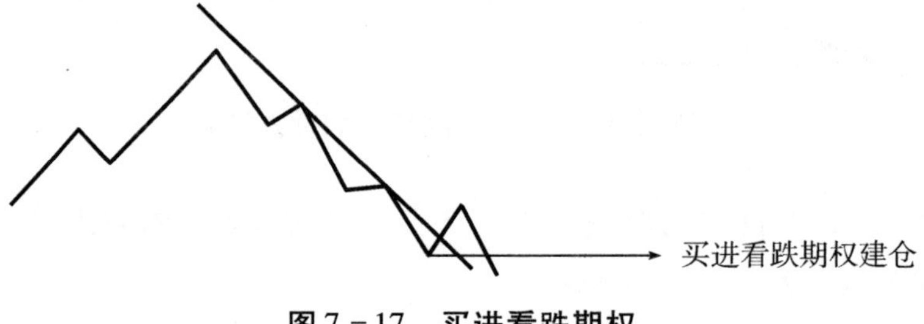

图 7－17 买进看跌期权

7. 在第 5 点的基础之上，形成上涨 123 原则时，在高位买进看涨期权平仓，并继续持有低位看涨期权。如图 7－18。

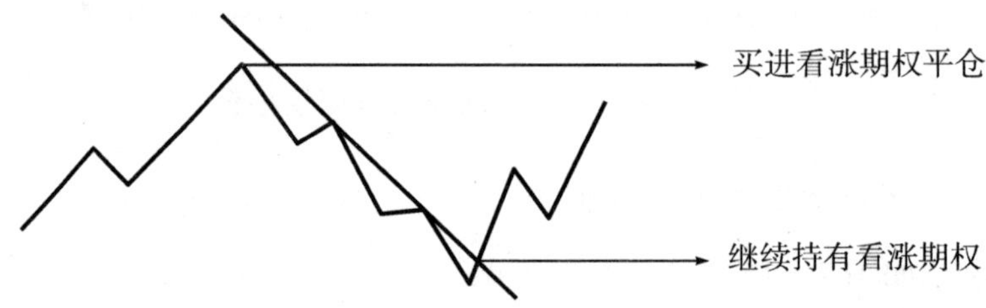

图 7－18 形成趋势后取消垂直策略

8. 在仅有一根趋势线的情况下，循环 1—7 点的做法。若在大小级别趋势线之间，当下破小级别趋势线时，原低位看涨期权平仓。同时，在该位置买进看跌期权建仓，在相对应的大级别趋势线的位置，卖出看跌期权建仓，构建看跌期权垂直策略。如图 7－19。

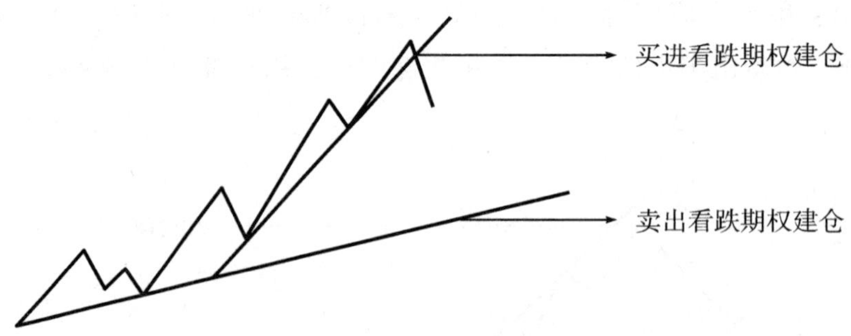

图 7－19 在大小级别趋势线之间构建看跌期权的垂直策略

9. 若下破大级别趋势线，则买进低位看跌期权平仓，并继续持有高位看跌期权，循环第 3、4 点的做法。如图 7－20。

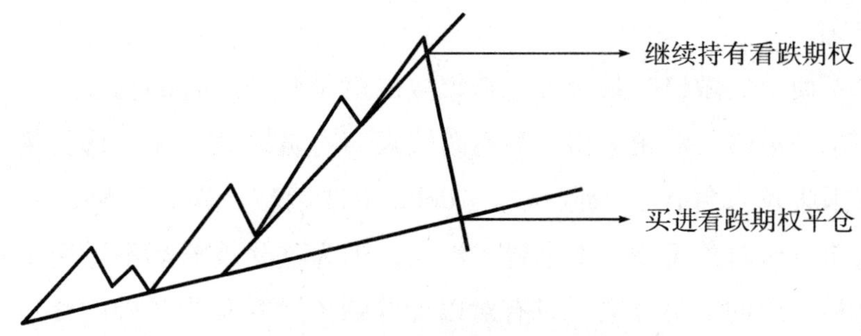

图7－20 破位后取消垂直策略

10. 若在下跌趋势中，上穿小级别趋势线，并在两线之间，则卖出原看跌期权平仓。同时，买进看涨期权建仓，并在大级别趋势线处，卖出看涨期权建仓。如图7－21。

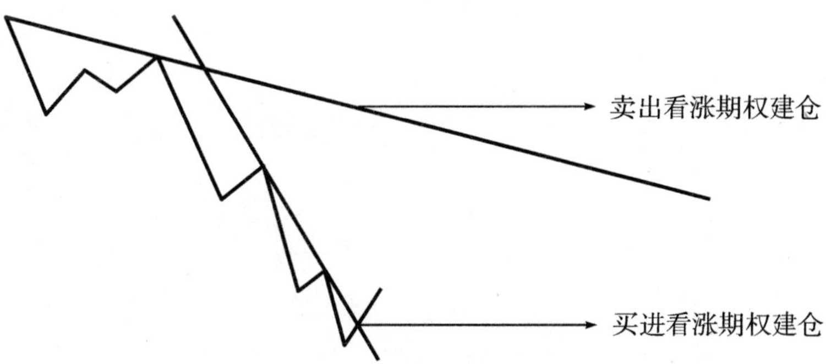

图7－21 在两线之间构建看涨期权垂直策略

11. 若上穿大级别趋势线，则买进高位看涨期权平仓，继续持有低位看涨期权。如图7－22。

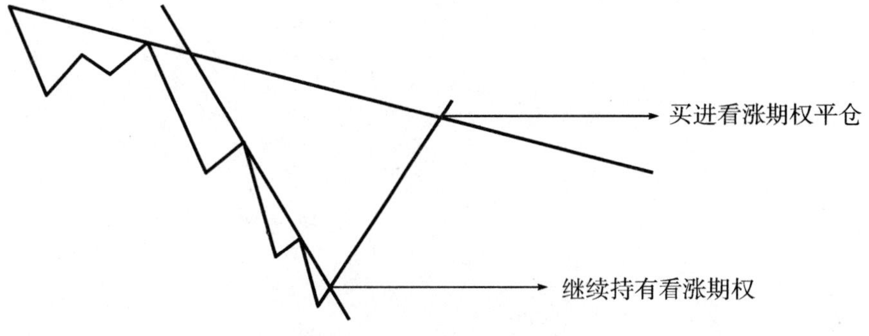

图7－22 破位后取消垂直策略

以上就是本书所讲述的交易策略的全部内容。本书给出的构建交易系统的方案并不是唯一的，它仅仅是基于追踪趋势的逻辑给出的解决方案。对于震荡市则有另外的解决方案。

期权除了简单的敞口交易之外，最繁复的就是套利组合的构建。本书只给出了垂直策略、水平策略与对角策略。另有跨式策略、宽跨式策略、修复策略、加强策略、普通双限策略、替代品双限策略、delta 中性策略、蝶式策略、不对称蝶式策略、铁鹰策略、双对角策略，本书皆未涉及。因为这些策略都不适用于我们给出的追踪趋势交易系统的解决方案。只有对以纯粹的统计套利为基础的交易系统，这些策略才能发挥出更大的优势，但那是另一本书的内容。

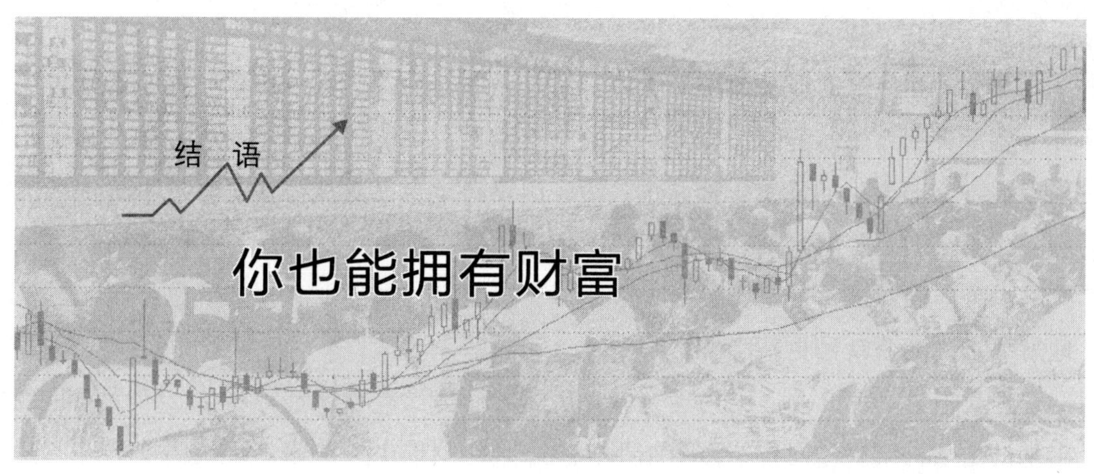

也许，人们并不是那么需要了解统计数据的结果，同样的，人们也许并不需要如此深入地了解某种交易逻辑。

但对于人群中的少部分人来说，这些东西有别样的价值。它们可扩大自己的视野，完善自己的理解，会让他们的交易更加自洽。来自这种自洽的逻辑感，可能是交易中其他事物所无法提供的。是的，有的人就是对这个上瘾。

你要的答案早就在那里

几乎没有人会问，怎样才能建构一套交易系统？面对同一套交易系统，有的人用一无所获，但是有的人却能在其中发现别人不曾发现的逻辑自洽。为什么会有这样的差异？因为每个人对自己的要求不同。

一个常见的例子是波浪理论。大部分人把它当作打哪儿指哪儿的几无大用的分析工具来看，少部分人把它当作揭示市场走势本质的真理。于是，前者往往嘲笑后者，你们数个波浪哪来那么多优越感呢？事实上，后者同样能感受到它在操作层面几无大用，看到过度量化的那一部分，激发起同样的无奈感。所不同的是，他们前进了一步，从各种过度量化中看到它对走势逻辑的严密演绎和级别的精准划分。波浪理论作为一种分析工具，本身拥有多个理解层面，也正因为同时存在多个层面，它才是一件好工具。

那么，如何提升自己的交易能力，让自己理解一件工具的更多层面？最常见的办法就是看别人如何解构一套交易系统，就像我一直在做的那样，写一篇《关于正确理解波浪理论》的清单。你读过之后，应该感觉自己对波浪理论有了更为深入的理解，甚至需要翻出原书来重新读一遍。这件事我可以干一辈子，不断地解析各种交易系统的内部逻辑，或者按套种解读每一家上市公司的财务报表，这样也就顺便地解决了我的公众号更新问题。

但我不打算那么办。因为这么做对于读者而言没有提供任何价值，因为我呈现出来的是某种结果。而看一万个结果，也未必能倒推出方法来。你最需要的并不是我对交易系统的逻辑解构，你真正需要的是找到提升交易能力的方法。

所以，我打算把我的方法分享给你。这个方法和其他方法完全不同，我也不确定一定会对你奏效，仅供你参考。

大多数人都存在一种理解上的误区，认为想要提升交易能力，那么就去找某个交易高手或某届交易冠军，看他们对交易系统的解构就好了。让我们静下心来，问自己一个问题：谁最懂交易系统？谁最了解一套成熟的交易系统的方方面面？究竟是照搬交易系统来交易的人，还是创造交易系统的人？

当然是后者，当然是那些交易系统的再整合者。他们能从外而内看透交易系统逻辑，有能力从交易系统的内部由内而外看出来，清楚地知道一套交易系统是如何起作用的，每一部分、每一层级的设置是如何发挥功效的，也更清楚地知道交易系统的原创造者为什么这样设置，他真正关心的是什么，回避的是什么，想要表达什么。

也许，这些人会写很多无用的文章，讲述一套交易系统如何架构，讲解交易系统是如何发挥作用，以及如何才能根据使用者自己的偏好加以优化整合。问题是：你以为那文章太专业，所以你根本不会去看。你认为你不会自己去架构交易系统，你对这些理论文章毫无兴趣。

对于他们而言，也是同理。他们不认为自己的书是写给你这样的读者看的，当他们把一套交易系统从想法到落实，从结构到层级，从方向到点位全都分析一遍之后，丝毫也没意识到他们庖丁解牛一般的做法，即便是对于并不想投身交易的人来说，同样也具有巨大的价值——你可以借由这些分析过程，学会如何理解任何一件事。

你之前觉得一套交易系统的解构没有下手的地方，原因是你不知道它为什么要这样设计，这样设计是为了达到什么样的效果，说到底，你根本不知道它是什么。当你了解了每一种底层分析工具的底层逻辑之后，当你知道交易系统是由这些底层分析工具搭建起来的的时候，你就找到了破解交易系统的钥匙。破解得多了，你的交易能力自然就提升了。否则，你只是看到交易系统给出的结果而已。

如果有人问我，为什么技术分析发展到现在了，还要去读道氏理论？为什么炒股票这么多年了，还要去读财务报表？我想说，因为它们是技术分析的基石，它们是一家公司股价上涨的原驱动力，所有的技术分析方法或是股票操作手法，无一例外都脱胎于其中，并开枝散叶。

许多时候，我们身处信息传导的末端。当一个问题反复多年都没有找到解决方法的时候，就应该怀疑信息上游的路径是否已经锁死。可能在你自己原有的知识体系和知识框架内，并不存在解决方法，无论耗费多少时间和精力都不能解决问题。那么，这时候应该考虑把目光转向其他领域，也许，你要的答案早就放在那里，只是你一直没有发现而已。你的问题，也许对那个领域里的人而言，只是他们工作的一个副产品，甚至都不会太在意。

我们都是投机者

投机从来没给过人什么好印象，它就像赌博、吸毒、卖淫、酗酒一样让人深恶痛绝，但是，投机的含义仅在于此吗？

投机，是指根据对市场的判断，把握机会，利用市场出现的价差进行买卖从中获得利润的交易行为。投是指抓住、掌控的意思。机就是机会。那么投机就是抓住时机的意思，你说这有贬义吗？

既然投机是把握机会利用差价交易进行获利的行为，那么鄙视投机的人可能正在从事着投机的行为。根据投机的定义，菜市场卖菜是不是在赚差价？开超市的是不是在赚差价？所以中间商都是在赚差价，也就是他们都在投机。

投机者通常都会在价格低时买进，在价格高时卖出，我们可能都会认为就是这些投机者让价格波动得如此剧烈。但这只是你的偏见，真实的情况恰恰相反，正是因为有了投机者的存在，才会让价格波动变得不那么剧烈。

我们拿粮食来举例，因为现代意义上的第一家期货交易所就是农民和谷物商联合创办的，粮食问题是我们最直接的诉求。春种秋收，秋天收获的季节到处都是粮食。根据供需规律，供大于求时价格会下跌。而到了春夏相交青黄不接时，粮食的供给变少，价格就会上升。春秋交替引发了粮食价格的剧烈波动，如图 8－1。

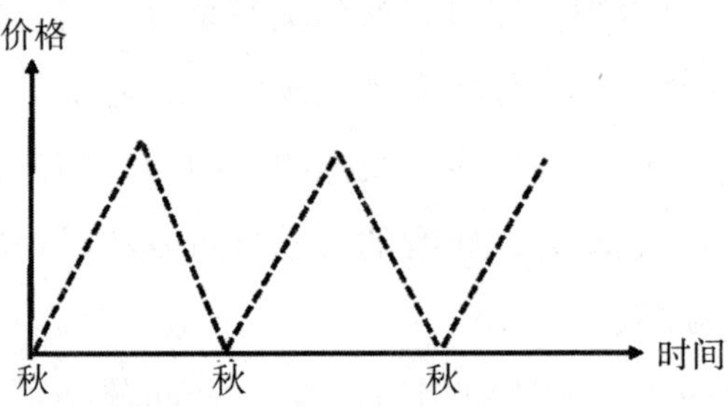

图 8－1　丰收的秋天大都粮价下跌

秋收时，如果没有投机者的存在，由于供给充分，价格会大幅下跌。反过来也是一样，青黄不接时，价格会大幅上涨。这时我们再加入投机者这个变量，当价格下跌时，投机者会逢低买入。请注意此时投机者的买入是独立于消费者的，他们不是为了消费而买入。这样需求量就会随着投机者的进入而增加，需求量上升促使价格企稳回升。待到青黄不接价格升高时，投机者再将粮食卖出，由于供给量增加，价格即使高也不会更高。这就是投机者在价格波动中的作用，如图 8－2。

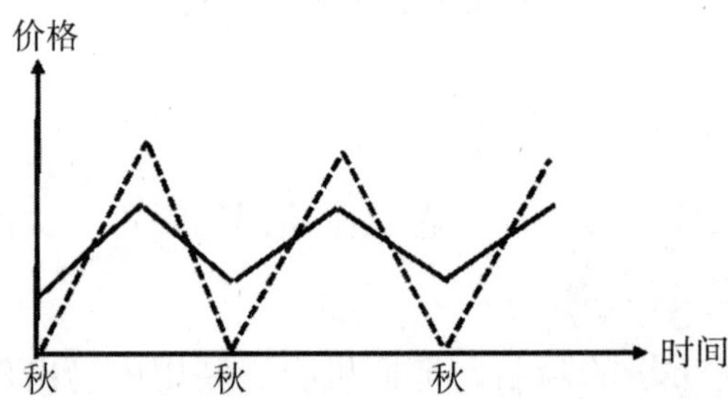

图 8－2　投机者起到了平抑价格的作用

有投机者加入，会在正常供需量上面额外地加上一股力量，在价格处于颓势的时候拉一把，在价格处于高位时打一下。所以价格剧烈波动的罪魁祸首不是投机行为，恰恰相反，投机者在某种程度上起到稳定价格的作用。

所谓执行力

很多人都在说执行力，没有执行力，无法减肥，无法戒烟，无法按正确理念交易。执行力是个什么鬼？执行力其实是一个伪概念，你让孩子每天打十局《王者荣耀》，二十局《绝地求生》。我不信他没有执行力，很有可能超额完成任务。执行力在哪儿？受到阻碍了吗？

交易中的执行力障碍。浪战、随手交易，遇到几个点位的波动，控制不住内心的激动，心跳耳热手出汗。好像这几个点抓不住，以后就再也没有机会了。不敢建仓，明知道这个位置应该建仓，但是害怕亏损，在踌躇中丧失了机会。不甘心，跟进。在错失了第一建仓位的情况下，再次返回到浪战的模式中。

总结起来，在交易中，所谓没有执行力，无外乎在交易的几个环节中，随手交易，不敢建仓，不敢持仓，不敢止损。问题是，怎么办？

随手交易，这是理念问题，你必须得知道什么是交易正途，才能走上正途。你连正途的方向在哪儿都不知道，更别谈如何向前走了。

纵观历史上的交易大师，谁不是顺势而为？顺势意为价格会朝向阻力最小的方向演进。孙子云：水之形，避高而趋下。水流的方向，就是势的方向。由势能转化为动能，移动平均线不像水吗？顶、底分形的排列方向不像水吗？

既然有种种方法可以发现趋势的方向，为何还要逆势而动呢？被人推着走，总比逆流而动要容易吧。这么简单的道理，根本不用每天重复来说。

浪战的根源是什么？就是看不清趋势的方向，所以才会看见几个点的上涨，就以为上涨趋势来了；看见几个点的下跌，就以为下跌趋势来了。迷失！迷失在蜡烛图上下反复中，迷失在价格的折返跑中。

放眼看世界，放眼看方向，放眼看趋势。方向明确了，要跟上，不用你跑，不用你走，趋势的力量自然会带着你。方向明确，便可杜绝浪战。这便是知。

突破，回归上涨趋势或下跌趋势中时，我们总会想，这次突破会不会是假的？突破了会不会再回来？我要是亏损了怎么办？这些确实应该考虑，但突破就是突破，没有真假突破之分，在价格没有走出来之前，我们无法判断。

斯坦利·克罗说，如果你不赌，就不会赢。连建仓的勇气都没有，还来交易干什么？这就像我们过马路，怕有车撞我们，就不过马路了吗？这就像我们吃饭，怕噎着，就不吃饭了吗？这是因噎废食啊。

突破要做，但也要有所准备。所以过马路的时候，你要左看右看。所以吃饭的时候，你要细嚼慢咽，吃鱼的时候尽量不说话。做交易怎么办？要有保护措施，当然是止损位和资金管理了。以损定量，我们有资金管理的公式：交易数量 = 总资金 ×2%/止损幅度。如此一来，不论止损幅度有多大，每次止损的总量，都是总资金的 2% 而已。

100 元钱，赌一次，可能输 2 元，你赌不赌？赢的话，可能再赚 10 元、20 元。这就是在你的交易中，准确率与盈亏比的问题了。要有保护地建仓，有节制地建仓。

既然选择了做技术，那就要相信技术分析三大假设，其中之一便是价格以趋势的形态演进，也就是趋势不会轻易发生改变。

不敢持仓是因为什么？因为你不相信趋势的力量，归根结底是你的方法有问题。如果你的交易系统是以抓住趋势为主旨，那么你就要相信你的建仓信号，会让你拿到一波趋势。如果你还处于浪战阶段，当然害怕利润回吐，因为你心中没有方向。这两点是双螺旋，浪战必定不敢持仓，不敢持仓源于不会平仓，不会平仓源于浪战。

从头至尾，都没有统一方略，你当然会患得患失，赚了是能力，亏了是运气？所以，有方略、有系统地建仓，自然敢于持仓，自然知道该什么时候平仓。势起，建仓；势尽，平仓。

对于趋势来说，有两种应对方案。一种是包容，一种是追逐。

所谓包容，就是把你的体系变大，不论什么回调、反弹，都在你的体系之内，都不存在，因为你的着眼点是大局。

所谓追逐，就是把你的体系变小，每一次回调反弹，都不在你的体系之内，把它们当成更小级别的趋势。其大无外，其小无内。

既然喜欢做短做小，那就把短线做得最好，抢帽子的方法无可厚非。关键是抢帽子也有抢帽子的方法，与浪战有本质的区别。

没有什么对与错，没有什么是与非，无非是应对而已。不能从根本上把你抓小舍大的欲望改变，就寻找另一个“知”的方向，用另一个“知”来引导“行”。把它做到极致，做到最好。

关于交易中的执行力，其实就是你的知会引导你的行，你有一个逻辑清晰的知，就会有一个思路明确的行，不论是做趋势还是抢帽子。如果你的知本身就逻辑混乱，那必然像无头苍蝇一样乱撞，又谈何执行力呢？

所谓专业

专业与业余是一对反义词。二者有什么区别呢？专业，是指能在市场中长期稳定赢利；业余，任何时间都在碰运气。专业，有一套既定方针、方法，来应对种种情况；业余，看到哪儿，想到哪儿，做到哪儿，没有统筹，没有计划。专业，严格的方法是重剑无锋，底层逻辑相通后，飞花摘叶伤人也只是偶尔为之，并不以此为荣；业余，习惯于预测，并且以此为荣，错误的逻辑得到了较好的结果，反而会助长坏的习气。

知道问题出在哪里，问题就解决了一半。

发现问题、审视问题、解决问题。继续向前走，没有包袱。业余选手怎么样呢？多错了，空；空错了，多。情绪不稳定，就会导致决策失误，一连串的决策失误，就是祸不单行最好的注解。

仅从技术分析的角度来看，一套交易系统的关键无非是盈亏比与准确率，这两者不可兼得，就像一家企业的销售净利率与周转率不能双高一样。追求高盈亏比，必然只能在有趋势的行情中获利，但趋势并不是时时都在，其他时间都是以小亏损来试探，准确率自然会低。我们用海龟交易法则来回测上证综合指数，盈亏比高达7以上，而准确率却不足40%。追求高准确率，建仓就有盈利，但不能持久，因为价格是波动的，在没有大级别趋势之前，它的震荡幅度非常小。所以高准确率就意味着及早平仓，盈亏比自然很低。

专业的交易者很清楚自己适合哪种交易系统，并且坚守自己的能力圈，辅之以适当的资金管理方法，当市场走势不适应自己的交易系统时，使每笔交易亏损不超过总资金的2%。当市场走势适应自己的交易系统时，顺势加仓、建仓，获取最大化的利润。

著名的《海龟交易法则》的作者柯蒂斯·费思，在使用海龟交易法则时，连续亏损19次，至第20次，不但覆盖了前期的19次的亏损，还大有斩获。海龟交易法则的资金管理方案为每一次建仓最多损失本金的2%，连续的19次亏损并不是亏损本金的38%，而是总资金的31.88%。因为每一笔新的交易要按前一次亏损后的资金再次计算。即便是31.88%亏损也是非常巨大的，但如果趋势降临，这些亏损不过是游戏的一部分而已。

交易，不是短跑冲刺，而是马拉松，甚至比马拉松还要长，希望朋友们都能成为一名长跑者。

我想引用罗振宇2017年跨年演讲的最后一段，作为本书的结尾："什么叫算法？它不是规律，它是你用一种不断迭代的机制，提高自己达成目标的概率的过程，这叫算法。人生的一切结果，都是个概率问题，没有什么确定的事。所谓的人生算法，就是在漫长的过程当中，不断找到那个最原初的原则。芒格说，在概率最高的时候下注，其他的时候什么都不要做。巴菲特的原话，人生就是滚雪球，找很多很多很湿的雪，加上一道很长很长的坡，把最原初的算法，一直滚一直滚下去。人生成就 = 核心算法 × 大量重复动作^2。找到那种值得不断重复，永远重复下去的最基本的套路，这就叫算法。坚持它、抓住它、重复它，不断地去滚它，它最终会变成个东西。一切美好自然呈现。"

我们解构了价格走势的元问题，它不过是顶底分形的不同排列组合，一切价格形态、趋势、波浪理论，最终拆解后，得到的永远是顶底分形的不同排列组合。而在这一问题之上，加上一个过滤器，它会指引方向。而一切的趋势性工具，移动平均线、趋势线、技术指标，等等，都在用它们各自的办法，给出不同周期、不同级别的方向。价格走势只有这两个元问题。

由方向性元结构，加上价格推进的元结构，即可构筑成任何一款适合于你的交易系统，形成自己的方法论。任何一种已经成型的交易系统，拆解开来，又都可以看见这两个元问题、元结构。同样的砖可以建成不同形状的大厦，不同形状的大厦拆解后又是同样的砖。

每个人需要做的，就是找到自己的元结构，找到自己对于市场的算法。像滚雪球一样不断地滚下去滚下去，重复让你赢利的最基本的动作，并且只专注动作本身。那么，你就能拥有财富！